JUDEN. GELD. EINE VORSTELLUNG

JUDEN. GELD. EINE VORSTELLUNG

EINE AUSSTELLUNG DES
JÜDISCHEN MUSEUMS
FRANKFURT AM MAIN
25. APRIL BIS 6. OKTOBER 2013

HERAUSGEGEBEN VON
FRITZ BACKHAUS,
PROF. DR. RAPHAEL GROSS UND
PROF. DR. LILIANE WEISSBERG

IM AUFTRAG DES JÜDISCHEN
MUSEUMS FRANKFURT AM MAIN

CAMPUS VERLAG
FRANKFURT / NEW YORK

INHALT

7 VORWORT
Raphael Gross

PROLOG
14 VORSTELLUNGEN
Liliane Weissberg
29 BILDERSTRECKE

CREDO UND CREDIT
38 UNENTBEHRLICH UND VERACHTET: JÜDISCHE GELDLEIHE IM MITTELALTER
Martha Keil
51 BILDERSTRECKE

HOFFAKTOREN
66 DER REICHTUM DER HOFJUDEN — JÜDISCHE PERSPEKTIVEN
Rotraud Ries
82 PRIVILEGIERT, TOLERIERT, NOBILITIERT, DISKRIMINIERT — DIE ZWEISCHNEIDIGE ERFOLGSGESCHICHTE DER WIENER JUDEN
Gabriele Kohlbauer-Fritz
95 BILDERSTRECKE

REICH WIE ROTHSCHILD
108 MYTHOS ROTHSCHILD
Fritz Backhaus
119 BILDERSTRECKE

GELD: VON MÜNZEN UND PAPIER
132 »UNTER GROSSER GEFAHR UND RISIKO BEI MÄSSIGEM VORTHEIL« — DIE JÜDISCHEN MÜNZENTREPRENEURS IN PREUSSEN UNTER FRIEDRICH DEM GROSSEN 1740–1786
Bernd Kluge
145 BILDERSTRECKE

BÖRSE UND BANKEN
156 JÜDISCHE PRIVATBANKIERS UND GROSSBANKDIREKTOREN IN DEUTSCHLAND ZWISCHEN KAISERREICH UND ZWEITEM WELTKRIEG — EIN ÜBERBLICK
Martin Münzel
171 BILDERSTRECKE

HANDEL UND KOMMERZ
186 JUDEN UND HANDEL: VON DER FRÜHEN NEUZEIT BIS ZUM BEGINN DER EMANZIPATION
Jonathan Karp
204 KÖNIGE DES EINZELHANDELS: JÜDISCHE WARENHAUSUNTERNEHMER UND DIE MACHT DES KONSUMS
Paul F. Lerner
219 BILDERSTRECKE

VON DER ZEDAKA ZUM MÄZENATENTUM

232 »ZEDAKA« — MEHR ALS NUR GEBEN
Johannes Heil

242 »WER HEUT ZU TAGE NICHT REICH IST, IST ARM — DAS IST SCHON EIN FLUCH, DER AUF UNS RUHET«
DIE ENTWICKLUNG DES JÜDISCHEN WOHLFAHRTSWESENS IN DEUTSCHLAND SEIT DEM 17. JAHRHUNDERT
Derek J. Penslar

260 IM ZEICHEN DER EMANZIPATION — JÜDISCHES MÄZENATENTUM IN WISSENSCHAFT UND KUNST
Sven Kuhrau

271 BILDERSTRECKE

KAPITALISMUSDEBATTEN

284 JUDEN UND KAPITALISMUS IN DER NATIONALÖKONOMIE UM 1900: ZU IDEOLOGIE UND RESSENTIMENT IN DER WISSENSCHAFT
Nicolas Berg

308 RADIKALER ANTIKAPITALISMUS. DER JUDE ALS KOMMUNIST
Jerry Z. Muller

334 DER UTOPISCHE BLITZGEDANKE: REICHTUM FÜR ALLE — GOLD, GELD ODER ETWAS GANZ ANDERES?
Detlev Claussen

349 BILDERSTRECKE

VERNICHTUNG

362 »... DIE HATTEN IMMER DAS MEISTE GELD« — FUNKTION UND BEDEUTUNG EINES ANTIJÜDISCHEN KLISCHEES IM »DRITTEN REICH«
Frank Bajohr

375 BILDERSTRECKE

EPILOG

392 »... ALS OB MAN EIN BÜNDEL RASCHELNDES PAPIERGELD KÜSST« — REICHE JUDEN IN DER WESTDEUTSCHEN NACHKRIEGSLITERATUR
Stephan Braese

407 BILDERSTRECKE

428 AUTORINNEN UND AUTOREN
DANKSAGUNG
LEIHGEBER
BILDNACHWEIS
IMPRESSUM

VORWORT
JUDEN. GELD. EINE VORSTELLUNG

Schwerpunkte für die Wechselausstellungen des Jüdischen Museums Frankfurt am Main bilden jüdische Kultur und Geschichte sowie seit 2006 verstärkt auch die Konfliktgeschichte zwischen Juden und Deutschen nach dem Holocaust. In den Ausstellungen über die Rothschilds, Ignatz Bubis, Raub und Restitution oder die Rückkehr der Frankfurter Schule spielte Antisemitismus zwar immer eine Rolle, wurde aber höchstens indirekt zum Thema. *Juden. Geld. Eine Vorstellung* geht einen anderen Weg. Hier wird eine der zentralsten antisemitischen Vorstellungen in den Fokus einer Ausstellung gerückt: ein Kristallisationspunkt antisemitischer Klischees, der sich bis in unsere Gegenwart hinein als immer wieder abrufbar und virulent erweist. Wie aber zeigt man Emotionen, Bilder, Vorstellungen, die zum Judenhass, zum Antisemitismus gehören? Kann man sich damit überhaupt beschäftigen, ohne dass man das, was man bekämpft, geradezu reproduziert und damit tradiert? Das ist kein gering zu schätzendes Problem für jede museale Form der Beschäftigung mit diesem Thema. Wir denken, es ist aber wichtig, Wege zu finden sich damit zu beschäftigen. Unsere Ausstellung ist ein solcher Versuch.

Das Verhältnis von Juden und Geld hat sehr viele Ebenen: keinesfalls nur diejenige der antijüdischen Vorstellungswelt, des antisemitischen Klischees. In der jüdischen und ganz besonders in der deutsch-jüdischen Sozialgeschichte spielt Geld eine wichtige Rolle; so, wenn wir nach der Rolle von Händlern, Geldwechslern, Bankiers in der Wirtschaftsgeschichte vom Mittelalter bis in die Gegenwart fragen. Diese sozialhistorische Dimension übt auch einen Einfluss auf die Vorstellungen aus. Und umgekehrt: Dem in das Vorurteil Verliebten wird die reale Geschichte immer genug Vorwand bieten, sich in seiner Vorstellung bestätigt zu fühlen. Gibt es nicht tatsächlich »reiche Juden«? Und umgekehrt, gerade da das Thema wie eine klebrige Flüssigkeit judenfeindliche Vorstellungen immer und immer wieder beflügelt hat, spielt es natürlich auch für das Leben von Juden und Jüdinnen eine große Rolle.

Lange haben wir insbesondere, und dies spiegelt auch der Katalog wider, über den Begriff und die Vorstellung des »reichen Juden« nachgedacht. Allein die Wahl des Titels wurde intensiv diskutiert. Er rief heftige Reaktionen hervor; und das hat uns nicht überrascht. Wir wollten diesen Diskussionen nicht aus dem Weg gehen. Es schien uns wichtig, dieses schwierige Thema zu behandeln. Das Interessante daran ist ja, dass Reichtum an sich in den meisten Gesellschaften ambivalent empfunden wird. Reichtum ist normalerweise nicht einfach nur negativ besetzt. Der Begriff des »reichen Juden« dagegen – wie er etwa in dem Skandalstück *Der Müll, die Stadt und der Tod* von Rainer Werner Fassbinder im Zentrum steht – erscheint unmittelbar rein negativ, antisemitisch aufgeladen zu sein.

Es ist also nicht das Geld selbst, sondern eine bestimmte Vorstellung der negativen Wirkung von Geld, die jeweils in der Verbindung »Juden – Geld« zum Tragen kommt. Und so beschäftigen sich dieser Katalog und unsere Ausstellung viel mit den Ängsten, die vom Geld ausgehen. Geld ist unberechenbar. Es hat einen schwer verständlichen Wert. Es kann ganz plötzlich wertlos werden – etwa durch Hyperinflation. Und es kann für Zwecke der Macht missbraucht werden. Juden sollen – das ist eine weitere für das christlich geprägte Mittelalter durchgängige Vorstellung – keine Macht über Christen ausüben. Wenn nun aber Geld zu Macht führt? Wenn also Juden, falls sie zu Reichtum kommen, doch Macht erlangen? Dann wird diese Macht in der mittelalterlichen Vorstellung als etwas gänzlich Illegitimes definiert. Hier steckt im Bild des »reichen Juden« und überhaupt der Vorstellung von »Juden und Geld« jeweils ein moralischer Vorwurf: Das steht den Juden eigentlich nicht zu. Die Juden haben in dieser Vorstellungswelt jeweils ein nicht ganz koscheres Verhältnis zum Geld. Wo normalerweise vielleicht Bewunderung oder Neid steht, beobachten wir moralische Empörung. Und diese mittelalterliche Empörung über die unrechtmäßige angebliche Herrschaft von Juden über Christen, die wirft einen Schatten, der sich bis in unsere Gegenwart hinein verfolgen lässt.

Nicht nur das Geld selbst, sondern der für das Ausleihen von Geld fällige Zins spielt dabei eine ganz besondere Rolle: Zins ist Geld, das ohne sichtbare Arbeit verdient wird. Und damit verbindet sich für die mittelalterliche Vorstellungswelt geradezu eine Todsünde: die Acedia, die Sorglosigkeit und Trägheit. Sie führt geradewegs in die Hölle.

Mit dem Siegeszug des Papiergelds tritt neben das Element der illegitimen Macht noch das Unheimliche, das Misstrauen. Wie Papiergeld funktioniert, ist tatsächlich sehr schwer zu verstehen. Die auf dem Schein genannte Zahl ist ja nicht als Wert enthalten. Man muss also irgendwie darauf vertrauen, dass auch andere die darauf gedruckte Zahl als Wert akzeptieren. Dieses Vertrauen, dass der auf dem Geld aufgedruckte Betrag auch eine reale Entsprechung bedeutet, kann aber schnell erschüttert werden. Und in Zeiten, in denen dieses Vertrauen besonders auf die Probe gestellt wird – also in Zeiten von Börsenkrächen, Inflation oder Hyperinflation –, schlug die Enttäuschung über die plötzlich verschwundenen Werte oftmals um in Aggressionen gegen Juden. Sie werden als angebliche Urheber dieses Geschehens betrachtet.

Wir haben es also, wenn wir über das Verhältnis von Juden zu Geld nachdenken, mit mittelalterlichen, neuzeitlichen, modernen und zeitgenössischen

Vorstellungen zu tun. Es gibt darunter nicht nur böswillige, sondern auch wohlmeinende. Es gibt solche, die Christen über Juden haben, Juden von sich selbst pflegen, von Linken wie Rechten.

Dabei spielt vielfach eine Rolle, ob das Verhältnis zu Geld, Besitz und Macht nun als ein anständiges oder unanständiges gesehen wird. Dies ist eigentlich in jeder Gesellschaft umstritten. Das Enttarnen von »unanständiger« Macht, »unanständigem« Reichtum, gehört ins Zentrum moderner Verschwörungstheorien. Politisch sehen sich diejenigen, die diese »Macht« enttarnen, jeweils als besonders aufklärerisch. Sie versuchen aus ihrer Sicht einen unsichtbaren Zwang zu enthüllen. Und dieser Zwang versteckt sich in ihrer Vorstellung ganz besonders im scheinbar abstrakten Geld. Hierin erklärt sich auch, wie schnell – etwa in dem Text *Zur Judenfrage* von Karl Marx – Judentum, ökonomische Logik und Macht allesamt eng zusammengerückt werden. Und stets wird etwas enthüllt.

Dass Juden im eigentlichen Sinn nicht arbeiten, steht sehr stark im Zentrum auch der nationalsozialistischen Vorstellung von *Juden. Geld*. Und daher müssen sie zur Arbeit gezwungen werden, um endlich selbst den Zwang zu spüren. So die Logik perfider nationalsozialistischer Sinnsprüche, die auf den Eingangstoren der Konzentrationslager prangten.

Eine besondere Art der Vorstellung ist diejenige, die man im Theater spielt. Die zwei prominentesten jüdischen Rollen im deutschsprachigen Raum sind Shylock aus Shakespeares *Der Kaufmann von Venedig* und Nathan der Weise aus Lessings gleichnamigem dramatischen Gedicht. Beide haben sie wenig gemein – außer, dass sie uns als Reiche entgegentreten. Juden sind eben, wenn man sie im deutschsprachigen Theater charakterisieren will, gleichsam naturgemäß »reich«. Ob böse oder gut.

So ist es kein Zufall, wenn die mit viel Energie und immer neuen fantastischen Ideen diese Ausstellung kuratierende Literatur- und Kulturwissenschaftlerin Prof. Liliane Weissberg diese beiden Figuren an den Anfang der Ausstellung setzt und sie darin auch immer wieder auftreten. Für ihre unermüdliche Kreativität, den Einsatz ihres großen Wissens für dieses Projekt und die wunderbare Zusammenarbeit möchte ich mich hier ganz herzlich bei Liliane Weissberg bedanken. Aus der Gastprofessur am Fritz Bauer Institut hat sich diese weitere Zusammenarbeit für uns entwickelt, was auch für beide Institutionen – Jüdisches Museum und Fritz Bauer Institut – einen großen Gewinn bedeutet. Danken will ich auch Fritz Backhaus, meinem Stellvertreter und Ko-Kurator sowie Projektleiter dieser Ausstellung, ebenso wie Heike Drummer und Alfons Maria Arns, die als wissenschaftliche Projektmitarbeiter, Rechercheure für die Exponate und Redakteure des Katalogs eine nicht nachlassende

VORWORT
Raphael Gross

Einsatzfreude und Kompetenz zeigten. Atelier Markgraph danke ich für die Entwicklung einer originellen, diesem schwierigen Thema sehr angemessenen museografischen Gestaltung.

Projekte wie dieses beschäftigen sich mit langen Zeiträumen. Nur dadurch wird sichtbar, wie Vorstellungen entstehen, sich fortsetzen und verändern. Sie werden aber auch zu einem bestimmten Zeitpunkt erdacht. Dieses Projekt begann während der Bankenkrise, als in unmittelbarer Nachbarschaft zum Jüdischen Museum am Willy-Brandt-Platz die Zelte der Occupy-Bewegung gerade aufgestellt wurden. Die Fragen, die sich aus der damit entstehenden Dynamik für uns stellten, schienen uns auch für die Deutsche Bank so relevant, dass wir sie auf unser Projekt ansprachen. Und tatsächlich wäre die Realisierung dieser Ausstellung ohne die wichtige und unbürokratische Förderung durch die Deutsche Bank nicht möglich gewesen.

Raphael Gross

PROLOG

VORSTELLUNGEN
Liliane Weissberg

THEATER

William Shakespeares Kaufmann von Venedig heißt Antonio. Er ist ein großzügiger Geschäftsmann, der seinem Freund Bassanio, der um die reiche Portia werben möchte, gerne helfen will. Bassanio braucht Geld, doch Antonio hat sein Kapital gerade in einen Schiffshandel investiert. So kann er Bassanio nur mit einer Garantie beistehen, als dieser sich entscheidet, einen jüdischen Geldverleiher aufzusuchen.

Der Geldverleiher, Shylock genannt, weiß um Antonios Abneigung Juden gegenüber. Trotz Hass und Wut lässt er sich auf das Geschäft ein und offeriert Bassanio 3.000 Dukaten. Shylock verlangt keine Zinsen, aber für den Fall, dass Antonio das Geld für Bassanio nicht zurückzahlen könnte, wolle er ein Pfund Fleisch aus Antonios Körper. So wird dessen Körper zum Einsatz für das Geschäft.

Es ist ein ungewöhnliches Abkommen, doch Antonio stimmt zu. Als seine Schiffe untergehen und er Shylocks Darlehen nicht tilgen kann, besteht dieser auf der Abmachung. Sie gehen vor Gericht. Was tun bei solcher Grausamkeit? Gerade Portia, Bassanios Braut, weiß hier nun Rat. Shylock soll sein Pfund Fleisch bekommen, meint sie dazu, jedoch darf er keinen Tropfen von Antonios Blut vergießen. Somit kommt Shylock nicht zu seinem Ziel. Doch was ist sein Ziel? Ist es der Abschluss eines Geschäfts? Ist es Rache? Oder gar Verzweiflung? Da Shylocks Tochter Jessica noch dazu mit einem Christen davonläuft, bleibt dieser am Ende vollends geschlagen und ganz allein zurück. Shakespeare nennt die erste Fassung seines Dramas, das zwischen 1586 und 1589 entstand, eine »Komödie«, und wir dürfen glauben, dass das Stück ein glückliches Ende zeigt. Shakespeare selbst hatte im England seiner Zeit keine Gelegenheit gehabt Juden kennenzulernen; ihr Ruf als Geldverleiher war ihm jedoch bekannt. Ist Shakespeares Jude böse?

Zwei Jahrhunderte nach Shakespeare schreibt Gotthold Ephraim Lessing ein Drama, in dessen Handlung ein Jude im Zentrum steht, und nennt es ein »dramatisches Gedicht«. *Nathan der Weise* erlebt seine erste Aufführung 1783. Das Stück kommt nicht ganz unvorbereitet. Bereits 1749 hatte Lessing ein Lustspiel geschrieben, das er *Die Juden* nannte. Dort ist ein Jude Hauptfigur, er bleibt aber singulär und namenlos. *Die Juden* zeigt einen Reisenden, der einen Adligen und seine Tochter vor christlichen Räubern rettet. Das Geld, das der Adlige ihm zum Dank anbietet, lehnt der Reisende ab, denn er ist selbst reich; die Hand der Tochter darf der Reisende nicht annehmen, denn er ist, wie er gesteht, ein Jude. Das Stück scheint irgendwo in Deutschland zu spielen, aber Lessings zeitgenössische Leser zweifelten gleich an dem Realismus dieser

Handlung. Seit wann war ein Jude ehrbar, wies Geld zurück, sprach ein gutes Deutsch? Lessing sieht sich berufen, bald nach der Veröffentlichung des Stückes eine Erklärung abzugeben.[1]

Mit seinem dramatischen Gedicht *Nathan der Weise* rückt Lessing dann die Handlung wieder in die Ferne, nicht in das Venedig Shylocks, sondern nach Jerusalem, dem imaginierten Heimatort der Juden. Dort herrscht der Sultan Saladin und auch er braucht Geld. Nathan leiht es dem Sultan. Dies ist kein privates Abkommen wie bei Shakespeare, sondern eine Staatsanleihe, wie sie Hoffaktoren zu Lessings Zeit häufig tätigen sollten. Als Gegenleistung verlangt Nathan nichts – oder zumindest nicht viel, er möchte nur am Ort geduldet sein. Nathan hat eine Tochter, Recha, die einen Christen und Tempelritter heiraten möchte, doch ist sie keine leibliche Tochter Nathans und stammt aus einer christlichen Familie; die Ehe könnte also leicht zustande kommen. Aber der Tempelritter erweist sich als Rechas Bruder. Der drohende Inzest mag zwar das Happy End der Ehe verhindern, aber nicht das letzte Glück. Das Band der Geschwister scheint glücklich genug zum Ende. Und dieses Band verbindet nicht nur sie, sondern letztendlich auch die verschiedenen Religionen, darin sind sich der Jude Nathan, der christliche Tempelritter und der moslemische Sultan einig. Denn Nathan, ganz der Philosoph der Aufklärung, erzählt dem Sultan die Parabel von den drei Ringen, die ein Vater seinen drei Söhnen schenkte und die sich alle gleichen sollen, ganz wie die drei Religionen alle Wahrheit sprechen können. Lessing ist Aufklärer, er vertritt den Standpunkt einer allgemeinen »Humanität«, die Menschen aller Religionen verbinden soll. Und Lessing kennt tatsächlich Juden und ist mit einem befreundet, der bereits allgemein geschätzt wird, dem Philosophen Moses Mendelssohn. Ist Lessings Jude gut?

Shakespeares Shylock und Lessings Nathan sind zunächst Gestalten des Theaters, als Bühnenfiguren konzipiert. Sie repräsentieren jedoch auch Vorstellungen von Juden, wie sie besonders in Deutschland emblematisch werden sollten. Beide Figuren prägen nicht nur literarische Entwürfe;[2] so wurden Shylock und Nathan auch immer wieder politisch eingesetzt. Im 19. Jahrhundert avancierte Nathan nicht nur zu einem Doppelbild Mendelssohns, sondern zum Philosophen der Aufklärung schlechthin und zum Beispiel, das die Emanzipationswürdigkeit der Juden zeigen sollte. Im »Dritten Reich« wurde Shylock zum Symbol des ausbeutenden Juden, dessen Schlechtigkeit in der sinnlosen Gewalt seiner Forderungen begründet war.[3] Lessings Stück wurde während dieser Jahre von der Bühne verbannt und war nur im Repertoire des Jüdischen Kulturbundes, der ab 1933 jene Theaterschaffenden aufnahm, die von den deutschen Bühnen verbannt wurden.[4] Nach dem Zweiten Weltkrieg wurde Nathan wiederum zu der versöhnenden Figur, die Juden ein Deutschland nach dem

Holocaust näherbringen sollte.[5] Es war nun Shakespeares Jude, der zum Problem wurde und Befürchtungen eines Antisemitismus laut werden ließ.[6] So stand der böse Jude Shylock oft als Gegenbild zum guten Juden Nathan, und diese Entscheidungen für gut oder böse wurden selten in Frage gestellt.

Und auch eine andere Frage blieb dabei generell im Hintergrund. Denn Shylock und Nathan hatten nicht nur ihr Judentum gemein; sie waren auch beide in der Lage Geld zu verleihen. Shylock hofft ganz einfach auf »redlichen Gewinn« und Nathan konstatiert bescheiden: »Ich bin ein reicher Mann.«[7] Die Geldgeschäfte verbinden Shylock und Nathan und beide bestimmen auch die Vorstellung von Juden an sich.

Dabei hat gerade der Begriff der »Vorstellung« Bedeutungen, die in diesem Kontext wichtig sind. Zum einen bezieht sie sich auf eine Idee, ein Konzept; in diesem Fall ist es die Verknüpfung von Juden und Geld, die in ein Bild des »reichen Juden« mündet. Eine Vorstellung ist jedoch auch eine theatralische Aufführung, eine Inszenierung und die Beziehung, die zwischen Geld und Judentum geschaffen wird. Ihr ist immer auch etwas Theatralisches zu eigen, das in den Gestalten von Shylock und Nathan ihre Bühnenwirksamkeit erhält. »Vorstellen« heißt jedoch auch einführen und so müssen im Folgenden die Figuren von Shylock und Nathan auch dazu dienen, in den Komplex einzuführen, der Geld und Judentum verbindet. Man muss nach den Gründen für diese Verbindung fragen: für eine Beziehung, die auf der Bühne und in der Imagination so selbstverständlich getroffen wird und die doch alles andere als selbstverständlich ist und sein kann.

GELDVERLEIH UND HANDEL

Shakespeares Shylock ist nicht nur ein Geldverleiher, er stammt aus einem Venedig, dessen frühneuzeitliches Judenviertel, das Ghetto, allen anderen Judenvierteln in Europa seinen Namen geben sollte. Die Trennung zwischen Juden und Nichtjuden war im Mittelalter nicht immer geografisch gegeben; sie war allerdings eine Trennung von der Religion geprägter Lebensweisen, die Essgewohnheiten, Tageseinteilungen und Sprachgebrauch mit einschloss. Die Religion bestimmte auch die Berufswahl. Zur Landbebauung gehörte die Möglichkeit des Landbesitzes. Zünfte bestimmten die Wahl des Handwerks und definierten die Berufe. Doch nur Christen durften Mitglieder der Zünfte werden. Diejenigen, die kein Land besitzen konnten oder durften; diejenigen, die nicht Mitglied einer Zunft werden konnten, hatten nur wenige Optionen, ihren Lebensunterhalt zu verdienen. Sie konnten Berufe wählen, die von keiner Zunft reguliert wurden. Sie konnten, da ihnen die Herstellung verweigert wurde, etwa mit Gebrauchtwaren handeln und als Hausierer übers Land ziehen. Sie konnten eine Pfandleihe betreiben und Geld verleihen.[8] Pfandleihe und Geldleihe gingen miteinander einher. Dabei war das Geldverleihen weder bei Juden noch bei Christen selbstverständlich und akzeptiert.[9] So heißt es in der Luther-Übersetzung des Alten Testaments:

>*»Du sollst von deinem Bruder nicht Zinsen nehmen, weder Geld noch mit Speise noch mit allem, womit man wuchern kann. Von den Fremden magst du Zinsen nehmen, aber nicht von deinem Bruder, auf daß dich der HERR, dein Gott, segne in allem, was du vornimmst in dem Lande, dahin du kommst, es einzunehmen.«* (Deuteronomium 23,20–21)

Doch wie ist das zu verstehen? Für die christliche Kirche war es nicht nur eine Frage, ob man seinem Bruder Zinsen berechnen konnte. Geld durch Geld zu verdienen, war keine produktive Angelegenheit. Der Geldverdienst richtete sich nicht danach, was man hergestellt und erarbeitet hatte, er war kein Lohn für eine Dienstleistung; er verwies lediglich auf die Zeit, die verging und durch deren Ablauf sich die Zinsen mehrten. Doch war dies ein legitimer Verdienst? Die Zeit jedoch gehörte keinem Menschen, sie gehörte Gott. Geldverleih auf Zinsen war nicht nur ein Verstoß gegen ein biblisches Gebot, er war eine Sünde, auf die die Hölle wartete. Und ein päpstliches Edikt warnte davor.

Im Judentum wiederum gab es weder dieses Verständnis von Zeit noch eine Hölle; Geld war gleich Juwelen oder Kleider ein Handelsobjekt. So gab es zwar auch christliche Geldverleiher, aber der Geldverleih wurde bald als typisch jüdischer Beruf betrachtet. Und er wurde zu mehr als dem. In einem Wirtschaftsleben, das immer weniger auf Tausch und vor allem auf Geld basierte, bedeutete der Beruf des Geldverleihers oft auch die Notwendigkeit einer jüdischen Präsenz am Ort. Selbst in Städten, in denen es kaum eine jüdische Bevölkerung gab, war bisweilen ein jüdischer Geldverleiher geduldet und noch Jahrhunderte später, in Goethes Weimar, war der nun als Bankier bezeichnete Jacob Elkan der erste und einzige Jude am Ort.[10] Dabei können nur wenige Objekte und Dokumente das Leben der frühen Pfand- und Geldverleiher erzählen. Kaum etwas überlebte. Das Wenige ist zumeist auch Zeugnis von Katastrophen und Gewalt. So vermutet man, dass der »Erfurter Goldschatz« einem jüdischen Kaufmann gehörte, der ihn auf der Flucht vor einem Pogrom vergrub, denn unter den Goldbarren und Goldstücken befand sich auch ein jüdischer Hochzeitsring.[11] Gesichert ist nichts.

Zwei mittelalterliche Illustrationen zeigen den jüdischen Geldverleiher besonders prägnant aus jüdischer wie christlicher Perspektive. Die erste Darstellung stammt aus einer mittelalterlichen Wormser Handschrift; sie gibt die Illustration eines jüdischen Geldverleihers mit seinem Berufsgerät, einer Waage, wieder, mit der er das Gold wiegen und dessen Wert bestimmen sollte.[12] Eine solche Waage wurde wie das Messer auch zum Theaterrequisit für viele frühe Shylock-Darsteller. Die zweite Abbildung stammt aus einem mittelalterlichen englischen Manuskript, das sich in der Bodleian Library in Oxford befindet.[13] Es zeigt Geldwechsler mit ihrer Waage, die klar an ihrem Judenhut erkennbar sind, wie sie von Teufeln genarrt werden. Auch eine jüdische Geldwechslerin ist dabei. Und obwohl die Kirche dem Geldwechsel kritisch gegenüberstand, wurde sie selbst oft genug Kunde bei den Juden. Kreuze und Kircheninventar gerieten bisweilen in die Pfandleihe und gaben den jüdischen Gemeinden einen besonderen Einblick in die christliche Kunst, die wiederum im Folgenden die jüdische Kunst beeinflussen sollte.[14]

Die soziale Stellung einiger jüdischer Geldwechsler änderte sich nach dem Dreißigjährigen Krieg (1618–1648). Dieser Krieg war ein Religionskrieg, der die Juden scheinbar nicht betraf, sondern Katholiken und neue Protestanten als Christen gegen Christen kämpfen ließ. Nach dem Ende dieses Krieges war Deutschland nicht nur in protestantische und katholische Gebiete geteilt; die Bevölkerung war stark dezimiert, das Land verheert. Um ihre verarmten Fürstentümer wirtschaftlich aufzubauen, neue Heere aufzustellen, den Handel wieder aufzunehmen, brauchten die Herrscher Geld. So beriefen sie Hoffaktoren, die dieses Geld verfügbar machen, Güter beschaffen und Handelsbeziehungen neu etablieren sollten. Der Handel von Gütern lebte von Handelsnetzwerken, die auf internationalen Kontakten basierten und mit denen des Geldgeschäftes vergleichbar waren. Für viele Juden wurde es so zum Vorteil, verwandtschaftliche Beziehungen in anderen und sogar mehreren Staaten zu haben und sich auch sprachlich transnational bewegen zu können.

Einige der bessergestellten jüdischen Geldverleiher wurden Hofjuden und liehen nun nicht mehr allein Privatpersonen Geld, sie machten Staatsanleihen. Daneben waren manche auch in anderer Hinsicht im Geldgeschäft tätig; sie handelten zum Beispiel nicht nur mit Gold, sondern waren auch für die Münzprägung zuständig. Mit der Entdeckung Amerikas und der verstärkten Handelsöffnung nach Asien hin konnten auch verstärkt neue Güter hinzutreten. Zucker wurde etwa von der Karibik her über die Niederlande importiert; Seidenwebereien wurden eröffnet. Jüdische Hoffaktoren lieferten den Stoff und Posamenten für die Uniformen einer neuen Armee. Noch immer durften sie nicht mit dem handeln, was den Zünften oder christlichen Händlern Geld versprach; so war oft der Handel mit Leder untersagt.[15] Bald gab es an großen wie kleinen Höfen jüdische Hoffaktoren, die, den Umständen der Fürstentümer entsprechend, ihre Geschäfte tätigten. Jüdische Geldverleiher waren Teil der europäischen Geschichte. Hofjuden hingegen wurden nun Teil einer spezifisch deutsch-österreichischen Geschichte.

Während Kaiser Joseph II. von Österreich jedoch eine neue Judenpolitik einführen wollte und sogar einige der wohlhabenderen Juden nobilitierte – in der, wie sich erwies, berechtigten Hoffnung auf eine Konversion dieser Juden –, standen die deutschen Hoffaktoren in einem seltsamen Zwischenbereich von Hof und jüdischer Gemeinde. Wie die österreichischen Juden durften sie kein Land besitzen und hatten keine vollen Rechte; allerdings erhielten sie auch keinen Adelstitel bereits vor ihrer Konversion.[16] Nur dem Berliner Hoffaktor Daniel Itzig wurde zwar kein Adelstitel, aber das Bürgerrecht in Preußen noch vor der Emanzipation der Juden zugesprochen.[17] Hoffaktoren waren Angestellte des Hofes, jedoch keine gleichgestellten Bürger eines Staates; sie waren Mitglieder der jüdischen Gemeinde, lebten aber oft getrennt von ihr auf Anwesen, die ihren Status als Hoflieferanten und Finanziers repräsentieren sollten. Sie konnten oft als Vermittler für die jüdische Bevölkerung fungieren, indem sie den Bau von Synagogen oder jüdischen Friedhöfen für die Gemeinde beförderten, ja bisweilen erst ein Ansiedlungsanrecht für Juden bewirkten.[18] Gleichzeitig war ihre Rolle bei Hof prekär. Wurde ihnen zum Beispiel die Münze zugesprochen, so mussten sie sich nach den Anweisungen des Herrschers richten. Befahl dieser die Verwendung geringer Edelmetallanteile – etwa, wie Friedrich II. es Veitel Ephraim nahelegte, um die Schlesischen Kriege zu finanzieren –, so war letztendlich der Münzer, nicht der Herrscher, für die minderwertigen Geldstücke verantwortlich.[19] Fand ein Herrscherwechsel statt wie etwa in Württemberg, so wurde Joseph Süß Oppenheimer für den extravaganten Haushalt des Vorgängers verantwortlich gemacht und verlor sein Leben.[20] Wie bei den Geldwechslern zeigen sich hier jedoch auch bereits bei den Hoffaktoren in dieser Hinsicht Zeichen einer frühen Frauenemanzipation. Denn im traditionellen Judentum waren Frauen auch in Geschäfte einbezogen, nur das Studium der Tora wurde Männern zugesprochen. So übernahmen Frauen – vor allem als Witwen von Hoffaktoren – bisweilen den Handel wie den Geldverleih.[21]

Die Zeit der Hoffaktoren endete im späten 18. Jahrhundert; sie waren ein Phänomen, das aus einer Wirtschaftskrise erwuchs und absolutistische Höfe kennzeichnete. Aber wahrscheinlich ist aus der Geschichte der Hoffaktoren eine andere Entwicklung erklärbar, nämlich die Etablierung jüdischer Privatbanken im 19. Jahrhundert. Wiederum waren es natürlich nicht nur Juden, die Banken gründeten, aber die große Anzahl der jüdischen Bankiers in Deutschland und Österreich ist in Europa ungewöhnlich.[22] Dennoch waren die meisten Juden in Deutschland und Österreich zu arm und hatten kaum Möglichkeiten, diesen Weg zu gehen. Die Gründung dieser Banken weist über Deutschland und Österreich hinaus nach Amerika, wo zum Ende des 19. Jahrhunderts Filialen dieser Banken entstanden oder deutsche und österreichische jüdische

Emigranten neue Banken etablierten. An der Entwicklung vom Geldverleih zur Privatbank, vom Hofjuden zum Bankier lässt sich auch eine Veränderung des Geld- und Banksystems festmachen. Nicht mehr mit dem schwergewichtigen Gold wurde nun gehandelt, sondern mit dem leichten, abstrakteren Papiergeld. Internationale Beziehungen waren so einfacher zu verfolgen, größere Kredite konnten aufgenommen werden. Auch die Börse stand deshalb seit dem 19. Jahrhundert stärker im Mittelpunkt. Die modernen Finanzzentren entstanden in den Börsenstädten.

Hatten die Hofjuden vor allem noch an Staatsanleihen verdient, so finanzierten diese modernen Bankiers der Aktien und der Geldpapiere im 19. Jahrhundert zum Beispiel Eisenbahnlinien und andere Transportunternehmen. Als Ende des 19. Jahrhunderts viele Privatbanken in Aktienbanken umgewandelt oder einbezogen wurden, änderte sich das Verhältnis von jüdischen und nichtjüdischen Aufsichtsräten und Direktoren. Jüdische Bankiers – auch die jüdischer Herkunft – waren nicht mehr in der Mehrheit, obwohl immer noch bis 1933 stark vertreten. Dennoch hatte die populäre Vorstellung vom »jüdischen Bankier« jene vom »jüdischen Geldwechsler« bereits abgelöst.

SICHTBARKEIT

Ein Jude, der als Jude erkannt werden sollte, musste als solcher sichtbar gemacht werden. Auf mittelalterlichen Darstellungen ist dieser durch seinen Judenhut erkennbar. Als das moderne Individuum erfunden wurde, ließen sich Adlige und auch Bürger porträtieren; Juden hingegen erhielten erst spät eine visuelle Persönlichkeit. Rembrandts Juden sind Ausnahmen; es sind Sephardim, die sich hier zeigen und von der spanischen Kultur und Bilderwelt beeinflusst waren, bevor sie in die Niederlande flohen. Sie blieben gleichsam namenlos.[23] Das Bilderverbot, an dem viele Juden noch bis zum 18. Jahrhundert festhielten, erlaubte es auch den wohlhabenden Juden nicht, sich selbst darzustellen.

Mit dem Zeitalter der Hofjuden wurde ein entscheidender Wendepunkt erreicht. Nicht alle der Hoffaktoren ließen sich abbilden; aber manche folgten doch dieser teils aristokratischen, teils bürgerlichen Tradition der Selbstdarstellung. Sie zeigten sich auf Porträts in reicher Kleidung als Zeichen ihres Wohlstandes, mit ihren Waren und den Instrumenten ihres Handels, mit Büchern, die ihre Bildung oder Religiosität bewiesen, oder gar mit Insignien für Wohltätigkeit. An einem Hof geschult, in dem Repräsentanz zählte, wurden sie nun sichtbar, und da sich nur diese wohlhabenden Hofjuden auf diese Weise zeigten, wurden sie als typisch für ihre »Nation« gesehen. Arme Juden blieben unsichtbar. Auch die Privatbankiers des 19. Jahrhunderts ließen sich malen. Sie hatten sich von den Höfen unabhängig gemacht, liehen verstärkt an Privatleute Gelder und standen dem neuen Bürgertum zur Seite. Sie besaßen Häuser, die den Wohlstand zeigen und in die sie potenzielle Kunden einladen konnten. Denn wer wollte Geld investieren bei einem armen Mann? So erschienen manche Juden nun nicht mehr als arme Bewohner der Judengasse, sondern in ihrem Wohlstand sogar Christen sichtlich überlegen. Durfte das sein?

Die wohl erfolgreichste Familie, die die Repräsentanz des Wohlstands schon früh meistern konnte, gleichzeitig jegliches bürgerliche Ziel übersprang und sich mit dem Adel verband, war die Familie Rothschild. Mayer Amschel Rothschild wohnte zwar noch in der Frankfurter Judengasse, bald aber zogen seine Kinder und Kindeskinder in die Welt, die damals noch Europa war, und gründeten eigene Unternehmen, Dynastien mit Schlössern und Equipagen.[24] Die Rothschilds waren nicht nur wohlhabend, sie wurden zum Synonym für den Reichtum an sich. International platziert, ahmten diese Familienmitglieder darüber hinaus die Heiratspolitik des Adels nach und vermählten sich untereinander – Onkel mit Nichte, Cousine mit Cousin. Damit erhielt das »Unter-sich-Bleiben« der Juden eine neue Dimension. Die Rothschilds schienen nicht nur Christen, sondern auch Juden in ihrer Lebensweise unerreichbar. Und anders als viele Bankiers, die sich bald und oft schnell assimilieren wollten, blieben die Rothschilds Juden, zumindest bis weit in das 20. Jahrhundert hinein.

Anderen Juden, die in Banken und im Kommerz erfolgreich sein wollten, blieben häufig nur die Wege der Konkurrenz offen.[25] Dabei zeigte sich in Deutschland und Österreich wiederum ein ganz besonderes Phänomen. Während sich in Paris und anderen Metropolen im späten 19. Jahrhundert Arkaden in Kaufhäuser verwandelten, die Waren als Luxus erreichbar machen wollten und nun auch für Frauen begehbar waren, entstanden in Deutschland solche Geschäfte auch in kleineren Städten. Fast alle dieser Warenhäuser wurden von Juden begründet und bildeten in gewisser Weise eine logische Fortsetzung des seit Generationen betriebenen Handels, vor allem mit Textilien. Der ausgestellte Luxus zeigte nun Kaufhäuser als fortschrittliche Adelspaläste, die dem Kommerz gewidmet und allgemein zugänglich waren. So dichtete der Schriftsteller Armin T. Wegner 1917 über das Warenhaus:

> *»Mit seinen Kuppeln, Toren und eisernen Bogen,*
> *Die Pfeiler zu granitenen Fichten gereiht,*
> *Mit seinen aufgerissenen Augen, die breit*
> *Die Straße mit Licht überschütten, dem gewundenen Lauf*
> *Seiner Treppen, funkelnd von Gold und Glanz überflogen:*
> *Hebt sich das Haus bis weit in den Himmel hinauf.«*[26]

Auf der anderen Seite aber machten sie auch aus jedem jüdischen Warenhausbesitzer einen »Warenhauskönig«, einen Rothschild im Kleinformat. Wie sehr der Begriff des unproduktiven Handels mit dem Judentum in Verbindung gebracht wurde, zeigt eine einfache Umbenennung zur Nazizeit: Aus Frankfurt am Main wurde etwa 1935 die »Stadt des deutschen Handwerks«; und so wurde die traditionelle Handelsstadt mit diesem Etikett auch im Namen »arisiert«.

Nicht nur das Bild des Juden zeugte für seinen Reichtum, sondern auch die Objekte, mit denen ein Geschäftsmann vielleicht handelte, aber die er eigentlich doch nicht besaß. Damit wurde eine andere Entwicklung zweischneidig. Im Judentum ist das Geben anderen gegenüber ein Gebot, und aus dem Geben an andere Juden und an jüdische Institutionen erfolgte im Zuge eines bürgerlichen Erfolgs mancher Juden auch ein Geben an das neue Gemeinwesen, dem man nun offiziell zugehören wollte: der Stadt und dem Staat. So finanzierten einige Juden nicht nur kommunale Wohlfahrtsinstitutionen (wie Charles Hallgarten in Frankfurt am Main),[27] wissenschaftliche Einrichtungen (wie die Frankfurter Stiftungsuniversität und die Hamburger Kulturwissenschaftliche Bibliothek Aby Warburgs),[28] sondern auch Kunstsammlungen (wie etwa James Simon), ohne die manche Museen, wie die Staatlichen Museen zu Berlin, heute undenkbar wären.[29] Mit dem Geben jedoch ging das Sichtbarmachen des Reichtums einher, nun durch die Objekte selbst bedingt.

KAPITALISMUS

Während die Bilder von Juden immer konkreter wurden, geriet das Geld zunehmend abstrakter. Napoleon bezahlte seine Feldzüge in den Osten Europas mit Papiergeld, den sogenannten Assignaten, die im frühen 19. Jahrhundert verstärkt in Deutschland zu kursieren begannen. Für Goethe war, wie er im *Faust II* schrieb, dieses Geld das Werk eines Mephistopheles:

> »*Ein solch Papier, an Gold und Perlen Statt,*
> *Ist so bequem, man weiß doch, was man hat,*
> *Man braucht nicht erst zu markten noch zu tauschen,*
> *Kann sich nach Lust in Lieb und Wein berauschen;*
> *Will man Metall, ein Wechsler ist bereit,*
> *Und fehlt es da, so gräbt man eine Zeit.*«[30]

Aber was konnte ein solcher Schein schon wert sein? Für den Philosophen und Theologen Johann Gottfried Herder war die Unheimlichkeit dieses neuen Papiers kaum zu erfassen. Es zirkulierte und bildete eine abstrakte Ökonomie ohne festen Wert und Heimatort.[31] War es nicht wie die Juden selbst?

Jonathan Karp fragt deshalb in seiner Studie zur Beziehung von jüdischer Geschichte und Wirtschaftsgeschichte, ob Juden durch ihre traditionelle Betätigung als Geldverleiher bereits früh dem Kapitalismus verbunden waren und daher schon vor der Zeit »modern« wurden oder ob ihre besondere Stellung nicht ihre verspätete Entwicklung verursacht hat.[32] Aber mit der verstärkten Zirkulation des Papiergelds wird die Verbindung von Juden und Kapitalismus für viele besonders akut. Es ist dieses Geld, das zum abstrakten Kapital werden kann.

Für Karl Marx glichen die Juden nun nicht mehr so sehr dem heimatlos zirkulierenden und eigentlich materiell wertlosen Papiergeld. Sie bekräftigten dagegen durch ihren Handel das wirtschaftliche System und standen sogar für den Kapitalismus selbst.[33] War es jüdischer Selbsthass, der den jüdisch geborenen, doch protestantisch getauften Marx zu dieser These verleitete, oder die Verse Heinrich Heines, jenes anderen getauften Juden, der nicht nur mit James Rothschild verkehrte, sondern auch mit dessen Agenten in Hamburg, seinem Onkel Salomon Heine?[34] Verstand Marx den Juden hier als reale Person oder als rhetorische Figur? Marx blieb nicht der Einzige, der die Verbindung zwischen Judentum und Kapitalismus prägen sollte. Besonders im ausgehenden 19. und frühen 20. Jahrhundert häufen sich die Schriften von Wirtschaftstheoretikern, die Kapitalismus und Judentum miteinander in Verbindung bringen wollten.[35] Nicht alle waren Marxisten, nicht alle waren dem Kapitalismus abgeneigt. Und nicht alle waren gebürtige Juden. So galten etwa die Schriften von Werner Sombart vielen – beispielsweise dem Kulturwissenschaftler und Sammler Eduard Fuchs – als besonders einflussreich.[36] Und die Anzahl jüdischer Bankiers sollte in diesen Jahren auch von jüdischen Philosophen Konkurrenz bekommen, die sich dieser Verbindung von Judentum und Kapitalismus erwehrten, dem Kapitalismus abschwören wollten, neue Wirtschaftsformen entwarfen.

In der Inflationszeit, als das Papiergeld nun tatsächlich an jeglichem Wert verlor, war die Verbindung zum Juden leicht hergestellt. So stellten völkische Gruppen schon in den 1920er-Jahren Stempel her, mit denen sie das Papiergeld als Reklame nutzten und in antisemitisches Propagandamaterial verwandelten, das nun die Ursache seiner Wertlosigkeit zeigen sollte: die Juden. Als »Freifahrkarten nach Jerusalem« oder als Karikaturen jüdischer Bankiers und Politiker gingen diese Bilder und Texte schon dem voraus, was während des »Dritten Reiches« alltäglich werden sollte.[37] Es vereinte auf seltsame Weise das Bild des Kapitalisten und seines Kritikers. Der Jude war reicher Ausbeuter und Bolschewik zugleich, denn beiden war auch jetzt etwas gemeinsam: die geplante Ausplünderung der »deutschen Volksgemeinschaft«. So wollte sich dieses Volk des Raubes erwehren und wurde selbst zum Räuber: Es enteignete Juden, übernahm deren Besitz und, in einer Variation der Geschichte Shylocks, auch dessen Körper, auf der Suche nach dem konkreten Gold.[38] Den Leichen der Opfer in den Konzentrationslagern wurden die Goldzähne ausgebrochen. Nicht Antonios Fleisch wurde nun eingeklagt, sondern das des vermeintlichen Shylocks.

DAS FORTLEBEN DER BILDER

Dass der Jude reich sei, ist eine Vorstellung, die noch heute vielen selbstverständlich scheint. Gibt es da nicht eine Geschichte, die Juden mit dem Geld verbindet? Bilder von armen Juden, die immer die Mehrheit der jüdischen Bevölkerung bildeten, gibt es kaum, und wer hätte sich für diese auch interessiert? Wo kein Reichtum war, gab es auch wenige Gegenstände, die überleben konnten. Auch die nostalgischen Sittengemälde eines jüdischen Malers wie Moritz Daniel Oppenheim – eines Hausmalers der Rothschilds – zeigen keine Armut, sondern bürgerliche Bescheidenheit. Auf diese wollten letztendlich auch die wohlhabender werdenden Juden des späten 19. und frühen 20. Jahrhunderts sich berufen; dieses imaginierte Bürgertum, nicht die Armut, sollte für ihre Vergangenheit stehen, wenn sie Oppenheims Bilder im Wohnzimmer platzierten.

Zu Beginn des 20. Jahrhundert wurden zwar die Fotografien armer Juden populär, doch zeigten sie meist die frommen Juden im Osten Europas oder die Einwanderer aus Polen und Russland im Scheunenviertel Berlins. Die Fotografen sahen sich als Ethnografen. Waren diese Fotos Momentaufnahmen? Oder aber gestellt? Jüdischen Intellektuellen wie Arnold Zweig, Hermann Struck oder Martin Buber galten die dort gezeigten Juden als Zeugen eines anderen, authentischeren Judentums.[39] Für viele andere wiederum gab es zwischen dem jüdischen Bankier und dem Ghettojuden nur minimale Unterschiede. Waren nicht alle Juden, wie die Familie Rothschild, miteinander verwandt?

Und nach dem »Dritten Reich«? Vielleicht ist das Theater heute keine moralische Anstalt mehr, wie Friedrich Schiller sie einst verlangte. Aber das Paradox von Shylock und Nathan, die jenseits von Gut und Böse das Geld verbindet, lebt fort. Auch die Figur des Nathan, der nach dem Zweiten Weltkrieg Shylock übertrumpfen und den Antisemitismus bannen sollte, änderte wenig an einer Vorstellung des reichen Juden. So war es vielleicht nicht bewusster Antisemitismus, sondern eine besondere Art von Selbstverständlichkeit, mit der Volker Schlöndorff in seinem Film aus dem Jahr 1971 einen Händler in das Dorf Kombach kommen ließ, der die verarmten Bewohner zum Überfall auf einen Geldtransport verführt;[40] Rainer Werner Fassbinder einen »reichen Juden« namenlos erscheinen lässt,[41] Martin Mosebach einen reichen Juden namens Stephan Korn einfach, der Todsünde Acedia (Trägheit) folgend, unproduktiv in ein Bett entlässt, während die anderen armen, nichtjüdischen Frankfurter arbeiten müssen.[42] »Ein Roman, in dem exzellent präsentierte Charaktere gelingen«, zitiert der Klappentext der Taschenbuchausgabe die Rezensentin Ilse Leitenberger: »Stephan Korn ist vielleicht eine der besten Schilderungen einer deutsch-jüdischen Existenz zwischen den Zeiten.«[43] Was kann Leitenberger mit einer solchen Empfehlung bloß gemeint haben? Und zwischen welchen Zeiten mögen wir uns heute befinden?

Dass auch bei einer aktuellen Finanzkrise Juden oft als im Vorteil befindlich betrachtet werden, zeigen aktuelle Inszenierungen des *Kaufmanns von Venedig* als Wall Street Banker wie auch Stellungnahmen von Politikern und Vertretern diesseits und jenseits politischer Richtungen oder aus der Occupy-Bewegung.[44] Der Beginn und Verlauf der historischen Anlässe, die diese Vorstellungen hervorgebracht haben, kann in diesem Begleitbuch aufgezeigt werden. Wie lange sie fortdauern mögen, ist ungewiss; Shylock wie Nathan bewegen sich immer noch auch jenseits der Theaterbühne.

1 Gotthold Ephraim Lessing, Über das Lustspiel Die Juden, im vierten Teile der Lessingschen Schriften, in: Lessing, Werke I: 1743–1750, Jürgen Stenzel (Hg.), Frankfurt am Main 2004, S. 489–497.
2 Vgl. etwa Bernhard Greiner, Beschneidung des Herzens: Konstellationen deutsch-jüdischer Literatur, München 2004.
3 Vgl. Zoltán Márkus, Der Merchant von Velence: The Merchant of Venice in London, Berlin, and Budapest during World War II, in: Dirk Delabastita/Jozef de Vos/Paul Franssen (Hg.), Shakespeare and European Politics, Cranbury, NJ 2008, S. 143–157.
4 Siehe Eike Geisel/Henryk M. Broder (Hg.), Premiere und Pogrom. Der jüdische Kulturbund 1933–1941. Texte und Bilder, Berlin 1992
5 Anat Feinberg, Vom bösen Nathan und edlen Shylock. Überlegungen zur Konstruktion jüdischer Bühnenfiguren in Deutschland nach 1945, in: Klaus-Michael Bogdal/Klaus Holz/Matthias N. Lorenz (Hg.), Literarischer Antisemitismus nach Auschwitz, Stuttgart 2007, S. 263–282. Wiederabgedruckt in: Zeno Ackermann/Sabine Schülting (Hg.), Shylock nach dem Holocaust. Zur Geschichte einer deutschen Erinnerungsfigur, Berlin 2011, S. 41–61.
6 Vgl. Ackermann/Schülting, wie Anm. 5.
7 Lessing, Nathan der Weise, II, 5, in: Werke 9, Klaus Bohnen/Arno Schilson (Hg.), Frankfurt am Main 2004, S. 530.
8 Vgl. Michael Toch (Hg.), Wirtschaftsgeschichte der mittelalterlichen Juden: Fragen und Einschätzungen, München 2008.
9 Vgl. Johannes Heil/Bernd Wacker (Hg.), Shylock? Zinsverbot und Geldverleih in jüdischer und christlicher Tradition, München 1997.
10 Vgl. dazu Eva Schmidt, Jüdische Familien im Weimar der Klassik und Nachklassik und ihr Friedhof in memoriam Dr. Else Behrend-Rosenfeld (Weimarer Schriften des Stadtmuseums, Nr. 48), Weimar 1993.
11 Landeshauptstadt Erfurt (Hg.), Erfurter Goldschatz, Erfurt 2009.
12 Der Wormser Mahzor befindet sich in der Hebräischen Nationalbibliothek in Jerusalem, vgl. die Digitalisierung: http://www.jnul.huji.ac.il/dl/mss/worms
13 Es ist die erste englische Karikatur jüdischer Geldverleiher aus dem Rotulus Judaeorum, 1233; das Manuskript befindet sich in der Bodleian Library der Oxford University.
14 Vgl. die Arbeiten von Joseph Shatzmiller hinsichtlich französischer Quellen, etwa: Shylock geht in Revision: Juden, Geldleihe und Gesellschaft im Mittelalter, übersetzt v. Christoph Cluse, Trier 2007.
15 Zur Geschichte der Hofjuden vgl. Vivian B. Mann/Richard I. Cohen (Hg.), From Court Jews to the Rothschilds. Art, Patronage, Power 1600–1800, München 1996; Rotraud Ries/J. Friedrich Battenberg (Hg.), Hofjuden – Ökonomie und Interkulturalität. Die jüdische Wirtschaftselite im 18. Jahrhundert, Hamburg 2002. Die grundlegenden älteren Studien zu diesem Thema sind Heinrich Schnee, Die Hoffinanz und der moderne Staat. Geschichte und System der Hoffaktoren an deutschen Fürstenhöfen im Zeitalter des Absolutismus. Nach archivalischen Quellen, 6 Bde., Berlin 1953f. (eine Arbeit die keineswegs vorurteilsfrei ist); Selma Stern, Court Jew: A Contribution to the History of the Period of Absolutism in Central Europe. Übersetzt v. Ralph Weiman, Philadelphia 1950; dt. Selma Stern, Der Hofjude im Zeitalter des Absolutismus: ein Beitrag zur europäischen Geschichte im 17. und 18. Jahrhundert, übersetzt, kommentiert und hg. v. Marina Sassenberg, Tübingen 2001.
16 Vgl. Klaus Lohrmann, Zwischen Finanz und Toleranz. Das Haus Habsburg und die Juden, Graz 2000.
17 Vgl. Thekla Keuck, Hofjuden und Kulturbürger: Die Geschichte der Familie Itzig in Berlin, Göttingen 2011.
18 Vgl. auch Sabine Hödl/Peter Rauscher/Barbara Staudinger/Michael Toch (Hg.), Hofjuden und Landjuden. Jüdisches Leben in der Frühen Neuzeit, Berlin 2004.
19 Dazu findet sich Material bei Gerhard Steiner, Drei preussische Könige und ein Jude: Erkundungen über Benjamin Veitel Ephraim und seine Welt, Berlin 1994, und in: Bernd Kluge/Elke Bannicke/Renate Vogel, Die Münzen Friedrich II. von Preußen (1740–86), Berlin 2012.
20 Selma Stern, Jud Süss: Ein Beitrag zur deutschen und zur jüdischen Geschichte, Berlin 1929.
21 Vgl. Monika Richartz, In Familie, Handel und Salon: jüdische Frauen vor und nach der Emanzipation der deutschen Juden, in: Karin Hausen/Heide Wunder (Hg.), Frauengeschichte – Geschlechtergeschichte (Reihe Geschichte und Geschlechter I), Frankfurt am Main 1992, S. 57–66.
22 Dolores L. Augustine, Bankiers, in: Dan Diner (Hg.), Enzyklopädie jüdischer Geschichte und Kultur, Bd. 1, Stuttgart 2011, S. 251–255. Zu einzelnen Personen vgl. etwa Niall Ferguson, Der Bankier Siegmund Warburg. Sein Leben und seine Zeit, München 2011; Ron Chernow, Die Warburgs. Odyssee einer Familie, Berlin 1994; Fritz Stern, Gold und Eisen. Bismarck und sein Bankier Bleichröder, Frankfurt am Main 1980.
23 Steven M. Nadler, Rembrandt's Jews, Chicago 2003.
24 Vgl. Fritz Backhaus, Mayer Amschel Rothschild. Ein biografisches Portrait, Freiburg 2012, sowie Niall Ferguson, The House of Rothschild, 2 Bde., New York 1998/99.
25 Zur jüdischen Wirtschaftsgeschichte des 19. Jahrhunderts vgl. Gideon Reuveni/Nils Roemer (Hg.), Longing, Belonging, and the Making of Jewish Consumer Culture, Leiden 2010.

26 Armin T. Wegner, »Das Warenhaus«, in: ders., Das Antlitz der Städte, Berlin 1917, S. 11.
27 Arno Lustiger/Jens Friedmann u. a., Charles Hallgarten. Leben und Wirken des Frankfurter Sozialreformers und Philanthropen, Frankfurt am Main 2003, sowie umfassender: Sabine Hering (Hg.), Jüdische Wohlfahrt im Spiegel von Biographien, Frankfurt am Main 2006.
28 Etwa Notker Hammerstein, Die Johann Wolfgang Goethe-Universität, Frankfurt/M: Von der Stiftungsuniversität zur staatlichen Hochschule, 2 Bde., hier Bd. 1, Neuwied/Frankfurt am Main 1989; Hans-Michael Schäfer, Die Kulturwissenschaftliche Bibliothek Warburg: Geschichte und Persönlichkeiten der Bibliothek Warburg mit Berücksichtigung der Bibliothekslandschaft und der Stadtsituation der Freien und Hansestadt Hamburg zu Beginn des 20. Jahrhunderts, Berlin 2003.
29 Annette Weber, Jüdische Sammler und ihr Beitrag zur Kultur der Moderne, Heidelberg 2011, und Sven Kuhrau, Der Kunstsammler im Kaiserreich. Kunst und Repräsentation in der Berliner Privatsammlerkultur, Kiel 2005. Vgl. auch Andrea Baresel-Brand/Peter Müller (Hg.), Sammeln, Stiften, Fördern: jüdische Mäzene in der deutschen Gesellschaft, Magdeburg 2008.
30 Johann Wolfgang von Goethe, Faust: der Tragödie zweiter Teil (1825–31), Lustgartenszene, in: Werke, Bd. 41, Stuttgart 1832, S. 67.
31 Liliane Weissberg, Juden oder Hebräer? Religiöse und politische Bekehrung bei Herder, in: Martin Bollacher (Hg.), Johann Gottfried Herder: Geschichte und Kultur, Würzburg 1994, 191–211.
32 Jonathan Karp, Can Economic History Date the Inception of Jewish Modernity?, in: Gideon Reuveni/Sarah Wobick-Segev (Hg.), The Economy in Jewish History. New Perspectives on the Interrelationship between Ethnicity and Economic Life, New York 2011, S. 23–42, und Karp, The Politics of Jewish Commerce: Economic Thought and Emancipation in Europe, 1638–1848, Cambridge 2008.
33 Karl Marx' Aufsatz »Zur Judenfrage« (1843/44) erschien erst nach dem Ersten Weltkrieg als selbstständige Wiederveröffentlichung in: Stefan Großmann (Hg.), Zur Judenfrage, Berlin 1919; gerade in der Zeit der starken Rezeption von Werner Sombarts Schriften (s. u.).
34 Vgl. Klaus Briegleb, Bei den Wassern Babels. Heinrich Heine: Jüdischer Schriftsteller in der Moderne, München 1997.
35 Nicolas Berg (Hg.), Kapitalismusdebatten um 1900 – Über antisemitisierende Semantiken des Jüdischen, Leipzig 2011, und auch Jerry Z. Muller, Capitalism and the Jews, Princeton 2010.
36 Werner Sombart, Die Juden und das Wirtschaftsleben, Leipzig 1911. Zu Sombarts Einfluss auf Eduard Fuchs, vgl. Weissberg, Eduard Fuchs und die Ökonomie der Karikatur, in: Babylon, H. 20, 2002, S. 113–128, und Micha Brumlik, Innerlich beschnittene Juden. Zu Eduard Fuchs' »Die Juden in der Karikatur«, Hamburg 2012.
37 Weissberg, Notenverkehr: Antisemitische Motive und Texte auf dem Notgeld der 20er Jahre, in: Fritz Backhaus (Hg.), Abgestempelt! Antisemitische Bildpostkarten 1885–1945, Heidelberg 1999, S. 276–283. Vgl. auch Isabel Enzenbach/Wolfgang Haney (Hg.), Alltagskultur des Antisemitismus im Kleinformat: Vignetten der Sammlung Wolfgang Haney ab 1880, Berlin 2011.
38 Vgl. Inka Bertz/Michael Dormann (Hg.), Raub und Restitution: Kulturgut aus jüdischem Besitz von 1933 bis heute, Göttingen 2008; Constantin Goschler/Philip Ther (Hg.), Raub und Restitution: Raub und Rückerstattung des jüdischen Eigentums in Europa, Frankfurt am Main 2003; C. Goschler/Jürgen Lillteicher (Hg.), Arisierung und Restitution. Die Rückerstattung jüdischen Eigentums in Deutschland und Österreich nach 1945 und 1989, Göttingen 2002; Vera Pawlowsky/Harald Wendelin (Hg.), Die Republik und das NS-Erbe. Raub und Rückgabe – Österreich von 1938 bis heute, Wien 2005; Pawlowsky/Wendelin (Hg.), Arisierte Wirtschaft. Raub und Rückgabe, Österreich von 1938 bis heute, Wien 2005; Alexandra Reininghaus (Hg.), Recollecting: Raub und Restitution, Wien 2009. Vgl. auch Einzelstudien wie: Christoph Kreutzmüller, Ausverkauf: Die Vernichtung der jüdischen Gewerbetätigkeit in Berlin 1930–1945, Berlin 2012.
39 Vgl. etwa Arnold Zweig, Das ostjüdische Antlitz. Mit fünfzig Steinzeichnungen von Hermann Struck, Berlin 1920.
40 Volker Schlöndorff, Der plötzliche Reichtum der armen Leute von Kombach (1971).
41 Rainer Werner Fassbinder, Der Müll, die Stadt und der Tod (1975); vgl. auch Heiner Lichtenstein (Hg.), Die Fassbinder-Kontroverse, oder Das Ende der Schonzeit, Königstein/Ts. 1986. Das Stück bezieht sich auf den Roman von Gerhard Zwerenz, Die Erde ist unbewohnbar wie der Mond, Frankfurt am Main 1973, und wurde 1975/76 von Daniel Schmid als »Schatten der Engel« verfilmt.
42 Martin Mosebach, Das Bett, Hamburg 1983.
43 Das Zitat aus der Presse erscheint auf dem Rücken der überarbeiteten Taschenbuchausgabe, Mosebach, Das Bett, München 2002.
44 Vgl. etwa auch Internetseiten wie http://www.doeda.com/jewishbankers.german.html (Zugriff: Februar 2013).

PROLOG

August Wilhelm Iffland (1759–1814) als
»Nathan« in Gotthold Ephraim Lessings
dramatischem Gedicht »Nathan der Weise«
Königliches Schauspielhaus Berlin 1802
Wilhelm und Moritz Henschel, Bleistift

SHYLOCK:
»Wie sieht er [Antonio] einem falschen Zöllner gleich!
Ich hass ihn, weil er von den Christen ist,
Doch mehr noch, weil er aus gemeiner
Einfalt umsonst Geld ausleiht, und hier in Venedig
Den Preis der Zinsen herunterbringt.
Wenn ich ihm 'mal die Hüfte rühren kann,
So tu ich meinem alten Grolle gütlich.
Er hasst mein heilig Volk und schilt, selbst da
Wo alle Kaufmannschaft zusammenkommt,
Mich, mein Geschäft und rechtlichen Gewinn,
Den er nur Wucher nennt. — Verflucht mein Stamm,
Wenn ich ihm je vergebe!«

»Der Kaufmann von Venedig«,
1. Akt, 3. Szene

»IST DAS GESETZ?«
Ludwig Devrient (1784–1832) als
»Shylock« in Shakespeares Komödie
»Der Kaufmann von Venedig«
Königliches Schauspielhaus, Berlin
1815, Kreidelithografie, koloriert

Henkelkrüglein in Form
eines sitzenden Shylock
*England, erste Hälfte des
20. Jahrhunderts, Keramik*

Nathan der Weise
(mit zwei Büchern)
*o. O. und D. (Herstellerzeichen:
Gesch. 640), Gips, bemalt*

»Brachte der ältere Bürgermeister mündlich vor, wasmaßen in letzter Leipziger Messe von dem Gotthelf [sic!] Ephraim Lessing ein Drama unter dem Titel: Der weise Nathan erschienen seye, welches den scandaleusesten Inhalt in Rücksicht auf die Religion enthielte, weshalben Er anheim stellen wollte, was gegen dieses verdächtige Buch vorzunehmen sey.«

*Protokollauszug,
Frankfurt am Main, 28. Mai 1779*

Werner Krauß (1884–1959) als
»Shylock«, Burgtheater-Aufführung
»Kaufmann von Venedig«
Wien, 15. Mai 1943

CREDO UND CREDIT

WELCH ABSCHEU LICHE SÜNDE

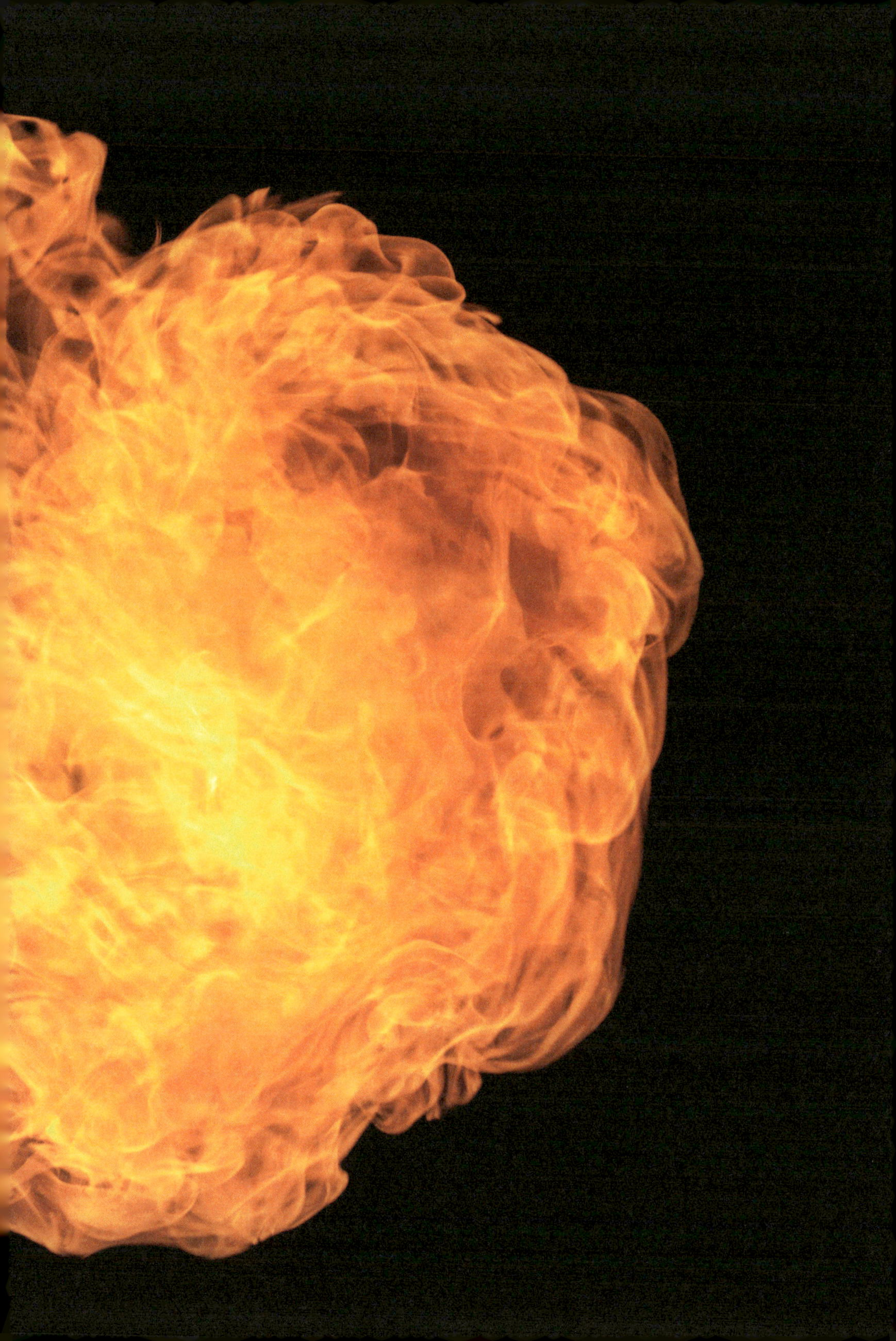

UNENTBEHRLICH UND VERACHTET: JÜDISCHE GELDLEIHE IM MITTELALTER

Martha Keil

Ohne Zweifel wird die berufliche Tätigkeit von Juden im Mittelalter in erster Linie mit der Geldleihe in Verbindung gebracht, und diese Assoziation besteht zu Recht. Die große Mehrheit der jüdischen Bevölkerung erwarb ihren Lebensunterhalt durch Geldgeschäfte. Ob diese Berufswahl freiwillig erfolgte, welche rechtlichen Grundlagen und soziale Auswirkungen sie hatte und wie sie sich im Alltagsleben niederschlug, wird Thema dieses Beitrags sein.

Doch bestand die jüdische Bevölkerung wirklich nur aus Geldleihern, übten Juden – und auch Jüdinnen – nicht auch andere Berufe aus? In der Frühzeit der jüdischen Besiedelung von Aschkenas, des deutschsprachigen Kulturraums der Juden Nord- und Mitteleuropas, lag der Schwerpunkt der jüdischen Tätigkeit noch im Fernhandel. Jedoch sind die Quellen zu Juden im Frühmittelalter derart spärlich, dass sich zu einer »typisch jüdischen« Handelstätigkeit keine seriöse Aussage treffen lässt.[1] Die Erwähnung eines Juden im österreichischen Gebiet bereits Anfang des 9. Jahrhunderts nennt bezeichnenderweise keinen Kaufmann, sondern einen »jüdischen oder slawischen« Arzt, den Erzbischof Arn von Salzburg in seine Dienste nehmen wollte.[2] Die Quellensammlung zum Ortslexikon Germania Judaica III ermittelte für den Zeitraum von 1350 bis 1519 mehr als 150 jüdische Ärzte.[3] Darunter befanden sich auch einige Augenärztinnen, die ihre Kenntnisse vermutlich innerhalb ihrer medizinisch ausgebildeten Familie erhalten hatten. 1431 bis 1439 lebte etwa in Frankfurt am Main eine Augenärztin namens Gnenlin.[4]

Wenn wir die Ausbildung an einer *Jeschiwa*, einer Talmudakademie, ebenfalls als akademische Ausbildung einstufen wollen, gehören auch die Rabbiner und die ohne rabbinisches Amt tätigen Gelehrten zu einem solchen Berufsstand. In ihren Gemeinden wirkten sie als Berater des Vorstands, Richter, Prediger und Leiter einer Jeschiwa. Auch andere Berufe ergaben sich aus dem religiös definierten Gemeindeleben, wie der Vorsänger bzw. Gemeindediener (*Chasan, Scheliach Zibbur*) oder in kleinen Gemeinden in Personalunion der Amtsdiener in der Synagoge und bei Gericht (*Schammasch*). Die Einhaltung der *Kaschrut*, der rituellen Zubereitung von Speisen, erforderte einen spezialisierten Schächter (*Schochet*) und Beschauer (*Bodek*), und auch Bäcker sind zuweilen zu finden. Weingartenbesitz und Weinbau garantierten die Herstellung von koscherem Eigenwein, wie er in allen Weinbaugegenden von der Mosel bis zur Donau auch für das Mittelalter nachzuweisen ist. Ein ritueller Schreiber (*Sofer*) von Torarollen, Türpfosten- und Gebetskapseln (*Mesusot* und *Tefillin*) war ebenfalls für eine jüdische Gesellschaft unabdingbar. Selbst jüdische Schneider sind in den Quellen erwähnt, denn auch für die Stoffherstellung und -verarbeitung gelten biblische Gebote. Die kleinen Angestellten der Gemeinde wie Kinderlehrer, Bade- und Friedhofswärter, Leichenwäscher und Boten wurden für ihre Arbeit höchst gering entlohnt und gehörten zur gleichen sozialen Kategorie wie die Dienstboten. Einzelne Erwähnungen betreffen jüdische Buchbinder und Buchmaler, Leder-, Pelz- und Textilverarbeitung, Messer- und Goldschmiede sowie Hersteller von Spielkarten und Würfeln und – etwas überraschend – Glaser.[5] Da die Zünfte nur ehelich geborene Christen als Mitglieder aufnahmen, waren Juden exkludiert und konnten das Handwerk weder erlernen noch weitergeben.

Die Konkurrenz der christlichen Kaufleute erschwerte auch den jüdischen Warenhandel zunehmend, sodass sich dieser im Spätmittelalter weitgehend auf verfallene Pfänder, also Immobilien und diverse verpfändete Gegenstände unterschiedlichen Werts, beschränkte. In Weinbaugebieten blieb der Handel mit koscherem und auch anderem Wein durch die ganze Zeitspanne aufrecht.[6] Etwa ein Drittel der jüdischen Bevölkerung war als Dienstbote in privaten Haushalten beschäftigt und blieb somit ohne jeden wirtschaftlichen und politischen Einfluss. Obwohl von großer Zahl, sind sie in den Quellen weitgehend unsichtbar; nur bei Konflikten, Prozessen oder einer Vertreibung werden sie aktenkundig.[7]

IN DIE GELDLEIHE GEDRÄNGT

Der Übergang vom Fernhandel zur Geldleihe vollzog sich zwischen dem 11. und dem späten 13. Jahrhundert, in einer Zeit der allgemeinen Entwicklung des christlichen Europa. Mit der zunehmenden Bevölkerungszahl – auch die jüdische stieg um ein Vielfaches – intensivierten sich der Ausbau von urbanen Zentren und die territorialen und regionalen Handelsaktivitäten. Das christliche Feudalsystem stützte sich auf enormen Grundstückserwerb, der, verbunden mit einer zielführenden Heiratspolitik mit hohen Mitgiften, große Summen Bargeld erforderte. Darüber hinaus verschlangen die Hofhaltung von Kaiser bzw. König, Klerus und Adel sowie die Kriege und Fehden, die zunehmend mit bezahlten Söldnerheeren geführt wurden, Hunderttausende Gulden. Der Neu- und Ausbau von Stadtbefestigungen, Burgen, Palästen, Klöstern, Kirchen und mehrstöckigen Häusern, der Erwerb von Geräten für spezialisierte Güterherstellung und deren Transport, die Bezahlung von Tagelöhnern für Ernte und Weinlese und die Versorgung mit repräsentativen Luxusgütern erforderten ebenfalls stattliche Kredite.[8] Die Aufnahme eines Darlehens resultierte somit durchaus nicht immer aus einer Notlage – Investkredite waren Zeichen von Expansion und Machtausbau.[9]

Diesen Anforderungen der wirtschaftspolitischen Entwicklung versuchten die Herrscher abzuhelfen, indem sie mit der Gründung jüdischer Gemeinden gleichzeitig den Geldhandel förderten. Privilegien garantierten den Juden freie Religionsausübung und rechtliche Autonomie, den Schutz von Synagoge und Friedhof sowie Leben und Besitz. Für die Geldleihe wurden besonders günstige Bedingungen geschaffen, während der Handel und andere Erwerbsmöglichkeiten stark eingeschränkt wurden. Um etwa Güter zu bestellen und Betriebe zu führen, mussten Herrschaftsrechte über Christen ausgeübt werden. Dies war aber Juden spätestens ab dem Ende des 13. Jahrhunderts nicht mehr gestattet, weswegen auch die wenigen Münz- und Schatzmeister durch Christen ersetzt wurden. Auch das Studium des kanonischen Rechts, der Theologie und, mit Ausnahme einiger Universitäten in Spanien und Italien, der Medizin stand nur Christen offen. Diese Ausschließungsgründe einerseits und die begünstigenden Privilegien andererseits – beispielhaft ist hier das Privileg des Babenberger Herzogs Friedrich II., genannt »der Streitbare«, für die Juden Österreichs von 1244[10] – bedingten, dass so gut wie alle Juden von der Oberschicht bis zum Knecht in der Geldleihe tätig waren. Etwa ein Viertel aller Darlehen wurde von Frauen gegeben: Während zum Beispiel in Frankfurt am Main die Geldleiherin Zorline 1388 dem Erzbischof Adolf I. von Nassau 1.000 Gulden lieh und 1391 etwa 60 Prozent aller Darlehen auf sie und ihre Familie fielen, gaben einzelne Jüdinnen bis zu 30 Kleinstdarlehen an Wiener Handwerker.[11] Frauen und auch Rabbiner traten oft nicht selbst als Geldleiher in Erscheinung, sondern überließen ihr Kapital zur Investition an die Ehepartner und Kinder oder an ein Konsortium von Verwandten und Freunden. Für alle ergab sich aus der Geldleihe der Handel mit verfallenen, also nicht eingelösten Pfändern, darunter mit ganzen Dörfern und Gütern, die aufgrund der nicht ausübaren Herrschaftsrechte sofort weiterverkauft wurden. Gerichtliche Beweisstücke, wie zum Beispiel ein blutbeflecktes Gewand, durften nicht als Pfand angenommen werden, und für in gutem Glauben übernommene Diebesware galten besondere Bestimmungen. Zwar verboten die meisten Privilegien und Stadtrechte, kirchliche Gegenstände als Pfänder zu akzeptieren, doch finden sich in den konkreten Geschäften sehr wohl Verpfändungen und der Weiterverkauf von Altardecken, Messgewändern, Kelchen, Rosenkränzen und Prachtbibeln.[12]

Mit einem Gesamtblick auf die mittelalterliche Wirtschaft ist allerdings festzustellen, dass jüdische Darlehen nur einen Ausschnitt des Kreditgeschäfts darstellten. Bevor man »zum Juden« ging, halfen insbesondere im Kreis des Adels Verwandte und Freunde bei Investitionen oder finanziellen Schwierigkeiten aus. Kaufleute gaben Waren auf Kredit und für Arme stellten Klöster und wohltätige Einrichtungen Darlehen bereit. In zahlreichen Städten wurde die Geldleihe maßgeblich von Christen, meistens Lombarden, Kawerschen (benannt nach der Stadt Cahors in Südfrankreich) und Kaufleuten ausgeübt, durchaus in scharfer Konkurrenz mit den jüdischen Geldleihern.[13] Doch für Juden war die Geldleihe der Erwerbszweig schlechthin, auf ihr beruhte die hohe Besteuerung und somit das Existenzrecht in einem christlich regierten Land. Mangels anderer Möglichkeiten betrieben, von den Herrschern durch Privilegien gefördert und wirtschaftlich dringend benötigt, war das Geldgeschäft ein von Vorurteilen belasteter, konfliktreicher und krisenanfälliger Beruf. Zuerst im theologischen, dann auch im allgemeinen Diskurs entwickelte sich zunehmend die Gleichsetzung von »Jude« mit »Wucherer«, wobei dieser im christlichen Kampf gegen den sündigen Wucher instrumentalisiert wurde.[14]

VERBOT UND REALITÄT

Mitglieder der eigenen Gemeinschaft mit Zinsen für Darlehen zu belasten, verbot beiden Religionen bereits die Bibel: »Wenn du Geld verleihst an einen aus meinem Volk, an einen Armen neben dir, so sollst du an ihm nicht wie ein Wucherer handeln; du sollst keinerlei Zinsen von ihm nehmen.« (Ex. 22, 24) Schon im Wirtschaftsleben der biblischen Zeit wurde also offenbar, dass ohne Darlehen nicht investiert und somit auch keine Erträge aus Ackerbau, Viehzucht und Handwerk erzielt werden konnten. Nicht die Darlehen oder die Tätigkeit der Geldleihe standen jedoch im Fokus, sondern der Verdienst daraus, das Zinsennehmen. Nach Meinung der Theologen widersprach ein Zinsertrag dem göttlichen Auftrag an Adam, »im Schweiße seines Angesichts sein Brot zu verdienen«; er galt als ein durch lasterhafte Trägheit erzielter Gewinn. Als Dienstleistung war sie nur für Kunden außerhalb der eigenen Gruppe gestattet: »Von den Fremden magst du Zinsen nehmen, aber nicht von deinem Bruder, auf dass dich der Herr, dein Gott, segne in allem, was du vornimmst in dem Lande, dahin du kommst, es einzunehmen.« (Deut. 23, 20)[15] Die Diskussion, ob man einander als »Kinder Abrahams« eher »Bruder« oder doch »fremd« war, durchzieht zahlreiche jüdische und christliche Traktate und Disputationen des Mittelalters.

Das Darlehensgeschäft kehrte die bestehenden Machtverhältnisse zeitweise um: Plötzlich war der jüdische Geldleiher der mächtigere Teil, der sogar vor einem christlichen Gericht seinen Schuldner zur Rückzahlung oder Kompensation zwingen konnte. Die in Bedrängnis gebrachten Christen machten für ihre Not den jüdischen Gläubiger und allgemein dessen Kollektiv verantwortlich und nicht das von den Herrschern eingeführte und geförderte System. Auch vonseiten der Kirche war keine Hilfe zu erwarten: Bei den Theologen herrschte die Meinung vor, den jüdischen »Wucher« zu dulden, um die Christen vor dieser Sünde zu bewahren.[16] Durch diese Argumentation war die Sündenlast des Zinsennehmens auf die Juden abgewälzt und sie konnten nun mit sämtlichen negativen Attributen eines wucherischen Zeitgenossen belegt werden.

Der Geldleiher vermehrt ohne produktive Tätigkeit und Anstrengung sein Vermögen, lebt im Luxus und ist geizig – vereint also drei der sieben Todsünden auf sich: Trägheit, Neid und Habgier. Er empfindet kein Mitleid mit seinen Schuldnern und treibt grausam nicht nur individuelle Existenzen in Armut und Ruin, sondern zielt sogar auf die Vernichtung der Gesellschaft ab, die ihn aufnahm und duldet.

Diese Argumentationslinie ist neben anderen Stereotypen wie Hostienschändung, Ritualmord und Betrug ein Topos in den Beschwerdebriefen und Vertreibungsurkunden des Spätmittelalters. Bereits hier findet sich das Bild vom blutsaugenden Wucherer. Im Januar 1522 wandte sich beispielsweise die Stadt Ödenburg (Sopron, Ungarn) an Königin Maria von Ungarn mit der Bitte, »die verstogkten Juden, die veinde des Christlichen volkes« zu vertreiben, die »mit Irm verdambten Vucher das blut und herte arbeit aus dem armen volkh säugen ... vnd mit Irm wücher die armen Christen ermorden vnd verderben«.[17] Die Vertreibung der Juden aus Ödenburg erfolgte vier Jahre später, als die Niederlage gegen die Türken in der Schlacht bei Mohács am 29. August 1526 nicht nur die politische, sondern auch die emotionale Lage in Ungarn erschütterte.

Zusätzlich, wenn nicht gar hauptursächlich, verheerend wirkte die Verknüpfung der Wucherproblematik mit der Figur des Judas, der nach der Überlieferung der Evangelien seinen Meister Jesus für die berühmten 30 Silberlinge an die jüdische Priesterschaft verraten hatte (Mt. 26, 14–16). Schon durch den Namen als Kollektivsymbol prädestiniert, war seine schriftliche und vor allem bildliche Darstellung – mit Geldsack, gelber Kleidung, abstoßendem Äußeren etc. – ein sämtlichen christlichen Gesellschaftsschichten wohlvertrautes Hassobjekt. Besonders perfide brachte der Nürnberger Meistersinger Hans Folz in einem Traktätchen von 1491 die Figur des Judas in Verbindung mit den damals häufig publizierten pseudomathematischen Zinstabellen: Nach einer – unrealistisch langen – Laufzeit von 20 Jahren war nach seiner Berechnung mit dem üblichen Zinssatz der symbolträchtige Betrag von 30 Pfennig auf die enorme Schuldsumme von 60.849.403 Pfennig angewachsen.[18] Buch- und Tafelmalereien, Kirchenfenster, Reliefs an Kirchenmauern und Kreuzwege auf der bildlichen, Predigten und geistliche Spiele auf der mündlichen und Flugblätter und Traktate auf der schriftlichen Ebene schürten unterschwellig oder offen die Aggressionen.[19] Wenn es das politische Kalkül erforderte, benutzten die Obrigkeiten die latente Judenfeindlichkeit zum Ausbruch tätlicher Gewalt.

Trotz dieser explosiven Spannung im Diskurs gegen den Wucher ist bei christlichen und jüdischen Autoritäten deutlich eine Ambivalenz spürbar: Einerseits waren große, darunter führende Teile der christlichen Gesellschaft auf jüdische Darlehen angewiesen. Andererseits hätte im Mittelalter ohne Geldleihe keine jüdische Gemeinde existieren können, denn nur die hohen

Steuern an den Judenschutzherrn sicherten deren Fortbestand: »... denn das ist ja die Wahrheit, und so schreibt auch Ascheri (Ascher ben Jechiel, 1250–1327), dass das ganze Ziel des Herrschers, wenn er Juden Lasten auferlegt, nur das Geld ist«, wie Rabbi Israel bar Petachja von der Wiener Neustadt (1390–1460) realistisch konstatierte.[20] Das Interesse an der Aufrechterhaltung der jüdischen Geldleihe beruhte also auf Gegenseitigkeit und die noch im Talmud formulierte Distanzierung von Geschäften mit Nichtjuden war aufgrund der Lebensrealität obsolet geworden. Einer der größten rabbinischen Gelehrten seiner Zeit, Jakob ben Meir Tam (1100–1171), stellte fest:

»*Heute ist es üblich, dass die Leute den Nichtjuden Geld auf Zinsen leihen, weil wir den Königen und Fürsten Steuern zahlen müssen, und all dies dient zu unserem Leben. Wir leben unter den Nichtjuden und es ist uns unmöglich, einen Lebensunterhalt zu verdienen, ohne mit ihnen zu handeln. Daher ist es nicht länger verboten, auf Zinsen zu leihen, ›weil man aus ihren Handlungen lernen könnte‹ (babylonischer Talmud, Baba Mezia 71a), auch wenn man andere Geschäfte mit ihnen macht.*«[21]

Rabbenu Tam spricht hier ein Thema an, das beide religiöse Gruppen in gleicher Weise beschäftigte: die aus religiösen Gründen, etwa wegen der *Kaschrut*, notwendige Distanz bei gleichzeitig engen Kontakten. Bei Angehörigen führender Bankiersfamilien konnten diese Kontaktpersonen vom Herrscher und Stadtherren über Adlige, Bischöfe und Patrizier reichen; der Kundenkreis kleiner Geldleiher und Geldleiherinnen bestand aus niederem Adel, Kleinbürgern und Handwerkern, Mönchen und Bauern bis zu Prostituierten. Im Lauf des Spätmittelalters ist allgemein ein Absinken des sozialen Stands von Kundenkreis und Kreditsummen zu beobachten.[22] Größere Darlehen wurden meist in einer Schuldurkunde schriftlich festgehalten, oft mit Stellung eines Bürgen und unter Verpfändung einer Immobilie wie Haus, Acker oder Weingarten oder auch von Erträgen wie Fruchtgenuss, Mieten und Steuern. Mittlere Darlehen wurden mit entsprechenden Pfändern wie kleinen Häusern, Schmuck, Haushaltsgeräten, Werkzeugen, Kleidung, Stoffen und Waffen besichert, die nach Verfall der Laufzeit auf dem freien Markt verkauft werden durften. Kleine Darlehen wurden meist gegen ein mobiles Pfand (»Faustpfand«) geringeren Werts vergeben und zuweilen in ein von der Stadtadministration geführtes »Judenbuch« eingetragen oder einfach auf losen Zetteln notiert. Bei Bezahlung der Schuld wurde die Urkunde zerschnitten oder eingezogen bzw. der Eintrag im Judenbuch durchgestrichen. Keine Kenntnis haben wir selbstverständlich von Darlehen zwischen Familienmitgliedern oder Vertrauenspersonen, die nur mündlich vereinbart wurden. Allenfalls wurden sie bei Konflikten Gegenstand von rabbinischen Rechtsgutachten.

Ein heikles und umstrittenes Thema war die Höhe des Zinssatzes, der in der Diskussion um unangemessenen Wucher eine besondere Rolle spielte und schließlich als (Mit-)Begründung für Vertreibungen und Verfolgungen herangezogen wurde.[23] Seine Festsetzung oblag allerdings der christlichen Obrigkeit. Juden konnten, wie bei der Abfassung von Privilegien üblich, allenfalls Vorschläge einbringen. Wie der israelische Wirtschaftshistoriker Michael Toch errechnete, lag der Zinssatz im ersten Drittel des 15. Jahrhunderts in einer Bandbreite zwischen 24 und 91 Prozent.[24] Umso mehr erstaunt der im erwähnten Privileg Herzog Friedrichs des Streitbaren von 1244 festgelegte hohe Zinssatz von acht Pfennig pro Pfund und Woche, was einem enormen Jahreszinssatz von 173,3 Prozent entspricht. Dieser hat das judenfeindliche und später antisemitische Bild vom »Wucherjuden« wesentlich geprägt.[25] Das Privileg wurde zwar in der Absicht ausgestellt, die Ansiedlung von Juden und somit die wirtschaftliche Entwicklung der östlichen Reichsgebiete zu fördern. Doch ist ein derart hoher Zinssatz überhaupt denkbar, hätte er nicht sämtliche Schuldner nach kurzer Zeit in den Bankrott getrieben? Um diese Frage zu beantworten, müssen wir den Ablauf eines Darlehensgeschäfts genauer unter die Lupe nehmen.

GESCHÄFTSABLAUF

Mittelalterliche jüdische Darlehensgeschäfte sind uns aus Tausenden Urkunden und Eintragungen in Judenbüchern überliefert. Diese gute Quellenlage bedeutet aber noch lange nicht, dass sich der Ablauf eines Darlehensgeschäfts bereits auf den ersten Blick erschließt. Das Formular einer Schuldurkunde ist im Großen und Ganzen einheitlich und blieb, abgesehen von den regionalen Unterschieden, im Verlauf des gesamten Mittelalters unverändert. Bis zum Ende des 12. Jahrhunderts ist diese noch in lateinischer, im Spätmittelalter in deutscher Sprache abgefasst. Zuweilen kann eine hebräische Übersetzung an der deutschen Urkunde hängen oder unten am Text angefügt sein. Etwa fünf Prozent des bisher erhobenen österreichischen Quellenmaterials vom Ende des 12. bis zur Mitte des 14. Jahrhunderts enthalten hebräische Unterschriften, Beglaubigungsformeln oder einfach die Basisinhalte wie Schuldner, Summe und Rückzahlungstermin in Stichworten. Aussteller der Urkunde konnte je nach Status des Geschäfts der christliche Kunde oder der jüdische Gläubiger sein, was für deren Inhalt und Form keinen Unterschied machte. Angegeben wurden die beteiligten Personen, ihre Ehefrauen und – ohne nähere Benennung – ihre Erben, die Höhe der Schuldsumme, eine Rückzahlungsfrist, die bis zu einem Jahr betragen konnte, der Zinssatz und die Sicherstellung entweder durch ein bestimmtes Gut oder allgemein durch den gesamten Besitz des Schuldners. Zusätzlich konnte der Schuldner zusichern, nicht beim Landesherrn um Schuldentilgung anzusuchen. Darauf folgte die Ankündigung eines Siegels, meist des Judenrichters oder einer anderen Autoritätsperson. Die Datierung mit der üblichen Angabe der Heiligentage schloss die Niederschrift des Geschäftes ab.[26]

In dieser vordergründigen Eindeutigkeit irritiert die scheinbar zinsfreie Laufzeit des Darlehens bis zum angegebenen Termin der Rückzahlung. Warum sollte ein auf Einkünfte angewiesener Geschäftsmann einem zinsfreien Kredit zustimmen? Die einzig mögliche Erklärung liegt in der Vermutung, dass in dieser Summe bereits eine erste Zinszahlung inkludiert war. Diese Geschäftspraxis bestätigt auch Rabbi Israel Isserlein in seinem ausführlichen Rechtsgutachten zu Steuerfragen:

»*Von Darlehen, seien sie auf Pfand oder nicht, auf denen Zinsen liegen, ist der Brauch, dass man von den Zinsen keine Steuer zahlt, und es scheint, dass man keinen Unterschied macht, ob die Laufzeit lang oder kurz ist. ... Aber bei Zinsen, die dem Kapital dazugeschrieben sind, haben wir den Brauch, vom Gesamten Steuern zu zahlen.*«[27]

Die Höhe des Zinssatzes erschließt sich aus der angegebenen Darlehenssumme nicht, was wohl von beiden Parteien so beabsichtigt war.[28] Darüber bestand Verhandlungsspielraum, der je nach Bonität des Schuldners und Vertrauensverhältnis zwischen den Geschäftspartnern eine mehr oder weniger großzügige Variante zuließ. Die hohen acht Pfennig pro Pfund und Woche waren also die Verzugszinsen und stellten einen »Drohzinssatz« dar, falls der Rückzahlungstermin nicht eingehalten bzw. vor diesem keine neue Verhandlung aufgenommen worden war.[29] Anders lag der Fall bei sehr kurzfristigen, meist entsprechend geringen Darlehen, deren Kapital »auf täglichen Schaden«, also von Tag zu Tag verzinst wurde. Hier war das Darlehen als rasche Überbrückung gedacht und der hohe Zinssatz zwang zur möglichst raschen Rückzahlung. Gerade »kleine Leute« waren in hohem Maß auf solche kurzfristige Darlehen angewiesen, in einigen Fällen nach einer Umschuldung von einem christlichen unter noch schlechteren Bedingungen auf einen jüdischen Kreditgeber.[30] Bei jeder zusätzlichen Belastung drohte die Verarmung.

Im Jahr 1338 wurde der Verzugszinssatz in Österreich von acht Pfennig auf drei Pfennig pro Pfund und Woche reduziert und entsprach somit etwa 66 Prozent. Diesen »freiwilligen« Verzicht leisteten die Juden Wiens für den Schutz, den ihnen Herzog Albrecht II. angedeihen ließ, als nach der Beschuldigung einer Hostienschändung in Pulkau zahlreiche kleine Gemeinden und Ansiedlungen an der niederösterreichischen Grenze zu Böhmen und Mähren ausgelöscht worden waren.[31] Ein einheitlicher Zinssatz für das gesamte Alte Reich lässt sich nicht angeben. 1255 legte ihn der Rheinische Städtebund mit 43 1/3

Prozent fest, bei Laufzeiten über einem Jahr betrug er 33 1/3 Prozent.[32] Der reguläre Zinssatz galt auch für die Bürger von Frankfurt am Main in der zweiten Hälfte des 14. Jahrhunderts und verringerte sich im Lauf des 15. Jahrhunderts auf die Hälfte. Aus diesem Grund vergaben die Frankfurter Geldleiher und Geldleiherinnen bevorzugt Kredite an auswärtige Kunden ohne Sonderkonditionen.[33] Bei allen Berechnungen aus obrigkeitlichen Bestimmungen ist überdies zu bedenken, dass »zwischen Effektivzinsen und obrigkeitlichen Zinstaxen ein großer Unterschied bestand«, denn bei langen Laufzeiten konnten die tatsächlich geleisteten Verzugszinsen bis zu einem Drittel über den erlaubten Höchstzinsen liegen.[34] Solange das System nicht kippte, hatten die christlichen Obrigkeiten keine Veranlassung regulierend einzugreifen, da sie von den hohen Judensteuern, die aus den Verdiensten an den Darlehen berechnet wurden, in hohem Maß profitierten. Wenn es das politische Kalkül gegenüber den christlichen Untertanen oder auch eine besondere wirtschaftliche Situation erforderten, konnten die Landesherren ohnehin auf das jüdische Vermögen zurückgreifen und mit einem Schlag die Zinsaufschläge oder gleich sämtliche Schulden erlassen.[35] Der größte diesbezügliche Eingriff war die Schuldentilgung König Wenzels für die süddeutschen Städte 1385.

DARLEHEN ALS JÜDISCH – CHRISTLICHE KONTAKTZONE

Von der ersten Vereinbarung bis zur Rückzahlung stellte die Geldleihe eine intensive Kontakt- und selbstverständlich auch Konfliktzone zwischen Juden und Christen dar. Christen konnten beispielsweise stille Teilhaber eines jüdischen Konsortiums sein, um das Zinsverbot für Christen zu umgehen. Zwar blieben sie anonym, aber die Quellen lassen keinen Zweifel zu: Eine rabbinische Verordnung (*Takkana*) zur Steuereinhebung von 1415/16 aus der Steiermark anlässlich einer hohen Sondersteuer an Kaiser Sigismund schrieb die Besteuerung des gesamten Vermögens vor, mit dem der Betreffende direkt oder indirekt Geschäfte betrieb, »es say, das das guet seins weibs sey oder seiner kinder oder seiner frewndt oder sust (sonst) seiner liben, auch der kristen pfennig«.[36] Auch Frankfurter Ratsherren »sollen an jüdischen Darlehensgemeinschaften beteiligt gewesen sein«.[37]

Jedem Kreditgeschäft gingen persönliche Verhandlungen im Haus des Christen oder des Juden voraus. Die Niederschrift des Geschäfts fand bei einer christlichen Behörde, beim Juden- oder Stadtgericht statt. Das Pfand wurde vom Kunden überbracht oder vom Gläubiger abgeholt, oder diese beauftragten einen Boten. Etwaige Neuverhandlungen um Stundung oder Festlegung einer neuen Kapitalsumme, die die bereits angelaufenen Zinsen enthielt, und schließlich die Rückzahlung des Darlehens erforderten eine neuerliche persönliche Begegnung. Auch wenn das im Hochmittelalter so genannte Institut des festen Kunden (Ma'arufia) im Spätmittelalter nicht mehr erwähnt ist, hatten doch insbesondere die jüdischen Oberschichtfamilien einen festen Kundenstock, etwa eine adelige Familie, die sie unter günstigen Umständen über mehrere Generationen hinweg betreuten.[38] Derartige Geschäftsverbindungen ermöglichten Einblicke in die jeweils anderen Lebensumstände, Wohnverhältnisse, Speisen und Gewohnheiten. Die gegenseitige Wahrnehmung beeinflusste Geschmack, Mode und Repräsentation: Die Gürtel, Ringe, Fibeln und Prunkbecher aus den in den letzten Jahren gehobenen Schatzfunden sind ebenso Ausdruck dieser gemeinsamen mittelalterlichen Oberschichtkultur wie die Wandfresken im Haus der jüdischen Geldleiherin Minna in Zürich, prächtige Buchmalereien und literarische Zeugnisse.[39] Die Folgen dieser Annäherung fürchteten beide Seiten: die Verletzung der Feiertagsruhe bei Lieferung von Waren oder Pfändern, die Übertretung der Speisegesetze, das Wecken von Glaubenszweifeln oder die Verlockung, zur sozial höher geachteten Gruppe zu wechseln.

Darlehensgeschäfte bedeuteten weit mehr als nur den Geldtransfer von einer Tasche in die andere. Sie spiegelten die politisch-rechtliche Situation wider, in der eine jüdische Bevölkerung zu einer bestimmten Zeit in einem Territorium agieren konnte. Sie beeinflussten den Handlungsspielraum von jüdischen Gemeinden; ja, sie bedingten sogar deren Existenz. Sie gestalteten aber auch familiäre und soziale Beziehungen und waren durch ein Berufsethos gekennzeichnet, das sich in der Fairness gegenüber Konkurrenten ausdrückte. Darlehensgeschäfte verlangten hohe Spezialisierung und waren riskant, doch ermöglichten sie auch, dass Juden derjenigen Beschäftigung nachgehen konnten, die ihnen wirklich von Bedeutung war, wie Rabbi Schalom von der Wiener Neustadt (gest. 1415) es zum Ausdruck brachte:

> *»Was die Tora in Aschkenas mehr als in den übrigen Ländern bestehen lässt, kommt durch das Zinsennehmen von den Nichtjuden, denn sie [die Juden, M. K.] müssen keine Arbeit verrichten, daher sind sie frei zum Torastudium. Und wer nicht lernt, unterstützt von seinem Gewinn die Talmudgelehrten. Dass die Nichtjuden jetzt gegen den Zins wettern, kommt daher, dass die Juden nicht ausreichend die Talmudgelehrten unterstützen. Wunder über Wunder, dass die Nichtjuden mit dem Zinsennehmen einverstanden sind – das kam wirklich von Gott.«*[40]

1 Michael Toch, Economic Activities of German Jews in the Middle Ages, in: ders. (Hg.), Wirtschaftsgeschichte der mittelalterlichen Juden. Fragen und Einschätzungen (Schriften des Historischen Kollegs. Kolloquien 71), München 2008, S. 181–210, hier S. 183. Siehe auch die Neudrucke seiner früheren Aufsätze zur jüdischen Wirtschaftstätigkeit, in: ders., Peasants and Jews, in: Medieval Germany. Studies in Cultural, Social and Economic History. Aldershot, Hampshire – Burlington 2003, Part IV, Artikel XV–XXI. Zur Frühzeit der jüdischen Besiedlung in Europa siehe ders., The Economic History of European Jews. Late Antiquity and Early Middle Ages, Leiden/Boston 2012. Eine gute Einführung bei Eveline Brugger, Zinsverbot und Judenschaden. Jüdisches Geldgeschäft im mittelalterlichen Aschkenas, in: Institut für jüdische Geschichte Österreichs (Hg.), Zinsverbot und Judenschaden. Jüdisches Geldgeschäft im mittelalterlichen Aschkenas, Wien 2010, S. 2–8. Online: http://www.injoest.ac.at/upload/jme2010_1_8.pdf (11.12.2012).
2 Eveline Brugger, Von der Ansiedlung bis zur Vertreibung. Juden in Österreich im Mittelalter, in: dies./Martha Keil et al., Geschichte der Juden in Österreich (Reihe Österreichische Geschichte 15), Wien 2006, S. 123–227, hier S. 123f.
3 Michael Toch, Die wirtschaftliche Tätigkeit, in: Arye Maimon et al. (Hg.), Germania Judaica III: 1350–1519, Teilband 3, Tübingen 2003, S. 2139–2164, hier S. 2142. In Frankfurt am Main wirkte von 1361 bis 1391 Meister Jakob, Arzt von Straßburg, der auch christliche Patienten behandelte. Vgl. ebd., Teilband 1, Tübingen 1987, S. 361, Nr. 21.
4 Wolfgang Treue, Verehrt und angespien: Zur Geschichte jüdischer Ärzte in Aschkenas von den Anfängen bis zur Akademisierung, in: Würzburger medizinhistorische Mitteilungen 21 (2002), S. 139–204, hier S. 173 u. 184–187; vgl. Germania Judaica III/1, wie Anm. 3, S. 360, Nr. 11.
5 Vgl. Economic Activities, wie Anm. 1, S. 208; dazu genauer Die wirtschaftliche Tätigkeit, Anm. 3, S. 2139f. und 2145.
6 Vgl. Die wirtschaftliche Tätigkeit, wie Anm. 3, S. 2143.
7 Ebd., S. 2141; vgl. Economic Activities, wie Anm. 1, S. 204f.
8 Eine gute theoretische Einführung in mittelalterliche Kreditformen bei Hans-Jörg Gilomen, Die ökonomischen Grundlagen des Kredits und die christlich-jüdische Konkurrenz im Spätmittelalter, in: Eveline Brugger/Birgit Wiedl (Hg.), Ein Thema – zwei Perspektiven. Juden und Christen in Mittelalter und Frühneuzeit. Innsbruck/Wien/Bozen 2007, S. 139–169, hier S. 141–148.
9 Beispiele aus dem österreichischen Adel bei Eveline Brugger, Do musten da hin zue den iuden varn – die Rolle(n) jüdischer Geldgeber im spätmittelalterlichen Österreich, in: Ein Thema, wie Anm. 8, S. 122–138, hier S. 129.
10 Deutsche Übersetzung in: Klaus Lohrmann (Hg.), 1000 Jahre österreichisches Judentum. Ausstellungskatalog (Studia Judaica Austriaca 9), Eisenstadt 1982, S. 291–293. Vgl. Von der Ansiedlung, wie Anm. 2, S. 137–141.
11 Martha Keil, Mobilität und Sittsamkeit: Jüdische Frauen im Wirtschaftsleben des spätmittelalterlichen Aschkenas, in: Wirtschaftsgeschichte, wie Anm. 1, S. 153–180, hier S. 161, und dies., Geschäftserfolg und Steuerschulden. Jüdische Frauen in österreichischen Städten des Spätmittelalters, in: Günther Hödl et al., Frauen in der Stadt (Beiträge zur Geschichte der Städte Mitteleuropas XVIII = Schriftenreihe der Akademie Friesach 7), Linz 2003, S. 37–62, hier S. 39 u. 50. Der gesamte Zeitraum umfasst 40 Jahre: 1381 bis 1421.
12 Zur Diskussion kirchlicher und rabbinischer Aussagen siehe Joseph Shatzmiller, Church Articles: Pawns in the Hands of Jewish Moneylenders, in: Wirtschaftsgeschichte, wie Anm. 1, S. 93–102.
13 Vgl. Die ökonomischen Grundlagen, wie Anm. 8, S. 153–158.
14 Giacomo Todeschini, Christian Perceptions of Jewish Economic Activity in the Middle Ages, in: Wirtschaftsgeschichte, Anm. 1, S. 1–16, besonders S. 11–16; Gunnar Mikosch, Von jüdischen Wucherern und christlichen Predigern. Eine Spurensuche, in: Aschkenas. Zeitschrift für Geschichte und Kultur der Juden, Bd. 20, H. 2, 2010 (erschienen 2012), Themenschwerpunkt: Jüdisches Geldgeschäft im Mittelalter, Brugger/Wiedl (Hg.), S. 415–438; siehe dort auch die Beiträge von Jörg R. Müller, Maria Dorninger und Winfried Frey.
15 Gerhard Langer, »Der Gerechte: Er leiht nicht gegen Zinsen und treibt keinen Profit ein« (Ez 18,8). Zum biblischen und rabbinischen Zinsverbot, in: Aschkenas, wie Anm. 14, S. 189–213; vgl. Christian Perceptions, ebd., S. 2.
16 Vgl. Von der Ansiedlung, wie Anm. 2, S. 156f.; vgl. Von jüdischen Wucherern, wie Anm. 14, S. 420.
17 Gedruckt in: Max Pollak, Die Geschichte der Juden in Oedenburg. Von den ältesten Zeiten bis zur Gegenwart. Nach archivalischen Quellen dargestellt, Wien 1929, Anhang, S. 280f., Nr. 19; die relevanten Auszüge bei Martha Keil, Juden in Grenzgemeinden: Wiener Neustadt und Ödenburg im Spätmittelalter, in: dies./Eleonore Lappin (Hg.), Studien zur Geschichte der Juden in Österreich, Bd. 2, Berlin/Bodenheim/Mainz 1998, S. 9–33, hier S. 31, Anm. 90.
18 Winfried Frey, »Die Juden kennen kein Mitleid. Sie streben nur nach einem, nach Geld.« Mittelalterliche Stereotype des Wucherjuden in deutschen Texten von der frühen Neuzeit bis ins 20. Jahrhundert, in: Aschkenas, wie Anm. 14, S. 505–519, hier S. 510f. Zu Folz siehe auch Johannes Heil, Verschwörung, Wucher und Judenfeindschaft, oder: die Rechnung des Antichristen – Eine Skizze, in: Aschkenas, wie Anm. 14, S. 395–413, hier S. 411.

19 Vgl. »Die Juden«, wie Anm. 18, S. 507–509.
20 Israel Isserlein bar Petachja, Sefer Terumat ha-Deschen ha-schalem. 1. Teil: Sche'elot u-Teschuwot, 2. Teil: Pesakim u-Khetawim, 3. Teil: Teschuwot Chadaschot (Hg. von Schmuel Abitan, Jerusalem 1991). Sche'elot u-Teschuwot, S. 303f., Nr. 346 (hebr.), Übersetzung von Martha Keil. Zum Steuermodus in den jüdischen Gemeinden siehe Martha Keil, Vom Segen der Geldleihe. Zinsennehmen in jüdischen Quellen des spätmittelalterlichen Österreich, in: Aschkenas, wie Anm. 14, S. 215–237, hier S. 228–237.
21 Zitiert in: Vom Segen der Geldleihe, Anm. 20, S. 220f.
22 Vgl. Economic Activities, wie Anm. 1, S. 190; vgl. Die wirtschaftliche Tätigkeit, wie Anm. 3, S. 2150; eine Statistik der Darlehenssummen für Nürnberg, Frankfurt am Main, Konstanz und Bingen, ebd., S. 2153–2155.
23 Vgl. Die ökonomischen Grundlagen, wie Anm. 8, S. 152.
24 Vgl. Die wirtschaftliche Tätigkeit, wie Anm. 3, S. 2159.
25 Vgl. Von der Ansiedlung, wie Anm. 2, S. 156.
26 Eine ausführliche Darstellung bei Wilhelm Wadl, Geschichte der Juden in Kärnten im Mittelalter. Mit einem Ausblick bis zum Jahre 1867 (Das Kärntner Landesarchiv 9), Klagenfurt 1992, 2. Aufl., S. 64–93, und Klaus Lohrmann, Judenrecht im mittelalterlichen Österreich, Wien/Köln 1990, S. 173–182.
27 Israel Isserlein bar Petachja, wie Anm. 20, S. 290–299, Nr. 342 (hebr.), Übersetzung von Martha Keil.
28 Vgl. Von der Ansiedlung, wie Anm. 2, S. 157f.
29 Ebd. S. 158; über die Bedeutung von Laufzeiten vgl. Die ökonomischen Grundlagen, wie Anm. 8, S. 143.
30 Vgl. Die wirtschaftliche Tätigkeit, wie Anm. 3, S. 2152.
31 Abbildung der hebräischen Verzichturkunde, in: Von der Ansiedlung, wie Anm. 2, S. 158.
32 Vgl. Die ökonomischen Grundlagen, wie Anm. 8, S. 146.
33 Vgl. Germania Judaica III/1, wie Anm. 3, S. 349.
34 Vgl. Die wirtschaftliche Tätigkeit, ebd., S. 2159.
35 Für Österreich siehe Eveline Brugger, »So sollen die brief ab und tod sein«. Landesfürstliche Judenschuldentilgungen im Österreich des 14. Jahrhunderts, in: Aschkenas, wie Anm. 14, S. 329–342.
36 Vom Segen der Geldleihe, wie Anm. 20, S. 225.
37 Vgl. Germania Judaica III/1, wie Anm. 3, S. 349.
38 Vgl. Vom Segen der Geldleihe, wie Anm. 20, S. 227.
39 Martha Keil, Gemeinde und Kultur – Die mittelalterlichen Grundlagen jüdischen Lebens in Österreich, S. 15–122, in: Juden in Österreich, wie Anm. 2, S. 53f. mit weiterer Literatur.
40 Josef bar Mosche, Leket Joscher, Jakob Freimann (Hg.), Berlin 1903 (repr. Jerusalem 1964). Zwei Teile in einem Band. Teil I, S. 118. Zuletzt zitiert in: Vom Segen der Geldleihe, wie Anm. 20, S. 215, und Anm. 2 mit weiterer Literatur.

Anonym, Jesus vertreibt
die Wechsler aus dem Tempel
Halle 1494, Öl auf Holz

»Du sollst nicht Zins auflegen deinem Bruder, Zins für Geld, Zins für Nahrungsmittel, Zins für irgendeine Sache, die man auf Zins leiht. Dem Fremden magst du Zinsen auferlegen, damit dich segne der Herr, dein Gott, bei jeglicher Unternehmung deiner Hand in dem Lande, dahin du kommst, um es in Besitz zu nehmen.«

Deuteronomium 23,20–21

Pieter Breughel d. Ä., »Trägheit
(Desidia)« aus dem Zyklus
»Die Sieben Todsünden«, 1558,
Kupferstich

Herrad von Landsberg, »Hölle«
aus dem »Hortus Deliciarum«
um 1180

(103)
Todt zum Juden.

H Ey jum Jud, mach dich auf die Fahrt,
Deins Mässiä hast zu lang g'wart:
Christum welchen ihr habt ermördt
War der recht, ihr habt lang geirrt.

Der Jud.

E In Rabi war ich der Geschrifft,
Zog aus der Bibel nur das Gifft:
Gar wenig nach Messiam tracht,
Hat mehr auf Schätz und Wucher acht.

Todt

Matthäus Merian d. Ä.,
»Basler Todten-Dantz«,
Vor dem Tod sind alle Menschen
gleich: »Tod des Juden«
Frankfurt am Main 1649

»Zurück ruf außerdem dir in den Sinn,
die Genesis! Dort heißt's: Arbeit ist Leben!
Im Schweiß des Angesichts nur blüht Gewinn!
Den Wucherer aber spornt ganz anderes Streben:
Er schmäht Natur samt ihrer Jüngerin
Und hofft und trachtet dem Gewinn ergeben.«

Dante Alighieri,
La Divina Commedia,
Inferno, Cantus IX

Martin Luther,
»Eyn Sermon von dem Wucher«
Wittenberg 1520, Flugblatt

מ‌ת‌נ‌ש‌

לבל לריאש בחר באובדלת ראש כבימתרה בתאינה בראש ביטרה
ואותה דרריש בכל אום לפרוש לנשיאה על כל ראש גפלה תשיה
למיטד ראש והיאתרים ראש בבסא כבוד מראש

*Wormser Mahzor,
Darstellung des Geldwechslers
Worms 1272, illuminierte Handschrift*

»Heute ist es üblich, dass die Leute den Nichtjuden Geld auf Zinsen leihen, weil wir den Königen und Fürsten Steuern zahlen müssen, und all dies dient zu unserem Leben. Wir leben unter den Nichtjuden und es ist uns unmöglich, einen Lebensunterhalt zu verdienen, ohne mit ihnen zu handeln. Daher ist es nicht länger verboten, auf Zinsen zu leihen, weil man aus ihren Handlungen lernen könnte (babylonischer Talmud, Baba Mezia 71a), auch wenn man andere Geschäfte mit ihnen macht.«

Jakob ben Meir Tam
(»Rabbenu Tam«)

Beurkundung der Wiederzulassung
von Juden in Speyer. Initiale »W«: Jude,
aus dessen rechter Hand Geld fällt
*Speyer, 22. Oktober 1352,
Pergament mit anhängenden Siegeln*

Decretum Gratiani, Causa XIV.
Schmuckinitiale »C« (Clerici):
Geistliche mit jüdischem Wucherer
*Bologna 1140, Edition von Emil
Friedberg, 1879*

Johann von Schwarzenberg, »Officia – Memorial
der Tugend« (deutsche Übersetzung aus:
Cicero, »De Officiis«): Jüdischer Geldleiher im
Gespräch mit einem Bauern
Augsburg 1531, Holzschnitte

Barren und Münzen aus dem Erfurter Schatz
Westeuropa, 13./14. Jahrhundert, Silber

HOF
FAKTOREN

DU
SOLLST
DAS
BESTE
HABEN
LUNG

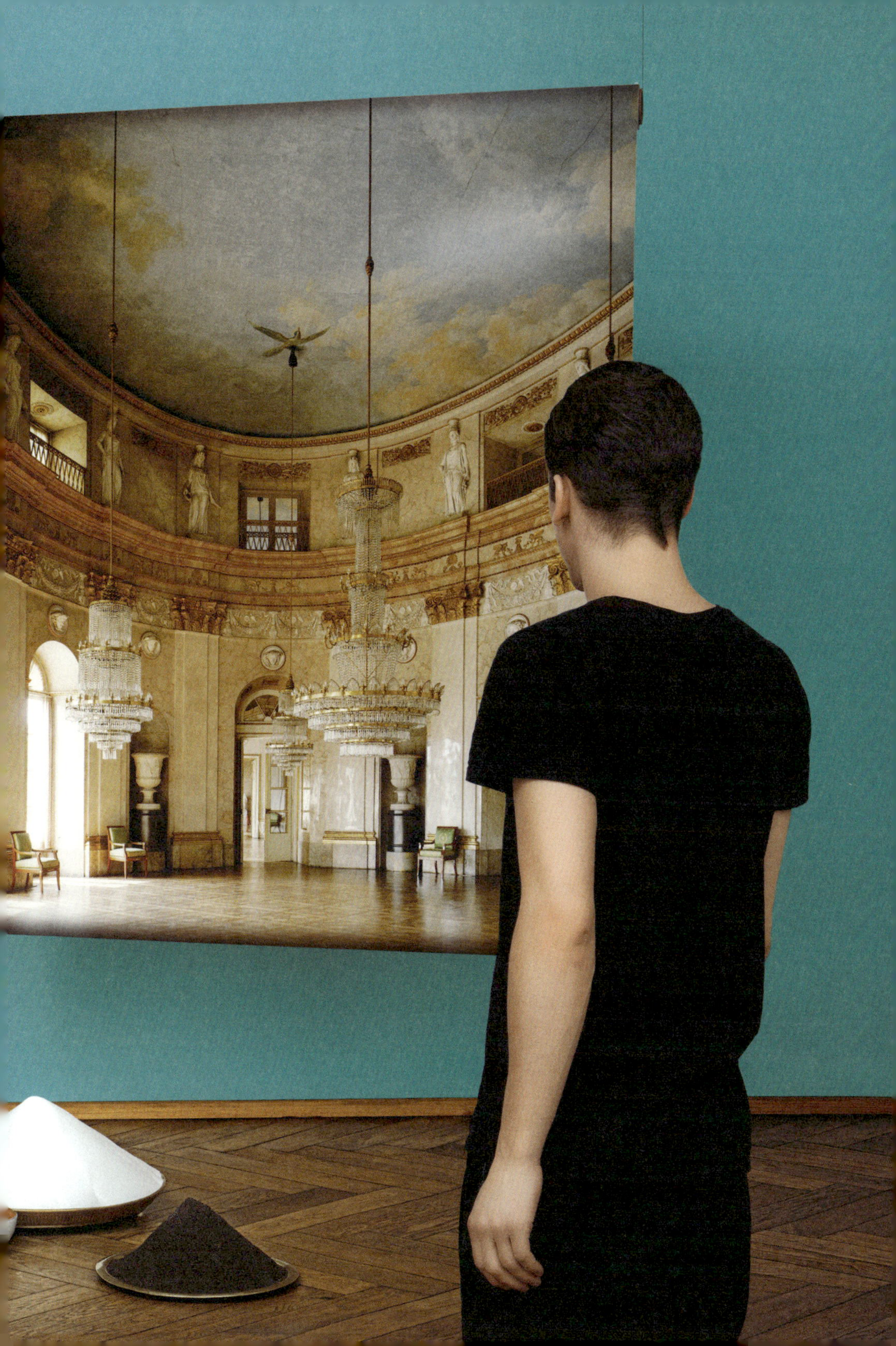

DER REICHTUM DER HOFJUDEN — JÜDISCHE PERSPEKTIVEN

Rotraud Ries

»*Und zwar war es, wie schon erwähnt, dass mein Sohn Nathan Korrespondenz hatte mit dem* reichen *Reb Samuel und seinem Sohn, dem* reichen *Reb Mendel. Damals hat mein Sohn Nathan gar viele Wechsel für die erwähnten* reichen Leute *akzeptiert gehabt. [...] Endlich ist ein Geschrei gekommen, dass der* reiche *Reb Samuel und sein Sohn im Gefängnis sind. Sobald der Lärm nach Hamburg gekommen ist, ist gleich all der Kredit, den mein Sohn Nathan gehabt hat, weg gewesen, und wer einen Wechsel auf meinen Sohn Nathan gehabt hat, von den betreffenden* reichen Leuten *oder sonst jemandem, hat gleich auf Bezahlung gedrungen.*«[1]

Nathan war der Sohn der Hamburger Kauffrau Glikl bas Judah Leib (1646/47–1724),[2] bekannt geworden unter dem im bürgerlichen 19. Jahrhundert konstruierten »Ehenamen« Glückel von Hameln. Sie schildert in ihrem berühmten autobiografischen Text die existenzielle geschäftliche Krise ihres Sohnes. Er unterhielt umfangreiche Handelsbeziehungen zu der Firma des Hofjuden Samuel Oppenheimer (1630–1703) und seines Sohnes Emanuel (gest. 1721) in Wien. Titel und Funktion der beiden erwähnt Glikl allerdings nicht, nur ihren Reichtum – und die Risiken, die mit ihren Geschäften verbunden waren. Auch die Geschäftspartner konnten in diesen Strudel hineingezogen werden.

Glikl ist eine wichtige Zeugin für das Wissen um den finanziellen Ruf einzelner Personen und die soziale Hierarchie in der jüdischen Gesellschaft im 17. und beginnenden 18. Jahrhundert. Anders als die schreibenden Männer, die Gelehrten, teilt sie dem Leser in ihrem langen autobiografischen Text entsprechende Beobachtungen mit. Dies geschieht eher beiläufig. Ihre *Sichronot* (Erinnerungen) sind an ihre Kinder adressiert, um sie über die Familie, die Verwandtschaft und all die Personen zu informieren, mit denen die Familie zu tun hatte – darunter viele, die Glikl mit dem Attribut »reich« (*kazin*) kennzeichnet.

Die Hamburger Kauffrau, die einzige Jüdin im Aschkenas der frühen Neuzeit, von der ein umfangreicher autobiografischer Text überliefert ist, steht mit ihren Beschreibungen und Vorstellungen von Vermögen und Reichtum, ihrem dem zugleich kritischen Blick auf den »Reichtum« ihrer Schicht im Allgemeinen und den der Hofjuden im Besonderen für die jüdische Perspektive auf das Thema. Indem sie Personen erwähnt, von denen wir wissen, dass sie Hofjuden waren, diese aber selten einmal mit den Titeln der christlichen Gesellschaft benennt oder deren Position beschreibt, zeigt sie bereits, dass die Wertigkeit eines Hofjudentitels in der jüdischen Gesellschaft eine andere war. Dieser Befund deckt sich mit dem anderer Quellen, etwa den Grabinschriften von Hofjuden.[3]

Bereits der Begriff »Hof-Jude« deutet in seinen beiden Wortbestandteilen an, worum es geht: ein Jude, der etwas mit einem Fürstenhof zu tun hat. Da »Jude« in der frühen Neuzeit viel mehr bedeutete als eine Religionsbezeichnung, nämlich sogleich die besondere rechtliche Stellung der Juden wie auch ihre einseitige berufliche Zugehörigkeit ansprach,[4] lässt sich »Hofjude« bereits als Berufsbezeichnung interpretieren: ein jüdischer Kaufmann, der für einen Fürstenhof tätig war. Diese Tätigkeit hatte Voraussetzungen und Folgen und ging meist mit einer rechtlichen Privilegierung einher, um die Geschäfte für den Hof zu erleichtern.[5]

Der Geschäfts- und dann daraus entstehenden Dienstbeziehung zwischen dem Herrscher bzw. seinem Herrschaftszentrum und dem Hofjuden oder jüdischen Hoffaktoren – es gab auch christliche Hoffaktoren – lag ökonomisches Kalkül zugrunde. Vor allem jüdische Kaufleute waren in der Phase zwischen dem 30-jährigen Krieg und dem Ende des Alten Reiches willens und in der Lage, die Bedürfnisse der Höfe nach Luxuswaren, Geld und Heereslieferungen zu erfüllen. Und die Herrscher waren grundsätzlich bereit, Juden in diesen Positionen – anders als in weiten Teilen des 15. und 16. Jahrhunderts – in Dienst zu nehmen. Aus der Geschäftsbeziehung zwischen Herrschern und jüdischen Kaufleuten entstand ein Erfolgsmodell: In der Phase zwischen 1648 und 1806 wurden Hofjuden irgendwann an fast allen Höfen des Reiches in Dienst gestellt.[6]

Eine zentrale Voraussetzung dafür war, dass ein jüdischer Kaufmann in der Lage war, ein den Bedürfnissen des jeweiligen Hofes entsprechendes Kapital zu mobilisieren und die gewünschten (Luxus-)Waren oder Heereslieferungen zu besorgen. Dies konnte er nicht allein, sondern er arbeitete mit vielen anderen Juden zusammen. Auch innerjüdisch brauchte er also gute Geschäftskontakte, die wiederum von seinem Ruf als Kaufmann und von seinem Vermögen abhingen. Ein kleiner jüdischer Wanderhändler konnte in so einem System als Unterhändler fungieren, die Rolle am Hof wäre jedoch sicher eine Nummer zu groß für ihn gewesen.

So überrascht es nicht, dass natürlich nicht die »Nobodys« der jüdischen Gesellschaft in die Position eines Hofjuden aufstiegen, sondern die, die bereits zur jeweiligen regionalen Oberschicht gehörten und über die entsprechenden Kontakte verfügten. Einmal auf den Weg gebracht, rekrutierten sich die Nachfolger aus den bereits arrivierten Hofjudenfamilien. Und diese verbanden sich regional und überregional über Heiratskontakte untereinander und bauten damit ihr geschäftliches Netzwerk aus.[7] Die hohe Kongruenz zwischen verwandtschaftlichen und geschäftlichen Beziehungen kennzeichnet die Wirtschaft der Vormoderne insgesamt, ist also kein ausschließlich jüdisches Phänomen.[8]

Abhängig von der Größe und dem Geschäftsgebaren des Hofes, der dort zu übernehmenden Aufgaben und den Möglichkeiten des Hofjuden selbst, brachten es manche Hofjuden zu großem Vermögen; andere bewegten sich eher auf einem mittleren Niveau und die kleinen Hoffaktoren an den Kleinstresidenzen des Reiches besaßen eher bescheidene Möglichkeiten reich zu werden. Auch die meisten fürstbischöflichen Residenzen gehören eher in die letzte Kategorie. Wurden hier einmal größere Kredite benötigt, wandte man sich an auswärtige Hofjuden mit entsprechenden Kapazitäten.[9] Besonders gute Verdienstmöglichkeiten bestanden durch Heereslieferungen für die zahlreichen Kriege der Zeit. So haben zum Beispiel die erst gegen Ende des 18. Jahrhunderts aufgestiegenen großen süddeutschen Hofjudenfirmen Seligmann und Kaulla auf diese Weise den Grundstock ihres Vermögens gelegt; aber auch Samuel Oppenheimer in Wien verdankte hundert Jahre früher weiträumigen Geschäften dieser Art seine wirtschaftliche Bedeutung.[10] Vermögen und Reichweite des geschäftlichen und verwandtschaftlichen Netzwerks zusammen sind gute Indikatoren für die Position einer Familie in der sozialen Hierarchie der jüdischen Gesellschaft. Angesichts dieses Befundes und der hohen Risiken, die Geschäfte in der Vormoderne generell in sich bargen,[11] und der noch höheren Risiken, die manche Hofjuden auf sich nahmen oder auch auf sich nehmen mussten, sind der Status »Hofjude« und »reich« also nicht gleichzusetzen.

Die oben genannte Kauffrau Glikl gehörte dem unteren Rand der jüdischen Oberschicht ihrer Zeit an. An vielen Stellen ihres Textes, den sie nach dem Tod ihres Mannes Chaim (1689) auch mit therapeutischer Zielsetzung verfasste, kommt Glikl auf das Vermögen oder den Besitz von Menschen, auf den Wert von Gegenständen zu sprechen. Dieses sind die Kategorien, die ihr als Kauffrau vertraut sind. Dabei fragt man sich natürlich, woher sie eigentlich weiß, wie groß der Besitz einer Familie ist. Mir scheint dieses Wissen aus drei Quellen gespeist, die zusammen zu einer relativ großen Transparenz über die Besitzstände innerhalb der jüdischen Gesellschaft führten:

- die Steuereinschätzungen auf Gemeindeversammlungen und Landtagen, bei denen jeder die Höhe seines Vermögens (oder Nichtvermögens) plausibel angeben musste;
- gemeinsame Geschäfte, die voraussetzten, dass die Partner gegenseitig ihren wirtschaftlichen Ruf und ihre Bonität kannten;
- und schließlich Heiratsverbindungen, die unter Familien abgeschlossen wurden, die ökonomisch ebenbürtig waren. Hier konnte allerdings das ökonomische Kapital gegen andere Formen von Kapital wie Ansehen aufgrund von Gelehrsamkeit verrechnet werden; und Ehepartner mit einem sozialen oder physischen »Makel« hatten, auch wenn sie aus einer wohlhabenden und angesehenen Familie stammten, nur reduzierte Chancen auf dem Heiratsmarkt.[12]

Dass bei der Vermögenstransparenz auch »geschummelt« wurde, belegt Glikl selbst: Als sie aus Hamburg fortzog, war ihr »Ruf« noch besser als ihr Vermögen. Den wollte sie nicht zerstören, andererseits aber auch nicht Abzugssteuer für ein Vermögen bezahlen, das sie nicht mehr besaß. So entschied sie sich für Steuerflucht.[13]

In den Schilderungen der ökonomischen Situation ihrer jüdischen Umwelt und besonders ihrer Verwandten und der künftigen Verwandten ihrer Kinder versieht Glikl wiederholt Personen, darunter eine Frau,[14] mit dem Attribut »reich« (mindestens 21). Nur gut die Hälfte davon, nämlich zwölf, sind Hofjuden; das heißt solche jüdischen Kaufleute, die es zu dauerhaften, teilweise vertraglich gefassten Dienstleistungsverhältnissen zu einem höfisch strukturierten Herrschaftszentrum gebracht hatten.[15] Glikl unterscheidet also eine Schicht besonders wohlhabender Geschäftsleute an der Spitze der ökonomischen Hierarchie der jüdischen Gesellschaft, unabhängig davon, wo diese ihren Reichtum erwarben. Die Position in der sozialen Hierarchie wird über das Vermögen, nicht über die Position als Hofjude definiert. Am höchsten aber steht der, der beim Vermögen wie bei der Gelehrsamkeit bzw. mit rabbinischen Positionen punkten kann. Den Wiener Oberfaktor Samson Wertheimer (1658–1724) stellt Glikl zunächst als »Gaon Oberrabbiner Samson«[16] vor und verzichtet dabei auf jeden Hinweis auf seinen Reichtum. Erst in den folgenden Nennungen wird er dann als »der reiche Reb Samson«[17] oder als der »reiche Oberrabbiner Samson«[18] apostrophiert.

Welche Bedeutung letztlich die Kombination von »Reichtum und Ehre« hatte, zeigt sich an der häufigen Verwendung dieses Begriffspaares *(oisher un koved)*. Reichtum allein reichte für eine hohe Wertschätzung in der jüdischen Gesellschaft nicht aus.[19]

Glikls nächster Verwandter in der Position eines Hofjuden war Reb Lipmann/ Leffmann Behrens (1634–1714), der zweite Mann ihrer Schwägerin Jente, der am Hof in Hannover den Herzögen als Hofjude diente.[20] Bei ihm ist Glikl sehr zurückhaltend mit dem Attribut *reich*, ohne dass wir den Grund dafür erfahren. Anders bei seinen Söhnen Herz (1657–1709; aus 1. Ehe und damit nicht mit Glikl verwandt)[21] und Jacob (1659–1697): Sie wuchsen in das Hofgeschäft des Vaters hinein und werden von Glikl immer als *reich* bezeichnet. Über Leffmann Behrens war Glikl auch mit dem »reichen« Berliner Hofjuden Reb Juda Berlin/ Jost Liebmann (1640–1702) verwandt, während sie sich vor allem durch die Heiratsverbindungen ihrer Geschwister und Kinder mit einer ganzen Reihe weiterer »reicher« Hofjuden verschwägerte: mit Calman Abrahams (vor 1595 – nach 1661) in Aurich, Reb Model/Model Riess (gest. 1675) in Berlin, mehrfach mit der Familie des Reb Elia/Elias Gomperz (gest. 1689) in Kleve, mit der weiteren

Familie von Reb Samson/Samson Wertheimer in Wien (ihr »Gevatter« Moses Brilin in Bamberg war ein Schwager von Wertheimer), mit Reb Samson/Samson Salomon oder Baiersdorf (gest. 1712), Hofjude in Bayreuth, und fast auch mit »dem reichen Reb Samuel«/Samuel Oppenheimer in Wien.[22] Von all diesen ist Samson Baiersdorf der Einzige, den sie explizit als »Hofjud« bezeichnet.[23] Und nur in seinem Fall geht sie, da sie durch die Verschiebung der Hochzeit ihres Sohnes unmittelbar betroffen war und vielleicht dadurch auch genauere Kenntnisse erlangte, auch genauer darauf ein, welche Chancen und Risiken die Position am Hof für einen Juden bedeuteten: die Intrigen, die sein Vermögen gefährdeten, und das hohe Ansehen, das er ansonsten beim Markgrafen genoss.[24] Nur ein einziges Mal wird Glikl selbst Zeugin der Begegnung zwischen Hofangehörigen und für den Hof tätigen Juden: Bei der Hochzeit ihrer Tochter Zippora mit dem Sohn von Elias Gumperz in Cleve, an der auch ein brandenburgischer Prinz teilnahm.[25]

Knapp dreißig Jahre nach den Beobachtungen von Glikl geht ein junger Mann aus der Nähe von Detmold im Fürstentum Lippe auf große Europareise (1719–1723). Anhand seiner Notizen verfasste Abraham Levie (1702/03–1785) Jahrzehnte später auf Jiddisch einen Reisebericht, in dem er unter anderem ausführlich auf die kaiserliche Residenzstadt, die dort lebenden Hofjuden und besonders die Symptome ihres Reichtums einging:[26]

»Was anbelangt die Juden in dieser Schtat Wien, sein die reichste vun ganz Europa. Die vahr nehmste seinen: Erst der große achtbahre, weit brihmte Her R. Schimschon Wertinheim, welchen man bei gemeinen Schprichwort wegen sein große Reichtum ›den Juden Keiser‹ heißen. Dieser Wertinheimer hat von denen keiserlichen Soldaten zehn alle Zeit vor sein Tohr Wacht halten. Wor mit er sampt fil mehr andre Freiheiten fun den Keisr begnadigt ist. Dieser Wertheimer hat gar fil Palesten und Gartens in Wien. Oich hat er vil Giter und Heiser in Teitschland, gleich zu Frankfurt an Main und zu Worms und in vil mehr Plezen. Oich hat er lasen vil Schuhlen boien und viel Gelt unter die arme Juden in ganz Europa ois giteihlt, ja selbst bis in Polen hat man fun sein Gelt oisgeteilt. Oich in das heilige Land nach Jeruschalaim, alwor er Her vun das Land genant wirt. Und Rabiner von Ungaren ist. Dieser is so reich, das er ein jeder fun sein Kinder an Kontent-Geld zum Heirat hat gegeben zwei mahl hundert Tausend Gulden holendisch. Und seinen der Kinder seks. Er is al jezund ein alter Man in die sibinzig Jahr alt. Er fihrt sich in Kleidung gleich ein Polack und hat ein langen weissen Bahrt. Er kumt gar oft bei dem Keiser.«

»Der andrer reicher Jud is der Her R. Mendle Openheimer, welcher gleich R. Schimschon mit zehn Soldaten bedihnt wirt. Hat oich ein lustig Palas in Wien

und noch mehr Heiser und Gartin Hoisen far die Schtat. Hat oich ein schinin Palas geboiet in die Schtat Manheim bei den Rhein. Disur Openheimer ist ein Man kurz von Schtatur, fihrt keinen Bahrdt, hat oich gar fil Bedihnte und iss ser reich. Er schpeiset alle Tag ein Tabil mit silber Geschir far die Armin gleich oich fremde Juden. Wer nar will kann hir zur Mahlzeit kumen. So bald als zwelf Uhr schlegt, wirt die Tabel Glok geleit, so mag kumen wer nur will in groisen Sal. Hir sein Bedihnte, die diese tabel bedihnen gleich ihr Herin Tisch. Nach getahner Mahlzeit git ein jeder sunder sich zu bedanken wider awek. Andre Juden in Wien sein alle gar reich. [...] un oich sein sie alle gar Bedihnt und Farwalters fun einigeh Sachen des Keisers. Gleich der Wertinheimer un Openheimer seinen Prowiand Meinsters: Der Abram Ulmo, Liwrant fun heu, andreh wider fun Munizie un Geschiz.«

Abraham Levie beschreibt, was er sieht. Und verbindet seine Beobachtungen mit dem, was er von anderen über Samson Wertheimer und Emanuel Oppenheimer gehört hat. Auch bei ihm finden wir also das Wissen über den Besitz, im Fall der Mitgiften Samson Wertheimers für seine Kinder auch in Geldsummen ausgedrückt – wie bei Glikl. Man wusste in der jüdischen Gesellschaft, wer reich, wer sehr reich war.

»Reichtum« ist eine wertende Beschreibung der Menge an Besitz, die eine Person, eine Familie oder eine Institution besitzt. Das ist heute nicht anders als im 18. Jahrhundert. Wie sich die Relationen dafür allein in der jüdischen Gesellschaft des 17. Jahrhunderts verschoben, thematisierte Glikl mehrfach. Ein Mann wie ihr Schwiegervater konnte für seine Zeit schon als vermögend gelten; gegen Ende des 17. Jahrhunderts hatten dann jedoch die Vermögen zugenommen – mit durchaus nicht immer positiven Folgen. Josef Hameln wäre zu dieser Zeit nicht mehr als reich durchgegangen.[27]

Dies alles heißt, das Adjektiv »reich« ist immer eine zeit- und kontextbezogene Zuschreibung, die sich im Idealfall durch Zahlen belegen und mit anderen Zahlen in Relation setzen lässt. Dafür fehlen uns für die Zeit vor 200 oder 300 Jahren jedoch vielfach die Quellen, denn Geschäftsbücher der jüdischen Firmen sind kaum einmal erhalten. Und wenn doch – meist in Zusammenhang mit gerichtlichen Untersuchungen oder in den erhaltenen Testamenten und Inventaren – spiegeln sie den Vermögensstand nur zu einem bestimmten Zeitpunkt wider und geben kein Bild der Entwicklung eines Geschäftsvermögens.[28] Leichter ist es dagegen, Informationen zum Volumen einzelner Geschäfte zu erhalten.[29] Ganz abgesehen davon, ist die Geschichte der Hofjuden noch zu wenig unter (modernen) wirtschaftsgeschichtlichen Gesichtspunkten erforscht worden.[30]

Außer den kapitalisierten Angaben zu Vermögen und Reichtum gibt es jedoch auch Indizien, die von der jüdischen und zum Teil auch der nichtjüdischen

Umgebung beobachtet werden konnten – so, wie es Abraham Levie gemacht hat. Vieles von dem, was hier relevant ist, hat er bereits aufgezählt: Paläste und Gärten an verschiedenen Orten, das öffentliche Auftreten (hier die Soldaten vor der Tür und die Vielzahl der Bedienten), auch Kutschen und Lakaien; die Investition in Kultgerät, Textilien zum kultischen Gebrauch (inklusive Torawimpel) und kostbare Manuskripte, alles zum eigenen Gebrauch wie auch als Stiftungen an Gemeinden, die Stiftung von Schulen und die Unterstützung Not leidender Gemeinden und der wandernden Armen; schließlich persönliches Auftreten und Selbstrepräsentation in Gestalt der Kleidung – Samson Wertheimer, der wie ein alter polnischer Jude gekleidet ist, fällt hier wohl aus dem Rahmen – und in Porträts. Die hat Abraham Levie nicht beschrieben, weil er vermutlich keine gesehen hat.

Drei Aspekte hiervon möchte ich herausgreifen, um an ihnen die Sichtbarkeit und die Bedeutung von Reichtum in der jüdischen Gesellschaft und darüber hinaus zu zeigen.

HÄUSER, PALÄSTE UND GÄRTEN

Abraham Levie hat nicht unrecht, wenn er Samson Wertheimer und Emanuel Oppenheimer an der Spitze der jüdischen Vermögensskala seiner (Reise-)Zeit platziert. So verwundert es nicht, dass beide mit mehreren Palästen und Gärten in Wien, aber auch Häusern und Palästen in Worms, Frankfurt oder Mannheim aufgeführt werden. Andere bedeutende Hofjuden der Zeit verfügten »nur« über große Kaufmannshäuser, wie z. B. Leffmann Behrens auf der Calenberger Neustadt in Hannover oder Berend Lehmann (1661–1730) in Halberstadt.[31]

Zur Innenausstattung eines solchen Hauses liefert uns Glikl eine Beschreibung. In Kleve fand 1674 die Hochzeit ihrer ältesten Tochter Zippora im Haus des Elias Gomperz statt: »Wir sind in ein Haus gekommen, das fast eine königliche Wohnung gewesen ist und in aller Art wohl möbliert wie ein Herrenhaus.« »Nach der Trauung hat man alle Vornehmen in Reb Elias, des Bräutigams Vaters, großes Prunkgemach geführt, welches ist mit goldenem Leder ausgeschlagen gewesen. Drinnen ist ein großer Tisch gestanden, worauf lauter königliche Leckerbissen gewesen sind.«[32]

Größe und Ausstattung von Häusern und Palästen hingen von drei Faktoren ab: dem Recht auf Immobilienbesitz und freie Gestaltung desselben, dem Vermögen und den persönlichen Prioritäten bzw. Rücksichtnahmen auf mögliches Aufsehen oder Schwierigkeiten. Denn es war nicht zwangsläufig so, dass ein Hofjude, der sich den Bau eines repräsentativen Bauwerks leisten konnte, dies auch tat. Behrend Lehmann etwa scheint eher in den Bau der Halberstädter Synagoge investiert zu haben. Die Repräsentationsformen der jeweiligen lokalen (Residenz-)Gesellschaft dürften bei den Entscheidungen ebenfalls eine Rolle gespielt haben.

Auch in der Zeit nach Abraham Levie galten diese Rahmenbedingungen weiterhin, ob nun für das Palais von Joseph Süß Oppenheimer (1698–1738) in Stuttgart oder den großen Kaufmannshof von Alexander David in Braunschweig, die ehemalige Münze der Stadt. Aus dem Inventar des Kammeragenten von 1765 geht hervor, dass das Gebäude nicht nur Wohnhaus war, sondern eben auch das Kontor, einen Betraum, Gästezimmer, Bibliothek, Lagerräume und eine kleine Tabakmanufaktur enthielt. Für das Dienstpersonal wurden ebenfalls Räume benötigt.[33]

In der 2. Hälfte des 18. Jahrhunderts sind es die Berliner Hofjuden, die durch die Münzmanipulationen im Auftrag ihres Dienstherrn sehr reich geworden waren, die mit ihren Häusern und Palästen in der Stadt auffielen. Die Bauten wie ihre Ausstattung sind ausführlich in den Beschreibungen der städtischen Sehenswürdigkeiten von Friedrich Nicolai berücksichtigt worden.[34]

Große Häuser und Paläste konnten von jedem Bewohner der Stadt und von den Besuchern wahrgenommen werden; ebenso die Geschäftigkeit um diese Häuser, ein- und ausfahrende Kutschen, Diener oder – wie im Fall Wiens – Soldaten vor der Tür, Geld- und Warentransporte, herrschaftliche Boten. Oder sogar Geldsäcke.[35] Sie bedeuteten Wichtigkeit und große Geschäfte, potenziell Reichtum. Ebenso wie in der jüdischen Gesellschaft wird auch die Stadtgesellschaft ihre Beobachtungen und Gerüchte sowie ihr Wissen kommuniziert und die Vorstellung von »reichen Hofjuden« kreiert und verfestigt haben.

Weit weniger offensichtlich, weil nur punktuell öffentlich, war das persönliche Auftreten der Hofjuden, ihre Kleidung, ihr Habitus. Abraham Levie, der seine Beobachtungen vermutlich z. T. eher innerhalb der jüdischen Öffentlichkeit, wenn nicht sogar im häuslichen Rahmen, machte, schildert das breite Spektrum möglichen Auftretens zwischen dem altertümlich wie ein polnischer Jude auftretenden Samson Wertheimer und dem wenig jüngeren Emanuel Oppenheimer, der sich als Hofjudensohn wohl schon weit an die höfische Mode angepasst hatte und keinen Bart mehr trug. Samson Wertheimer zeigte also seinen Reichtum nicht durch seine Kleidung; andere Hofjuden taten dies durchaus, wovon wir uns allerdings für den öffentlichen Raum mangels geeigneter Medien kein Bild machen können.

PORTRÄTS

Anders im halböffentlichen Raum der Privathäuser, denn auch Hofjuden inszenierten sich und ihren Status – der zeitgenössischen Mode folgend – in Form von Porträts, die sie nicht selten von Hofmalern anfertigen ließen und punktuell sogar am Hof tauschten oder verschenkten.[36] Die vergleichende Betrachtung dieser Porträts kann nur in dem Bewusstsein geschehen, dass wir heute nicht wissen, wie umfangreich der Korpus einmal war und wie viel davon verloren ging. Ende des 17., Anfang des 18. Jahrhunderts lassen sich zwei Porträtgenres beobachten, die danach sehr schnell konvergierten. Ein Porträt des Frankfurter Kaufmanns Süsskind Stern aus dem Jahr 1671 ist als das älteste erhaltene Ölbildnis eines jüdischen Kaufmanns anzusehen und steht in der Tradition bürgerlicher Porträtkultur. Das Bild ist in den Niederlanden entstanden.[37] Ähnlich zeigt sich das Porträt von Leffmann Behrens (ca. 1710), das älteste bekannte Bild eines Hofjuden in Norddeutschland. Die ältesten Porträts der Wiener Hofjuden, ein Stich, der posthum von Samuel Oppenheimer angefertigt wurde, sowie mehrere Kopien in Öl (19. Jahrhundert) eines Porträts von Samson Wertheimer, zeigen die Männer dagegen in Kleidung und Habitus angenähert an das Genre des Rabbinerporträts.[38] Vorlage bzw. Original der Bilder dürften zu Lebzeiten entstanden sein. Auf beiden Bildern finden sich die Tätigkeitsbereiche der Dargestellten symbolhaft angedeutet: Beide halten einen Brief in der Hand, eine Schreibfeder ist zu sehen, dazu sind bei Samson Wertheimer wohl Geschäftsbücher, bei Samuel Oppenheimer hingegen typische Waren eines Heereslieferanten und ein Sack Geld dargestellt. Beide zeigen sich in Kleidung und mit Vollbart traditionell jüdisch, sie tragen einen bäffchenartigen Kragen. Ähnlich ließ sich der reiche Hamburger Kaufmann Issachar Bär Cohen (gest. 1728) um die gleiche Zeit abbilden, der 1707 mit der Hamburger Klaus das erste Lehrhaus gründete.[39]

Wenig später schon tritt ein neuer Typus auf, der uns in der Beschreibung Emanuel Oppenheimers schon begegnet ist. Von ihm gibt es kein Bild; vielleicht hat er jedoch so ähnlich ausgesehen wie »der Hofjude«, dargestellt auf einem Gemälde von 1702, das Anton Schoonjans zugeschrieben wird.[40] Wie Emanuel Oppenheimer trägt »der Hofjude« keinen Bart – eine Feststellung, deren Nachrichtenwert Abraham Levie so in den Mittelpunkt stellt, dass der Rest der Kleidung keiner Erwähnung mehr wert scheint. Somit gibt es Grund zu der Vermutung, dass Emanuel Oppenheimer sich jedenfalls nicht wie Wertheimer kleidete, sondern eher so, wie es für einen Mann dieser Position zu der Zeit zu erwarten war. Ein weiteres Bildzeugnis für so einen Mann haben wir mit dem Porträt des jungen Isaak Behrens (1690–1765) in Hannover. Das Gemälde zeigt ihn als kostbar nach neuester höfischer Mode und mit hoher Perücke gekleideten Mann, während sein Großvater Leffmann Behrens vermutlich zeitgleich im gediegenen Kaufmannshabitus mit Vollbart und Kopfbedeckung dargestellt ist.[41]

Auch den Hofjudenporträts der folgenden Jahrzehnte ist gemein, dass die Dargestellten in der Regel gediegen und nach der Mode der Zeit, aber nicht protzig wie der Karlsruher Hofjude Salomon Meyer-Model (1693–1774) zu sehen sind. Bis etwa 1780 sind die meisten an ihren wenn auch gestutzten Bärten immer noch als Juden zu erkennen. Die Perücke ersetzte die Kopfbedeckung. Erst danach findet der Übergang zu einer qualitätvollen bürgerlichen Kleidung ohne Bart und Perücke statt.[42] Mit ihrem pompösen Hut sticht allein die einzige Hofjüdin von Bedeutung, Mme. Kaulla (1739–1809) aus dieser Reihe heraus.[43]

Porträts sind sicher ein Indikator für ein gewisses Vermögen und für das Bewusstsein der Bedeutung einer ästhetisierten Selbstdarstellung. Man kann sie als Folge auch von Reichtum betrachten, mehr noch aber wohl als Indikator für den Kontakt mit der visuellen Kultur der nichtjüdischen Gesellschaft und das Bemühen, sich die Ausdrucksformen derselben zu eigen zu machen. So beschränkt sich die jüdische Porträtkultur – wie ja auch schon an Süsskind Stern und Bär Cohen zu sehen – nicht auf die Hofjuden. Vielmehr findet das Rabbinerporträt als Gelehrtenporträt in der säkularen intellektuellen Elite der Maskilim und ihnen nahestehender Autoren seine Fortsetzung. Gleichzeitig lassen sich seit der zweiten Hälfte des 18. Jahrhunderts immer mehr Angehörige der wohlhabenden Oberschicht abbilden, die nicht im höfischen Kontext arbeiten. Beispiele hierfür, Intellektuelle, Kaufleute, Ärzte, findet man vor allem in Berlin.[44]

ZEDAKA UND STIFTUNGEN

Gute Werke, Hilfe für die Notleidenden und die Beförderung frommer Studien zählen zu den ethischen Grundlagen des Judentums. Sie nehmen jeden nach seinen Möglichkeiten in die Pflicht und stellen ein zentrales Merkmal institutionalisierter Aktivitäten jeder jüdischen Gemeinde dar.[45] Hieraus entstand für die neu zu Wohlstand gekommenen jüdischen Hoffaktoren angesichts des seit dem 15. Jahrhundert anhaltenden krisenhaften Zustands jüdischer Gemeinden und jüdischer Kultur eine riesige Herausforderung. In je unterschiedlicher, nach Ort und Zeit spezifischer und individueller Form haben die meisten von ihnen darauf reagiert. Sie nutzten ihren Reichtum nicht nur für sich, sondern auch für die Gemeinschaft.[46]

Abraham Levie zeigt in seiner Beschreibung von Samson Wertheimer und Emanuel Oppenheimer bereits die beiden wesentlichen Grundformen: Der gelehrte Wertheimer, zugleich Rabbiner und Hofjude, konzentrierte sich auf die Förderung gemeindlicher Strukturen, die Errichtung von Schulen und den Druck und die Verbreitung der Traditionsliteratur. Oppenheimer hingegen wählte sich die Hilfe für Arme und Wandernde zum Schwerpunkt. Er gab ihnen nicht einfach nur an der Hintertür zu essen, sondern lud sie an die mit kostbarem Geschirr und Silber gedeckte Tafel und ließ sie von seinem Personal bedienen. Jeder, der es nötig hatte, durfte kommen und erhielt in diesem Ambiente für einen kurzen Moment seine Würde zurück.[47] Was sich darüber hinaus zugunsten der jüdischen Gemeinschaft hinter verschlossenen Türen abspielte, konnte Abraham Levie nicht wissen: so etwa die politische Fürsprache der Hofjuden am Kaiserhof zugunsten der jüdischen Sache.

Wie Oppenheimer und Wertheimer haben sich die meisten anderen Hofjuden für die Belange der jüdischen Gesellschaft eingesetzt; mal mehr, mal weniger intensiv, zuweilen auch selbstherrlich, mal mehr, mal weniger erfolgreich.[48] Sie haben wesentlich dazu beigetragen, die Bedingungen jüdischen Lebens seit der zweiten Hälfte des 17. Jahrhunderts wieder zu verbessern, neue Gemeinden zu gründen, Synagogen zu bauen und auszustatten, Friedhöfe anzulegen, Lehrhäuser zu stiften, grundlegende religiöse Werke zu drucken, Schulen für arme Kinder zu eröffnen.[49]

Das eigene Seelenheil, den eigenen Ruhm hatten sie dabei durchaus im Blick: Die Förderung des Studiums von Gelehrten konnte das eigene Studium ersetzen, das sie sich neben ihren Geschäften nicht mehr erlauben konnten, und die Stiftungen von Kultgerät und kostbaren Textilien an die Synagoge zeigten in den Stifterinschriften und durch das Material und die hochwertige Handwerksleistung edle Gesinnung, Wohlstand und Geschmack.[50] Kultgerät und kostbare Manuskripte wurden aber auch einfach für den privaten Gebrauch in Auftrag gegeben. Auch die für die Söhne gefertigten Torawimpel konnten schließlich der Selbstdarstellung dienen und liefern in der Gestaltung der Chuppa-Szene Belege für die zeitgemäße und kostbare Mode der Oberschicht.[51]

Das Kapital der Hofjuden trug so dazu bei, dass jüdische Kultur im 18. Jahrhundert im traditionellen Sinn noch einmal zu einer Blüte gelangte.[52] Schließlich verdankten auch die schulischen Reformprojekte seit dem letzten Viertel des 18. Jahrhunderts reichen Hofjuden die Umsetzung: Sei es nun die Freischule in Berlin, die Reformprojekte Israel Jacobsons (1768–1828) in Seesen, Wolfenbüttel und Kassel oder die kleine Reformschule Meyer Michael Davids (gest. 1799) in Hannover: Ohne den Reichtum ihrer Gründer wären sie wohl nicht entstanden.[53]

1 Chava Turniansky (Hg.), Glikl, Memoires 1691–1719. Ed. and transl. from the Yiddish [yidd. and hebr.], Jerusalem 2006, S. 483f.; Bertha Pappenheim (Bearb.), Die Memoiren der Glückel von Hameln. Aus dem Jüdisch-Deutschen (Autorisierte Übertragung nach der Ausgabe von David Kaufmann, Wien 1910), [Nachdruck] mit einem Vorwort von Viola Roggenkamp, Weinheim 1994, S. 251f.
2 Zu Leben und Autobiografie von Glikl vgl. besonders: Natalie Zemon Davis, Drei Frauenleben. Glikl, Marie de l'Incarnation, Maria Sibylla Merian, Berlin 1995, S. 11–79 u. 265–301 (dieser Teil des Buches zu Glikl erschien auch separat: Natalie Zemon Davis, Mit Gott rechten. Das Leben der Glikl bas Judah Leib, genannt Glückel von Hameln, Berlin 2003. Ich zitiere jedoch nach der deutschen Originalausgabe von 1995); Monika Richarz (Hg.), Die Hamburger Kauffrau Glikl – Jüdische Existenz in der frühen Neuzeit (Hamburger Beiträge zur Geschichte der deutschen Juden 24), Hamburg 2001; zu den sozialen Beobachtungen Rotraud Ries, Status und Lebensstil – Jüdische Familien der sozialen Oberschicht zur Zeit Glikls, in: ebd., S. 280–306.
3 Martina Strehlen, Spuren der Realität in der Erinnerung? Zu Grabsteininschriften und Memorbucheinträgen für Hofjuden, in: Rotraud Ries/J. Friedrich Battenberg (Hg.), Hofjuden – Ökonomie und Interkulturalität. Die jüdische Wirtschaftselite im 18. Jahrhundert (Hamburger Beiträge zur Geschichte der deutschen Juden 25), Hamburg 2002, S. 177–190, hier S. 179; erst um 1800 findet man auf den Grabsteinen Hinweise auf die höfische Funktion und entsprechende Titel wie z. B. im Fall von Jacob Kaulla (1750–1810), vgl. Heinrich Kohring, Die Inschriften der Kaulla-Grabdenkmäler auf dem jüdischen Friedhof in Hechingen. Text und Übersetzung sowie philologischer und inhaltlicher Kommentar, in: Zeitschrift für Hohenzollerische Geschichte 108 (1985), S. 171–213, hier S. 183.
4 In obrigkeitlichen Listen in der frühen Neuzeit, in denen Berufsangaben aufgeführt werden, findet sich bei Juden anstelle des Berufes oft nur der Eintrag »Jude«, der als berufliche Kennzeichnung, als Synonym für Händler, ausreichte.
5 Vgl. Rotraud Ries, Hoffaktoren, in: Dan Diner (Hg.), Enzyklopädie jüdischer Geschichte und Kultur, Bd. 3, Stuttgart/Weimar 2012, S. 84–89; oder dies., Juden als herrschaftliche Funktionsträger, in: Werner Paravicini (Hg.), Höfe und Residenzen im spätmittelalterlichen Reich. Bilder und Begriffe, bearb. von Jan Hirschbiegel/Jörg Wettlaufer, T. 1–2, 1: Begriffe (Residenzenforschung 15.II, T. 1), Sigmaringen 2005, S. 303–306.
6 Rotraud Ries, Hofjuden – Funktionsträger des absolutistischen Territorialstaates und Teil der jüdischen Gesellschaft. Eine einführende Positionsbestimmung, in: Ries/Battenberg (Hg.), Hofjuden , wie Anm. 3, S. 11–39; die Forschung zu Hofjuden jenseits der (wichtigen) Einzelfallstudien setzte mit der ersten systematisierenden Untersuchung von Selma Stern 1950 ein: Selma Stern, Der Hofjude im Zeitalter des Absolutismus. Ein Beitrag zur europäischen Geschichte im 17. und 18. Jahrhundert [1. Aufl. Philadelphia 1950]. Aus dem Englischen übertragen, kommentiert und hg. v. Marina Sassenberg (Schriftenreihe wissenschaftlicher Abhandlungen des Leo Baeck Instituts 64), Tübingen 2001; hiernach erschienen besonders seit den 1990er-Jahren eine Reihe neuer Darstellungen und Analysen: Vivian B. Mann/Richard I. Cohen (Hg.), From Court Jews to the Rothschilds. Art, Patronage and Power 1600–1800. (Published in conjunction with the exhibition »From Court Jews ...«, Jewish Museum, New York, Sept. 1996 – Jan. 1997), München/New York 1996; darin bes. Michael Graetz, Court Jews in Economics and Politics, in: ebd., S. 27–43; Mordechai Breuer, Frühe Neuzeit und Beginn der Moderne, in: Mordechai Breuer/Michael Graetz, Deutsch-Jüdische Geschichte in der Neuzeit, Bd. 1: Tradition und Aufklärung, 1600–1780, München 1996, S. 83–247; Ries/Battenberg (Hg.), Hofjuden, wie Anm. 3.
7 Ries, Hofjuden – Funktionsträger, wie Anm. 6, S. 15 u. 23.
8 Vgl. Jürgen Kocka, Familie, Unternehmer und Kapitalismus. An Beispielen aus der frühen deutschen Industrialisierung, in: Heinz Reif (Hg.), Die Familie in der Geschichte, Göttingen 1982, S. 163–186.
9 Britta Waßmuth, Im Spannungsfeld zwischen Hof, Stadt und Judengemeinde. Soziale Beziehungen und Mentalitätswandel der Hofjuden in der kurpfälzischen Residenzstadt Mannheim am Ausgang des Ancien Régime (Sonderveröffentlichung des Stadtarchivs Mannheim, Institut für Stadtgeschichte 32), Ludwigshafen 2005, S. 213ff.; Dina van Faassen, »Hier ist ein kleiner Ort und eine kleine Gegend« – Hofjuden in Lippe, in: Ries/Battenberg (Hg.), Hofjuden, wie Anm. 3, S. 289–306; Birgit Klein/Rotraud Ries, Zu Struktur und Funktion der jüdischen Oberschicht in Bonn und ihren Beziehungen zum kurfürstlichen Hof, in: Frank Günter Zehnder (Hg.), Eine Gesellschaft zwischen Tradition und Wandel. Alltag und Umwelt im Rheinland des 18. Jahrhunderts (Der Riss im Himmel. Clemens August und seine Epoche, Bd. 3), Köln 1999, S. 289–315.
10 Rotraud Ries, Butterlieferant oder Geheimer Finanzienrat: Was Hofjuden konnten und was sie durften, in: Volker Gallé (Hg.), Joseph Süß Oppenheimer – ein Justizmord. Historische Studien zur Situation der Juden im Südwesten und der Hofjuden im 18. Jahrhundert, Worms 2010, S. 69–90, hier S. 81f.
11 Kocka, wie Anm. 8, S. 167ff.

12 Jacob Katz, Family, Kinship and Marriage among Ashkenazim in the Sixteenth to Eighteenth Centuries, in: Jewish Journal of Sociology 1 (1959), S. 4–22.
13 Pappenheim, wie Anm. 1, S. 262; Davis, wie Anm. 2, S. 25.
14 Diese, Jachet Krumbach-Schwab, die Schwiegermutter ihrer Tochter in Metz, wird jedoch wohl nur aufgrund des Reichtums ihres Mannes so bezeichnet.
15 Ries, Hofjuden, wie Anm. 6, S. 15.
16 Pappenheim, wie Anm. 1, S. 234f.
17 Ebd., S. 235, 253.
18 Ebd, S. 235f.
19 Ebd., S. 164, 182, 191, 233 u. 263; dazu Davis, wie Anm. 2, S. 48ff.; Ries, wie Anm. 2, S. 283.
20 Pappenheim, wie Anm. 1, S. 59, 134, 212, 242 u. 248; Bernd Schedlitz, Leffmann Behrens. Untersuchungen zum Hofjudentum im Zeitalter des Absolutismus (Quellen und Darstellungen zur Geschichte Niedersachsens 97), Hildesheim 1984; Rotraud Ries, Die Residenzstadt Hannover als Kommunikationsraum für Juden und Christen um 1700, in: Daniel J. Cook/Hartmut Rudolph/Christoph Schulte (Hg.), Leibniz und das Judentum (Studia Leibnitiana, Sonderhefte 34), Stuttgart 2008, S. 49–77 u. Abb. 4–7; Bernd-Wilhelm Linnemeier, Eines Rätsels Lösung. Zur westfälischen Herkunft des hannoverschen Hof- und Kammeragenten Leffmann Behrens, in: Westfalen – Hefte für Geschichte, Kunst und Volkskunde 90 (2012), S. 77–93.
21 Vgl. Pappenheim, wie Anm. 1, Beil. D (ohne S.).
22 Ebd., S. 25f., 33, 134ff., 148, 159, 234f., 240f. u. 274; Ries, wie Anm. 2, S. 284–287; Natalie Zemon Davis, Riches and Dangers: Glikl bas Judah Leib on Court Jews, in: Mann/Cohen, wie Anm. 6, S. 45–57, hier S. 49.
23 Pappenheim, wie Anm. 1, S. 240; vgl. Davis, wie Anm. 22, S. 50.
24 Pappenheim, wie Anm. 1, S. 254f.
25 Ebd., S. 135ff.
26 Shlomo Berger (Hg.), Travels among Jews and Gentiles: Abraham Levie's Travelogue, Amsterdam 1764. Ed. of the Text with Introduction and Commentary (Hebrew Language and Literature Series 3), Leiden/Boston/Köln 2002, S. 1–5, zur Biografie Abraham Levis; die beiden Zitate ebd., S. 78f. (eigene Transkription).
27 Pappenheim, wie Anm. 1, S. 23, 33 u. 52; siehe auch Ries, Status und Lebensstil, Anm. 2, S. 289f. u. 293.
28 Vgl. Rotraud Ries, Sachkultur als Zeugnis des Selbst? Person und kulturelle Orientierung des braunschweigischen Kammeragenten Alexander David (1687–1765) [m. 7 Abb.], in: Birgit E. Klein/Rotraud Ries (Hg.), Selbstzeugnisse und Ego-Dokumente frühneuzeitlicher Juden in Aschkenas. Beispiele, Methoden und Konzepte. Unter Mitarbeit von Désirée Schostak (minima judaica 10), Berlin 2011, S. 47–102.
29 Vgl. die Angaben, die das Werk von Heinrich Schnee durchziehen: Heinrich Schnee, Die Hoffinanz und der moderne Staat. Geschichte und System der Hoffaktoren an deutschen Fürstenhöfen im Zeitalter des Absolutismus. Nach archivalischen Quellen, Bd. 1–6, 1: Die Institution des Hoffaktorentums in Brandenburg-Preußen, 1953; 2: Die Institution des Hoffaktorentums in Hannover und Braunschweig, Sachsen und Anhalt, Mecklenburg, Hessen-Kassel und Hanau, 1954; 3: Die Institution des Hoffaktorentums in den geistlichen Staaten Norddeutschlands, an kleinen norddeutschen Fürstenhöfen, im System des absoluten Fürstenstaates, 1955; 4: Hoffaktoren an süddeutschen Fürstenhöfen nebst Studien zur Geschichte des Hoffaktorentums in Deutschland, 1963; 5: Quellen zur Geschichte der Hoffaktoren in Deutschland, 1965; 6: Studien zur Wirtschafts-, Finanz- und Gesellschaftsgeschichte rheinisch-westfälischer Kirchenfürsten im letzten Jahrhundert des alten Reiches, 1967, Berlin 1953–1967. Zu einer wirtschaftsgeschichtlichen Auswertung war Schnee nicht in der Lage; zum antisemitischen ideologischen Kontext, in dem das Werk entstand und formuliert wurde, s. Stephan Laux, »Ich bin der Historiker der Hoffaktoren« – Zur antisemitischen Forschung von Heinrich Schnee (1895–1968), in: Jahrbuch des Simon-Dubnow-Instituts 5 (2006), S. 485–513.
30 Zum Forschungsstand Ries, Hofjuden – Funktionsträger, wie Anm. 6; Stern, Hofjude im Zeitalter des Absolutismus, wie Anm. 6, S. 265–273: Auswahlbibliografie neuerer Arbeiten zum Thema »Europäisches Hofjudentum im 17. und 18. Jahrhundert« [zusammengestellt durch das Hofjudenprojekt an der TU Darmstadt].
31 Rotraud Ries, Autobiographische Konstruktion und soziale Kontexte: Euchel und die Spuren der Haskala in Hannover, in: Marion Aptroot/Andreas Kennecke/Christoph Schulte (Hg.), Isaac Euchel. Der Kulturrevolutionär der jüdischen Aufklärung (Aufklärung und Moderne 15), Laatzen 2010, S. 51–92, hier S. 73, Plan der Neustadt mit dem großen L-förmigen Grundstück auf der rechten Seite der Langen Str.; das Haus hat ähnlich ausgesehen wie das Vorderhaus der Synagoge, Abb. ebd., S. 71; Berndt Strobach, Privilegiert in engen Grenzen. Neue Beiträge zu Leben, Wirken und Umfeld des Halberstädter Hofjuden Berend Lehmann (1661–1730), Bd. I: Darstellung, Bd. II: Dokumentensammlung, Berlin 2011, hier Bd. I, S. 53ff., mit dem Nachweis, dass Lehmann in dem Haus »Klein Venedig« (Bakenstr. 37) lebte und nicht, wie bislang vertreten, in dem Palais an der Judenstr. 16.
32 Pappenheim, wie Anm. 1, S. 136f.
33 Ries, Sachkultur, wie Anm. 28, S. 60ff.
34 Thekla Keuck, Hofjuden und Kulturbürger. Die Geschichte der Familie Itzig in Berlin (Jüdische Religion, Geschichte und Kultur 12), Göttingen 2011, S. 312ff.;

Friedrich Nicolai, Beschreibung der Königlichen Residenzstädte Berlin und Potsdam, aller daselbst befindlicher Merkwürdigkeiten, und der umliegenden Gegend, 3 Bde, ND der 3. Aufl. Berlin 1786, Berlin 1968, hier I, S. 6; II, S. 838–840, 929, 931.

35 Leffmann Behrens soll eines Tages nach dem Geldzählen vor der Haustür (!) einen Sack Geld vergessen haben. Ein vorbeikommender Soldat bemerkte das, wofür ihn Leffmann Behrens von seinem Regiment freikaufte und ihn als Kutscher beschäftigte; Schedlitz, Leffmann Behrens, Anm. 20, S. 23, nach einem Bericht des hannoverschen Chronisten Redecker.

36 Ries, Residenzstadt Hannover, wie Anm. 20, S. 71f.

37 Ruth Gay, The Jews of Germany. A Historical Portrait. With an introduction by Peter Gay, New Haven/London 1992, Pl. 12.

38 Richard Cohen/Vivian Mann, Melding Worlds: Court Jews and the Arts of the Baroque, in: Mann/Cohen (Hg.), wie Anm. 6, S. 97–131, hier S. 98f.; Hannelore Künzl, Zur Entwicklung des frühen Rabbinerporträts, in: Michael Graetz/Hannelore Künzl (Hg.), Vom Mittelalter in die Neuzeit – Jüdische Städtebilder: Frankfurt – Prag – Amsterdam. Essayband zur Jubiläumsausstellung. Unter Mitarbeit von Anne Alter und Annedore Gisbert, Heidelberg 1999, S. 31–43; Richard I. Cohen, Jewish Icons. Art and society in Modern Europe, Berkeley/Los Angeles/London 1998, S. 115ff.

39 Vierhundert Jahre Juden in Hamburg. Eine Ausstellung des Museums für Hamburgische Geschichte vom 8.11.1991 bis 29.3.1992, [Katalog] (Die Geschichte der Juden in Hamburg 1), Hamburg 1991, Kat., S. 204f.

40 Mann/Cohen, wie Anm. 6, Katalog, S. 191; Helmut Börsch-Supan, Anton Schoonjans in Berlin, in: Zeitschrift des deutschen Vereins für Kunstwissenschaft 21/1–2 (1967), S. 1–19, hier S. 13f.; die Aufschrift »der Hofjude« wurde erst nachträglich angebracht und hat zu vielen Spekulationen bzgl. der Identität des Mannes geführt. Keine davon überzeugt und es bleibt weiterhin unbekannt, wer auf dem Bild dargestellt ist. Möglicherweise »ein griechischer Jude« – vielleicht ein sefardischer Juwelenhändler, der für die Abteilung mit exotischen Personen der Gemäldegalerie Sophie Charlottes, zu der das Gemälde gehörte, porträtiert wurde, vgl. Gerd Bartoschek, Die Gemäldesammlung der Königin Sophie Charlotte in Schloss Charlottenburg, in: Sophie Charlotte und ihr Schloss. Ein Musenhof des Barock in Brandenburg Preußen. Katalogbuch zur Ausstellung im Schloss Charlottenburg, Berlin, 6. November 1999 – 30. Januar 2000, München/London/New York 1999, S. 146–152, hier S.147f.; Tilo Eggeling (Bearb.), Das Inventar des Schlosses Charlottenburg von 1705. Mit Anmerkungen zu den Gemälden von Gerd Bartoschek, in: ebd., S. 348–368,

hier S. 348f. m. Anm. 9 auf S. 367f. und S. 357 m. Anm. 48 auf S. 368.

41 Ries, Residenzstadt Hannover, wie Anm. 20, hier S. 71f.

42 Zu den Porträts der Familie Itzig, die den Übergang markieren, s. Keuck, Hofjuden und Kulturbürger, wie Anm. 34, S. 317ff.

43 Zu den Porträts und Gemälden der Familie Kaulla s. Rotraud Ries, »Unter Königen erwarb sie sich einen großen Namen«: Karriere und Nachruhm der Unternehmerin Madame Kaulla (1739–1809), in: Robert Jütte (Hg.), Themenschwerpunkt: Strategien gegen Ungleichheiten in Ehe, Recht und Beruf: Jüdische Frauen im vormodernen Aschkenas, in: Aschkenas. Zeitschrift für Geschichte und Kultur der Juden, Jg. 17, H. 2, 2007 (erschienen 2009), S. 405–430, hier S. 425f.

44 Siehe Erbe und Auftrag. Eine Ausstellung aus Anlaß des 325jährigen Bestehens der Jüdischen Gemeinde zu Berlin. Stiftung »Neue Synagoge Berlin – Centrum Judaicum« Museumspädagogischer Dienst Berlin. 15.1.1996 – März 1997 (Ausstellungsmagazin Nr. 35), Berlin 1996; Leistung und Schicksal: 300 Jahre jüdische Gemeinde zu Berlin, Ausstellungskatalog Berlin Museum, Berlin 1971; Andreas Nachama /Julius H. Schoeps/ Hermann Simon (Hg.), Juden in Berlin [mit zahlr. Abb.], Berlin 2001; Reinhard Rürup (Hg.), Jüdische Geschichte in Berlin. Bilder und Dokumente. (Eine Ausstellung der Stiftung Topographie des Terrors, Berlin, 8. Mai 1995 – 31. Januar 1996), Berlin 1995.

45 Vgl. Zedaka. Jüdische Sozialarbeit im Wandel der Zeit. 75 Jahre Zentralwohlfahrtsstelle der Juden in Deutschland 1917–1992, Jüdisches Museum der Stadt Frankfurt am Main, 3. Dezember 1992 – 28. Februar 1993, Frankfurt am Main 1992.

46 Erste systematische Hinweise hierzu bei Stern, wie Anm. 6, S. 192ff.; eine Fallstudie: Karl E. Grözinger (Hg.), Die Stiftungen der preußisch-jüdischen Hofjuwelierfamilie Ephraim und ihre Spuren in der Gegenwart, mit Beiträgen von Harry van der Linden und Karl E. Grözinger (Jüdische Kultur. Studien zur Geistesgeschichte, Religion und Literatur 19), Wiesbaden 2009.

47 Vgl. die Zitate oben, S. 71f.

48 Rotraud Ries, Politische Kommunikation und Schtadlanut der frühneuzeitlichen Judenschaft, in: Rolf Kießling/ Peter Rauscher/Stefan Rohrbacher/Barbara Staudinger (Hg.), Räume und Wege. Jüdische Geschichte im Alten Reich, 1300–1800 (Colloquia Augustana 25), Berlin 2007, S. 169–189.

49 Vgl. für den niedersächsischen Raum Herbert Obenaus, Zur Geschichte der Juden in Niedersachsen und Bremen, in: ders. (Hg.), Historisches Handbuch der jüdischen Gemeinden in Niedersachsen und Bremen, hg. in Zusarb. m. David Bankier und Daniel Fraenkel, unter Mitwirkung

von Andrea Baumert, Marlis Buchholz, Uwe Hager
[u. a.], Bd. 1–2, Göttingen 2005, hier Bd. 1, S. 13ff.
50 Monika Preuß, Gelehrte Juden. Lernen als Frömmigkeitsideal in der frühen Neuzeit (Hamburger Beiträge zur Geschichte der deutschen Juden 31), Göttingen 2007, S. 25ff.; Mann/Cohen, wie Anm. 6, S. 120ff., 188ff., 233ff.
51 Vierhundert Jahre Juden in Hamburg [Katalog], wie Anm. 39, S. 122 (ohne Hinweis auf die Bedeutung der dargestellten Kleidung); demnächst Rotraud Ries, Jüdische Populärkultur in der Frühen Neuzeit. Bericht über die 13. Arbeitstagung des »Interdisziplinären Forums Jüdische Geschichte und Kultur in der Frühen Neuzeit und im Übergang zur Moderne«, Akademie der Diözese Rottenburg-Stuttgart in Stuttgart-Hohenheim, 10.–12. Februar 2012, in: www.forum-juedische-geschichte.de/ForumBericht12.pdf, 2012. Für die modegeschichtlichen Hinweise danke ich Annette Weber, Heidelberg.
52 Vgl. Cohen/Mann, Melding Worlds, wie Anm. 38, S. 115–119; Emile G. L. Schrijver, Die »Von Geldern Haggadah« und die jüdische Buchillustration des 18. Jahrhunderts, in: Emile G. L. Schrijver/Falk Wiesemann (Hg.), Die Von Geldern Haggadah und Heinrich Heines »Der Rabbi von Bacharach«, Wien u. a. 1997, S. 28–33, hier S. 28f.
53 Ingrid Lohmann, Die jüdische Freischule in Berlin – eine bildungstheoretische und schulhistorische Analyse. Zur Einführung in die Quellensammlung, in: dies. (Hg.), Chevrat Chinuch Nearim. Die Jüdische Freischule in Berlin (1778–1825) im Umfeld preußischer Bildungspolitik und jüdischer Kultusreform. Eine Quellensammlung, mithg. von Uta Lohmann, unter Mitarbeit von Britta L. Behm, Peter Dietrich und Christian Bahnsen, T. 1–2 (Jüdische Bildungsgeschichte in Deutschland 1), Münster u. a. 2001, S. 13–84; Meike Berg, Jüdische Schulen in Niedersachsen. Tradition – Emanzipation – Assimilation. Die Jacobson-Schule in Seesen (1801–1922). Die Samsonschule in Wolfenbüttel (1807–1928) (Beiträge zur Historischen Bildungsforschung 28), Köln/Weimar/Wien 2003; Ries, Autobiographische Konstruktion, wie Anm. 31, S. 85ff.; dies., »Und die Gesänge Zions werden in Westfalens Gebirgen in lauten Tönen erschallen.« Der Modellstaat als Raum rechtlicher Gleichstellung und jüdischer Reformpolitik, in: Museumslandschaft Hessen Kassel und Michael Eissenhauer (Hg.), König Lustik!? Jérôme Bonaparte und der Modellstaat Königreich Westphalen (Kataloge der Museumslandschaft Hessen Kassel 39), München 2008, S. 135–141, S. 137ff.; Mordechai Eliav, Jüdische Erziehung in Deutschland im Zeitalter der Aufklärung und der Emanzipation. Erstausgabe Jerusalem 1960. Für die deutschsprachige Ausgabe vom Autor überarbeitet und ergänzt. Aus dem Hebräischen von Maike Strobel (Jüdische Bildungsgeschichte in Deutschland 2), Münster u. a. 2001.

PRIVILEGIERT, TOLERIERT, NOBILITIERT, DISKRIMINIERT — DIE ZWEISCHNEIDIGE ERFOLGSGESCHICHTE DER WIENER JUDEN

Gabriele Kohlbauer-Fritz

»Der Judenhaß zumal, gewohnt, Fehler und Vergehungen eines jeden einzelnen Juden der Gesammtheit zur Last zu legen, rechnet auch den Reichtum einzelner Juden allen Juden an und vor, obgleich auf einen reichen Juden gewöhnlich mehr als hundert arme Juden kommen. Noch immer ist das Rätsel ungelöst: dem Juden will man nicht verzeihen, dass er reich ist; warum verzeiht man aber so leicht dem reichen Juden, dass er Jude ist?«[1]

So heißt es in einer Kanzelrede zum Thema »Geld« des mährischen Landesoberrabbiners Dr. Bernhard (Baruch) Placzek, gehalten am Schemini Azereth 5657 (29. September 1896) in Brünn. Bernhard Placzek war nicht nur eine anerkannte religiöse Autorität, sondern auch in Geschichte und Naturwissenschaften bewandert. Er war mit Ludwig August Frankl, dem Sekretär und Archivar der Israelitischen Kultusgemeinde und Mitbegründer des alten Jüdischen Museums in Wien, eng befreundet und wie jener ein Kenner der Geschichte und Gegenwart der Juden in Österreich-Ungarn und dessen Hauptstadt Wien.[2] Die Politik der Habsburger gegenüber den Juden war jahrhundertelang ausschließlich von wirtschaftlichen Interessen bestimmt. Reiche Juden, die dem Staat nützlich waren, wurden mit Einzelprivilegien ausgestattet und später gegen Zahlung der Toleranzsteuer in Wien toleriert, arme Juden jedoch wurden möglichst ferngehalten und mussten die erniedrigende »Leibmaut«[3] entrichten, wenn sie sich vorübergehend in der Stadt aufhielten. Selbst nach Erlass des Toleranzpatentes für die Wiener Juden vom 2. Januar 1782 wurde die »Leibmaut« zwar offiziell abgeschafft, doch unter dem Titel »Bollettentaxe« wiedereingeführt. Diese Polarisierung prägte die Existenz des Wiener Judentums von der Zeit der Hoffaktoren bis 1848. Der Staat vergab Privilegien für einige wenige, zumindest solange er sie brauchte, die jüdischen Unterschichten hingegen wurden unterdrückt und ausgeschlossen.[4]

DIE JÜDISCHEN HOFFAKTOREN VON
SAMUEL OPPENHEIMER BIS DIEGO D'AGUILAR

Nach der Vertreibung der Juden aus Wien und Niederösterreich 1670/71 gab es fast 200 Jahre keine offiziell anerkannte jüdische Gemeinde mehr. Einzelne privilegierte Juden erhielten zwar schon wenige Jahre nach der Vertreibung die Aufenthaltsbewilligung für Wien, mussten aber dafür sorgen, die leeren Staatskassen zu füllen. Obwohl die prominenten unter ihnen wie Samuel Oppenheimer (1630–1688) und Samson Wertheimer (1658–1724) sehr wohlhabend waren und, wie aus zeitgenössischen Schilderungen hervorgeht, auch selbst in prächtig ausgestatteten Häusern residierten, in denen sie private Gottesdienste abhielten, war ihr Status äußerst ungesichert und von der Willkür des Herrschers und seiner Umgebung abhängig.⁵ So wurden Samuel Oppenheimer und sein Sohn Emanuel am 19. September 1697 aufgrund einer fingierten Mordanklage kurzfristig verhaftet, was eine Krise in der Geschäftswelt auslöste.⁶ Im Sommer 1700 wurde Oppenheimers Haus am Bauernmarkt in Wien vom aufgebrachten Wiener Pöbel geplündert und verwüstet,⁷ und nach seinem Tod im Jahr 1703 verhängte Leopold I., der ihm fünf Millionen Gulden schuldete, den Bankrott über Oppenheimers Nachlass. Dass die Anschuldigungen gegenüber Oppenheimer, das kaiserliche Ärar (das heißt die Staatskassa) geschädigt zu haben, nicht haltbar waren, zeigt ein handschriftlicher Akt im Archiv des Jüdischen Museums Wien mit dem Titel »Facti species«,⁸ eine Schilderung der Tatbestände, die das Geschäftsgebaren Oppenheimers offenlegt und rechtfertigt. Emanuel Oppenheimer, der die Geschäfte seines Vaters weiterführte, starb am 14. September 1721. Zwei Jahre später wurden seine nunmehr mittellose Witwe Judith und andere Angehörige der einst so mächtigen Dynastie der Oppenheimer per kaiserlichem Dekret der Stadt verwiesen; ein Akt der zeigt, wie unsicher der Status der Hofjuden und ihrer Familien letztlich war.⁹ Nach dem Tod Oppenheimers wickelte die Regierung ihre Kreditgeschäfte mit dessen Nachfolger und ehemaligem Kompagnon Samson Wertheimer ab. Dieser agierte etwas vorsichtiger als sein Vorgänger, vermied den risikoreichen Handel mit Naturalien und konzentrierte sich auf Finanzgeschäfte.

Sowohl Oppenheimer als auch Wertheimer versuchten, ihren Einfluss bei Hof zugunsten der Juden einzusetzen. Gemäß ihrer religiösen Verpflichtung unterstützten sie arme Glaubensgenossen und finanzierten gemeinnützige Projekte. So gründete Samuel Oppenheimer 1689 ein jüdisches Spital neben dem alten Friedhof in der Rossau, das Mitte des 19. Jahrhunderts von Sigmund und Anna Wertheimstein, Nachfahren Samson Wertheimers, um ein Siechenhaus erweitert wurde.¹⁰ Samson Wertheimer, der selbst als Schriftgelehrter galt und den Titel eines ungarischen Landesrabbiners führte, ließ in Eisenstadt ein herrschaftliches Haus mit einer Synagoge bauen, die bis heute erhalten sind,¹¹ und er finanzierte 1718 auch den Neubau der Synagoge in Rechnitz. Auch die zwischen 1720 und 1722 im Verlag von Johann Köllner in Frankfurt am Main gedruckte Talmudausgabe wurde von Samson Wertheimer gesponsert.¹² Um seine Nachfahren und Verwandten und darüber hinausgehend bedürftige Gelehrte beim Studium zu unterstützen, richtete er ein Familienlegat mit einem Grundkapital von 150.000 Gulden ein, das bis 1914 bestand.¹³

»Das ehrenvolle Andenken, das Wertheimer beim österreichischen Kaiserhause bewahrt blieb, offenbart der allzeitig bereitwillige und kräftige Schutz, der seiner Stiftung geleistet wurde. Die Niederschrift seiner darauf bezüglichen letztwilligen Verfügungen wurde beim Hofmarschallamte niedergelegt; noch

Kaiser Franz nahm sich der Neuaufrichtung dieser Stiftung an, die heute noch durch ihre Wohlthaten nah und fern, bei Gemeinden und Einzelnen, die sie bedenkt, den Namen des großen Stifters lebendig und gesegnet erhält.«[14]
So beschreibt David Kaufmann die Nachhaltigkeit des wertheimerschen Legats. Die Bestätigung der Stiftung mit Siegel und eigenhändiger Unterschrift des österreichischen Kaisers, der sich als letzter Kaiser des Heiligen Römischen Reichs Franz II. und als erster österreichischer Kaiser Franz I. nannte, befindet sich in den Beständen des Jüdischen Museums Wien.[15] Die Stiftungsurkunde zeigt aber auch die Vernetzung des von Wertheimer aufgebauten Familienimperiums. Als Administratoren des Stiftungsvermögens wurden seine Enkel David Joseph Wertheimer in Wien, Emanuel Isaac Wertheimer in Fürth und Löb Samson Wertheimer in Prag eingesetzt. Nutznießer der Stiftung waren die »Frankfurter Klaus«, wo sich Familienmitglieder und, je nach Vorhandensein von freien Plätzen, auch andere bedürftige Juden dem Studium widmen konnten; oder Bräute aus der Wertheimer-Familie, die eine Ausstattung erhielten, und arme Verwandte, die eine Pension aus dem Stiftungsvermögen bezogen.

Ein historisch aufschlussreiches Objekt, höchstwahrscheinlich aus dem privaten Bethaus Samson Wertheimers und seiner Familie, ist das Wiener Memorbuch aus dem Jahr 1724 mit einem Zusatz von drei Seiten aus dem 19. Jahrhundert.[16] Dieses enthält neben Gedenkgebeten für die Märtyrer von Worms aus den Jahren 1096 und 1349[17] einen siebenzeiligen Nachruf auf Samuel Oppenheimer mit dem anschließenden Gedenkgebet, einen kurzen Nachruf auf dessen Sohn Mendel (Emanuel) Oppenheimer und einen ausführlicheren 28-zeiligen Nachruf auf Samson Wertheimer. Auch Kaiser Karl VI. wird trotz seiner judenfeindlichen Politik mit einem Gebet bedacht. Als letzter Eintrag im Memorbuch der Familie Wertheimer findet sich ein Nachruf auf David Wertheimer (1739–1817), der zu den ersten Vorstehern der Wiener Judenschaft gehörte, die schließlich zur Bildung einer neuen, offiziell anerkannten Gemeinde führte.[18]

Im Umkreis der Wiener Hofjuden sammelten sich Verwandte, Geschäftsfreunde und Bedienstete. Zwar konnte kein anderer Wiener Hoffaktor die singuläre Stellung von Samuel Oppenheimer und Samson Wertheimer erreichen, doch das Finanzwesen des Wiener Hofs blieb auf die Unterstützung von jüdischen Geschäftsleuten angewiesen. Als »kays.[erlicher] Münz- und Proviantlieferant« erhielt der aus Pressburg stammende Simon Michael 1705 vorläufig für zehn Jahre für sich und seine Familie das Wiener Schutzprivileg, das 1715 für weitere zehn Jahre verlängert wurde.[19] Sein jüngster Sohn Samuel Simon, der sich als russischer Kameralagent und Begleiter des österreichischen Gesandten am russischen Hof ausgezeichnet hatte, erhielt 1727 von Kaiser Karl VI. ein eigenes Aufenthaltsprivileg verliehen mit den Worten:

> *»Also haben wir mit wohlbedachtem Muth, guthem Rath und rechtem Wißen dem Juden Samuel Simon die sonderbare Gnad gethan, und demselben sambt seinem Weib, Kindern und nöthigen Bedienten, in unsern besonderen Kayser-König- und Landesfürstlichen Verspruch, Schirm, Schuz und Glait allergnädigst an- und aufgenommen, also und dergestalten, daß derselbe bis Ende des siebzehenhundertsechsunddreißigsten Jahrs in unserm Kayser-König-und Landesfürstlichen Schuz und Schirm seyn, und in unserer Haubt und Residenz-Statt allhier, oder wo sich unser kayserliches Hoflager im Heyl. Römischen Reich oder andren unsern Erbkönigreich-Fürstenthumb und Land befinden wird, gleich denen andren privilegirten Juden sich aufhalten, auch ungehindert männiglichs die jüdische Ceremonie und mosaischen Gesaz, sowohl in Lebens- als Sterbesfälle, wie bishero allhier gepflogen worden, jedoch in aller Still und ohne Ärgern deren Christen exerciren, zu dem seinen Handel und Wandel mit unserem Aerario und dem Hof in allen fürfallenden Geschäften, und sonsten auch mit dem Gold-Negotio und Jubellen üben und treiben möge.«*[20]

Wie aus dem Text zu entnehmen, sicherte der Kaiser seinem Schutzjuden Samuel Simon zwar die Religionsfreiheit zu, versah sie jedoch mit dem Zusatz, nur ja kein Aufsehen zu erregen und vor allem die Christen nicht zu stören.

Kaiser Karl VI. (1685/1711–1740) betrieb eine sehr restriktive Politik gegenüber den Juden und war bestrebt, ihre Anzahl in Wien möglichst klein zu halten. Doch wenn er sich finanzielle Vorteile versprach, dann war er durchaus geneigt, Aufenthalts- oder sonstige Privilegien zu gewähren. So geschehen im Fall des portugiesischen Marranen Diego d'Aguilar, alias Mosche Lopez Pereyra, dem er im Jahr 1726 die spanische Baronie verlieh.[21] In die Geschichte eingegangen ist Diego d'Aguilar als sagenumwobener Begründer der sefardischen Gemeinde in Wien, der angeblich sowohl bei Kaiser Karl VI. als auch bei dessen Tochter und Nachfolgerin Maria Theresia ein und aus ging, von diesen die Erlaubnis erhielt, zum Judentum zurückzukehren, und stets zugunsten seiner bedrückten Glaubensgenossen eintrat.[22] Historisch gesichertes Wissen über ihn gibt es kaum, außer, dass er 1723 von Kaiser Karl VI. nach Wien geholt wurde, um das Tabakmonopol zu reorganisieren. Auf dem alten jüdischen Friedhof in Wien befinden sich die Gräber seiner Mutter Sara Pereyra (gest. 1746) und zwei seiner Söhne Abraham b. Moses Lopez Pereyra (gest. 1737) und Samuel b. Moses Lopez Pereyra (gest. 1741) sowie seines Schwagers Jakob b. Isak Jeschurun Alvares (Jessurun Alvarez) aus London (gest. 1735).[23] Im Unterschied zu den übrigen privilegierten Hofjuden seiner Zeit taucht sein Name bis auf die Note zur Erhebung in den Freiherrenstand und den Antrag auf einen Passbrief nach London[24] aus dem Jahr 1755 in den österreichischen Archiven nicht auf. Die

Person Diego d'Aguilars gab Generationen von Historikern Rätsel auf, wie etwa dem mutmaßenden Bernhard Wachstein:

»*Ob er ständische Freiheiten genossen hat, ist gewiß in höchstem Maße zu bezweifeln. Es mag auch angenommen werden, daß er größere Kapitalien in dem geldarmen Lande zirkulieren ließ, daß er durch seine Tabakpacht in großem Stile trotz der heftigen Angriffe seitens der Landstände dem Fiskus unentbehrlich schien – das Rätsel ist nicht gelöst, weil die Analogie für eine derartige Stellung eines Juden und dazu eines vom Katholizismus zum Judentum übergetretenen Juden fehlt.*«[25]

Ein Beweisstück für das Wirken Diego d'Aguilars in Österreich ist die prachtvolle, in barocker Manier gestaltete *Ketubba* (Heiratsurkunde), die anlässlich der Hochzeit seiner Tochter Sara mit Isaac de Jacob Jessurun Alvarez in Auftrag gegeben wurde. Die Hochzeit fand, wie auf der *Ketubba* ausgewiesen, im Jahr 1747 (5507) in Hainburg an der Donau statt, ziemlich wahrscheinlich auf dem Gelände der von Diego d'Aguilar geleiteten Tabakmanufaktur. Er selbst unterschrieb die Urkunde als Brautvater mit seinem jüdischen Namen Mosche Lopez Pereyra.[26] Im Unterschied zu seinen aschkenasischen Glaubensgenossen, die angehalten wurden, ihre religiösen Zeremonien im häuslichen Rahmen und möglichst im Verborgenen abzuhalten, genoss Diego d'Aguilar anscheinend auch im Hinblick auf die Ausübung seiner Religion einen Sonderstatus. So mag es durchaus sein, dass zur Hochzeit seiner Tochter in Hainburg an der Donau auch adlige und andere berühmte Gäste geladen waren.

VON HÖNIGSBERG BIS HOFMANSTHAL: ERHEBUNGEN IN DEN ADELSSTAND

Mit der Tabakindustrie hängt auch die erste offizielle Nobilitierung eines Juden in Österreich zusammen. Der aus Kuttenplan in Böhmen stammende Israel Hönig (1724–1808) übernahm zunächst gemeinsam mit seinem Bruder Moses die Tabakpacht in Prag und Böhmen und weitete anschließend seine Geschäfte auf die anderen Länder der Habsburger Monarchie aus. 1776 errichteten die beiden Brüder in Wien eine Wachsfabrik und 1783 ernannte Kaiser Joseph II. Israel Hönig zum niederösterreichischen Regierungsrat, Tabak- und Siegelgefällsdirektor sowie ein Jahr darauf zum Direktor der drei großen Staatsmonopole (k. k. Bankal-, Maut- und Tabakgefälle). Im Jahr 1789 erhob ihn Kaiser Joseph II. in den erbländischen Adelsstand unter Verleihung des Prädikates Edler von Hönigsberg. Die Nobilitierung bewahrte Israel Hönig Edler von Hönigsberg jedoch nicht vor Diskriminierung. So gestattete ihm die Verleihung des Adelstitels zwar den Ankauf der Religionsfondsherrschaft Velm in Niederösterreich; doch es war ihm lange nicht möglich, in den faktischen Besitz der Herrschaft zu kommen. Erst eine Hofentschließung vom 15. Dezember 1794 setzte dem Widerstand der christlichen Stände ein Ende und verhalf ihm zu seinem Recht.[27]

Viel bitterer traf ihn sicherlich ein anderes Ereignis, das noch vor seiner Nobilitierung geschah und mit seiner Tochter Hannele Hönig zusammenhing. Diese war mit Benjamin Moses Hönig verheiratet, der bei der Tabakpachtung in Brünn angestellt war und sich 1776 in der Pfarre zu St. Thomas in Brünn auf den Namen Christoph Anton Mathias Bienenfeld taufen ließ.[28] Nachdem er seinen Schritt bereute und zum Judentum zurückkehren wollte, was in Österreich nicht möglich war, flüchtete er ins Königreich Preußen. Seine schwangere Frau Hannele fuhr zu ihrem Vater Israel Hönig nach Wien. Da sie von ihrem Mann keinen Scheidungsbrief hatte, galt die Ehe als aufrecht und ihr Mann Benjamin Moses Hönig offiziell als getauft. Im Kirchenrecht war vorgesehen, dass der Kindesvater im Fall einer Konversion zum Christentum die Kinder zugesprochen bekam. Im Fall der Jüdin Hannele Hönig entschieden die Behörden, ihr das Kind nach der Geburt abzunehmen, es zu taufen, ins Bürgerspital zu bringen und christliche Zieheltern zu suchen, um seine katholische Erziehung sicherzustellen; ein Schicksal, wie es armen, ledigen und schwangeren Jüdinnen ohne Ausnahme widerfuhr. Trotz aller versuchten Interventionen vonseiten des angesehenen und wohlhabenden Israel Hönig wurde das Kind seiner Tochter Hannele am 20. Mai 1776 im Bürgerspital zu St. Klara getauft, wo Kaiserin Maria Theresia persönlich für die weitere Unterbringung des Kindes sorgte.[29] Ob der Erlass des Toleranzpatentes von 1782 oder die spätere Nobilitierung Israel Hönigs im Jahr 1789 dieses brutale Vorgehen der Behörden verhindert hätte, bleibt dahingestellt. Sein Reichtum und seine Verdienste um den Staat schützten sein Enkelkind auf jeden Fall nicht vor der Zwangstaufe. Die meisten seiner Kinder ließen sich später freiwillig taufen. Lediglich sein Sohn Maximilian Hönig Edler von Hönigsberg (1754–1832)[30] blieb dem Judentum treu und gehörte wie der oben erwähnte David Wertheimer zu den Vorstehern der Wiener Judenschaft.

Mit ihrer Unentbehrlichkeit für die finanzielle Unterstützung des österreichischen Staates während der Napoleonischen Kriege hingen auch die Nobilitierungen von Juden in den folgenden Jahren zusammen. Die Arnsteins und Eskeles gehörten zu den alteingesessenen Wiener Hoffaktorenfamilien, deren Anwesenheit in Wien bis ins 17. Jahrhundert belegt ist. Bernhard (Berusch) Eskeles (1753–1839) erhielt am 26. November 1797 den erbländischen Adelsstand und wurde später in den Ritter- und Freiherrenstand erhoben.[31] Ihm folgte sein Schwager und Geschäftspartner Nathan Adam Arnstein (1748–1838), der 1798 geadelt wurde.[32] Zusammen betrieben sie das Bankhaus Arnstein &

Eskeles, das sich auf das staatliche Kreditwesen spezialisierte und mit Staatswertpapieren handelte. Über die Grenzen Wiens hinaus bekannt war der Salon Fanny von Arnsteins (1758–1818), in dem Adlige, Künstler, Politiker und Diplomaten verkehrten und der an Reichtum und Eleganz, wie ein Besucher staunend bemerkte, nicht zu übertreffen war:

»Die seltensten Blumen, allen Klimaten entlehnt, schmückten die Treppen, die Salons, die Tanzsäle mit reichstem Farbenglanze und ausgezeichnetstem Dufte. Tausende von Kerzen und Spiegeln, Gold und Seide glänzten überall. Eine ausgezeichnete Musik, wie man sie damals nur in Wien hören konnte, bezauberte das Ohr. Es war mit einem Worte eins der unvergesslichen Resultate, welche der Reichtum erlangt, wenn er vom Geschmacke unterstützt wird.«[33]

Ebenfalls 1797 geadelt wurde der aus Hamburg stammende Salomon Lefmann Herz (1743–1825), der die Schwester Nathan Adam Arnsteins Marianne (Merle) heiratete. Ihre Verbundenheit mit dem Judentum drückt das von »Rav Nathan Freiherr von Arnstein und Rav Schlomo Edler von Herz« in Auftrag gegebene Tora-Schild aus, das in der ersten inoffiziellen Wiener Synagoge im Dempfingerhof und ab 1826 im Wiener Stadttempel in Verwendung war.[34] Für das Bethaus im Dempfingerhof bestimmte Fanny von Arnstein auch den prächtigen, goldgestickten Tora-Vorhang, den deren Mann Nathan ihrem Wunsch entsprechend nach Fannys Tod im Juni 1818 anfertigen ließ. Die hebräische Widmungsinschrift erwähnt auch die gemeinsame Tochter (Henriette), allerdings ohne ihren Namen zu nennen, wohl weil diese zu jener Zeit bereits getauft war.[35]

Zu den erfolgreichen jüdischen Unternehmern, die von Habsburgern ob ihrer Verdienste während der Napoleonischen Kriege geadelt wurden, zählte Simon Edler von Lämel (1766–1845),[36] der zu den Begründern der böhmischen Textilindustrie gehörte. 1812 erwarb er die Großhandelsbefugnis für Wien und überließ seinem Sohn Leopold das Prager Geschäft.[37] Dieser finanzierte Mitte des 19. Jahrhunderts den Bau der böhmischen Westbahn von Prag über Pilsen nach Bayern und gehörte gemeinsam mit Anselm Salomon von Rothschild (1803–1874), seinem Schwager Louis von Haber (1804–1892) und Vertretern der österreichischen Aristokratie zu den Konzessionären der »k. k. priv. Österreichischen Credit-Anstalt für Handel und Gewerbe«.[38] Ihrem sozialen Status entsprechend und aus religiöser Verpflichtung zeichnete sich die Familie Lämel durch ihre philanthropische Tätigkeit aus. So stiftete Simon (Selke) von Lämel gemeinsam mit seiner Frau Babette (Bruche) Duschenes anlässlich der Einweihung des Wiener Stadttempels im Jahr 1826[39] ein kostbares vom Wiener Silberschmied Alois Johann Nepomuk Würth gestaltetes Tora-Set, bestehend aus Tora-Schild und Tora-Aufsätzen (*Rimmonim*). Es ist bis heute in den Beständen des Jüdischen Museums erhalten.[40] Seine Tochter Elise, verheiratete

Herz, rief 1855 im Namen ihres Vaters eine Jerusalemer Schulstiftung ins Leben. Mit der praktischen Durchführung der Schulgründung beauftragte sie den eingangs erwähnten Ludwig August Frankl, der zu diesem Zweck eine mehrmonatige Reise nach Jerusalem unternahm.[41]

Als Pionier der österreichischen Seidenindustrie wurde Isaak Löw Edler von Hofmannsthal im Jahr 1835 in den Adelsstand erhoben. Der Urgroßvater des österreichischen Schriftstellers Hugo von Hofmannsthal galt als besonders frommer und wohltätiger Jude, der unter anderen die jüdische Armenanstalt in Wien finanzierte. Seine tiefe Verbundenheit mit dem Judentum drückt sich in der Gestaltung seines Adelswappens aus: Dort sind neben Wappentieren wie dem Adler mit Pfeilen als allgemeines Adelssymbol und dem Maulbeerblatt mit der Seidenraupe, das für seine Tätigkeit als Seidenfabrikant steht, als Insignien Gesetzestafeln und eine Zedaka-Büchse (Spendenbüchse) abgebildet. Zum zehnjährigen Jubiläum seiner Nobilitierung 1845 vermachte er der Wiener *Chewra Kadischa* (Beerdigungsbruderschaft) schließlich eine silberne Zedaka-Büchse, um – wie es in der Widmungsinschrift heißt – »meine[r] ehrenvolle[n] Erhebung in den erblichen Ritterstand durch seine allergnädigste apostolische Majestät unseren huldvollen Kaiser Ferdinand den Ersten«[42] zu gedenken. Insgesamt wurden in der Zeit des Vormärz in Österreich 26 jüdische Familien in den Adelsstand erhoben.[43] Von den bürgerlichen Rechten blieben sie jedoch weiterhin ausgeschlossen; und auch ihre Versuche, zugunsten der bedrückten Glaubensgenossen einzutreten, wurden abgeschmettert, wie die am 11. April 1815 auf Initiative von Simon von Lämel eingebrachte Immediateingabe an Kaiser Franz und seinen Kanzler Metternich zeigt.[44] Auch von der Zahlung der Toleranzsteuer waren die Nobilitierten keineswegs entbunden. Wie die gewöhnlichen Tolerierten mussten sie alljährlich für ihre Toleranz zahlen und sowohl die Familienmitglieder als auch Angestellte und Dienstboten beim Judenamt melden. Eine Ausnahmeregelung konnte lediglich die Familie Rothschild erwirken, die auf keiner der Toleranzlisten erscheint.[45]

»EINE EWIG NEU BEDROHTE STELLUNG« — DIE JÜDISCHE GROSSBOURGEOISIE AN DER RINGSTRASSE

Während des Jahres 1848 kämpfte die Mehrheit der Wiener Juden aufseiten der Revolutionäre. Jüdische Studenten, Hauslehrer, Ärzte und Journalisten, aber auch die wohlhabenden Familien und ihre Söhne und Töchter, sympathisierten mit der Revolution. Eine Ausnahme bildete der Bankier Salomon Mayer Freiherr von Rothschild, der die Flucht Metternichs aus Wien finanzierte und anschließend auch selbst die Stadt verließ.[46] Die Hoffnungen der Wiener Juden auf die Revolution wurden längst nicht alle erfüllt. Zwar begrüßte der junge Kaiser Franz Joseph I. am 3. April 1849 erstmals eine Delegation der Wiener Juden als Vertreter der Israelitischen Kultusgemeinde und drei Jahre später erfolgte die offizielle Gemeindegründung, doch viele der im Revolutionsjahr zugunsten der Juden verabschiedeten Reformen wurden im Nachhinein wieder zurückgenommen. Auch wenn in den Jahren nach 1848 wesentlich mehr wirtschaftlich erfolgreiche Juden nobilitiert wurden als in den Jahren zuvor,[47] mussten sie doch weitere zwanzig Jahre warten, bis sie im Jahr 1867 die staatsbürgerliche Gleichberechtigung und somit auch die unbeschränkte Niederlassungsfreiheit in Wien erhielten.

Vom wirtschaftlichen Aufschwung der Gründerjahre profitierten viele jüdische Unternehmer, die sich entlang der Wiener Ringstraße prächtige Palais erbauen ließen und in ihrem Lebensstil den Adel imitierten, weshalb sie oft auch als »zweite Gesellschaft« bezeichnet wurden. Dass in dem Ausdruck »zweite Gesellschaft« eine gehörige Portion Verachtung gegenüber den »Nouveaux Riches« mitverpackt war, zeigen Karikaturen wie die Titelseite der *Humoristischen Blätter* vom 11. November 1875 mit der Überschrift »Rothschild, Wodianer, Todesko«, in denen die Bestrebungen der Millionäre, ihr Geld durch die Förderung der schönen Künste zu adeln, aufs Korn genommen werden.[48] Die österreichische Schriftstellerin Hilde Spiel beschreibt in ihrem historischen Roman über die Ringstraßen-Ära das Gefühl der Unsicherheit, wie es selbst die arriviertesten Vertreter der jüdischen Großbourgeoisie zumindest zeitweise empfunden haben mögen:

»Die Herren Bettelheim, Gomperz, Todesko und Lieben hatten sich noch nicht völlig von den Ursprüngen ihrer sozialen Stellung entfernt. In der Erkenntnis, dass sie ihren Adel und ihre Rolle im kulturellen Leben der Stadt allein ihrem Talent zum Gelderwerb verdankten, hielten sie an den Gewohnheiten fest, die jenes Talent geschmeidig erhielten. Eine davon war das Tarockspiel, eine andere der Austausch ihrer Erfahrungen, Befürchtungen und Zweifel. Die Herren hatten nicht vergessen, welche mühevolle Straße ihre Väter gewandelt waren, welche Hindernisse sie bewältigt hatten auf ihrem jahrhundertelangen Weg. Vor weniger als dreißig Jahren war die letzte Schranke gefallen. Nun hielten ihre Erben nicht länger um die Töchter verarmter Aristokraten an, nun standen ihre Damen neben Fürstinnen und Gräfinnen auf den Ehrenlisten der Wohltätigkeit. Wie einst zur Zeit des Wiener Kongresses, füllten sich ihre Salons von neuem mit Musikern und Dichtern. Doch in irgendeinem Raum ihrer prunkvollen Häuser versammelten sich die Familienoberhäupter immer noch um den Kartentisch. Stets von Misstrauen gequält, besprachen sie in solcher Abgeschiedenheit ihre ewig neu bedrohte Stellung.«[49]

Das ausgehende 19. Jahrhundert war ein Zeitalter der politischen, wirtschaftlichen und sozialen Umbrüche. Die jüdische Bevölkerung Wiens war in den letzten Jahrzehnten seit der Aufhebung der Niederlassungsbeschränkung für Juden um ein Vielfaches angewachsen. Vor allem aus Galizien, der nordöstlichsten Provinz der Habsburger Monarchie, strömten zahlreiche arme, Jiddisch sprechende, in Kaftan und mit orthodoxer Kopfbedeckung gekleidete Juden nach Wien. Mit dem Anwachsen der jüdischen Bevölkerung nahm aber auch der politisch geschürte Antisemitismus zu, der sich sowohl des Stereotyps des »zerlumpten Ostjuden« als auch des »reichen Wiener Börsenjuden« bediente. 1897 wurde in Wien Dr. Karl Lueger zum Bürgermeister gewählt. Er setzte den Antisemitismus gezielt populistisch ein und sicherte sich mit seiner antiliberalen und antisozialistischen Haltung die Zustimmung der kleinbürgerlichen Massen. Seine judenfeindliche Politik hinderte ihn jedoch nicht daran, Geschäfte mit Juden abzuschließen, wenn sie ihm dienlich waren;[50] ein ambivalentes Verhalten, das in der österreichischen Geschichte, wie beschrieben, Tradition hatte. An diese Tradition mag auch der mährische Oberrabbiner Bernhard Placzek gedacht haben, als er, ein Jahr vor dem Amtsantritt Luegers in Wien, seine »Kanzelrede« zum Thema »Geld« hielt.

1 Bernhard Placzek, Das Geld. Kanzelrede gehalten am Schemini Azereth 5657 (29. September 1896) in Brünn, in: Sammelwerk zeitgenössischer Kanzelreden, Bd. 1, 1910, S. 85.
2 Im Inventarbuch des alten Wiener jüdischen Museums sind 37 Dokumente angeführt, die Dr. Bernhard Placzek dem Museum geschenkt hat, darunter sehr viele Schriftstücke zur 1848er-Revolution, aber auch ein eigenhändiger Brief von Charles Darwin an Bernhard Placzek. Bis heute in den Beständen des Museums sind ein Aufruf des mährischen Landesrabbiners Samson Raphael Hirsch von 1848 betreffend eine patriotische Silberspende (JMW, Slg. IKG, Inv. Nr. 2181) sowie die Flugschrift mit der Leichenrede für die in Wien gefallenen Studenten, gehalten von Isaak Noah Mannheimer (JMW, Slg. IKG, Inv. Nr. 2063).
3 In den Beständen des Jüdischen Museums befindet sich eine »Judenleibzoll«-Quittung von 1748 aus Brünn (JMW, Slg. IKG, Inv. Nr. 3569).
4 Wolfgang Häusler, Toleranz, Emanzipation und Antisemitismus. Das österreichische Judentum des bürgerlichen Zeitalters (1782–1918), in: Anna Drabek/Wolfgang Häusler/Kurt Schubert/Karl Stuhlpfarrer/Nikolaus Vielmetti (Hg.), Das österreichische Judentum. Voraussetzungen und Geschichte, Wien/München 1982, S. 83–89.
5 Max Grunwald, Samuel Oppenheimer und sein Kreis. Ein Kapitel aus der Finanzgeschichte Österreichs, Wien/Leipzig 1913, S. 100–137.
6 Ebd., S. 117–128.
7 Ebd., S. 135–136.
8 »Facti species«, Handschriftlicher Akt zu Samuel Oppenheimer (JMW, Slg. IKG, Inv. Nr. 198).
9 Ausweisungsdekret für Judith Oppenheimer, Wolf Moses Oppenheimer, Löbh Oppenheimer, Lehmann Hertz, Emanuel Drach und Löw Manasses vom 20. März 1723; zit. n. Felicitas Heimann-Jelinek, Österreichisches Judentum zur Zeit des Barock, in: Kurt Schubert (Hg.), Die Österreichischen Hofjuden und ihre Zeit (Studia Judaica Austriaca, Bd. XII), Eisenstadt 1991, S. 22.
10 In den Beständen des Jüdischen Museums befindet sich ein Stich von 1844, auf dem die beiden Häuser abgebildet sind (JMW, Slg. IKG, Inv. Nr. 4947).
11 Im wertheimerschen Haus befindet sich heute das Österreichische Jüdische Museum.
12 Heimann-Jelinek, wie Anm. 9, S. 46.
13 Jüdisches Lexikon, Bd. IV/2, S-Z, S. 1414, Berlin 1930.
14 David Kaufmann, Samson Wertheimer, der Oberhoffactor und Landesrabbiner (1658–1724) und seine Kinder, Wien 1888, S. 110.
15 Stiftung Samson Wertheimers mit der Unterschrift Franz I. (JMW, Slg. Berger, Inv. Nr. 8025).
16 Wiener Memorbuch (JMW, Inv. Nr. 6671).
17 Während des ersten Kreuzzuges 1096 zogen viele Wormser Juden den Tod der Zwangstaufe vor. Auch während des Pestjahres 1349 entzogen sich die Wormser Juden ihren Verfolgern, indem sie sich in ihren Häusern einschlossen und diese anzündeten. Die Gedenkgebete an die Märtyrer von Worms stellen einen Bezug zur Herkunft Samson Wertheimers aus Worms dar.
18 Sigmund Husserl, Die ersten Vorsteher der Wiener Judenschaft, in: Ost und West, Jg. 1, Heft 8/9, 1910, S. 493f. Die ersten Vertreter der Wiener Judenschaft wurden im Jahr 1792 bestellt und alljährlich gewählt. Ihre Anzahl schwankte zwischen drei und sechs Personen.
19 Grunwald, Samuel Oppenheimer, wie Anm. 5, S. 279f.
20 Aufenthaltsprivileg Kaiser Karl VI. für Samuel Simon (JMW, Slg. IKG, Inv. Nr. 6855).
21 Note für das Adelsdiplom Diego d'Aguilar. Entwurf für die Verleihung der spanischen Baronie vom 26. März 1726, Österreichisches Staatsarchiv, Haus-, Hof- und Staatsarchiv, Wien (Inv. Nr. 915.100/0003 AVA/FHKA). Kaiser Karl VI. trug auch den Titel eines »Königs von Spanien«. Deshalb konnte er eine »spanische Baronie« als Titel verleihen.
22 Adolf Zemlinszky, Geschichte der türkisch-israelitischen Gemeinde zu Wien von ihrer Gründung bis heute nach historischen Daten, Wien 1888, S. 1–6. Zur Mythenbildung um Diego d'Aguilar trug der eingangs erwähnte Ludwig August Frankl entscheidend bei, auf dessen Erzählungen sich Zemlinszky beruft.
23 Bernhard Wachstein, Die Inschriften des alten Judenfriedhofs in Wien, 2. Teil 1696–1783, Wien/Leipzig 1917, S. 226, 267, 278–280 u. 311–317.
24 Antrag für einen kaiserlichen Passbrief nach London, 1755, Österreichisches Staatsarchiv, Haus-, Hof- und Staatsarchiv (RHR, Passbriefe 1, fol. 65 a-d).
25 Wachstein, Die Inschriften, wie Anm. 23, S. 313.
26 Felicitas Heimann-Jelinek/Gabriele Kohlbauer-Fritz/Gerhard Milchram (Hg.), Die Türken in Wien. Geschichte einer Jüdischen Gemeinde, Wien 2010, S. 28. Im oben genannten Katalog ist der Name des Hochzeitsortes fälschlicherweise als Hamburg an der Donau ausgewiesen. Es kann sich hier nur um Hainburg an der Donau handeln. Zur Heirat von Diego d'Aguilars Tochter Sara mit Isaac de Jacob Jessurun Alvarez vgl. auch Lucien Wolf, The Jessurun Family, in: Jewish Quarterly Review, Bd. 1, Nr. 4, Juli 1889, S. 440.
27 Constantin Wurzbach, Biographisches Lexikon des Kaiserthums Oesterreich, Bd. IX, Wien 1863, S. 121–124.
28 Zum Fall der Zwangstaufe des Kindes von Hannele Hönig vgl. Anna L. Staudacher, Jüdische Konvertiten in Wien 1782–1886, Teil I, Frankfurt am Main 2002, S. 124.
29 Ebd., S. 123–128.

30 Ein Porträt Maximilians Hönig Edler von Hönigsberg befindet sich in den Beständen des Jüdischen Museums (JMW, Slg. IKG, Inv. Nr. 1830).
31 Georg Gaugusch, Wer einmal war. Das jüdische Grossbürgertum Wiens 1800–1938. A–K, Wien 2012, S. 586.
32 Ebd., S. 26.
33 De la Garde, Gemälde des Wiener Kongresses, Leipzig 1844, zit. n. Salo W. Baron, Die Judenfrage auf dem Wiener Kongreß, Wien/Berlin 1920, S. 124.
34 Tora-Schild aus Silber, teilweise vergoldet (JMW, Slg. IKG, Inv. Nr. 13250).
35 Parochet aus Samt und Goldstickerei (JMW, Inv. Nr. 238).
36 OeStA/AVA, Adelsakt des Ministeriums des Innern, Laemel, Simon, jüdischer Großhändler in Prag, Adelsstand 5.12.1811.
37 Martina Niedhammer, Nur eine »Geldemancipation«? Loyalitäten und Lebenswelten des Prager jüdischen Großbürgertums 1800–1867. Göttingen 2013, S. 52.
38 Ebd., S. 54.
39 Der Stadttempel war die erste offiziell anerkannte Synagoge in Wien seit 1670.
40 Tora-Aufsätze, Silber, vergoldet (JMW, Slg. IKG, Inv. Nr. 187); Tora-Schild, Silber, vergoldet (JMW, Slg. IKG. Inv. Nr. 186).
41 Ludwig August Frankl, Nach Jerusalem, Bde. 1 u. 2, Leipzig 1858.
42 Zedaka-Büchse aus Silber, Privatsammlung Wien.
43 Hanns Jäger-Sunstenau, Die geadelten Judenfamilien im vormärzlichen Wien, unveröffentl. Dissertation, Wien 1950; William O. McCagg, Austria's Jewish Nobles, 1740–1918, in: Leo Baeck Institute Year Book XXXIV I, 1989, S. 163–183.
44 Baron, Die Judenfrage, wie Anm. 33, S. 141.
45 Wolfgang Gasser, Jüdische DienstbotInnen in Wien. Von den napoleonischen Kriegen, dem Biedermeier bis zur 1848er-Revolution, unveröffentl. Dipl.-Arbeit, Wien 2001. Auch für den Hinweis zu den Toleranzlisten danke ich Wolfgang Gasser.
46 Niall Ferguson, Metternich and the Rothschilds: »A Dance with Torches on Powderkegs«?, in: Leo Baeck Institute Year Book XL VI, 2001, S. 133–167.
47 McCagg, wie Anm. 43, unterteilt die Nobilitierungen von Juden in Österreich in drei grundlegende Phasen. Während bis 1848 nur einige wenige jüdische Unternehmer und Bankiers geadelt wurden, waren es nach 1849 auch die höheren Bankangestellten und sogar jüdische Offiziere. In der dritten Phase der Nobilitierungen bis zum Jahr 1918 wurden auch Künstler, Schauspieler, Schriftsteller und Philanthropen geadelt, wie Ludwig August von Frankl, der für seine Verdienste um die Gründung der Israelitischen Blindenanstalt auf der Hohen Warte mit dem Titel »Ritter von Hochwart« ausgezeichnet wurde.
48 Titelseite der *Humoristischen Blätter* vom November 1875 (JMW, Slg. IKG, Inv. Nr. 4049).
49 Hilde Spiel, Früchte des Wohlstands, München 1984, S. 43.
50 Einer der schärfsten Kritiker Luegers war der Reichstagsabgeordnete und Floridsdorfer Rabbiner Dr. Joseph Samuel Bloch, der ihn in zahlreichen Zeitungsartikeln mit beißendem Spott bedachte; vgl. »Mein lieber Dr. Lueger in Schwulität«, in: Dr. Bloch's Wochenschrift, Nr. 1, 1898, S. 5f.; »Lueger's Judengeschäft«, in: Dr. Bloch's Wochenschrift, Nr. 5, 1898, S. 86.

Porträt von Samuel Oppenheimer (1630–1703)
Johann Andreas Pfeffel / Christian Engelbrecht
Wien 1704, Kupferstich

»Das Amt eines Hofjuden, wenn man's so nennen darf, war ein unbesoldetes, aber es gewährte seinem Besitzer mannigfache Vortheile, die für einen Juden seiner Zeit zweifachen Werth hatten. Ausfluß hohen Vertrauens eines Großen, flößte es auch Andern Vertrauen ein und war mit besondern äußern Vortheilen verbunden.«

*Simon Krämer,
Der Hofjude, Nördlingen 1844*

Porträt von Samson Wertheimer (1658–1724)
Wien, 19. Jahrhundert, Öl auf Leinwand

Ansicht von Schloss und Garten Weikersheim
Lambrisbild aus dem Rittersaal von Christian Talwitzer
Schloss Weikersheim, um 1715

Hofjude Lämmle Seligmann (gest. 1742)
»Zwergengalerie« im Schlossgarten Weikersheim
Künstlerfamilie Sommer, um 1712, Kalkstein

Wer großer Herren Gunst misbraucht mit bösen Rath
Wie dieser freche Iud Süeß Oppenheimer that,
Wen Geitz und Übermuth auch Wollust eingenomen,
Der mus wie Haman dort zu letzt an Galgen komen.

A°: 1738. den 4. Febr. in Stuttgard executiert.

Porträt (Spottbild) von
Joseph Süß Oppenheimer
Stuttgart, 4. Februar 1738
Schabkunstblatt

Medaille zum 70. Geburtstag
von Daniel Itzig (1723–1799)
Berlin 1793, Abraham Abramson, Silber

Vers auf der Rückseite des Wappenschildes:
»Vivat, der die Handlung ehret, und der dem das Schiff gehöret;
dann er hat die volle Ladung, so das Schiff mit hergebracht,
mir, dem frohen Vivatrufer, gantz alleine zugedacht.«

Tafelaufsatz in Schiffsform, Geschenk
Feidel Davids (1725–1801) an Landgraf Friedrich II.
von Hessen Johann Adam Kienlein
*Ulm, zweite Hälfte des 17. Jahrhunderts, Silber,
getrieben, gegossen, teilvergoldet*

Mme Chaile Kaulla (1739–1809)
*Anonym, Stuttgart, um 1805,
Öl auf Leinwand*

Kaiserliches Schutzwappen für die
Tuchmanufaktur der Familie Oppenheim
Mühlhausen (?), 1790,
anonymer Künstler, Holz, koloriert

REICH
WIE
ROTH
SCHILD

WENN
ICH
EINMAL
REICH
WÄR

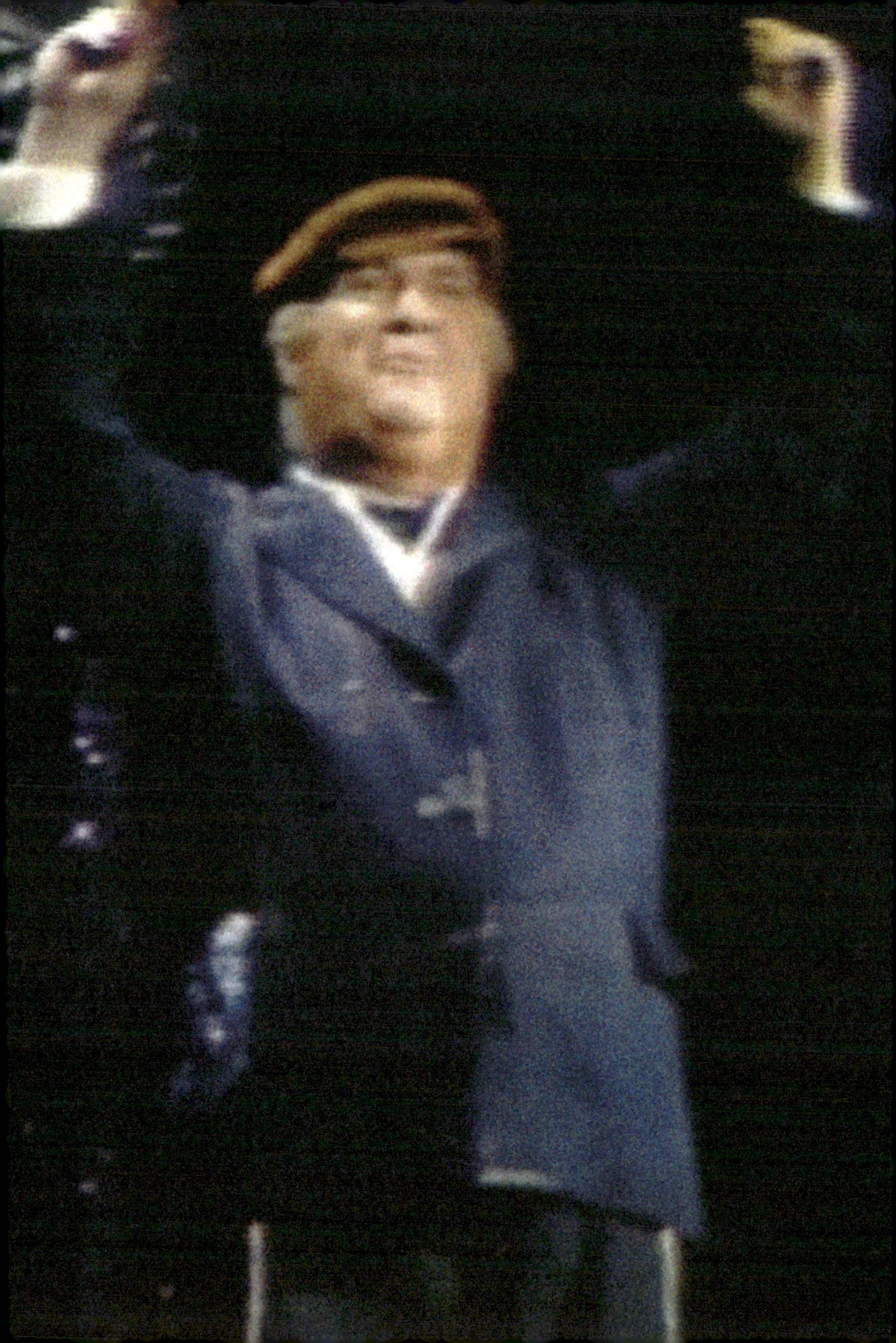

MYTHOS ROTHSCHILD
Fritz Backhaus

Im Jahr 1875 veröffentlichte Fjodor M. Dostojewskij den Roman *Ein grüner Junge*. Darin zeichnet ein junger Mann Empfindungen und Ideen auf, um sich über die Ziele seines Lebens Rechenschaft abzulegen. Illegitimer Sohn eines Adligen und nach Abschluss des Gymnasiums unsicher über seinen Lebensweg, schwankt er in einer Art spätpubertärem Delirium zwischen großen Ängsten und maßloser Selbstüberschätzung. Im Mittelpunkt seiner Fantasien steht eine erstaunliche Idee, der er sein Leben widmen will: Im fünften Kapitel nach langer Vorankündigung lässt Dostojewskij den Helden endlich das Geheimnis dieser Idee lüften: »Ein Rothschild zu werden – das ist meine Idee. Ich bitte den Leser, ernst zu bleiben und Ruhe zu bewahren. Ich wiederhole: Meine Idee ist – ein Rothschild zu werden, ebenso reich wie Rothschild; nicht einfach reich, sondern eben wie Rothschild.«[1]

Vorbereitungen zur Verwirklichung dieser »Idee« sind Übungen in Konsumverzicht – so isst er zeitweise nur Brot und wirft Suppe und Fleisch weg – oder der Besuch einer Auktion mit dem Erwerb eines beliebigen Objekts, das er zufällig mit großem Gewinn weiterverkauft. Eigentliches Ziel seiner Bestrebungen ist es aber, durch unermesslich viel Geld so große Macht zu erlangen, dass er es – als Höhepunkt seiner Fantasien – nicht einmal mehr nötig hätte, sie öffentlich zu zeigen, sondern eher im Gegenteil durch ein ärmliches Auftreten zu verblüffen.

Dostojewskijs Held wird am Ende dieses Entwicklungsromans seine Idee nicht verwirklichen. Auffällig ist: Für ihn und seinen Autor sind die Rothschilds in diesem Roman nicht einfach reich oder mächtig, sie sind offensichtlich mehr; eine mythische Größe, die Reichtum und Macht in märchenhaftem Ausmaß verkörpert.

Bemerkenswert ist diese Mythisierung in einem Land, in dem die Rothschilds wie in Russland selbst keine Bank gegründet bzw. einen entsprechenden Versuch abgebrochen hatten.[2] Dies scheint aber der Legendenbildung nicht hinderlich gewesen zu sein, sichtbar auch in den zahlreichen Geschichten und Witzen, die unter den armen Juden Osteuropas kursierten und in denen die Rothschilds das Ziel der Befreiung aus der Armut verkörperten.

Hannah Arendt hat die Bedeutung der Rothschilds aus einer anderen Perspektive als Dostojewskij in ihrer Analyse der Entstehung des Antisemitismus im 19. Jahrhundert hervorgehoben und deren besondere Rolle im Übergang vom Ancien Régime zur modernen Gesellschaft in der These zusammengefasst, dass sie die »entscheidende Veränderung« symbolisierten,

> »die sich in dem Verhältnis der Juden zum Staat vollzog, als aus den Hofjuden der feudalen Herren und absoluten Monarchien die Staatsbankiers des 19. Jahrhunderts geworden waren. [...] Eine einzige Firma, die physisch in allen Finanzzentren Europas vertreten war, vereinigte alle die vielfältigen,

> *zufälligen und individuellen Verbindungen und Beziehungen des ehemaligen Hofjudentums mit all ihren Möglichkeiten der Nachrichtenbeschaffung und den ganz neuen Chancen einheitlicher Organisation. Die eigentlichen Staatsbankiers dieser Epoche waren die Rothschilds, alle anderen waren ihre Mittels- und Verbindungsmänner, ihre Agenten. Die Monopolstellung des Hauses Rothschild, um das sich das west- und mitteleuropäische Judentum zentrierte, ersetzte bis zu einem gewissen Grade die alten Bande der Religion und Tradition, deren konservierende Kraft zum ersten Male in Jahrtausenden ernstlich gefährdet war.«*[3]

REICH

Hannah Arendts historische Interpretation und Dostojewskijs Romanidee stehen nicht allein da. Die Rothschilds waren sicher die berühmteste jüdische Familie des 19. Jahrhunderts: Wie keine andere Familie verkörperten sie die neue Macht des Geldes und der Banken.[4] So wurden sie zum Thema für Literaten, Journalisten und Karikaturisten in Deutschland, Österreich, Frankreich und England. Heinrich Heine, der in James und Betty de Rothschilds Salon in Paris verkehrte, überzeichnete die Macht der Rothschilds ironisch:

> *»Jenes Privatkabinett [des Herrn Baron von Rothschild, F. B.] ist in der Tat ein merkwürdiger Ort, welcher erhabene Gedanken und Gefühle erregt, wie der Anblick des Weltmeeres oder des gestirnten Himmels: wir sehen hier, wie klein der Mensch und wie groß Gott ist! Denn das Geld ist der Gott unserer Zeit und Rothschild ist sein Prophet.«*[5]

Es ging Heinrich Heine jedoch um mehr als Reichtum und Geld:

> *»Ich sehe in Rothschild einen der größten Revoluzionäre, welche die moderne Demokrazie begründeten. Richelieu, Robespierre und Rothschild sind für mich drey terroristische Namen, und sie bedeuten die graduelle Vernichtung der alten Aristokrazie. Richelieu, Robespierre und Rothschild sind die drey furchtbarsten Nivelleurs Europas. Richelieu zerstörte die Souverainität des Feudaladels [...]. Robespierre schlug diesem unterwürfigen und faulen Adel endlich das Haupt ab. Aber der Boden blieb, und der neue Herr desselben, der neue Gutsbesitzer, ward ganz wieder ein Aristokrat, [...]. Da kam Rothschild, und zerstörte die Oberherrschaft des Bodens, indem er das Staatspapierensystem zur höchsten Macht emporhob, dadurch die großen Besitzthümer und Einkünfte mobilisirte, und gleichsam das Geld mit den ehemaligen Vorrechten des Bodens belehnte.«*[6]

In Frankreich verkörperte James de Rothschild wie kein anderer die neue und scheinbar unbegrenzte Macht der Bankiers. Honoré de Balzac nahm ihn zum Vorbild seiner Erzählung *La maison Nucingen* (*Das Haus Nucingen*, 1838), in deren Mittelpunkt der Prototyp des modernen Bankiers steht: Kühl kalkulierend plant er seine finanziellen Feldzüge. Das Geld und nicht die Liebe sind das Reich des Bankiers, dessen jüdisch-deutsche Herkunft an seinem fehlerhaften Französisch unübersehbar ist. James de Rothschild ist auch für Émile Zola das Vorbild des Bankiers Gundermann, dem Held seines Romans *L'Argent* (Das Geld, 1891), dem 18. Band seiner Familiengeschichte *Les Rougon-Macquart* im Zweiten Kaiserreich.[7]

Wie James in Frankreich reizt Nathan Rothschilds rascher Aufstieg in der Londoner City englische Schriftsteller, das Phänomen des Bankiers als der neuen Herrscher der Epoche darzustellen. Bereits 1825 fragt Lord Byron satirisch in seinem zwölften Gesang:

> *»Wer lenkt die Parlament' und die Despoten?*
> *Wer hält des Erdballs Waage? Wer armiert*
> *Das Volk Madrids, hemdlose Patrioten,*
> *Daß Alteuropa krächzt und lamentiert?*
> *Wer schickt von Pol zu Pol der Herrschaft Noten?*
> *Wer ist es, der das Rad der Staatskunst schmiert?*
> *Vielleicht der Schatten Napoleonischen Mutes?*
> *Der Jude Rothschild wie Christ Baring tut es.«*[8]

In Deutschland formuliert Ludwig Börne, einflussreiche Stimme der liberalen Bewegung im Vormärz, der selbst in der Judengasse nur wenige Meter vom Rothschild-Haus entfernt geboren wurde, die Kritik an der Macht der Rothschilds am prägnantesten:

> *»Gegen den Menschen Rothschild habe ich gar nichts, aber weil er Rothschild ist, setzte ich ihn den Königen gleich. [...] er ist der große Mäkler aller Staatsanleihen, welcher den Fürsten die Macht gibt, der Freiheit zu trotzen und den Völkern den Mut nimmt, sich der Gewalt zu widersetzen. Rothschild ist der Hohepriester der Furcht, die Göttin, auf deren Altar Freiheit, Vaterlandsliebe, Ehre und jede Bürgertugend geopfert werden. Rothschild soll in einer Börsenstunde alle seine Papiere losschlagen, daß sie in den tiefsten Abgrund stürzen; dann eile er in meine Arme [...].«*[9]

Die auf »Papier« gegründete Macht der Bankiers, unter denen die Rothschilds alle anderen überstrahlen, wird zum bevorzugten Thema der Karikaturisten, die mit dem Aufschwung der Presse im 19. Jahrhundert – vor der Erfindung der Fotografie – zunehmend die Bilder der Öffentlichkeit zu prägen beginnen.[10] Die englischen Karikaturen nehmen Nathan Rothschild ab den 1820er-Jahren als führenden Bankier der Londoner City wahr, greifen aber in der Regel konkrete politische oder finanzielle Situationen auf, an denen die Rothschilds und mit ihnen verbundene Politiker wie Charles Herries oder Lord Wellington beteiligt sind. Die Karikaturen im Deutschland der 1848er-Revolution, als die Zensur wegfiel, und im Frankreich der Dreyfus-Affäre entwickeln sich dagegen immer mehr zu Darstellungen antisemitischer Phantasmen. Die Rothschilds werden nicht mehr als Individuen karikiert, sondern vor allem als Typus gezeichnet. So sitzt in einer Karikatur von 1848 ein Rothschild auf einem Thron aus Geldsäcken, während Minister und Könige ihn anbeten. In der »Generalpumpe« (1845) wird er zum scheußlich gezeichneten Mittelpunkt der Welt, der mit seinem Geld alles lenkt; und schließlich zeigt ihn 1898 der Karikaturist Léandre als »Raubtierkönig«, der den gesamten Erdball in seinen klauenartigen Händen hält. All diesen Karikaturen ist gemeinsam, dass über negative physiognomische Stereotype die Rothschilds ausschließlich als Juden gekennzeichnet und die Darstellungen von antisemitischen Verschwörungstheorien geleitet werden, dass die Juden und ihr Geld die eigentlichen Herren der Welt seien. Die Bilder visualisieren einprägsam Buchtitel wie *Rothschild I., König der Juden*, die spätestens seit den 1840er-Jahren Konjunktur haben. Kapitalismuskritik und Antisemitismus gehen bei vielen Kritikern der Rothschilds eine fatale Verbindung ein.

Mit der Entwicklung der großen Aktienbanken verlieren die Rothschilds in der zweiten Hälfte des 19. Jahrhunderts allmählich ihre herausragende Stellung. Im 20. Jahrhundert sind sie nur noch eine, wenn auch bedeutende Privatbank, weit überflügelt von Unternehmen wie der Deutschen Bank oder der Dresdner Bank. Dennoch bleibt der Mythos Rothschild bestehen und die Legenden, die mit ihnen verbunden sind, werden in Spielfilmen, Theaterstücken und sogar einem Musical aufgegriffen. Charakteristisch sind die beiden Spielfilme, die 1934 und 1940 erschienen sind.[11] Der Hollywoodfilm *The House of Rothschild* (1934), produziert von Darryl F. Zanuck, liefert eine positive Version der Rothschild-Story. Gleichzeitig bezog sich der Film kritisch auf die Nazipogrome in Deutschland, historisch verkleidet in dem von Boris Karloff, dem legendären Frankenstein-Darsteller, gespielten preußischen Baron, der als Gegenspieler von Nathan Rothschild antijüdische Unruhen initiiert.

1940 leitete der Film *Die Rothschilds*, der ein Jahr später mit dem Zusatztitel *Aktien auf Waterloo* gezeigt wurde, die propagandistische Filmoffensive von Goebbels' Propagandaministerium ein, der die Deportation und Ermordung der europäischen Juden vorbereiten sollte. Kurz darauf folgten die Filme *Jud Süß* und der Pseudodokumentarfilm *Der ewige Jude*. Der Rothschild-Film, der, wie es im Vorspann hieß, auf »historischen Tatsachen« beruhte, sollte vor allem die Vorstellung der jüdischen Weltverschwörung vermitteln. In einer Schlüsselszene erklärt Nathan Rothschild, wie sie und damit die Juden insgesamt die Weltherrschaft anstreben: Er verbindet die Rothschild-Niederlassungen auf einer Karte durch Linien mit einer angeblichen Zentrale in Jerusalem zu einem Davidstern.

Es bleibt die Frage: Was ist der Kern des Mythos? Warum sind die Rothschilds die einzige jüdische Familie des 19. Jahrhunderts, die bis heute in allen Teilen der Welt bekannt ist? War es allein ihr legendärer Reichtum, wie er für Dostojewskijs Romanheld zum Vorbild wurde? War es ihr Erfolg als Bankiers und Staatsfinanziers in einer Zeit, als sich die traditionellen Bindungen der Religion und der Standesgesellschaft auflösten, wie Hannah Arendt vermutet? War es ihr demonstrativer Lebensstil, der sich besonders in den »Märchenschlössern« mit ihren prachtvollen Einrichtungen manifestierte, die sie überall in Europa bauen ließen und in denen sie Könige und Präsidenten empfingen? Oder war die Tatsache entscheidend, dass die Rothschilds Juden waren und sich im Unterschied zu sehr vielen anderen prominenten Familien weigerten, zu konvertieren?

ERFOLG

Der Aufstieg der später so berühmten Familie begann unspektakulär mit Mayer Amschel Rothschild.[12] 1743 oder 1744 im Ghetto der Frankfurter Judengasse geboren, machte er sich nach einer Lehrzeit bei einer der bekannten Hofjudenfamilien des Reiches in Hannover selbstständig, handelte vor allem mit historischen Münzen und Medaillen und brachte es dabei zu einem anfangs bescheidenen Wohlstand. 1769 zum Hoffaktor des Landgrafen von Hessen-Hanau ernannt, belieferte er die Münzsammlung dieses kleinen Hofes und handelte mit Wechseln. Mit Heereslieferungen für die kaiserliche Armee in den Revolutionskriegen gegen Frankreich, Textilimporten aus England und dem Einstieg ins Bankgeschäft über den Handel mit dem neuen Finanzinstrument der Staatsanleihen baute er sein Geschäft ab den 1790er-Jahren rapide aus, mittlerweile unterstützt von seinen drei älteren Söhnen Amschel, Salomon und Nathan. Seine beiden jüngeren Söhne, 1788 und 1792 geboren, traten erst gegen Ende seines Lebens ins Geschäft ein. 1810 – zwei Jahre vor Rothschilds Tod – begründete er offiziell die Firma »Mayer Amschel Rothschild und Söhne«. Der drittälteste Sohn Nathan war zu diesem Zeitpunkt nicht mehr in Frankfurt, sondern bereits 1798/99 nach England übergesiedelt. Im Alter von knapp 20 Jahren hatte er die Frankfurter Judengasse verlassen und sich in Manchester, dem Zentrum industrieller Tuchproduktion, niedergelassen, um hier in nur wenigen Jahren ein Handelshaus zu begründen, das Handelspartner in ganz Europa mit englischen Tuchen versorgte.

Das moderne England, in dem die industrielle Revolution eingesetzt hatte, bot im Vergleich zu Frankfurt und seinem Ghetto wirtschaftlich wie gesellschaftlich ganz neue Möglichkeiten, die Nathan konsequent nutzte.[13] 20 Jahre später stand er an der Spitze eines Familienunternehmens, das ganz Europa und auch junge Staaten wie Brasilien mit Krediten und Anleihen versorgte. Mit fünf Niederlassungen in Frankfurt, London, Paris, Wien und Neapel, jeweils geleitet von einem der Brüder, agierte der Familienverband in den Zentren europäischer Wirtschaft und Politik. Der entscheidende Durchbruch gelang ihnen, als sie den Auftrag erhielten, die englische Armee Wellingtons, die auf dem Kontinent gegen Napoleon operierte, mit finanziellen Mitteln zu versorgen und ebenso den Transfer der englischen Hilfsgelder für die verbündeten Staaten auf dem Kontinent wie Preußen und Österreich zu organisieren.[14] Nach dem Krieg konnten sie die zuvor aufgebauten Verbindungen nutzen und große Anleihen für die Staaten Europas vermitteln, die nach 20-jähriger Kriegszeit einen enormen Finanzbedarf hatten.

Unter der Führung Nathan Rothschilds, von seinen Brüdern spöttisch als »kommandierender General« bezeichnet, schafften sie es, die Mittel des englischen Kapitalmarkts für den erheblichen Kapitalbedarf der europäischen und auch der neu gegründeten außereuropäischen Staaten wie Brasilien zu erschließen. Ab den 1830er-Jahren gründeten sie in Österreich, Frankreich und Deutschland die ersten Eisenbahngesellschaften, die sie zu einem europäischen Eisenbahnimperium verbanden.[15] Die mit hohen spekulativen Gewinnen verbundenen Aktiengesellschaften boten aber auch viel Anlass zur Kritik: tragische Eisenbahnunfälle und der Eindruck, dass die Gewinne privatisiert, die Kosten und Risiken aber von den Staaten getragen wurden, führten zu heftigen öffentlichen Auseinandersetzungen, in deren Mittelpunkt die Rothschilds standen. Diese neuen Aktiengesellschaften erweckten hohe spekulative Erwartungen, banden einen weiteren Kreis zumindest der vermögenden Bevölkerung ein, waren aber auch mit Risiken, unerwarteten Kursschwankungen, Zusammenbrüchen und enttäuschten Hoffnungen verbunden. Eine breite Öffentlichkeit verfolgte dies in der Presse, die eine immer größere Bedeutung und Verbreitung bekam. Die europaweite Bekanntheit der »Fünf Frankfurter« ist daher ohne die wachsende Bedeutung der Presse und Publizistik im 19. Jahrhundert nicht verständlich. Vorreiter waren dabei die englische und französische Presse, die sich im Vergleich zu Deutschland und Österreich sehr viel freier entfalten konnte.

Bereits in den 1820er-Jahren war es daher offensichtlich, dass die Rothschilds die reichste Familie Europas waren. Eine Reihe von groß angelegten Staatsanleihen für Preußen, Österreich und andere Länder hatte den rasanten Aufstieg der Rothschild-Brüder in dem Jahrzehnt zwischen 1810 und 1820 aus einem außerhalb Frankfurts nur den Geschäftspartnern bekannten Bank- und Handelsgeschäft zur mit Abstand wichtigsten Bank im Europa der Restauration begründet. Ihr Erfolg wurde zwangsläufig auch in der Öffentlichkeit sichtbar: Der österreichische Kaiser hatte die fünf Brüder 1817 nobilitiert und 1824 zu

Freiherrn ernannt.¹⁶ Ihnen wurde ein Wappen verliehen, mit dem sie ihr Selbstverständnis nach außen trugen: Das Motto beschwor mit den Begriffen Concordia, Integritas und Industria die brüderliche Eintracht, ihre Kreditwürdigkeit und den bürgerlichen Fleiß; und damit die Werte, die sie in der Außendarstellung als Grundlage ihres Erfolges vermitteln wollten. Der hessische Löwe und der kaiserliche Adler zitierten dagegen die vom Vater erlangten Hofjudenpatente und die gewachsene Verbindung zu diesen Höfen. Das rote Schild im Zentrum des Wappens ist mehr als eine Verbildlichung ihres Namens, es zeigt sehr deutlich das Bewusstsein und auch den Stolz ihrer Herkunft aus der Frankfurter Judengasse.

Die Nobilitierung und die in der europäischen Finanzwelt erlangte Spitzenstellung mit engsten Beziehungen zu den führenden Politikern Europas veränderten auch den Lebensstil der Familie nachhaltig.¹⁷ Sie kauften und bauten repräsentative Stadt- und Landhäuser und richteten sie mit wertvollen Möbeln und Kunstgegenständen ein. Mentmore und Waddesdon Manor in England, Ferrières in Frankreich, die Grüneburg und Günthersburg in Frankfurt, Schillersdorf in Österreich sind die bekanntesten Beispiele für ihre Landsitze, die sie als »Märchenschlösser« konzipierten. Mit ihnen demonstrierten sie ihren Reichtum und gesellschaftlichen Erfolg unübersehbar nach außen. Den Schlössern auf dem Land setzten die Brüder und ihre Nachkommen in den Städten, in denen sie residierten, ebenso prächtige Stadtpaläste an die Seite.

Ihnen allen gemeinsam ist, dass sie Gesamtkunstwerke waren, ausgestattet mit teuren Möbeln und Kunstwerken: Inspiriert von Architekten wie James Paxton oder Künstlern wie Moritz Daniel Oppenheim, stellten die Schlösser der Rothschilds ein Stein gewordenes historisches Programm dar, mit dem sie dem alten Hochadel gleichkommen und ihn übertreffen wollten, da hinter den historischen Fassaden, die Renaissance, Barock oder Rokoko zugleich zitierten, die technische Einrichtung dieser Häuser höchste Modernität verkörperte. Berühmt waren die Küchen, in denen nicht nur, wie Antonin Carême bei James de Rothschild in Paris, die berühmtesten Köche ihrer Zeit beschäftigt waren, sondern wie in Ferrières die Küche und die Speisesäle durch eine unterirdische Eisenbahn verbunden waren. Die Rothschilds bewirteten ihre Gäste auf königlichem Niveau und empfingen Monarchen wie Napoleon III. und Queen Victoria in ihren Märchenschlössern.

JUDENTUM

Eines unterschied die Rothschilds jedoch von anderen jüdischen Familien, die im 19. Jahrhundert Banken begründeten und reich wurden: Sie konvertierten nicht zum Christentum, um ihren gesellschaftlichen Aufstieg zu sichern, sondern blieben Juden.[18] Als 1839 Nathans Tochter Hanna Henry Fitzroy heiraten wollte, den jüngeren Sohn von Lord Southampton und Mitglied des Parlaments, traf sie auf die empörte Ablehnung der gesamten Familie. Ihr Onkel James begründete die überraschende Ablehnung einer Heirat mit einem Spross des englischen Hochadels, der zwangsläufig Hannas Konversion zur Folge gehabt hätte, folgendermaßen:

»Es geht nicht darum, daß ich ein fanatischer Bewunderer des Judentums bin, wenn ich auch meinen Glauben behalten will, [...] aber wir haben uns immer darum bemüht, Anhänglichkeit und Zugehörigkeitsgefühl in unserer Familie zu bewahren, und es ist seit jeher, seit ihrer frühesten Kindheit, mehr oder weniger abgemacht gewesen, daß unsere Kinder niemals den Wunsch haben sollen, sich außerhalb der Familie zu verheiraten. So kann das Vermögen immer in der Familie bleiben [...] und Mayer wird Anselms Tochter heiraten, ebenso wie Lionels Tochter einen unserer Söhne heiraten wird, um den Namen Rothschild zu ehren.«[19]

Aus zwei Gründen also lehnte die Familie eine Heirat ab, die eigentlich als Gipfelpunkt gesellschaftlicher Anerkennung in England hätte interpretiert werden können: Die damit verbundene Aufgabe des Judentums durch Hanna und der von den fünf Brüdern gefasste Plan, die Familie und ihr immenses Vermögen durch ein Netz familieninterner Heiraten zusammenzuhalten. Die erste dieser Ehen hatte 1824 James selbst mit der Tochter seines älteren Bruders Salomon geschlossen, ihr folgten in den Jahrzehnten danach so viele weitere Eheschließungen, dass Heinrich Heine spöttisch bemerkte: »Unter diesen Rothschilden herrscht eine große Eintracht. Sonderbar, sie heiraten immer unter einander, und die Verwandtschaftsgrade kreuzen sich dergestalt, daß der Historiograph einst seine liebe Not haben wird mit der Entwirrung dieses Knäuels.«[20]

Mit diesem dynastischen, adligen Heiratsverhalten und dem repräsentativen Lebensstil in königlichen Schlössern und Palais wurde die politische und finanzielle Macht der Rothschilds unübersehbar. Sie waren in Europa die erste jüdische Familie, die europaweit Reichtum und Macht in solchem Ausmaß verkörpern konnten.

Dieser einzigartige Reichtum und der damit verbundene politische Einfluss machten die Rothschilds fast zwangsläufig zu herausragenden Mitgliedern der jüdischen Gemeinden, in denen sie lebten.[21] In den Auseinandersetzungen um die Emanzipation der Juden wurde von ihnen politische Unterstützung in den verschiedenen europäischen Staaten erwartet. Gleichzeitig waren sie nach jüdischem Verständnis dazu verpflichtet, einen Teil ihres Einkommens der Zedaka, der Wohltätigkeit, in Form von Spenden und Stiftungen zu widmen. Den Einsatz für die Emanzipation oder auch für verfolgte Juden sahen die Rothschilds selbst als eine Verpflichtung an, die sie von dem Gründervater Mayer Amschel Rothschild herleiteten.[22] Dessen führende Rolle bei den Verhandlungen zur Durchsetzung der rechtlichen Gleichstellung der Frankfurter Juden 1811/12 wurde von seinen Söhnen als eine Art Vermächtnis gesehen, ihren finanziellen und politischen Einfluss in den Auseinandersetzungen um die rechtliche Gleichstellung wirkungsvoll einzusetzen. So ging es bei der Bewerbung Lionel Rothschilds um einen Sitz im englischen Parlament nicht einfach um seinen persönlichen Ehrgeiz.[23] Er wurde gewählt, konnte jedoch seinen Sitz im Parlament nicht einnehmen, da er sich weigerte, jenen Eid zu leisten, den jeder Parlamentsabgeordnete traditionell auf den »wahren christlichen Glauben« schwören musste. Er wurde mehrfach wieder gewählt, weigerte sich aber weiterhin, den ihn diskriminierenden Eid zu schwören, und konnte erst 1858 ins Parlament einziehen, nachdem er durchgesetzt hatte, dass die entsprechende Eidesformel geändert wird.

Die Rothschilds wurden wie keine andere jüdische Familie in Europa mit dem Judentum identifiziert. Der zunehmenden Kritik in Presse und Publizistik an ihrer finanziellen und politischen Macht versuchten sie durch eine eigene Öffentlichkeitspolitik zu begegnen. Ein frühes Beispiel ist der erste Artikel im Brockhaus-Lexikon von 1827 über das »Haus Rothschild«, der von Friedrich von Gentz, einem konservativen Mitarbeiter Metternichs, im Auftrag der Familie verfasst und von Salomon von Rothschild redigiert werden konnte.[24] Über diesen Artikel wurde auch jener Legende Vorschub geleistet, eine Grundlage für den Reichtum der Rothschilds bestünde darin, dass sie den Schatz des Kurfürsten von Hessen bewahrt hätten, als dieser durch Napoleon ins Exil getrieben wurde. Diese Legende ließ die Familie 1859 von dem Maler Moritz Daniel Oppenheim auch in zwei Gemälden darstellen.[25] Die damit verbundene Botschaft war eindeutig: Die Rothschilds verdanken ihren Reichtum der Treue gegenüber dem Kunden, an der sie auch festhalten, als sie in das Visier der napoleonischen Geheimpolizei geraten, die das Vermögen des Kurfürsten suchten, der als einer der reichsten Fürsten seiner Zeit galt. Die Absicht des Artikels ist ebenso unverkennbar: Es gilt den Reichtum der Familie, dessen Ursprung zu zahlreichen Verdächtigungen und Gerüchten Anlass gab, auf die strikte Beachtung kaufmännischer Tugenden zurückzuführen. Interessant ist dabei die Tatsache, dass aus dem Artikel nicht erkennbar ist, dass die Rothschilds Juden sind.

»Reich wie Rothschild« wurde im 19. Jahrhundert zu einer geläufigen Redensart, die auch in den Teilen Europas verbreitet war, in denen die Rothschilds keine Bank gegründet hatten. Der schnelle Aufstieg zur reichsten Familie Europas, der damit verbundene politische Einfluss, der Kontrast zwischen der »dunklen« Judengasse ihrer Jugendjahre und den strahlenden Palästen, die sie errichteten, vor allem aber, dass sie Juden blieben – all das waren Elemente, die zu ihrem einzigartigen und bis heute anhaltenden Ruhm beitrugen.

1 Fjodor M. Dostojewskij, Ein grüner Junge, Frankfurt am Main 2009, S. 113.
2 Rainer Liedtke, N M Rothschild & Sons. Kommunikationswege im europäischen Bankenwesen im 19. Jahrhundert, Köln/Weimar/Wien 2006, S. 168ff.
3 Hannah Arendt, Elemente und Ursprünge totaler Herrschaft, Frankfurt am Main 1962, S. 43ff.
4 Zu den Rothschilds vgl. Niall Ferguson, Die Geschichte der Rothschilds. Propheten des Geldes, 2 Bde., München/Stuttgart 2002; Georg Heuberger (Hg.), Die Rothschilds. Beiträge zur Geschichte einer europäischen Familie (Essays), Sigmaringen 1994; ders. (Hg.), Die Rothschilds. Eine europäische Familie (Begleitbuch), Sigmaringen 1994; Egon Caesar Conte Corti, Der Aufstieg des Hauses Rothschild: 1770–1830, Leipzig 1927; ders., Das Haus Rothschild in der Zeit seiner Blüte: 1830–1871, Leipzig 1928.
5 Heinrich Heine, Lutetia, in: Sämtliche Schriften, Bd. 9, München/Wien 1976, S. 355f.; vgl. Ferguson, wie Anm. 4, Bd. 1, S. 371f.
6 Heinrich Heine, Ludwig Börne. Eine Denkschrift (nach der historisch-kritischen Gesamtausgabe der Werke), in: Hans Magnus Enzensberger (Hg.), Ludwig Börne und Heinrich Heine, Ein deutsches Zerwürfnis, Nördlingen 1986, S. 139f.
7 Vgl. Thomas Sparr, Die Rothschilds in der Literatur, in: Die Rothschilds (Essays), wie Anm. 4, S. 311–324, hier S. 319ff.
8 George Gordon Lord Byron, Don Juan. Gedichte, 12. Gesang, in: ders., Sämtliche Werke 2, München 1977, S. 383.
9 Ludwig Börne, Briefe aus Paris (Brief vom 19. November 1831), in: ders., Sämtliche Schriften 3, Düsseldorf 1964, S. 351.
10 Zum Folgenden vgl. Klaus Herding, Die Rothschilds in der Karikatur, in: Cilly Kugelmann/Fritz Backhaus (Hg.), Jüdische Figuren in Film und Karikatur. Die Rothschilds und Joseph Süß Oppenheimer (Schriftenreihe des Jüdischen Museums Frankfurt am Main 2), Sigmaringen 1996, S. 13–64.
11 Vgl. Gertrud Koch, Tauben oder Falken – die Rothschild-Filme im Vergleich, in: Kugelmann/Backhaus (Hg.), wie Anm. 10, S. 65–96; Alfons Arns, Fatale Korrespondenzen. Die Jud-Süß-Filme von Lothar Mendes und Veit Harlan im Vergleich, in: ebd., S. 97–134.
12 Vgl. Fritz Backhaus, Mayer Amschel Rothschild. Ein biografisches Porträt, Freiburg/Basel/Wien 2012; Amos Elon, Der erste Rothschild. Biografie eines Frankfurter Juden, Reinbek bei Hamburg 1998.
13 Vgl. Victor Gray/Melanie Aspey (Hg.), The Life and Time of N M Rothschild 1777–1836, London 1998.
14 Ferguson, wie Anm. 4, Bd. 1, S. 109ff.
15 Ebd., S. 486ff.
16 Die Rothschilds (Begleitbuch), wie Anm. 4, S. 47 u. 53f.
17 Vgl. Pauline Prevost-Marcilhacy, Les Rothschild: bâtisseurs et mécènes, Paris 1995.
18 Ferguson, wie Anm. 4, Bd. 1, S. 383ff.
19 Zit. nach Die Rothschilds (Begleitbuch), wie Anm. 4, S. 95.
20 Ebd. S. 94.
21 Vgl. Fritz Backhaus, Die Rothschild-Brüder und die Bewahrung des Judentums, in: Rotraud Ries/J. Friedrich Battenberg (Hg.), Hofjuden – Ökonomie und Interkulturalität. Die jüdische Wirtschaftselite im 18. Jahrhundert (Hamburger Beiträge zur Geschichte der deutschen Juden 25), Hamburg 2002, S. 274–280.
22 Ferguson, wie Anm. 4, Bd. 1, S. 100ff.
23 Simon Mace, Vom Frankfurter Juden zum Lord Rothschild. Der Aufstieg der englischen Rothschilds in den Adel, in: Die Rothschilds (Essays), wie Anm. 4, S. 185–210; Ferguson, wie Anm. 4, Bd. 2, S. 35f.
24 F. A. Brockhaus, Allgemeine deutsche Realencyclopädie für die gebildeten Stände, Bd. 9, Leipzig 1827, S. 431–434; Backhaus, Mayer Amschel Rothschild, wie Anm. 12, S. 11ff.
25 Vgl. Gray/Aspey (Hg.), The Life and Time, wie Anm. 13, S. 95.

REICH WIE ROTHSCHILD

Moritz Daniel Oppenheim (1800–1882)
Der Kurfürst von Hessen vertraut Mayer Amschel
Rothschild seinen Schatz an.
Die fünf Söhne Mayer Amschel Rothschilds geben
dem Kurfürst von Hessen sein Vermögen zurück.
jeweils 1859, Öl auf Leinwand

»Rechts an der Bockenheimer Chaussee liegt
der Rothschild'sche Garten, in welchem der reiche
Banquier die diplomatischen Diners giebt ... Die
Blumen glänzen im Goldgefunkel und die Beeten
sind mit Kronthalern gedüngt, die Lusthäuser sind
mit Rothschild'schen Obligationen tapeziert ...«

Eduard Beurmann,
Frankfurter Bilder, Mainz 1835

»Die fünf Brüder Rothschild«
Hermann Raunheim
Paris 1852, Lithografie

IMMORTELLE ERINNERUNG.

Dem Hochgebornen Herrn Herrn

S. M. BARON VON ROTHSCHILD,

Königlich Preussischen und Dänischen Geheimen Kommerzienrath, Churfürstlich
Hessischen Geheimen Finanzrath, Hofbanquier von Bayern und Neapel, Ritter
des Russisch Kaiserlichen St. Wladimir-Ordens, der Königlich Hannöverschen
Ehrenlegion, des Königlich Bairischen Danebrog- und des Königlich Neapolitanischen
Ferdinand Ordens Ritter des Grossherzoglich Hessischen Ludwig Ordens, Ehren-
bürger von Kurfürstlich Hessischem Löwen Orden, Bürger der
Stadt Frankfurt am Main, Ehrenbürger der Wien und Bürger etc. etc.

ZUR FEIER SEINES SIEBZIGSTEN GEBURTSFESTES

am 9. September 1844

in Gefühle der innigsten Verehrung gewidmet

von

JOHANN CASTL

priv. Grosshändler

CONCORDIA INTEGRITAS INDUSTRIA

»Versteht sich, Herr Doktor, ich meyne den großen Rothschild, den großen Nathan Rothschild, Nathan den Weisen, bey dem der Kaiser von Brasilien seine diamantene Krone versetzt hat. Aber ich habe auch die Ehre gehabt, den Baron Salomon Rothschild in Frankfurt kennen zu lernen, und wenn ich mich auch nicht seines intimen Fußes zu erfreuen hatte, so wußte er mich doch zu schätzen. Als der Herr Markese zu ihm sagte, ich sey einmal Lotteriekollekteur gewesen, sagte der Baron sehr witzig: ich bin ja selbst so etwas, ich bin ja der Oberkollekteur der rothschildschen Loose, und mein College darf bey Leibe nicht mit den Bedienten essen, er soll neben mir bey Tische sitzen – Und so wahr mir Gott alles Guts geben soll, Herr Doktor, ich saß neben Salomon Rothschild, und er behandelte mich ganz wie seinesgleichen, ganz famillionär ... «

Hirsch-Hyazinth in Heinrich Heine,
Die Bäder von Lucca, 1830

Porträt Salomon von Rothschild
Karl Schlesinger, 1838, Öl auf Leinwand

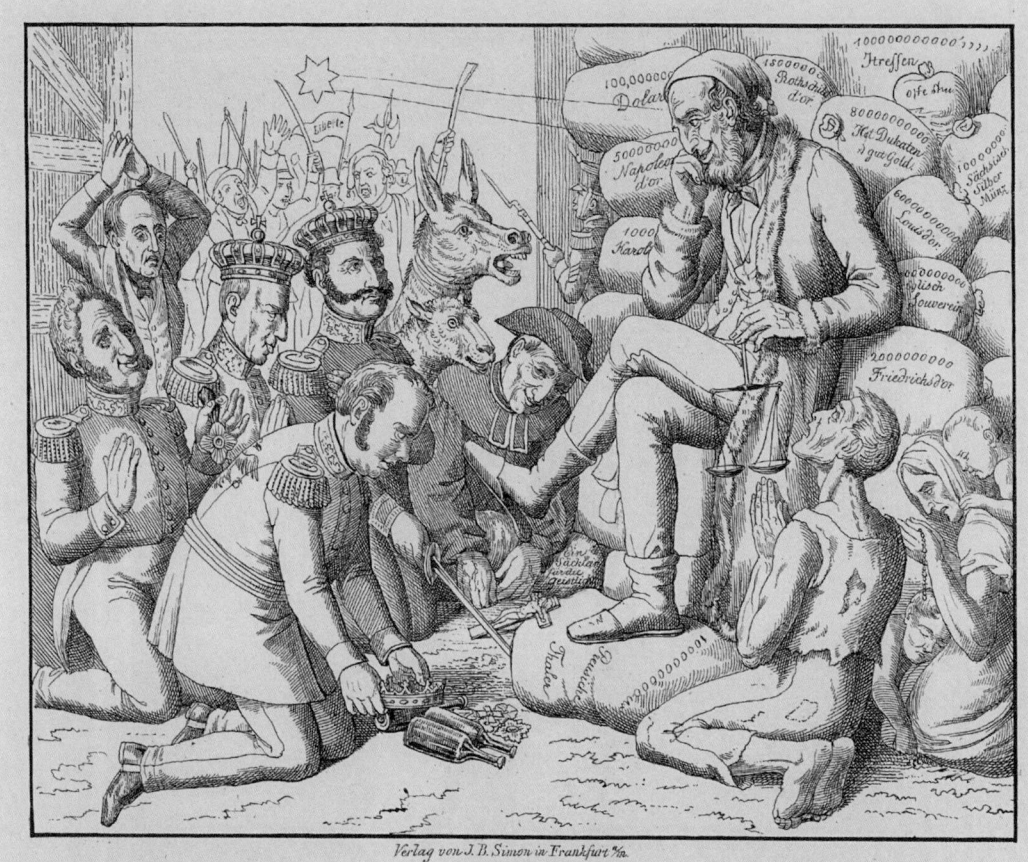

Karikatur »Anbetung der Könige«
mit Amschel Mayer Rothschild
*Frankfurt am Main, 1848, Radierung,
Verlag J. B. Simon, anonymer Künstler*

REICH WIE ROTHSCHILD 127

ugène Lami (1800–1890)
roßer blauer Salon in Schloss Ferrières
lexandre Serebriakoff (1907–1994),
ndatiert, Aquarell

Schloss Ferrières in Frankreich
Kupferstich, um 1864/65

Rothschild-Palais Wien, Prinz-Eugen-Straße
Runder Salon mit Hitler-Bild
Wien, Mai 1943 (zu dem Zeitpunkt bereits
beschlagnahmt und Geschäftsführender Sitz des
Europäischen Post- und Fernmelde-Vereins)

GELD:
VON
MÜNZEN
UND
PAPIER

ALS
OB
DIE
WAHR
HEIT
MÜNZE
WÄRE

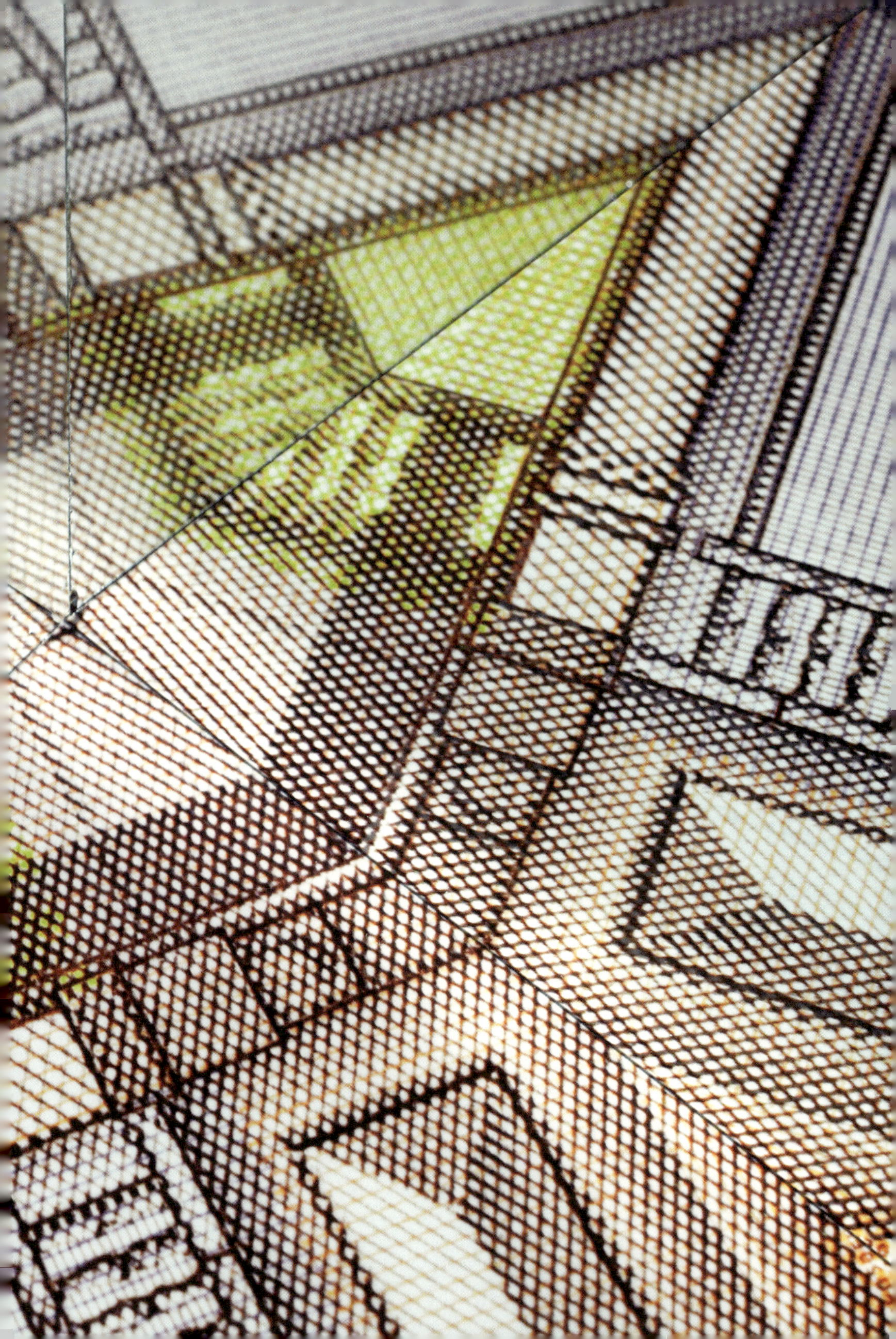

»UNTER GROSSER GEFAHR UND RISICO BEI MÄSSIGEM VORTHEIL« — DIE JÜDISCHEN MÜNZ-ENTREPRENEURS IN PREUSSEN UNTER FRIEDRICH DEM GROSSEN 1740–1786

Bernd Kluge

»Von außen schön, von innen schlimm
Von außen Friedrich, von innen Ephraim.«

Dieser Spottvers über das Geld ist in jeder Darstellung des Siebenjährigen Krieges (1756–1763) zu finden. Wie ist es dazu gekommen, dass das Volk sein Münzgeld nur noch dem Äußeren nach seinem König zuschrieb, im Inneren aber einen anderen Urheber vermutete und mit »schlimm« als Übeltäter kennzeichnete? Wer war der im preußischen und sächsischen Geld des Siebenjährigen Krieges erfolgreich tätige Ephraim und wie ist ihm das gelungen?

I. EIN GALGEN FÜR DEN MÜNZENTREPRENEUR

Nathan Veitel Heine Ephraim (1703–1775) ist der bekannteste, aber durchaus nicht der einzige unter den jüdischen Bankiers und Unternehmern des friderizianischen Preußen, der durch das Münzgeschäft zu Reichtum gelangte, wobei dieses Geschäft während des Siebenjährigen Krieges besonders hohe Profite abwarf.[1] Diese Konstellation hat Ephraim mit Energie und Intelligenz ergriffen, aber auch die Situation des Staates zu seinen Gunsten ausgenutzt. Eine – nicht verbürgte, aber zumindest gut erfundene – Anekdote charakterisiert das Verhältnis Friedrichs II. zu seinem Kriegsfinanzier. Als der König dessen aus den Kriegsgewinnen 1762 erworbenes und prächtig umgebautes Berliner Palais zur Eröffnung 1766 besichtigte, soll er auf die Frage Ephraims, ob dieses Haus etwas zu wünschen übrig lasse, gesagt haben: »Nichts als einen Galgen, denn Er hat mich ganz abscheulich betrogen.« Das war wohl weniger eine Drohung als Friedrichs Art, seinen Respekt für eine ungewöhnliche unternehmerische Leistung zu bekunden, zumal der König mit den acht Säulen der Balkonfront selbst zum Schmuck des Hauses beigetragen haben soll. Friedrich der Große und Ephraim – eine spannungsreiche Beziehung, aber ohne dieses Gespann hätte Preußen am Ende der letzte Taler gefehlt, um durch den Krieg zu kommen.

König Friedrich II., der Große, von Preußen (1740–1786) ist nicht als besonders judenfreundlich bekannt. In allen Glaubensfragen gleichgültig (positiv ausgedrückt: tolerant) galt ihm die jüdische Religionsgemeinschaft als die gefährlichste und unnütz für den Staat. Auf der anderen Seite wurden – wie schon Friedrichs Zeitgenosse und erster Biograf Christian Wilhelm von Dohm (1751–1820) bemerkt hat – »Juden, die einmal Vermögen erworben hatten und eine besondere Gewandtheit des Geistes bewiesen, von Friedrich gern zu Unternehmungen gebraucht, wo es darauf ankam, mit den wenigsten Ausgaben und auf die sichtbarste Weise Vorteile zu erwerben«.[2]

Das preußische Generaljudenprivileg von 1730 – durch Friedrich II. 1750 in dem Revidierten Generalreglement noch verschärft – verbot den Juden alle

Handwerke außer Petschierstechen und Gold- und Silberstickerei. Dadurch von allen zünftigen Berufen sowie vom Erwerb von Grundbesitz ausgeschlossen, waren sie auf den Besitz mobilen Kapitals durch Handel angewiesen: »Der unvermögende Jude war meist der kleine Schacherer, wurde er wohlhabend, so wandte er sich dem Viehhandel zu, wurde er reich, dem Geldhandel.«[3] Zum Geldhandel gehörte der Handel mit Edelmetallen, und die Versorgung der Münzstätten mit Prägemetall war in Brandenburg-Preußen seit den Zeiten des Großen Kurfürsten (1640–1688) fest in der Hand der »Münzjuden«. Dieser Begriff, wie auch der der Hofjuden, ist weder eine schimpfliche noch abwertende Bezeichnung. Im Gegenteil: Er war für die Zeitgenossen der Begriff für eine jüdische Elite, die in besonderer Beziehung zum Hof stand.

II. VEITEL EPHRAIM ALS UNTERNEHMER

Der vermutlich 1703 geborene Nathan Veitel Heine Ephraim (Veitel Heine Ephraim/ Nathan Veitel Ephraim) war das fünfte Kind und der zweite Sohn von Heine und Hanna Ephraim. Der Vater Nathan Heine/Heimann (Chaijm) Ephraim (1665– 1748), war 1695 von Hamburg nach Berlin übergesiedelt. Das von ihm gegründete Handelsgeschäft (Schmuck, Edelmetalle, Stoffe) war bescheiden.

»[E]rst als der ehrgeizige, machthungrige, von einem fanatischen Willen getriebene, vor keinem Wagnis zurückschreckende, alle Zweige des Geld- und Warenhandels und des Fabrikwesens souverän beherrschende Sohn in das Geschäft des Vaters eintrat, entwickelte es sich zu dem glänzendsten Geld- und Juwelengeschäft der Hauptstadt, dessen Wechsel man gleich den besten akzeptierte«.[4]

1723 ist »Ephraim Heine und Sohn« erstmals erwähnt, wobei sich »Sohn« hier eher auf den älteren, 1692 geborenen Bruder Marcus beziehen dürfte. Veitel Ephraim trat erst ab etwa 1730 stärker in den Vordergrund. 1727 hatte er in die angesehene und vermögende Familie Fränkel eingeheiratet, dadurch die Möglichkeit zu weiter ausgreifenden Geschäften erhalten und war zugleich in den Kreis der Münzjuden aufgestiegen. 1737 lieferte Ephraim & Söhne erstmals Silber an die Berliner Münze und dies im Umfang von immerhin 280.000 Talern. Ephraim senior (Nathan Heine Ephraim) war zu dieser Zeit schon in den Siebzigern, so dass die Geschäfte de facto von Ephraim junior (Veitel Heine Ephraim) geführt wurden. Der Firmenname Ephraim & Söhne blieb auch nach dem Tod des alten Ephraim 1748 erhalten, da die Söhne von Veitel Ephraim in das Geschäft eintraten. In die 1730er-Jahre (vermutlich ab 1736) fallen auch die ersten Geschäftskontakte mit dem damaligen Kronprinzen Friedrich: Ephraim wurde dessen Bankier und Kreditgeber. Eine 1746 aufgestellte Liste der kronprinzlichen Schulden führt Ephraim unter 50 Gläubigern (Gesamtschuldensumme von 272.242 Talern) gleich zweimal und mit 17.059 Talern als einen der fünf Hauptgläubiger auf.[5] Erst 1747 wurden die letzten kronprinzlichen Schulden bezahlt, darunter 3.200 Taler an Ephraim.

Zu dieser Zeit hatte sich Ephraim schon in die erste Reihe der Berliner jüdischen Unternehmer vorgearbeitet. 1744 hatte ihn der König »wegen der zu allerhöchstem Wohlgefallen gethanen Lieferungen« zum Wirklichen Hofjuwelier ernannt. Dass Ephraim die besondere Gunst des Königs genoss, zeigte sich auch darin, dass Friedrich ihn 1750 gegen den Widerstand der Gemeinde als Oberältesten der Berliner Judenschaft durchsetzte. Ephraim bekleidete dieses Amt bis zu seinem Tod 1775 und nutzte die königliche Protektion für seine geschäftlichen Unternehmungen. Ab 1749 betrieb er zusammen mit seinem Schwager Herz Moses Gomperz die Brüsseler Spitzen produzierende Kantenklöppelei des Potsdamer Waisenhauses, in der die 200 Mädchen des Waisenhauses als Arbeitskräfte tätig waren. Ephraim und Gomperz erhielten für 14 Jahre das Monopol auf diese Produktion, das 1763 nur für Ephraim allein verlängert wurde. 1764 kam eine Gold- und Silberdrahtzieherei hinzu, in der die Knaben des Waisenhauses beschäftigt waren, 1766 die Fabrikation von seidenen Spitzen. 1762 ging die dem Potsdamer Waisenhaus gehörende Gold- und Silbermanufaktur auf Ephraim & Söhne über. Im folgenden Jahr erhielten sie das Monopol zur Herstellung silberner Tressen und Litzen und die Manufaktur in Erbpacht. Die jährliche Pachtsumme betrug 11.400 Reichstaler, der Umsatz im Jahr 1782 300.000 Reichstaler. In der Manufaktur waren 1775 1.063, 1780 693 und 1782 813 Arbeiter beschäftigt. Auf Betreiben Ephraims bekräftigte König Friedrich 1774 und 1785 das ephraimsche Monopol und verschärfte die Bestimmungen gegen unliebsame Konkurrenten.

Die Tätigkeit Ephraims als Fabrikant war nicht ohne Erfolg, ragt aber auch nicht sonderlich heraus. Das eigentliche Feld seiner Begabung und die Quelle seines Reichtums waren das Geldgeschäft und der Handel mit Edelmetallen und Münzen. Hier hat er es zu jener Berühmtheit gebracht, die sich in dem eingangs zitierten Zweizeiler niedergeschlagen hat, und hier kreuzten sich seine Wege mit den anderen bedeutenden jüdischen Hoffaktorenfamilien Berlins: den Fränkel, den Gomperz, den Isaac und den Itzig. Ihnen allen kamen die Verhältnisse in Preußen ab 1750 in außerordentlicher Weise entgegen.

III. ANFÄNGE DES PREUSSISCHEN MÜNZENTREPRENEURS

In seinen ersten zehn Regierungsjahren hatte Friedrich der Große feststellen müssen, dass Preußen weder die richtige Währung noch eine ausreichende eigene Geldversorgung besaß.[6] Der im Generaldirektorium für das Münzwesen zuständige Minister Otto von Viereck verweigerte sich der vom König geforderten Reform.

Daraufhin entband ihn Friedrich Ende 1749 von diesen Aufgaben und machte im Januar 1750 den von ihm aus Braunschweig geholten Johann Philipp Graumann zum neuen Generalmünzdirektor Preußens. In seinem politischen Testament 1752 setzte sich der König eine jährliche Münzproduktion von 20 Millionen Talern und einen Münzgewinn von einer Million Talern zum Ziel. Dazu wurden von 1750 bis 1753 die bestehenden Münzstätten in Berlin, Breslau, Kleve, Aurich und Königsberg modernisiert sowie neue Münzstätten in Magdeburg und Stettin angelegt. Das Personal in diesen – nun von A (Berlin) bis G (Stettin) durchgezählten und mit diesen Buchstaben als Markenzeichen auf den Münzen signierten – neuen Staatsbetrieben wurde gegenüber den 1740er-Jahren auf das Achtzigfache erhöht. Nach Anfangserfolgen zeigte sich, dass weder die Produktion noch der Münzgewinn die gewünschte Größenordnung erreichten. Hauptgrund war – neben den von vorneherein zu hoch angesetzten Zielen – die unzureichende Versorgung der Münzstätten mit Silber aufgrund der staatlich reglementierten niedrigen Ankaufspreise. Die Münzjuden lieferten nicht genug, obwohl ihnen Graumann durch die Aussetzung der 1745 verfügten Zwangsabgabe einen zusätzlichen Anreiz bot. Die christlichen Bankiers lieferten noch weniger und zu höheren Preisen, obwohl Friedrich sie persönlich zu gewinnen suchte und ihnen seine Unterstützung für die Verdrängung der Juden aus diesem Geschäft antrug. 1754 waren nahezu alle preußischen Münzfabriken unrentabel. Da Friedrich auf einen Gewinn aus der Münzproduktion nicht verzichten wollte – nach den merkantilistischen Wirtschaftsvorstellungen des Königs war die Münzproduktion ein Unternehmen nicht anders als die Tuchproduktion –, wurde das Geschäftsmodell umgebaut, um ins Plus zu kommen. Da die Trennung von (privatem) Edelmetallankauf und (staatlichem) Münzbetrieb offenbar nicht funktionierte und die Juden aus dem Edelmetallgeschäft nicht zu verdrängen waren, wurde ihnen nun auch Einfluss auf den Münzbetrieb (d. h. auf die auszuprägenden Münzsorten und Prägemengen) eingeräumt.

Auf dieser neuen Geschäftsbasis wurden Anfang 1755 die beiden östlichen Münzstätten Königsberg und Breslau an Moses Fränkel gegen einen Schlagschatz[7] von 40.000 Reichstalern pro Million ausgeprägter Münzen verpachtet (vier Prozent). Moses Fränkel war der Schwager Veitel Ephraims und Ephraim war wahrscheinlich schon mit im Geschäft. Kurz darauf gab er selbst seine Visitenkarte im Poker um die preußischen Münzstätten ab: Am 3. Juli 1755 unterzeichnete der König einen Vertrag mit »Ephraim und Kompagnie« (als Kompagnie fungierte Moses Fränkel) für die Münzstätte Aurich mit einem Schlagschatz von 35.000 Reichstalern pro Million ausgeprägter Münzen (3,5 Prozent). Als Ephraim dann auch eine Offerte für die Münzstätte Kleve machte und damit vier von sechs preußischen Münzstätten an den Aufsteiger zu gehen drohten, trat die Konkurrenz der Alteingesessenen auf den Plan.

Aus dem Rheinischen stammte die Familie Gomperz (Gompertz, Gompers, Gumperts, Gumpers). Ein Zweig war seit den Zeiten des Großen Kurfürsten in Berlin als Hoffaktor tätig. Deren Spross in vierter Generation, der 1716 geborene Herz Moses Gomperz, war nicht nur mit Veitel Ephraims Schwester Klara verheiratet, sondern selbst ab 1751 als Silberlieferant für die Berliner, Stettiner und Königsberger Münze tätig. Die beiden Schwager wurden zu erbitterten Konkurrenten. Noch 1755 stach Herz Gomperz seinen Schwager Ephraim auf der ganzen Linie aus: Er wurde mit einem Generalpachtvertrag am 6. Oktober 1755 Münzentrepreneur für sämtliche preußischen Münzstätten (Berlin, Breslau, Kleve, Aurich, Königsberg, Magdeburg). Dazu hatte er sich zwei Kompagnons genommen: Moses Isaac und Daniel Itzig. Moses Isaac, 1707 oder 1710 geboren, stammte aus Schönfließ in der Neumark und nannte sich deshalb auch Moses Fliess. Daniel Itzig war der Jüngste im Bund, 1722 geboren, aber auch schon seit 1752 mit Gomperz im Geschäft für die Silberlieferungen an preußische Münzstätten. Seine große Zeit sollte noch kommen.

Die Münzentrepreneurs Gomperz, Isaac (Fliess) und Itzig verpflichteten sich 1755 zu einer Geldproduktion im Umfang von jährlich sieben Millionen Talern und zahlten dafür an den König eine Pachtsumme von jährlich 310.000 Talern (4,4 Prozent). Der Vertrag galt zwei Jahre und verlängerte sich automatisch, wenn nicht vorher von einer Seite gekündigt wurde. Er war in mancherlei Beziehung sensationell, vor allem aber, weil der König von Preußen und seine Münzentrepreneurs (wie das Unternehmerkonsortium in der preußischen Amtssprache genannt wurde) sich damit rigoros über das geltende Reichsrecht hinwegsetzten, das jede Verpachtung von Münzstätten streng verbot. Dass die Unternehmer ihre Interessen wahrzunehmen wussten, zeigt sich u. a. daran, dass als Erstes die nun von ihnen zu zahlenden Gehälter der Münzbeamten drastisch gekürzt wurden, um die Betriebskosten zu senken. Außerdem wurde nur wenig Kurantgeld hergestellt, dafür umso mehr profitablere Scheidemünzen.[8] Der im folgenden Jahr ausbrechende Siebenjährige Krieg schuf eine neue Situation. Schon vor Kriegsbeginn waren 1756 durch das Unternehmerkonsortium ohne Zustimmung des Königs, aber mit Rückendeckung des für das Münzwesen zuständigen Armeeintendanten Generalmajor Wolf Friedrich von Retzow, die ersten »Kriegsmünzen«, das heißt Münzen mit einem verringerten Silbergehalt und nach polnisch-sächsischem Typ, ausgegeben worden.

IV. KRIEGSGESCHÄFTE

Mit der Besetzung Sachsens bekam Friedrich die dortigen Münzstätten Dresden und Leipzig in die Hand, die er gleichfalls zu verpachten gedachte. Hier kam nun

Veitel Ephraim zum Zuge. Er bot dem König am 2. November 1756 einen Schlagschatz von 20 Prozent (200.000 Taler pro Million geprägter Münzen), wenn er nach dem schon vom Konsortium Gomperz teilweise praktizierten geringeren Münzfuß prägen dürfe. Friedrich war einverstanden, schon am 5. November erging an das preußische Generalfeldkriegsdirektorium der Befehl, die Leipziger Münzstätte an Ephraim zu übergeben. Allerdings sollte nicht mit preußischem, sondern unter sächsischem Stempel gemünzt und diese Münzen in Polen und Ungarn abgesetzt werden. In Preußen waren sie verboten. Zu dem vom König konzedierten sächsischen Gepräge und verringerten Münzfuß fügte nun Ephraim zwei weitere Elemente für ein großes Geschäft hinzu: die passenden Münzsorten und die Rückdatierung auf Vorkriegszeiten. Der bisherige Leipziger Münzunternehmer Frege hatte Ephraim mit der Münzstätte auch die vorhandenen Stempel aushändigen müssen. Ephraim benutzte und kopierte sie. Die sächsischen Achtgroschenstücke mit der Jahreszahl 1753 sind die klassischen »Ephraimiten«, die erfolgreichste Kriegsmünzensorte des Münzentrepreneurs Veitel Ephraim. Ihre Prägung begann vermutlich sofort nach Übernahme der Münzstätte. Sie war eine ephraimsche Improvisation, als sich die erste Geschäftsidee, die erst 1758/59 auf Touren gekommene Nachprägung der polnischen Tympfe (Achtzehngröscher), nicht gleich umsetzen ließ. Den vereinbarten Schlagschatz hatte Ephraim nicht erst nach einem Jahr, sondern schon nach vier Monaten voll bezahlt.

Das Konsortium Gomperz sah mit Missvergnügen, welche geschäftlichen Möglichkeiten sich Ephraim in den sächsischen Münzstätten boten, während sie für die preußischen noch an strengerer Kandare gehalten wurden. Mit einem Angebot, höheren Schlagschatz zu zahlen, wenn die Auflagen gemildert würden, waren sie 1757 bei Friedrich gescheitert, der damals noch alle Vorschläge, auch die preußische Währung zu verschlechtern, als »infam« abwies. Versuche, Ephraim bei Friedrich zu diskreditieren, waren ebenso erfolglos. Im Gegenteil: Ephraim erreichte 1757 sogar, dass die Gomperz sich jeglicher Aktivität in Sachsen enthalten mussten und dort auch kein Silber mehr einkaufen durften. Anfang 1758 brachten die Gomperz ihren erfolgreicheren Konkurrenten aber doch mit einer Anzeige wegen unrechtmäßiger Ausprägung zu Fall, und Ephraim musste die Münzherrschaft in Sachsen an Gomperz und Co. abtreten. Seine Karriere schien zu Ende. Zwei Todesfälle brachten ihn ins Geschäft zurück. Ende 1758 starb nicht nur sein unmittelbarer Kontrahent Herz Moses Gomperz, sondern auch der für das Münzressort zuständige Vertraute Friedrichs, der Generalleutnant Wolf Friedrich von Retzow. An Retzows Stelle traten der Generalmajor Friedrich Bogislaw von Tauentzien und der Kriegszahlmeister Friedrich Gotthold Köppen, beide Förderer Ephraims.

Ephraim ergriff sogleich seine große Chance und brachte mit den beiden Kompagnons von Gomperz, Moses Isaac und Daniel Itzig, ein neues Konsortium unter seiner Führung zustande. Der mit ihnen abgeschlossene Kontrakt brachte eine einschneidende Veränderung: Auch die preußischen Münzen wurden nun in den Kriegsstrudel gezogen und um 41 Prozent verschlechtert. Ephraim und Co. lieferten dafür 1759 den enormen Schlagschatz von sechs Millionen Reichstalern. Für 1760 wurde ein neuer Vertrag geschlossen, der eine nochmalige Steigerung des Schlagschatzes um fast ein Drittel auf neun Millionen brachte. Den »Münzentrepreneurs Ephraim und Söhne nebst Daniel Itzig« (Moses Isaac war zu diesem Zeitpunkt bereits ausgeschieden) wurden sämtliche preußischen und sächsischen Münzstätten »von neuen« übergeben und ihnen »die Ausmünzung in allerhand sächsischen, polnischen und andern frembden Münzen« gestattet. In Dresden sind von den Münzentrepreneurs schon 1759 fremde Münzen (Anhalt-Bernburg, Sachsen-Weimar-Eisenach, Stolberg) nachgeprägt worden; nun wurden für dieses Geschäft auch die preußischen Münzstätten freigegeben. Die preußischen Sorten waren von der abermaligen Verschlechterung allerdings ausgenommen. Der Kontrakt erlaubte auch die Herstellung von reinen Kupfermünzen. Dafür errichteten die Münzentrepreneurs eine neue Fabrikationsanlage in Berlin. Das Geschäft mit Kupfermünzen muss sich als einträglich erwiesen haben, denn es ist auch 1761 und 1762 fortgesetzt worden.

Die massiven Münzverschlechterungen führten zu Unruhen und Inflation. Die Lage wurde gefährlich. Deshalb wollten sich die Entrepreneurs 1761 auf keinen neuen Kontrakt mehr einlassen. Da Friedrich auf die Schlagschatzmillionen zur Kriegsfinanzierung nicht verzichten konnte, wurden den Unternehmern nochmals erhebliche Zugeständnisse gemacht. Sie durften die Münzen (ausgenommen die preußischen) weiter verschlechtern, gegen die Münzkonkurrenz in Mecklenburg wurde mit preußischem Militär vorgegangen und die Münzstätte Schwerin zerstört; und schließlich erhielten Ephraim und Itzig für sich und ihre Nachkommen auch das begehrte Generalprivileg, mit dem sie christlichen Kaufleuten gleichgestellt wurden. Auf diese Weise kamen für 1761 drei Kontrakte und ein Schlagschatz von sechs Millionen zustande. Für 1762 konnten nur die Drohung, mit anderen Unternehmern abzuschließen und das im vorigen Jahr bewilligte Generalprivileg zurückzuziehen, die weitere Lockerung der ohnehin nur noch geringen Vorschriften sowie die Freigabe der bisher als königliches Geschäft betriebenen Goldmünzenprägung (Neu-Augustdor) die Münzentrepreneurs zum erneuten Vertragsabschluss bewegen. Der Schlagschatz ging auf 4,1 Millionen Taler zurück.

Ab 1758 waren die preußischen Münzunternehmer auch Pächter der Münzstätten Harzgerode und Bernburg im Ländchen Anhalt-Bernburg. Als ab 1760/61 das Geschäft mit den rückdatierten sächsischen Ephraimiten nicht mehr gut lief, wurden die den preußischen Münzen äußerlich bewusst ähnlichen, extrem verschlechterten und in allen ihren (auch den preußischen) Münzstätten hergestellten »Berenburgschen Münzen« zum Goldesel der Münzentrepreneurs. Friedrich verwehrte zwar ihre Zulassung im preußischen Geldverkehr und noch für den Kontrakt von 1762 verlangte er ausdrücklich: »Kein berenburgisch geldt in meinem Landt«[9] – die Praxis erreichte er damit nicht mehr. Mit dem letzten am 17. Dezember 1762 mit den Münzentrepreneurs abgeschlossenen Vertrag wurde bereits auf eine Besserung der Verhältnisse hingearbeitet. Der Schlagschatz von 2,1 Millionen Reichstaler sollte zu zwei Dritteln (1,4 Millionen) bereits innerhalb von acht Wochen gezahlt und ab 1. April 1763 nur noch preußisches Geld nach dem Fuß vor der großen Münzverschlechterung von 1760 hergestellt werden.

Außer der Zahlung von 1.400.000 Talern Schlagschatz waren die Münzentrepreneurs innerhalb von weniger als drei Monaten (Dezember 1762 bis Februar 1763) noch zu finanziellen Transaktionen im Umfang von fast 5.000.000 Reichstalern fähig. Für 3.000.000 Reichstaler der Breslauer Obersteuerkasse wurden Assignationen auf Ephraim ausgestellt. Für 780.000 Reichstaler erwarben sie die durch den Generalmajor von Kleist in Süddeutschland 1762 eingetriebenen Kontributionen, für 550.000 Reichstaler die aus dem Eichsfeld stammenden und für 100.000 Reichstaler die von der Stadt Mühlhausen erlegten Kontributionen. An einem einzigen Tag (14. Februar 1762, dem Vortag des Friedensschlusses von Hubertusburg) gaben die Münzentrepreneurs Wechsel im Wert von 1.148.500 Reichstalern aus.

V. PROFITRATEN

»Wir hoffen, SKM [Seine Königliche Majestät] sowohl als auch des Herrn Generallieutnant von Tauentzien Exc. und Ew. Hochwohlgeb. [i. e. Kriegszahlmeister Friedrich Gottlieb Köppen] werden uns bei der ganzen Münzentreprise das Prädicat ehrlicher, mühsamer und unter großer Gefahr und Risico bei mäßigem Vortheil arbeitender Leute geben.«[10]

Wie viele Millionen Münzen Ephraim und Itzig im Siebenjährigen Krieg produzierten und was sie verdienten, ist ein Geheimnis geblieben. Ihre Geschäftsunterlagen haben sie vernichtet und eine staatliche Kontrolle gab es ab Ende 1758 praktisch nicht mehr. Wenn der Schlagschatz pünktlich und in voller Höhe einkam, wurde über alles andere mehr oder weniger hinweggesehen: Es war Krieg und es ging um das Überleben des Staates. Ende 1763 legten die Unternehmer eine Aufstellung ihrer Verluste während des Krieges vor und bezifferten diese auf 5.436.000 Reichstaler, wobei die Kosten einer »sechsmaligen Retirade aus Leipzig und das öftere Flüchten aus Berlin mit Effecten und Personen« nicht mitgerechnet seien.[11] Sie stellten keine Schadensersatzansprüche und schenkten am Ende dem Staat auch noch alle von ihnen während des Krieges errichteten

Münzgebäude samt Einrichtung. Allein die Gebäude hätten sie an 200.000 Reichstaler gekostet, »alle Inventaria noch ein weit mehreres«.[12]

Das alles lässt ahnen, wie hoch die Gewinne gewesen sein müssen. Die Unternehmer selbst geben an, sie hätten »viele 100 Millionen« ausgemünzt und sich dabei mit einer Provision von fünf Prozent begnügt.[13] Der an den König gelieferte Schlagschatz betrug 1758 ca. drei Millionen, 1759 ca. 6,5 Millionen, 1760 ca. neun Millionen, 1761 ca. sechs Millionen, 1762 und 1763 4,1 Millionen bzw. 2,1 Millionen, zusammen also 30,7 Millionen Reichstaler. Wenn sich die Unternehmer mit fünf Prozent Gewinn begnügten, hätten sie selbst also ca. 7,7 Millionen verdient. Davon hätten sie nach eigenen Angaben fast sechs Millionen »Kriegsverluste« gehabt, sodass am Ende nur knapp zwei Millionen übrig blieben. Ephraim und Itzig hätten also jeder eine Million verdient. Ob dies für Unternehmer vom Schlag Ephraims und Itzig das ganze Ergebnis eines sieben Jahre lang »mit größter Mühe und Lebensgefahr« ausgeübten Geschäftes war, mit dem man sich zudem den Hass der gesamten Bevölkerung zugezogen hatte, möchte man bezweifeln.

Von den eigentlich vier großen Münzentrepreneurs nahm die Öffentlichkeit vor allem Ephraim als treibende Kraft und Hauptverantwortlichen wahr. Daniel Itzig und Moses Isaac standen deutlich im Schatten Ephraims, der 1758 gestorbene Herz Moses Gomperz war schon bald vergessen. Als Moses Isaac versuchte, sich 1759 mit der Pacht der Anhalt-Bernburger Münzstätten selbstständig zu machen, verhinderte Ephraim das durch Intervention beim König. Isaac stieg daraufhin 1760 aus dem Konsortium aus. Von da ab machten Ephraim und Itzig das Geschäft allein. Der fast zwanzig Jahre jüngere Daniel Itzig kam mit dem dominanten und herrschsüchtigen Ephraim offensichtlich besser zurecht und hielt sich im Hintergrund. Als Berlin für den Einzug des Königs nach dem Friedensschluss von Hubertusburg, der am 15. Februar 1763 den Siebenjährigen Krieg beendete, festlich geschmückt wurde, erregte vor einem Haus ein illuminiertes Schwein besonderes Aufsehen. Es fraß Goldmünzen (Friedrichsdor) und gab schlechtes Kleingeld (Groschen) von sich. Darunter brannten die Worte: *Pour Ephraim*.[14] Am Ende des Siebenjährigen Krieges waren Veitel Ephraim und Daniel Itzig die mit Abstand reichsten Juden Berlins und gehörten auch zu den reichsten Männern in ganz Preußen.

Einen Teil der Münzgewinne legte Ephraim in Immobilien an. Außer dem schon erwähnten Palais Poststraße/Ecke Mühlendamm (»die schönste Ecke Berlins«) erwarb er sechs weitere Häuser und Grundstücke in Berlin sowie Häuser in Potsdam, Breslau, Magdeburg und Ostpreußen. 1764 gab er den Wert seiner Häuser mit 270.000 Reichstalern, den Wert seines gesamten Grundbesitzes mit 400.000 Reichstalern an. Auch Daniel Itzig hatte seine Gewinne in Immobilien investiert.

Sein großes, aus mehreren Häusern und Grundstücken zusammengefügtes, 1762 bis 1765 errichtetes Palais in der Burgstraße stand dem ephraimschen nicht nach.

VI. AFFINERIEN UND EXTRAORDINÄRE AUSMÜNZUNGEN

Ab dem 1. Januar 1764 wurde die preußische Münzprägung wieder in die Regie des Staates genommen. Das Geschäft der Münzentrepreneurs war beendet, Anfang 1764 zahlten sie den letzten Schlagschatz von 954.000 Reichstalern und erhielten am 25. Juni 1764 ihre Décharge (Entlastung). Ihrem Wunsch, die Décharge in den Zeitungen zu veröffentlichen, wurde begreiflicherweise nicht entsprochen. Zu dieser Zeit waren Ephraim und Itzig bereits in anderer Weise wieder in das Münzgeschäft eingestiegen, indem sie für den Staat die Einziehung und Einschmelzung des Kriegsgeldes und die Affinierung des Silbers übernahmen. Affinieren ist ein Verfahren zur Trennung der Edelmetalle von unedlen Metallen mittels Verschmelzung mit Blei, das damals in Preußen noch ungebräuchlich war. Ephraim und Itzig bestätigten hierin wieder einmal ihren Pioniergeist, wenn es um gute Geschäfte ging. Im April 1764 lieferte Daniel Itzig die ersten 5.000 Mark (1.170 kg) affiniertes Feinsilber. Daraufhin bewilligte ihm der König eine Konzession für das Affinieren in Berlin, Magdeburg und Königsberg. Das Geschäft machte dann aber nicht Itzig, sondern Ephraim. Er hatte sich unabhängig von Itzig ebenfalls in diesem Metier versucht und schon vor Itzig, am 16. März 1764, eine Konzession erhalten. Ephraim legte hinter seinem Palais am Molkenmarkt eine Affineriefabrik an, die 1766 vergrößert und auf sein Grundstück am Schiffbauerdamm verlegt wurde. Da die Kapazität der Fabrik in Berlin nicht ausreichte, wurde Ephraim erlaubt, auch in Amsterdam affinieren zu lassen. Dort war sein jüngster Sohn, Benjamin Veitel Ephraim (1742–1811), schon seit den letzten Jahren des Siebenjährigen Krieges eine väterliche Stütze im Münzgeschäft, in diesen neuen Geschäftszweig eingestiegen. Das in Berlin und Amsterdam affinierte Silber wurde Eigentum der Ephraims, der König hatte aber das Vorkaufsrecht. In Breslau und Königsberg sind gleichfalls Affinerien eingerichtet worden, die aber nicht die Bedeutung der ephraimschen in Berlin erreichten. Als 1771 alle Kriegsmünzen eingezogen waren, war es mit diesem Geschäftszweig vorbei.

Ab 1779 wurde in Berlin, Breslau und Königsberg zur Schlagschatzgewinnung eine geheim gehaltene »extraordinäre« Prägung von Dreikreuzern (Dreigröschern) für den Export nach Polen und den Osten (Galizien, Walachei, Litauen, Kurland) betrieben. Dabei kam nach 15 Jahren Daniel Itzig zurück ins Münzgeschäft. Sein Kompagnon Veitel Ephraim war 1775 gestorben. Dessen Söhne Joseph und Benjamin versuchten zwar, vermochten aber nicht neben Itzig in das neue Geschäft hineinzukommen. Daniel Itzig wurde alleiniger Silberlieferant der preußischen Dreikreuzerprägung. Insgesamt sind von 1779 bis 1786 für 7,4 Millionen Reichstaler »extraordinäre« Dreikreuzer gemünzt worden. Der daraus erlöste Schlagschatz betrug etwa 1,6 Millionen Reichstaler. Der Gewinn von Itzig und Co. lag nach Angaben des Ministers von Heinitz mit über zwei Millionen Reichstalern sogar noch höher.

Da Friedrich die Münzprägung in erster Linie als Unternehmer und erst in zweiter Linie als Hoheitsrecht und staatstragende Aufgabe betrachtete, hatte er zeitlebens kein Problem damit, fremde Münzen nachzuahmen, wenn dies einen Gewinn versprach. Das galt nicht nur in Kriegszeiten. Schon 1753/54 sind in Berlin holländische Dukaten nachgeprägt worden. 1770 ist dieses Geschäft wiederholt worden, diesmal unter Beteiligung von Benjamin Ephraim, dem jüngsten Sohn des alten Münzentrepreneurs. Zwischen 1770 und 1771 wurden in Königsberg unter größter Geheimhaltung russische Rubel und Goldmünzen (Imperiale) sowie holländische Taler und Dukaten hergestellt, wobei Daniel Itzig für Edelmetalllieferung und Absatz sorgte. Diese Nachprägungen waren von der gleichen Güte wie ihre jeweiligen Vorbilder, sodass die preußischen Bankerte bis heute nicht nachgewiesen worden sind. Bei Nachprägungen polnischer Münzen in den Jahren 1770 bis 1773 hielt man sich dagegen nur äußerlich an die Originale. Gegenüber Benjamin Veitel Ephraim, dem Teilhaber Friedrichs im polnischen Münzgeschäft, soll der König geäußert haben, dass man das polnische Geld verfälschen müsse.[15] Die Praxis sah tatsächlich so aus, dass die preußischen Nachprägungen der polnischen Acht-, Vier- und Zweigroschen aufs Äußerste verschlechtert und damit Profite von mehr als 100 Prozent erwirtschaftet wurden. Diese enorme Profitrate führte zu einem letzten Gefecht des Ephraim-Clans mit Itzig, bei dem die Ephraims unterlagen und danach für immer aus dem Münzgeschäft verschwanden. Für Daniel Itzig war erst mit dem Tod Friedrichs des Großen die Zeit des Geschäfts mit den Münzen vorbei. Er war zu dieser Zeit schon lange an seinem Kompagnon und Konkurrenten Ephraim vorbeigezogen und einer der reichsten Männer Preußens. Das große von ihm im Münzgeschäft erworbene Vermögen hat ebenso wie das Veitel Ephraims den Familien wenig Glück gebracht und ist schon in der nächsten Generation zerronnen.[16]

1 Außer der in den folgenden Anmerkungen zitierten Literatur fußt die Darstellung besonders auf: Ludwig Geiger, Geschichte der Juden in Berlin. Festschrift zur zweiten Säkular-Feier. Anmerkungen, Ausführungen, urkundliche Beilagen und zwei Nachträge, Berlin 1871–1890. Reprint Leipzig 1988 mit Vorwort von H. Simon; Thekla Keuck, Kontinuität und Wandel im ökonomischen Verhalten preußischer Hofjuden. Die Familie Itzig in Berlin, in: Rotraud Ries/J. Friedrich Battenberg (Hg.), Hofjuden – Ökonomie und Interkulturalität. Die jüdische Wirtschaftselite im 18. Jahrhundert, Hamburg 2002, S. 87–101; Reinhold Koser, Die preußischen Finanzen im Siebenjährigen Kriege, in: Forschungen zur Brandenburgischen und Preußischen Geschichte 13, 1900, S. 153–217, S. 329–375; Rolf-Herbert Krüger, Das Ephraim-Palais in Berlin. Geschichte und Wiederaufbau (Miniaturen zur Geschichte, Kultur und Denkmalpflege Berlins 25), Berlin 1987; Hugo Rachel/Paul Wallich, Berliner Großkaufleute und Kapitalisten. Bd. 2: Die Zeit des Merkantilismus, Berlin 1938; Fritz Redlich, Jewish Enterprise and Prussian Coinage in the Eighteenth Century, in: Explorations in Entrepreneurial History 2, 1950, S. 161–181; Heinrich Schnee, Die Hoffinanz und der moderne Staat. Geschichte und System der Hoffaktoren an deutschen Fürstenhöfen im Zeitalter des Absolutismus. Bd. 1: Die Institutionen des Hoffaktorentums in Brandenburg-Preußen, Berlin 1953, Bd. 5: Quellen, Berlin 1965; Olga Stieglitz, Die Ephraim. Ein Beitrag zur Geschichte und Genealogie der preußischen Münzpächter, Großunternehmer und Bankiers und ihre Verbindungen zu den Itzig und anderen Familien, Neustadt/Aisch 2001. Herrn Dr. Hermann Simon, Direktor des Centrum Judaicum Berlin, danke ich für die freundliche Durchsicht des Manuskripts.
2 Christian Wilhelm von Dohm, Denkwürdigkeiten meiner Zeit oder Beiträge zur Geschichte vom letzten Viertel des achtzehnten und vom Anfang des neunzehnten Jahrhunderts: 1778 bis 1806, Bd. 4, Hannover 1819, S. 487.
3 Friedrich Freiherr von Schrötter, Das preußische Münzwesen im 18. Jahrhundert. Münzgeschichtlicher Teil II. Die Begründung des preußischen Münzwesens durch Friedrich d. Gr. und Graumann 1740–1755, Berlin 1908, S. 100.
4 Selma Stern, Der preußische Staat und die Juden, Bd. 3: Die Zeit Friedrichs des Großen, Tübingen 1971, S. 235.
5 Herman Granier, Die kronprinzlichen Schulden Friedrichs des Großen, in: Forschungen zur Brandenburgischen und Preußischen Geschichte 8, 1895, S. 220–226.
6 Um den Leser nicht zu verwirren, ist in der folgenden Darstellung auf die numismatischen Details weitgehend verzichtet worden. Sie sind ausführlich dargestellt bei Bernd Kluge, Die Münzen König Friedrichs II. von Preußen 1740–1786. Auf der Grundlage der Werke Friedrich Freiherr von Schrötters neu bearbeitet. Unter Mitarbeit von Elke Bannicke und Renate Vogel (Berliner Numismatische Forschungen. Neue Folge 10), Berlin 2012. Dort auch die Spezialliteratur und alle Belege für die angeführten Zahlen, Daten und Fakten.
7 Als Schlagschatz wird der Gewinn aus der Münzprägung bezeichnet. Dabei ist zu beachten, ob entsprechende Verträge mit oder ohne Einschluss der erforderlichen Betriebskosten abgeschlossen wurden. Der an den König abgeführte Reingewinn wird in den Quellen häufiger als *Avanzo* von dem die Betriebskosten einschließenden Schlagschatz unterschieden.
8 Als Kurantgeld (Kurant) werden Münzen bezeichnet, deren Zahlwert (Kurswert) im Prinzip dem Materialwert (Edelmetallgehalt) entspricht. Im Unterschied dazu liegt bei Scheidemünzen der Materialwert – je nach Nominal – deutlich unter dem Nominalwert. Scheidemünzen, die Silber enthalten, werden auch als Billonmünzen bezeichnet.
9 Eigenhändige Notiz Friedrichs auf dem Immediatbericht des Kriegsrats Köppen vom 20. Januar 1762 zum Abschluss des Kontrakts mit den Entrepreneurs; Schrötter, Das preußische Münzwesen im 18. Jahrhundert. Münzgeschichtlicher Teil. Band III. Das Geld des Siebenjährigen Krieges und die Münzreform nach dem Frieden 1755–1765, Berlin 1910, S. 326, Dokument 50.
10 Ephraim und Itzig in einer Eingabe an Köppen, 17. Dezember 1763. Schrötter, wie Anm. 9, S. 377–379, Dokument 77.
11 Ebd., S. 383–385, Dokument 80. Aufgeführt sind 13 Positionen, als Erstes der Schlagschatz für 1763 in Höhe von 2,1 Millionen, »da gar nicht darauf gemünzet ist«. Außer Verlusten, die man als Geschäftsrisiko ansehen darf, steht auch anderes zu Buche: 200.000 Reichstaler, »Douceurgelder« nach Polen (»wiewohl ohne Nutzen«) und zwei durch Raub verlorene Geldtransporte von 33.000 Reichstalern (»durch preußische Husaren«) und 28.000 Reichstaler (»durch Straßenraub bei Düben«). Als Provision »auf die viele 100 mit größter Mühe und Lebensgefahr ausgemünzten Millionen« geben sie »wenigstens nur 5 Procent« an, der durch die großen Verluste »schon meist weggerissen« sei.
12 Schrötter, wie Anm. 9, S. 378, Dokument 77.
13 Ebd., S. 383, Dokument 80.
14 Ritter von Zimmermann: Fragmente über Friedrich den Großen, Berlin 1790; Stern, wie Anm. 4, S. 246.
15 »Der König sagte nun: Um die Industrie in Polen nicht aufkommen zu lassen, müsste man den Grundpfeiler, die Schätzung und Repräsentation aller Gegenstände, das polnische Geld, verfälschen«, Benjamin Veitel Ephraim, Über meine Verhaftung und einige andere Vorfälle meines Lebens, 2. Aufl., Berlin 1808.
16 Für eine moralische Bewertung der Münzentrepreneurs aus der Perspektive jüdischer Ethik vgl. Stern, wie Anm. 4, S. 252–254.

Nun folget wie viel mit einem Thaler, nach solchen Juden-Zinß in vielen Jahren kan gewuchert werden, auch in einem jeden Jahr, wann Zinß auf Zinß gerechnet werden.

	Rthl.	Schil.	Pf.
Im ersten Jahr	—	8	8
Im zweyten Jahr	1	20	10
Im dritten Jahr	2	17	
Im vierdten Jahr	4	10	8
Im fünfften Jahr	6	12	—
Im sechsten Jahr	7	1	—
Im siebenden Jahr	9	19	8
Im achten Jahr	13	4	
Im neunten Jahr	22	9	
Im zehenden Jahr	33	10	
Im eilfften Jahr	49	20	7
Im zwölfften Jahr	74	9	
Im dreyzehenden Jahr	110	7	3
Im vierzehenden Jahr	163	6	
Im fünffzehenden Jahr	241	20	—
Im sechzehenden Jahr	358	10	—
Im siebenzehenden Jahr	531	15	—
Im achtzehenden Jahr	787	17	—
Im neunzehenden Jahr	951	2	—
Im zwantzigsten Jahr	997	10	6

Daraus erfolget weiter, daß mit zwantzig Reichsthaler, in zwantzig Jahren kan gewuchert werden 19947. Rthl. 10. Schilling 6. Pfenning.

»Ich will also durchaus nicht, dass gedachte Entrepreneurs mehrgedachte dergleichen infame Münzsorten weder zu Berlin ausmünzen lassen, noch einbringen oder dergleichen in Meinen Provinzien kursiren, geschweige dann auf einige Weise vor kassenmäßig angesehen werden sollen.«

Friedrich der Große, 1757

Ephraim-Palais
(Eckfassade mit Rokoko-Balkongittern)
Berlin, 1874

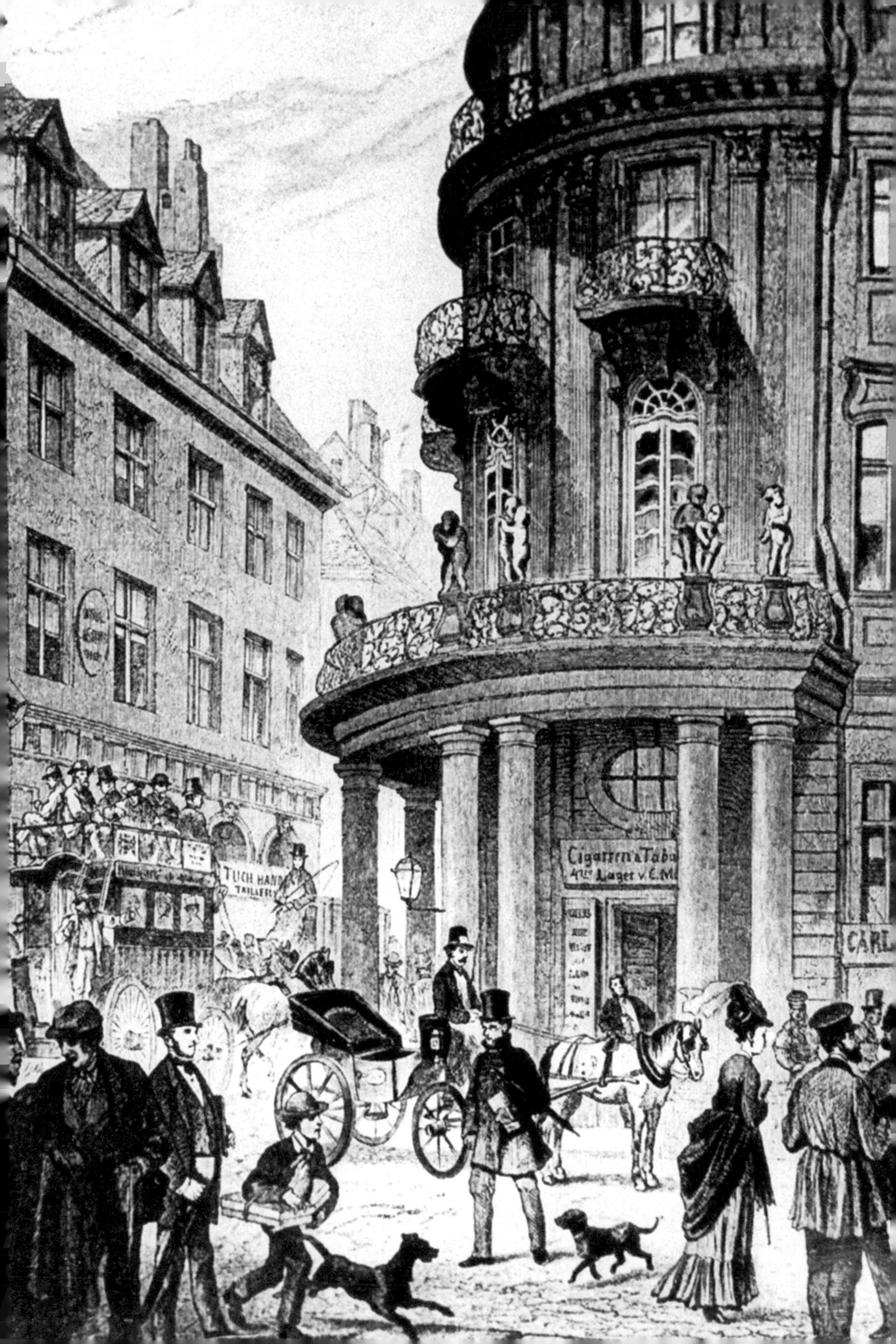
TUCH HAND
TAILLEU
Cigarren & Taba
CARL

Achtgroschen (Dritteltaler)
1753, rückdatierte Prägung des Münzentrepreneurs
Veitel Ephraim mit sächsisch-polnischem Stempel
ab November 1756 (»Ephraimit«)

Zwölfmariengroschen (Dritteltaler)
Dresden 1758, aus dem Konsortium
Gomperz, Isaac und Itzig in Sachsen

»Von außen schön, von innen schlimm,
von außen Friedrich, von innen Ephraim«

*Anonym,
Mitte 18. Jahrhundert*

Achtgutegroschen (Dritteltaler)
1758, Anhalt-Bernburger Prägung
(»berenburgisch geldt«)

*Der Münztypus ist dem des preußischen
Geldes angeglichen. Das Bildnis des
anhaltinischen Fürsten Victor Friedrich auf
der Vorderseite trägt die Züge Friedrichs.*

Geringhaltige Münzsorten.

No.	Acht gute Groschen oder ⅓ Stücke.	Vom Jahre	gr. Gr.
1	Königl. Preußische 8 gute Groschen mit der Armatur und dem Berl. Münzbuchstaben A. auf dem Avers mit dem römischen Kopf, und Umschrift Fridericus Borussorum Rex - -	1759	24
2	Die in Sachsen und Berlin geschlagene 3 einen Reichsthaler, auf dem Avers mit dem römischen Kopf, Umschrift Fridericus Borussorum Rex auf dem Revers 3 einen Reichsthaler A.	1759	24
3	Dito auf dem Avers mit dem römischen Kopf, Umschrift Fridericus Borussorum Rex auf dem Revers 3 einen Reichsthaler ohne A. -	1759	24
4	Dito auf dem Avers mit dem römischen Kopf, Umschrift Fridericus Borussorum Rex, auf dem Revers 3 einen Reichsthaler ohne A. - -	1758	24
5	Magdeburger 8 Ggr. Avers mit dem römischen Kopf, Umschrift Fridericus Borussorum Rex, Revers XII. Mariengroschen F. - -	1759	24
6	Königl. Pohl. Chursächsische ⅓ Stück, der Avers mit dem gekrönten Brustbilde, und der Umschrift D. G. Augustus III. Rex Poloniarum, der Revers mit dem Pohl. sächsischen Wappen, mit der Umschrift Sac. Rom. Imp. Archim. & Elect. unten im Abschnitt 8. G. R.	1753	19
7	Herzogl. Braunschw. 8. Ggr. der Avers hat ein mit Laubwerk geziertes C. mit einem Fürstenhut, der Revers VIII. gute Groschen, nebst dem Buchstaben H. Z. B. R. L. L. M unten A. C. B.	1759	26
8	Herzogl. Mecklenburger 8. Ggr. der Avers mit dem Brustbilde und umschrift Christ. Ludov. D. G. Dux Mecklenb. der Revers 8 gute Gro-		

b

Assignat de cinquante sols
Frankreich 1793, Papierdruck

MIDAS, Transmuting all into GOLD PAPER.

History of Midas.— The great Midas having dedicated himself to Bacchus, obtained from that Deity, the Power of changing all he Touched. — Apollo fixed Asses Ears upon his head, for his Ignorance — & although he tried to hide his disgrace with a Regal Cap, yet the very Sedges which grew from the Mud of the Pactolus, whisper'd out his Infamy, whenever they were agitated by the Wind from the opposite Shore. — Vide Ovid's Metam.

James Gillray (1756–1815)
»Midas transmuting all, into (Gold) paper«
London, 9. März 1797, handkolorierter Druck

BÖRSE
UND
BANKEN

ICH
NEHM
DIE
WELT
ALS
EINE
BÜHNE

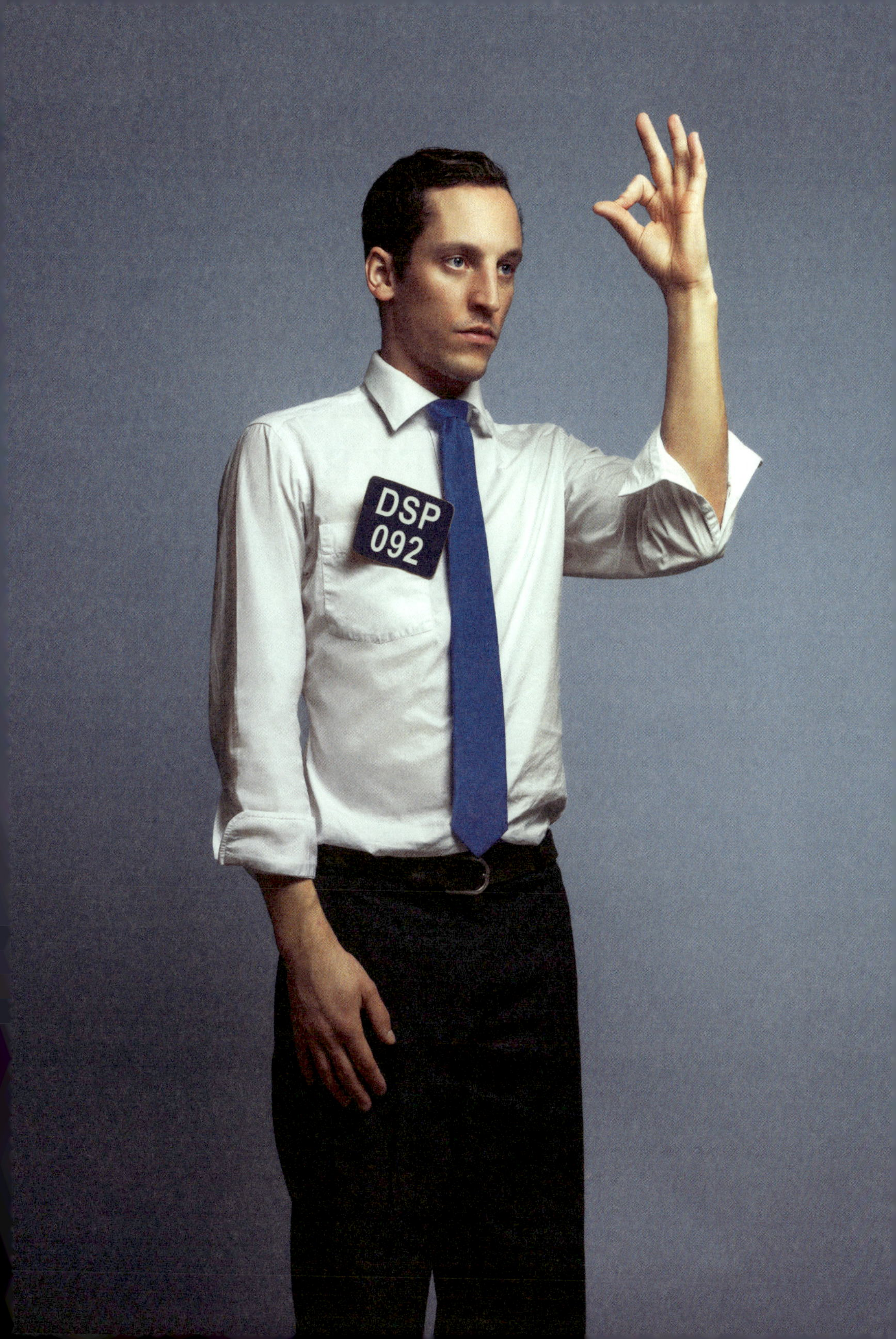
DSP
092

JÜDISCHE PRIVATBANKIERS UND GROSSBANKDIREKTOREN IN DEUTSCHLAND ZWISCHEN KAISERREICH UND ZWEITEM WELTKRIEG — EIN ÜBERBLICK

Martin Münzel

»Die Zeiten der Frankfurter Rothschilds scheinen wieder da zu sein, wenn auch auf unendlich trauriger grausiger Vergangenheit sich herausstellend.«[1] Im November 1945 spannte Paul Kempner mit diesen Worten einen Bogen zwischen Amschel Mayer Rothschild, dessen Unternehmen sich mit der strategischen Positionierung seiner fünf Söhne in Frankfurt, London, Paris, Wien und Neapel im 19. Jahrhundert zum international führenden Bankenimperium entwickelt hatte, und der weltweiten Zerstreuung deutsch-jüdischer Unternehmer während der Zeit der nationalsozialistischen Gewaltherrschaft. Als Teilhaber des traditionsreichen Berliner Bankhauses Mendelssohn & Co. war Kempner bis 1938 selbst Repräsentant einer Finanzelite gewesen, die die wirtschaftliche Entwicklung Deutschlands in entscheidenden Phasen mitgeprägt hatte und innerhalb derer jüdische Bankiers wie er einen wichtigen Platz einnahmen.

Der folgende knappe Überblick über die Geschichte deutsch-jüdischer Privatbankiers und Großbankdirektoren – ergänzt um einige kurze Ausblicke auf die österreichische Finanzmetropole Wien – konzentriert sich auf den Zeitraum vom letzten Drittel des 19. Jahrhunderts bis zum Ende der Zwischenkriegszeit in den 1930er-Jahren und kann nur bestimmte Aspekte, Entwicklungen und Namen herausgreifen. Umso wichtiger ist es, zu betonen, dass damit keine für die jüdischen Wirtschaftstätigen auch nur annähernd repräsentative Teilgruppe, sondern ein sehr spezifisches Unternehmersegment fokussiert wird. Zugleich geht es, auch wenn am Ende die tief greifenden Verheerungen nach 1933 hervorgehoben werden, immer auch um die jüdischen Bankiers als einen genuinen Teil des wirtschaftlichen Großbürgertums in Deutschland.

IN DER TRADITION DER HOFFAKTOREN

Das deutsche Privatbankwesen war zu seiner Blütezeit im 19. Jahrhundert von großer Vielfalt geprägt.[2] Auf lokaler, regionaler und internationaler Ebene waren zahlreiche Einzel- oder Familienunternehmen in allen Bereichen des Finanzgeschäfts tätig, ermöglichten die Expansion von Industrie- und Handelsgesellschaften und trugen zum Durchbruch der Industrialisierung und insgesamt zu wirtschaftlichem Fortschritt und Wachstum bei. Dass jüdische Privatbankiers hierbei eine herausragende Rolle spielten, war wesentlich auf das frühe Ausweichen der Juden in den Handels- und Finanzsektor aufgrund beruflicher Verbote und rechtlicher Diskriminierungen und ihrer Ausnahme vom kanonischen Zinsverbot zurückzuführen.[3] Über die Hälfte der jüdischen Erwerbstätigen in Preußen arbeitete 1834 in den Sektoren Handel und Kreditwesen, 1895 sogar über zwei Drittel. Die Bankiers unter ihnen wirkten mit ihren traditionellen Erfahrungen in der Akkumulation und Lenkung von Kapitalien an der Entfaltung neuer Gewerbezweige und des Börsenwesens mit und beschafften die nötigen Mittel für die Dampfschifffahrt, den Eisenbahnbau sowie den Ausbau kapitalintensiver Industrieunternehmen und international ausgerichteter Handelshäuser.

Viele Inhaber vor allem der größeren »jüdischen« Privatbanken standen dabei noch bis in das Kaiserreich hinein in der Tradition der Hofjuden und Hoffaktoren, die als Finanziers von Fürsten und Herrscherhäusern fungierten. So lagen die in das Jahr 1789 zurückreichenden Anfänge des von Salomon Oppenheim gegründeten Bankhauses Sal. Oppenheim in einem Warenhandels- und Geldgeschäft, das in enger Verbindung zum Bonner Hof des Kurfürsten und Erzbischofs Maximilian Franz stand.[4] Ab 1798 baute Oppenheim das Unternehmen dann in Köln zu einer der größten europäischen Privatbanken aus, die vor allem an der Finanzierung des Schifffahrts- und Eisenbahnwesens sowie der Industrialisierung an Rhein und Ruhr beteiligt war, aber auch Bank- und Versicherungsgesellschaften mitgründete.

In Berlin war der Aufstieg des 1803 durch Samuel Bleichröder errichteten Bankhauses S. Bleichröder wesentlich darauf zurückzuführen, dass dieser die Interessen der Rothschilds in der Stadt wahrnahm und gute Verbindungen zum preußischen Herrscherhaus und zum Reichskanzler aufbauen konnte.[5] Vor allem unter Gerson Bleichröder, dem Sohn Samuels und »Bankier Bismarcks«, schritten der Ausbau der Bank, die Spezialisierung auf das Außenhandelsgeschäft und die Industriefinanzierung voran. Mit seiner führenden Beteiligung am Preußen-Konsortium und der Mittelbeschaffung für den Preußisch-Österreichischen Krieg 1866 etablierte sich das Unternehmen als wichtiger Finanzier des preußischen Staates. Mendelssohn & Co., 1795 durch Joseph Mendelssohn gegründet, war dagegen ab der Mitte des 19. Jahrhunderts besonders eng mit dem russischen Zarenhaus verbunden, finanzierte umfangreiche Industrialisierungsmaßnahmen, beteiligte sich am Eisenbahngeschäft und an Staatsanleihen und setzte sich damit an die Spitze der großen Berliner Privatbankhäuser.[6] In Wien war es neben den Rothschilds unter anderen Bernhard Freiherr von Eskeles, der über einflussreiche Beziehungen zur Spitze der k.u.k. Monarchie verfügte. Als Gründer der Bankfirma Arnstein & Eskeles (1774) stieg der Sohn eines Rabbiners nicht nur zum Finanzberater der Kaiser Josef II. und Franz I. und wichtigen Kreditgeber für den Staat auf, sondern war auch an der Gründung der Wiener Sparkasse (1809) und der österreichischen Nationalbank (1816) wesentlich beteiligt.[7]

Andere Familienbanken gingen ohne engere Bindungen an regionale Regenten aus kleineren Unternehmen hervor. Im Handelszentrum Hamburg etwa formten die Brüder Moses Marcus und Gerson Warburg 1798 aus dem

Geldwechsel- und Pfandleihgeschäft ihres Vaters M. M. Warburg & Co.[8] Beim rasanten Bedeutungsgewinn des Unternehmens ab der Mitte des 19. Jahrhunderts stellte die Finanzierung von Auslands- und Überseegeschäften sowie kolonialer Unternehmungen einen wichtigen Schwerpunkt dar; ab 1905 war M. M. Warburg zudem Mitglied im prestigeträchtigen Reichsanleihe-Konsortium, das die Anleihen der Reichsregierung vermittelte.

Ein wichtiger komparativer Vorteil vieler »jüdischer« Bankhäuser bestand in der geografischen Mobilität ihrer Inhaberfamilien und verwandtschaftlichen Verbindungen zu Finanzmetropolen wie London, Paris, Amsterdam und New York. Die Kontakte entwickelten sich zu effektiven internationalen Netzwerken und erleichterten die Heranziehung ausländischen Kapitals. Über verschiedene politische Systeme hinweg wurden familiär gestützte Geschäftsallianzen durch die gegenseitige Ausbildung des Nachwuchses und eine strategische Heiratspolitik weiter gefestigt. Der wirtschaftliche Erfolg der jüdischen Bankiers schlug sich auch im Wachstum des materiellen Wohlstands und ihrem Aufstieg in die Reichtumselite des Kaiserreichs nieder, und auch viele der ihnen in der Sozialhierarchie bald ebenbürtigen Angestelltenunternehmer der Aktienbanken verfügten über große Vermögen. Allgemein wird davon ausgegangen, dass in den Jahren vor dem Ersten Weltkrieg knapp ein Drittel der reichsten Familien Preußens einen jüdischen Hintergrund hatte und 25 Prozent der vermögendsten deutschen Unternehmer jüdischer Religion oder Herkunft waren.[9]

KONTUREN EINER »DEUTSCH-JÜDISCHEN WIRTSCHAFTSELITE«?

Nach wie vor gehört es zu den in der historischen Forschung diskutierten Fragen, inwieweit für das 19. und frühe 20. Jahrhundert Konturen einer »deutsch-jüdischen Wirtschaftselite« als einer Gruppe ausgemacht werden können, in der auch nach Loslösung von religiös bestimmten Bindungen spezifische soziale Strukturen und gemeinsame kulturelle Eigenarten und Identitäts- und Integrationsmuster fortbestanden.[10] Zweifellos trugen Diskriminierungen, gesellschaftliche Schranken und soziale Isolationskräfte ebenso wie die über arrangierte Ehen gefestigten verwandtschaftlichen Verflechtungen jüdischer Unternehmerfamilien untereinander dazu bei, dass wirtschaftliches Verhalten und geschäftliche Kooperationen vom religiösen Hintergrund mit beeinflusst werden konnten. Andererseits wirkten rasante wirtschaftliche Wandlungsprozesse und generationelle Umbrüche ab dem Kaiserreich transzendierend auf solche Kohäsionsstrukturen ein.

Unter jüdischen Bankiers entfalteten sich dabei facettenreiche religiöse Einstellungen und Identitätsmuster. Eine bewusste Aufrechterhaltung jüdischer Religiosität konnte sich zum Beispiel im Engagement für Organisationen wie den ab 1901 tätigen »Hilfsverein der deutschen Juden« ausdrücken, der vom Hamburger Privatbankier Moritz Warburg und dem einflussreichen »Berater in Bank- und Finanzfragen« Eugen Landau mitbegründet wurde. Einer der prominentesten Vertreter des jüdischen Lebens der Weimarer Republik war Wilhelm Kleemann, von 1916 bis 1933 Vorstandsmitglied der Dresdner Bank und unter anderem Mitglied des Hauptvorstands der Jüdischen Gemeinde Berlins und des »Central-Vereins deutscher Staatsbürger jüdischen Glaubens«. Andere unterstützten jüdische Wohlfahrtsunternehmen, Krankenhäuser, Altenheime, Waisenhäuser und Schulen oder zionistische Aktivitäten.

Aus religiöser Überzeugung heraus, aufgrund sozialer Motive oder als Voraussetzung für eine Nobilitierung traten aber gleichzeitig viele Unternehmer – auch unter Inkaufnahme innerfamiliärer Konflikte – aus dem Judentum aus, unter den 80 wohlhabendsten Geschäftsleuten allein zwischen 1890 und 1914 etwa ein Drittel.[11] Louis Levy, ab 1873 Teilhaber des Kölner Bankhauses A. Levy, konvertierte nicht nur zum Katholizismus, sondern nahm 1893 bei seiner Heirat zudem den Nachnamen seiner Frau Emma Hagen an. Und auch der Geschäftsinhaber der Disconto-Gesellschaft, Georg Solmssen, zeigte sich gewiss, dass es »für den Juden nur die Wahl zwischen Zionismus und völligem Aufgehen in seinem Vaterlande mit allen Konsequenzen der Glaubens- und Namensänderung« gebe,[12] und legte 1900 seinen Geburtsnamen Salomonsohn ab.

AKTIENGESELLSCHAFTEN ALS HERAUSFORDERUNG UND MOTOR IM BANKWESEN

Ein tief greifender Einschnitt in die Strukturen des deutschen Bankwesens verband sich mit dem Aufstieg der Aktiengesellschaften insbesondere ab den Gründerjahren.[13] Mit ihren neuen Dimensionen der Kapitalmobilisierung und ihrer innovativen Aufteilung der unternehmerischen Haftung wurden die Gesellschaften zu einem unverzichtbaren Motor im Industrialisierungsprozess; und auch im Bankenbereich waren es schnell wachsende AGs, die als zentrale Finanzinstitutionen in großem Umfang Kapital ansammelten und für Investitionen zur Verfügung stellten: Die Berliner Handels-Gesellschaft (gegründet 1856), die Commerz- und Disconto-Bank in Hamburg (1870), die Deutsche Bank in Berlin (1870) oder die Dresdner Bank in Dresden (1872) wurden zu langlebigen Großunternehmen mit engen Verbindungen zur Industrie. Ebenso war die 1876 gegründete Reichsbank als Aktiengesellschaft konstituiert.

Die neuen Geldinstitute drangen als managergeführte Universalbanken verstärkt ab der Jahrhundertwende in die traditionellen Geschäftsfelder der Privatbanken vor und bauten ihre Marktanteile vor allem in der Industriefinanzierung aus. Verschiedene Privatbankiers wandelten ihr Unternehmen daraufhin selbst in eine Aktiengesellschaft um. So bestand die 1821 durch Löb Amschel Hahn als Geldwechselgeschäft gegründete Bank L. A. Hahn in Frankfurt ab 1872 unter dem Namen Deutsche Effekten- und Wechselbank als weiterhin familiengeführte Regionalbank fort.[14] In Dresden überzeugte der aus einer jüdischen Bankiersfamilie stammende Eugen Gutmann 1872 die Inhaber des Bankhauses Michael Kaskel, die der Dresdner Hoffaktor Jakob Kaskel ein Jahrhundert zuvor ins Leben gerufen hatte, dem Unternehmen die Form einer AG zu geben. Während sich die Familie Kaskel fortan als Aktionärin aus der Geschäftsleitung zurückziehen konnte, übernahm Gutmann die Führung der Bank und lenkte die Geschicke des Unternehmens bis 1920.[15] Eher Ausnahmen waren hingegen solche Fälle, in denen Privatbankiers in der Hoffnung einer Ausweitung ihrer unternehmerischen Handlungsspielräume an die Spitze einer bestehenden Großbank wechselten. 1912 nahm etwa Oscar Wassermann die Offerte der Deutschen Bank an, vom etablierten jüdischen Bamberger Privatbankhaus A. E. Wassermann in die Position eines angestellten Vorstandsmitglieds zu wechseln, in der er sich auf das Börsengeschäft, das Hypothekenwesen und die Kali- und Schifffahrtsindustrie spezialisierte.[16]

In Wien ging die Gründung der bei Weitem wichtigsten österreichischungarischen Großbank der kommenden Jahrzehnte 1855 wiederum auf die Rothschilds zurück. Die durch Anselm Salomon Freiherr von Rothschild geformte k.u.k. privilegierte Österreichische Credit-Anstalt für Handel und Gewerbe entwickelte sich am zentralen Finanzplatz Mittel- und Südosteuropas zu einem Unternehmenskonglomerat, das auch dutzende Gesellschaften aus anderen Wirtschaftsbranchen unter seinem Dach vereinte. Die Führung blieb indes in der Hand der Hauptaktionäre Rothschild und zwischen 1920 und 1933 des Präsidenten Louis de Rothschild. Dieser konnte jedoch den spektakulären Zusammenbruch der an die neuen Gegebenheiten nach dem Ende der Doppelmonarchie ungenügend angepassten und durch die Inflation geschädigten Bank im Mai 1931 nicht abwenden. Neben staatlichen Geldern trugen auch die Rothschilds mit erheblichen Summen zur nachfolgenden Sanierung bei.[17]

Die Privatbankhäuser erlebten trotz der expandierenden Aktienbanken keinen generellen Niedergang. Durch ihre individuelle Betreuung und Beratung von Kunden bei Vermögensverwaltungs- oder Börsengeschäften und bei der Vergabe kleiner und mittlerer Kredite auf lokaler und regionaler Ebene gelang es ihnen, wichtige Positionen zu behaupten. Hinzu kamen gerade bei jüdischen Bankiers ihre über weitverzweigte Verwandtschaftsbeziehungen abgestützten langjährigen internationalen Geschäftskontakte, die den Zugang zu ausländischen Finanzmärkten erleichterten. Mit ihrer Reputation als Unternehmer, ihren fachlichen Kompetenzen und ihrem Erfahrungswissen waren die Privatbankiers schließlich auch für die Kooptierung in die Aufsichtsräte der Großunternehmen prädestiniert.[18] Die Gremien entwickelten sich zu wichtigen Foren des Informationsaustausches und der Inkorporierung von Know-how und bildeten so die Basis für einflussreiche personelle Netzwerke, in denen jüdische Bankenvertreter eine zentrale Rolle einnahmen.

Die vielleicht stärkste personelle Kontinuität verkörperte vor diesem Hintergrund im ersten Drittel des 20. Jahrhunderts der erwähnte Louis Hagen, der 1873 im Alter von 18 Jahren in die Kölner Bankfirma eintrat, die sein Großvater Abraham Loeb 1858 gegründet hatte, und für den sich über die wohlhabende Metallhändler- und Fabrikantenfamilie seiner Frau der Zugang zu wichtigen Unternehmerkreisen öffnete.[19] Hagens Mitwirkung an zahlreichen Unternehmensfusionen im Industrie- und Bankensektor schlug sich Mitte der 1920er-Jahre in über 60 Aufsichtsratsmandaten nieder und machte ihn zu einem allgegenwärtigen »Wirtschaftsmittler«. 1915 wurde er Präsident der Kölner Industrie- und Handelskammer, 1922 zusätzlich Mitinhaber des Bankhauses Sal. Oppenheim.

Auch der wohl bekannteste Berliner Bankier seiner Zeit, Carl Fürstenberg, war während seines langen Wirkens in Dutzenden Unternehmen vertreten und verfügte über ein effektives Netz geschäftlicher Beziehungen.[20] Als Sohn eines jüdischen Bernsteinhändlers in Danzig geboren, war er 18-jährig nach Berlin gekommen und hatte es hier 1883 als sozialer Aufsteiger geschafft, persönlich haftender Gesellschafter der Berliner Handels-Gesellschaft (BHG) zu werden, an deren Spitze er bis 1929 stand. Fürstenberg baute die BHG zu einer der wichtigsten Stützen der deutschen Industriefinanzierung aus, wobei ihm der Charakter des Unternehmens als Kommanditgesellschaft eine Entscheidungsautonomie verlieh, die derjenigen eines Privatbankiers glich.

Dagegen gehörte Jakob Goldschmidt nicht nur einer jüngeren Generation an, sondern repräsentierte auch eine andere unternehmerische Tradition.[21] Aus ärmlichen Verhältnissen stammend, hatte Goldschmidt die Darmstädter und Nationalbank (Danat) in den Kreis der Berliner Großbanken geführt, begleitet vom Unbehagen von Konkurrenten aus altehrwürdigen Bankiersdynastien gegenüber seinem aggressiven Geschäftsstil. Sein spektakulärer Aufstieg in den Mittelpunkt der Finanzwelt der Zwanziger- und frühen Dreißigerjahre machte ihn zu einer der außergewöhnlichsten Erscheinungen der Weimarer Wirtschaftselite, zumal er auf dem Höhepunkt seiner Karriere den Aufsichtsräten von 123 Unternehmen angehörte. Im Sommer 1931 löste der Zusammenbruch der zahlungsunfähigen Danat-Bank jedoch eine beispiellose Finanzkatastrophe aus und die Faszination in Presse und Öffentlichkeit schlug in schwere Vorwürfe und antisemitische Anfeindungen um. Die verursachte Bankenkrise[22] zog die Fusion von Danat- und Dresdner Bank und die faktische Verstaatlichung großer Bankinstitute nach sich, die der Reichsregierung personelle Eingriffe ermöglichte und dazu führte, dass verschiedene jüdische Mitarbeiter der Führungsebenen ihre Posten räumen mussten.

Dass der Anteil von Vorstandsmitgliedern jüdischer Religion oder Herkunft in den größten Aktienbanken in den Jahren vor 1933 deutlich absank,[23] wurde und wird von zeitgenössischen Beobachtern sowie in der Forschung aber auch mit dem Tod einiger der bedeutendsten jüdischen Bankierspersönlichkeiten am Ende der Weimarer Republik[24] und mit einem Gesamttrend der »Schwächung« jüdischen Unternehmertums in Verbindung gebracht. Insgesamt sei die jüdische Bevölkerungsminderheit in Deutschland aufgrund eines eher rückwärtsgerichteten Wirtschaftsverhaltens, der Zurückdrängung familiärer Dynastiebildungen und auch antisemitischer Exklusionskräfte schon zu Beginn des 20. Jahrhunderts auf ökonomischem Gebiet im Rückzug begriffen gewesen.[25] Andererseits hat insbesondere der Historiker Werner Mosse zu zeigen versucht, dass jüdischen Unternehmern vielfach eine erfolgreiche Anpassung an die sich ab Beginn des Kaiserreichs neu herausbildenden wirtschaftlichen und institutionellen Rahmenbedingungen gelang. Insbesondere im Bankwesen habe die Betätigung von Juden noch in der Weimarer Republik an Bedeutung gewonnen und hier ihr eigentliches »goldenes Zeitalter« erreicht.[26]

In der Tat glückte innerhalb jüdischer Privatbankiersdynastien oftmals die Weitergabe des Unternehmens an die nächste Generation, denn es war gerade die Familie, die maßgebliche Startvorteile vermittelte: finanzielle Ressourcen, eine qualifizierte internationale Ausbildung und die Einbettung in ein soziales Umfeld, das entscheidend zum unternehmerischen Erfolg beitrug. Bei M. M. Warburg wurden beispielsweise 1929 Max Warburgs Sohn Erich und ein Jahr später der ebenfalls aus der Familie stammende Siegmund Warburg zu Teilhabern ernannt, während im Bankhaus S. Bleichröder Paul Julius von Schwabach systematisch auf die Nachfolge seines Vaters Paul Hermann vorbereitet und am 1. Januar 1927 der Familientradition entsprechend zum Teilhaber gemacht wurde.[27] In einem weiteren führenden deutschen Bankhaus, Simon Hirschland in Essen, waren es hingegen mit Erich und Kurt Grünebaum die Neffen der Teilhaber Kurt und Georg Hirschland, die nach Ausbildungsstationen im Ausland noch im April 1936 in die Firmenleitung aufgenommen wurden.[28]

Aber auch in den Leitungspositionen der »anonymen« Aktienbanken schlugen sich die vorindustriellen Traditionen jüdischer Wirtschaftstätigkeit selbst noch in den 1920er- und frühen 1930er-Jahren unübersehbar nieder und blieb der Anteil von Managern mit jüdischem Hintergrund beeindruckend hoch. Mindestens jedes vierte Vorstandsmitglied in den kapitalstärksten Banken war 1930 jüdischer Religion oder Herkunft.[29] Und ein Blick auf die drei Berliner Branchenführer Deutsche Bank, Dresdner Bank und Commerzbank macht deutlich, in welchem Maß Bankdirektorensöhne – Werner und Hans Mankiewitz, Victor von Klemperer, Herbert und Fritz Gutmann, Oskar Nathan, Adolph Sobernheim – an die Karrieren ihrer Väter anzuknüpfen begannen.[30] Freilich ging die Ära der »Alleinherrschaften« zu Ende und so zeichnete sich zum Beispiel innerhalb der BHG mit dem allmählichen Rückzug des betagten Carl Fürstenberg eine nur teilweise familiäre Nachfolgeregelung ab.[31] Der rapide wachsende Geschäftsumfang erforderte eine Aufteilung der Zuständigkeiten auf die renommierten übrigen Geschäftsinhaber Gustav Sintenis, Otto Jeidels und Siegfried Bieber. Ab Ende der 1920er-Jahre begann jedoch auch Fürstenbergs 1919 mit 29 Jahren zum persönlich haftenden Gesellschafter ernannter Sohn Hans in die deutsche Finanzelite aufzusteigen. International ausgebildet, unternahm er für die Bank zahlreiche Auslandsreisen und betreute die Kreditgeschäfte in den USA. Beispiel für ein neu geschaffenes Großunternehmen, in dessen Führung ein jüdischer Bankfachmann aufrückte, war im Übrigen die Akzept- und Garantiebank, die im Juli 1931 ihre Arbeit aufnahm. Der 31-jährige ehemalige Assistent Werner Sombarts, Kurt Neu, dessen Frau Ruth aus der Familie Warburg stammte, hatte zuvor einen Plan zur Neuordnung des Bankwesens nach der Bankenkrise entwickelt und war nun als Vorstandsmitglied für die Erfüllung des Ziels verantwortlich, die massiven Zahlungsschwierigkeiten von Banken und Sparkassen zu beheben.[32]

Wichtiger als die Abwägung zwischen krisenhaften Einflüssen und Kontinuitätsstrukturen mag indes der Hinweis auf die beschleunigten Angleichungsprozesse innerhalb des deutschen Wirtschaftslebens sein. Professionalisierungs- und Funktionalisierungstrends ließen die Trennlinien zwischen jüdischen und nichtjüdischen Unternehmern im komplexen Gefüge der korporierten Marktwirtschaft deutscher Prägung zunehmend verschwimmen. »Es gibt aber keine jüdische und keine christliche Finanz«,[33] urteilte Max Warburg schon Mitte der 1920er-Jahre; und zweifelsohne gestaltete sich die alltägliche kollegiale Zusammenarbeit zwischen Bankiers in Unternehmensgremien und Interessenverbänden spätestens ab den Jahren der Weimarer Demokratie weitgehend unabhängig vom religiösen Hintergrund. Das Aufeinandertreffen in Vereinen und Clubs und schließlich bei gegenseitigen Einladungen zu Empfängen und Diners in den Salons von jüdischen wie nichtjüdischen Vertretern der Hochfinanz und der Industrie trug dazu bei, dass die verbindende Wirkung von Geschäftskontakten auch auf dieser Ebene fortgesetzt wurde.

DIE AUSSCHALTUNG JÜDISCHER BANKIERS AUS DEM DEUTSCHEN WIRTSCHAFTSLEBEN

Umso radikaler war die Zäsur des Jahres 1933, in deren Folge eine rasche Zerstörung jahrzehntelang gewachsener Strukturen fortschritt und jüdische Privatbankiers und Bankdirektoren aus dem deutschen Wirtschaftsleben ausgeschaltet wurden. Der Gesamtprozess der sogenannten Arisierung war dabei vom Zusammenwirken vielfältiger Impulse beeinflusst, die von oberen Partei- und Regierungsstellen, mittelständisch-antisemitischen Interessenorganisationen und einzelnen skrupellosen Unternehmern ausgingen. Die Ausnutzung ökonomischer Zwangslagen wurde bei der Ausraubung jüdischer Bankiers ebenso zum Mittel wie die Ausübung direkter Gewalt.

Bezogen auf die Verdrängung aus wirtschaftlichen Führungspositionen zeigt das Beispiel der Berliner Großbanken,[34] dass es sich um einen uneinheitlichen Prozess handelte, der von der wirtschaftlichen Abhängigkeit der Unternehmen, aber auch dem Verhalten »nichtjüdischer« Kollegen in den Führungsgremien abhängig war und für den es häufig keiner gesetzlichen Handhabe bedurfte. So war es in der Deutschen Bank vorauseilender Gehorsam, der – entgegen aller Kollegialitätsprinzipien und trotz befürchteter negativer Reaktionen des in- und ausländischen Bankgewerbes – zum erzwungenen Rückzug des Vorstandssprechers Oscar Wassermann und seines Kollegen Theodor Frank führte.[35] Der ebenfalls bedrohte Georg Solmssen nahm am 9. April 1933, zwei Tage nach Erlass des »Gesetzes zur Wiederherstellung des Berufsbeamtentums«, die Situation zum Anlass, in einem mit visionärer Scharfsicht verfassten Schreiben seinen Befürchtungen Ausdruck zu verleihen: »[W]ir stehen noch am Anfange einer Entwicklung, welche zielbewußt, nach wohlaufgelegtem Plane auf wirtschaftliche und moralische Vernichtung aller in Deutschland lebenden Angehörigen der jüdischen Rasse, und zwar völlig unterschiedslos, gerichtet ist.«[36] Im Vorstand der Dresdner Bank konnte dagegen Samuel Ritscher als angesehener auslandserfahrener Fachmann mit Rückhalt des Reichswirtschaftsministeriums und der Reichsbank seine Stellung bis April 1936 behaupten, während die BHG im Rahmen ihrer relativ autonomen Strukturen möglichen Angriffen gegen die jüdischen Geschäftsinhaber Otto Jeidels, Hans Fürstenberg und Siegfried Bieber 1933 mit der taktischen Errichtung einer »nichtjüdischen« Direktion vorbeugte. Vor allem der aus einer Frankfurter Bankiers- und Kaufmannsfamilie stammende und zu einem der bedeutendsten deutschen Bankiers der Zwischenkriegszeit avancierte Jeidels trug mit seinem Ansehen, aber auch seiner persönlichen Haltung dazu bei, das Unternehmen und seine jüdischen Mitarbeiter nach außen zu verteidigen.[37]

Für das deutsche Privatbankwesen, das fast zur Hälfte in den Händen von Unternehmern jüdischer Religion oder Herkunft lag – mit einem noch höheren Anteil in den drei Bank- und Börsenzentren Berlin (70,7 Prozent), Hamburg (53,7 Prozent) und Frankfurt am Main (64,8 Prozent) –, bedeutete die fortschreitende »Arisierung« zwischen 1933 und 1938 Veränderungen bis dahin ungekannten Ausmaßes.[38] Eine kurzfristige »Gleichschaltung« wie etwa im Pressewesen oder im Kulturbereich war gleichwohl zunächst undenkbar. Angesichts des Ziels einer ökonomischen Konsolidierung nach der Weltwirtschaftskrise und der Bekämpfung der Arbeitslosigkeit wurden die Privatbanken im Interesse einer Aufrechterhaltung des Zahlungsverkehrs bereits im Zuge des reichsweiten gegen »jüdische« Geschäfte, Warenhäuser, Arztpraxen und Anwaltskanzleien gerichteten Boykotts vom 1. April 1933 gegen Übergriffe in Schutz genommen. Die Rücksichtnahme erfolgte nicht zuletzt mit Blick auf die Beschaffung dringend benötigter Devisen, und noch 1935 waren es die fünf größten, allesamt als »jüdisch« geltenden Privatbanken, die über 14 Prozent aller Außenhandelskredite für das Deutsche Reich vermittelten.[39] Im Zuge der Hauptwelle von »Arisierungen« und Liquidationen 1937/38 wurden aber auch die bis dahin dominierenden Institute – M. M. Warburg (Hamburg), Mendelssohn & Co. (Berlin), Simon Hirschland (Essen) und Gebrüder Arnhold/ S. Bleichröder (Berlin) – den Besitzerfamilien geraubt.[40]

Ein breites Spektrum an Methoden, das behördliche Drangsalierungen ebenso umfasste wie die Konstruierung strafrechtlich relevanter Vorwürfe, etwa der Bilanzfälschung, von Devisenvergehen oder der »Rassenschande«, hatte jedoch schon zuvor die unternehmerischen Handlungsspielräume zum Teil spürbar eingeschränkt. Und selbst, wenn sich solche Anklagen als haltlos erwiesen, konnten öffentlichkeitswirksame Diffamierungen die persönliche Reputation und das Vertrauen bei Geschäftspartnern frühzeitig unterminieren. Hinzu kamen die gravierenden psychosozialen Folgen, die die Erfahrungen der fortschreitenden gesellschaftlichen Isolierung und der Erosion der großbürgerlichen Lebensgrundlagen für den Einzelnen nach sich zogen.

Im Zuge der antijüdischen Maßnahmen- und Gesetzesflut 1937/38 wurden die der jüdischen Bevölkerung noch verbliebenen Möglichkeiten einer Geschäftstätigkeit endgültig beseitigt. Schließlich ließ nach jahrelangen Ausgrenzungs- und Ausplünderungsmaßnahmen der Pogrom vom 9. November 1938 keinen Zweifel mehr am Ende eines wesentlichen Teils des deutschen Bankwesens. Gewalttätige Übergriffe auch auf jüdische Bankiers[41] und Verhaftungsaktionen setzten dramatische Fluchten in Gang, zunächst in das europäische Ausland oder mit dem Ziel USA, Südamerika oder Palästina, wo die häufig mittellosen Emigranten und ihre Familien einer ungewissen Zukunft entgegensahen.

Nicht wenige ehemals etablierte Persönlichkeiten der deutschen Bankenwelt wurden aber auch zu Opfern der nationalsozialistischen Vernichtungsmaschinerie, nachdem sie eine Auswanderung zu lange hinausgezögert hatten oder im besetzten Ausland in die Hände der Gestapo gerieten. Genannt seien lediglich allein drei ehemalige Vorstandsmitglieder der Commerzbank, Albert Katzenellenbogen, Ludwig Berliner und Curt Sobernheim, die in Konzentrationslagern bzw. in Gestapo-Haft ermordet wurden.[42] Paul Wallich, von 1919 bis 1938 Leiter der Berliner Zweigstelle des Frankfurter Privatbankhauses J. Dreyfus & Co., schrieb im November 1938 in einem Abschiedsbrief resigniert an seinen Sohn, die Dinge seien für ihn »in Deutschland nicht mehr erträglich. In's Ausland zu gehen habe ich nicht mehr die Energie.« Und auch in einer letzten Mitteilung an seine Frau drückte Wallich seine Hoffnungslosigkeit aus, bevor er sich am 11. November 1938 bei Köln im Rhein ertränkte: »Ich bin so müde [...]. All die tausend Sorgen und Aufregungen, die damit verbunden wären, wenn ich noch einmal anfinge – ich habe nicht einmal die Nerven, nun über die Grenze zu gehen, mit oder ohne Paß.«[43]

Wirft man an dieser Stelle noch einmal einen kurzen Blick auf die österreichische Finanzbranche, vollzogen sich hier Raub und »Germanisierung« nach dem »Anschluss« am 12. März 1938 mit immenser Geschwindigkeit; und vor allem Wien wurde dabei zum Schauplatz besonders radikal durchgeführter antisemitischer Maßnahmen. Der größte Teil der mindestens 100 »jüdischen« Bankfirmen wurde nach Konzessionsentzug und Enteignung noch 1938 liquidiert; zu den wenigen nach der »Arisierung« weitergeführten Unternehmen gehörte das zunächst unter Zwangsverwaltung gestellte Wiener Bankhaus S. M. v. Rothschild, das eine »herausragende Sonderstellung unter den Privatbanken« einnahm. Louis von Rothschild wurde nach einem Fluchtversuch im März 1938 für über ein Jahr in Geiselhaft genommen, um seine Familie zur Abgabe ihres Vermögensbesitzes zu erpressen. Auch andere der etwa 200 österreichisch-jüdischen Bankiers wurden inhaftiert oder in den Selbstmord getrieben; rund ein Zehntel von ihnen kam nach der Deportation um.[44]

RUDIMENTE EINES NEUANFANGS UND BLEIBENDE LÜCKEN

Dem Untergang des »Tausendjährigen Reiches« folgte für jüdische Bankiers kein Neuanfang im Nachkriegsdeutschland, wie insgesamt die Wiederaufnahme von Verbindungen jüdischer Emigranten zum deutschen Wirtschaftsleben rudimentär blieb.[45] Nach Frankfurt, das die vormalige Stellung Berlins als deutsches Finanzzentrum einzunehmen begann, kehrte das frühere Vorstandsmitglied der Deutschen Effecten- und Wechsel-Bank, Albert Hahn, lediglich zur Abhaltung einzelner Universitätsvorlesungen zurück.[46] Stärker unternehmerisch engagierte sich der in der französischen Emigration knapp der Gestapo entkommene Hans Fürstenberg, indem er sich von 1952 bis 1969 als Aufsichtsratsvorsitzender wieder in den Dienst der in die Mainmetropole verlagerten BHG stellte.[47] Er nutzte sein hohes Ansehen, pflegte die traditionellen Beziehungen zu deutschen Industrieunternehmen und half, wieder Geschäftskontakte ins Ausland herzustellen. Unter den Angehörigen der jüngeren Generation entschloss sich Walter Feuchtwanger zu einer vollständigen Remigration, obwohl er damit die Empörung und Betroffenheit seiner Verwandten provozierte.[48] Als Mitglied einer Münchener Bankiersfamilie war er 1935 nach Tel Aviv ausgewandert und hatte hier am Aufbau der J. L. Feuchtwanger-Bank mitgearbeitet; ab 1958 leitete Feuchtwanger die in seiner Heimatstadt neu gegründete Feuchtwanger-Bank KG.

Die stärkste Anknüpfung an die familiären Traditionen jüdischstämmiger Bankiersdynastien zeigte sich nach 1945 indes bei den beiden größten deutschen Privatbanken, Sal. Oppenheim und M. M. Warburg. Schon im Sommer 1945 begannen sich Waldemar und Friedrich Karl von Oppenheim wieder in Köln den Geschäften zu widmen, nachdem sie in Deutschland die letzten Kriegsmonate mit knapper Not überlebt hatten, und setzten sich bald an die Spitze der (bundes)deutschen Wirtschaftselite.[49] Die Bank selbst wurde im Juli 1947 von Pferdmenges & Co. in Sal. Oppenheim rückbenannt, auch wenn Robert Pferdmenges bis 1954 Teilhaber blieb. Gegen innerfamiliäre Widerstände und trotz fortdauernder Konflikte mit den amtierenden Inhabern kehrte auch Eric Warburg, der Sohn Max Warburgs, in das Hamburger Bankhaus seiner Familie zurück.[50] Am 1. Oktober 1956 wurde er erneut Teilhaber und 1970 wurde »M. M. Warburg« erstmals seit 1938 wieder Teil des Unternehmernamens, was auch nach außen die Rückkehr der Familie Warburg in das deutsche Bankwesen signalisierte.

Von einer tatsächlichen Wiederbelebung der personellen Strukturen des deutschen Bankwesens, wie sie vor Beginn der NS-Herrschaft bestanden hatten, konnte dennoch nicht die Rede sein. Die Lücken, die das innerhalb weniger Jahre gewaltsam herbeigeführte Ende des jahrhundertealten Wirkens deutschjüdischer Privatbankiers und die Verdrängung der Bankdirektoren jüdischer Herkunft und Religion in der deutschen Finanzwelt und im Wirtschaftsbürgertum gerissen hatten, blieben.

1 Paul Kempner an Rudolf Loeb, 21. November 1945, in: Leo Baeck Institut im Jüdischen Museum Berlin (LBI B), MF 512, reel 9.
2 Vgl. zur Rolle und Bedeutung von Bankiers in Deutschland seit der Mitte des 19. Jahrhunderts u.a. Manfred Pohl, Festigung und Ausdehnung des deutschen Bankwesens zwischen 1870 und 1914, in: Deutsche Bankengeschichte, Bd. 2, Frankfurt am Main 1982, S. 221–356; Albrecht Corde, Privatbankier. Nischenstrategien in Geschichte und Gegenwart, Stuttgart 2003; Morten Reitmayer, Bankiers im Kaiserreich. Sozialprofil und Habitus der deutschen Hochfinanz, Göttingen 1999; Harald Wixforth/Dieter Ziegler, Deutsche Privatbanken und Privatbankiers im 20. Jahrhundert, in: Geschichte und Gesellschaft, Jg. 23, H. 2, 1997, S. 205–235.
3 Vgl. aus der umfangreichen Literatur zur sozioökonomischen Struktur der deutschen Juden bis 1914 nur Arthur Prinz, Die Juden im Deutschen Wirtschaftsleben. Soziale und wirtschaftliche Struktur im Wandel 1850–1914, bearb. u. hg. v. Avraham Barkai, Tübingen 1984; Monika Richarz, Berufliche und soziale Struktur, in: Steven M. Lowenstein u. a., Umstrittene Integration 1871–1918, München 1997, S. 39–68.
4 Michael Stürmer u. a., Wägen und Wagen. Sal. Oppenheim jr. & Cie. Geschichte einer Bank und einer Familie, München/Zürich 1989.
5 Fritz Stern, Gold und Eisen. Bismarck und sein Bankier Bleichröder, Reinbek 1988.
6 Zur Familie Mendelssohn vgl. Julius H. Schoeps, Das Erbe der Mendelssohns. Biographie einer Familie, Frankfurt am Main 2009, 3. Aufl.
7 Artikel Bernhard Frh. von Eskeles, in: Österreichisches biographisches Lexikon, Bd. 1, hg. v. d. Österreichischen Akademie der Wissenschaften, Graz/Köln 1957, S. 268; Eveline Brugger u. a.: Geschichte der Juden in Österreich, Wien 2006, S. 426.
8 Eckart Kleßmann, M. M. Warburg & Co. Die Geschichte eines Bankhauses, Hamburg 1999; und zur Familiengeschichte vgl. Ron Chernow, Die Warburgs. Odyssee einer Familie, Berlin 1996.
9 Vgl. Reitmayer, Bankiers, wie Anm. 2, S. 147ff. u. 161f., und zur Vermögenselite des Kaiserreichs insgesamt Werner E. Mosse, Jews in the German Economy. The German-Jewish Economic Élite 1820–1935, Oxford 1987, S. 5ff. u. 172ff.; Dolores L. Augustine, Die wilhelminische Wirtschaftselite. Sozialverhalten, Soziales Selbstbewußtsein und Familie, Diss. Berlin 1991, bes. S. 46ff., S. 55 u. Tab. 2.18, S. 348.
10 Vgl. dazu insgesamt Werner E. Mosse, The German-Jewish Economic Élite 1820–1935. A Socio-cultural Profile, Oxford 1989, bes. Kap. 4 (S. 93ff.) und Kap. 5 (S. 134ff.).
11 Augustine, Wirtschaftselite, wie Anm. 9, S. 348.

12 Georg Solmssen, Gedenkblatt für Adolf und Sara Salomonsohn zum 19. März 1931, Berlin 1931, S. LII.
13 Siehe als Überblick Hans-Ulrich Wehler, Deutsche Gesellschaftsgeschichte, Bd. 2: Von der Reformära bis zur industriellen und politischen »Deutschen Doppelrevolution« 1815–1845/49, München 1987, S. 95ff., u. ders., Deutsche Gesellschaftsgeschichte, Bd. 3: Von der »Deutschen Doppelrevolution« bis zum Beginn des Ersten Weltkrieges 1849–1914, München 1995, S. 85ff. u. 622ff.
14 Hans-Dieter Kirchholtes, Jüdische Privatbanken in Frankfurt am Main, Frankfurt am Main 1989, 2. Aufl., S. 47f.
15 Dieter Ziegler, »Alle Zeit gehört der Bank«. Der Bankier Eugen Gutmann (1840–1925), hg. v. d. Eugen-Gutmann-Gesellschaft e. V., Dresden 2009.
16 Avraham Barkai, Oscar Wassermann und die Deutsche Bank. Bankier in schwieriger Zeit, München 2005, S. 35ff.; Reitmayer, Bankiers, wie Anm. 2, S. 136ff.
17 Das Unternehmen geriet mehrheitlich in staatliche Hand und wurde im Mai 1934 mit dem Wiener Bankverein zur Oesterreichischen Credit-Anstalt-Wiener Bankverein fusioniert; vgl. Harm-Hinrich Brandt, Die Wiener Rothschilds seit 1820 und die Gründung der Credit-Anstalt 1855, in: Oliver Rathkolb/Theodor Venus/Ulrike Zimmerl (Hg.), Bank Austria Creditanstalt. 150 Jahre österreichische Bankengeschichte im Zentrum Europas, Wien 2005, S. 37–55; und Gerald D. Feldman, Die Creditanstalt-Bankverein in der Zeit des Nationalsozialismus, 1938–1945, in: ders./Oliver Rathkolb/Theodor Venus/Ulrike Zimmerl, Österreichische Banken und Sparkassen im Nationalsozialismus und in der Nachkriegszeit, Bd. 1: Creditanstalt-Bankverein, München 2006, S. 23–187, hier bes. S. 23ff.
18 Vgl. Wixforth/Ziegler, Privatbanken, wie Anm. 2, S. 219ff.
19 Hermann Kellenbenz, Louis Hagen insbesondere als Kammerpräsident, in: Rheinisch-Westfälische Wirtschaftsbiographien, Bd. 10, Münster 1974, S. 138–195; Felix Pinner, Deutsche Wirtschaftsführer, Charlottenburg 1925, 15. Aufl., S. 321ff.
20 Morten Reitmayer, Carl Fürstenberg (1850–1933), in: Hans Pohl (Hg.): Deutsche Bankiers des 20. Jahrhunderts, Stuttgart 2008, S. 125–139.
21 Michael Jurk, Jakob Goldschmidt (1882–1955), in: ebd., S. 153–164.
22 Vgl. zur Bankenkrise zuletzt Johannes Bähr, Die deutsche Bankenkrise 1931, in: ders./Bernd Rudolph, 1931 Finanzkrisen 2008, hg. v. d. Eugen-Gutmann-Gesellschaft e. V., München/Zürich 2011, S. 15–142.
23 Allerdings lag er Ende 1932 noch immer bei 17 Prozent. Vgl. ebd., S. 169ff.
24 U. a. Arthur Salomonsohn (Disconto-Gesellschaft, 1930), Simon Alfred von Oppenheim (Sal. Oppenheim, 1932), Louis Hagen (A. Levy, 1932), Henry Nathan (Dresdner Bank, 1932), Carl Fürstenberg (BHG, 1933).

25 Vgl. hierzu Martin Münzel, Tradition – Integration – Transfer? Zur Geschichte deutsch-jüdischer Unternehmer in Zwischenkriegszeit und Emigration, vorauss. in: Elke-Vera Kotowski (Hg.), Kultur und Identität. Deutschjüdisches Kulturerbe im In- und Ausland, München 2013; ders., Die jüdischen Mitglieder der deutschen Wirtschaftselite 1927–1955. Verdrängung – Emigration – Rückkehr, Paderborn u. a. 2006, S. 152ff.
26 Mosse, Jews, wie Anm. 9, bes. S. 218–259 u. S. 327ff.; vgl. auch Avraham Barkai, Bevölkerungsrückgang und wirtschaftliche Stagnation, in: ders./Paul Mendes-Flohr, Aufbruch und Zerstörung 1918–1945, München 1997, S. 47–49; und Münzel, Mitglieder, wie Anm. 25, S. 173ff.
27 Ebd., S. 174.
28 Vgl. Keith Ulrich, Von Simon Hirschland zu Burkhardt & Co. Die Geschichte des traditionsreichsten Bankhauses des Ruhrgebiets, in: Jan-Pieter Barbian/Ludger Heid (Hg.), Die Entdeckung des Ruhrgebiets. Das Ruhrgebiet in Nordrhein-Westfalen 1946–1996, Essen 1997, S. 339–356; 100 Jahre Simon Hirschland Essen – Hamburg, o. O. u. D. [Essen 1938], LBI B, wie Anm. 1, MM 39.
29 Münzel, Mitglieder, wie Anm. 25, Abb. 34a, S. 441.
30 Ebd., S. 175f.
31 Hans Fürstenberg, Erinnerungen. Mein Weg als Bankier und Carl Fürstenbergs Altersjahre, Wiesbaden 1965; Rolf E. Lüke, Die Berliner Handels-Gesellschaft in einem Jahrhundert deutscher Wirtschaft 1856–1956, o. O. u. J. [1956].
32 Münzel, Mitglieder, wie Anm. 25, S. 173f.
33 Der heimliche Kaiser. Max Warburg als Kläger, in: Vossische Zeitung, 16. Januar 1926.
34 Vgl. ausführlich Harold James, Die Deutsche Bank im Dritten Reich, München 2003, S. 45ff.; Dieter Ziegler, Die Dresdner Bank und die deutschen Juden, München 2006, S. 13ff.; Thomas Weihe, Die Personalpolitik der Filialgroßbanken 1919–1945. Interventionen, Anpassung, Ausweichbewegungen, Stuttgart 2006, S. 100ff.
35 Hierzu ausführlich auch Barkai, Oscar Wassermann, wie Anm. 16, S. 89ff., 156ff.
36 Georg Solmssen an Franz Urbig, 9. April 1933, in: Harold James/Martin Müller (Hg.), Georg Solmssen – Ein deutscher Bankier. Briefe aus einem halben Jahrhundert 1900–1956, München 2012, S. 356–358.
37 Zu Jeidels jetzt Martin Münzel/Christopher Kobrak, Otto Jeidels: Cosmopolitan »Realist« (1882–1947), unter www.immigrantentrepreneurship.org/entry.php?rec=60, sowie demnächst in: Jeff Fear (Hg.), German-American Business Biography, Bd. IV: The Age of the World Wars (1918–1945).
38 Hierzu grundlegend Ingo Köhler, Die »Arisierung« der Privatbanken im Dritten Reich. Verdrängung, Ausschaltung und die Frage der Wiedergutmachung, München 2005, S. 84ff.
39 Ebd., S. 113.
40 Bei Sal. Oppenheim traten die Inhaber Waldemar und Friedrich Carl von Oppenheim nach dem erzwungenen Ausscheiden der übrigen jüdischen Teilhaber Wilhelm Chan, Otto Kaufmann und Hermann Leubsdorf in den Hintergrund und stimmten 1938 ohne Modifizierung der Kapitalverhältnisse der Umfirmierung in Pferdmenges & Co. zu.
41 Vgl. ebd., S. 187ff.
42 Weihe, Personalpolitik, wie Anm. 34, S. 131f.; Detlef Krause, Curt Joseph Sobernheim (1871–1940), in: Pohl, Bankiers, wie Anm. 20, S. 387–402, hier S. 396.
43 Die Abschiedsbriefe, in: Hermann u. Paul Wallich, Zwei Generationen im deutschen Bankwesen 1833–1914, Frankfurt am Main 1978, S. 27.
44 Vgl. hierzu Peter Melichar, Neuordnung im Bankwesen. Die NS-Maßnahmen und die Problematik der Restitution, Wien/München 2004 (hier, S. 134, das Zitat); Peter Eigner/Peter Melichar, Enteignungen und Säuberungen – Die österreichischen Banken im Nationalsozialismus, in: Dieter Ziegler (Hg.), Banken und »Arisierungen« in Mitteleuropa während des Nationalsozialismus (Geld und Kapital 2001), Stuttgart 2002, S. 43–117, hier bes. S. 54ff.; Michael Dorrmann, Der Raub als Louis von Rothschild. Familienarchiv und Kunstsammlung 1938–2001, in: Inka Bertz/Michael Dorrmann (Hg.), Raub und Restitution. Kulturgut aus jüdischem Besitz von 1933 bis heute, Berlin/Frankfurt am Main/Göttingen 2008, S. 121–126.
45 Vgl. Martin Münzel, »Trotz allem, was mich aus Deutschland vertrieben und mit Schrecken erfüllt hatte ...«. Die Rückkehr emigrierter deutscher Unternehmer nach 1945, in: Irmela von der Lühe/Axel Schildt/Stefanie Schüler-Springorum (Hg.), »Auch in Deutschland waren wir nicht wirklich zu Hause«. Jüdische Remigration nach 1945, Göttingen 2008, S. 144–168.
46 Michael Hauck (Hg.), Albert Hahn. Ein verstoßener Sohn Frankfurts, Bankier und Wissenschaftler. Eine Dokumentation, Frankfurt am Main 2009, S. 41, 115.
47 Vgl. Fürstenberg, Erinnerungen, wie Anm. 31, S. 279ff.; Münzel, »Trotz allem«, wie Anm. 45, S. 158f.
48 Vgl. Heike Specht, Die Feuchtwangers. Familie, Tradition und jüdisches Selbstverständnis im deutsch-jüdischen Bürgertum des 19. und 20. Jahrhunderts, Göttingen 2006, bes. S. 403ff.
49 Vgl. Stürmer u. a., Wägen, wie Anm. 4, S. 412ff.
50 Vgl. dazu ausführlich Eric M. Warburg, Times and Tides. A Log-Book, PD Hamburg 1983, S. 237ff.; Chernow, Die Warburgs, wie Anm. 8, S. 626ff.

Frankfurt a/M., Sonntag den 20. November 1842.

COURSE von Staats-Papieren.

Effecten-Societät. (1 Uhr.)

Per comptant.		Papier.	Geld
Oesterr.	5% Metalliques	—	110 1/8
	4% ditto	—	101 1/2
	3% ditto	—	77 3/4
	Bankactien	—	1961
	fl. 500 Loose v. 1834	—	143 3/8
	fl. 250 ditto v. 1839	—	111 1/2
Preussen	Prämienscheine	—	89 1/2
Holland	2 1/2 % Integrale	51 3/8	51 5/16
	4 1/2 % Syndicats	—	91 3/4
	3 1/2 % ditto	—	75 3/8
Polen	fl. 300 Loose	—	82
	fl. 500 ditto	—	84 1/4
Baden	fl. 50 Loose v. 1840	—	49 1/2
Darmst.	fl. 50 Loose	—	63 1/4
	fl. 25 ditto	—	27
Nassau	fl. 25 Loose	—	24
Spanien	5% Active inclusive 4 Coupons	—	18 1/4
Portugal	2 1/2 % Consolidirte	31 1/2	—
Frankf.	Taunusbahnactien	p. Ultimo	386 1/4

Paris. 17. November 1842.

3% Rente	80	35
5% ditto	119	15
5% Active	23 5/8	—
Différés	—	—
Passive	—	—
5% Portug.	—	—

London, 15. Novcmb. 1842.

3% Stocks	94 1/8
2 1/2 % Holl.	52 7/8
5% Span. Active	18 1/8
2 1/2 % Portug.	32 1/2

Wien, 15. November 1842.

5% Metalliques	—
4% ditto	—
3% ditto	—
Bankactien	1615
500 fl. Loose	—
250 fl. ditto	109 3/1

Berlin, 17. November 1842.

3 1/2 % Staats-Sch.-Sch.	103 5/6
Prämien-Scheine	90 3/8
Poln. Loose à fl. 300	82 1/4
do. do. à fl. 500	84 1/4

Amsterd., 17. Nov. 1842.

2 1/2 % Integrale	52 1/2
5% von 1832	101 9/16
5% Ostindische	100
4 1/2 % Syndicats	94 3/16
3 1/2 % ditto	77 1/4
5% Russische	98 3/8
4% ditto	88 1/2
5% Span. Active	19
5% Oestr. Metall.	108 1/16

A. Sulzbach, beeidigter Wechsel-Sensal,
Römerberg Lit. I. Nro. 163.

Abraham Sulzbach
Frankfurter Cours von Staats-Papieren /
Effecten-Societät
Frankfurt am Main, 20. November 1842
Papierdruck

»Ein Banquier, Cambiste, oder Wechseler, ist
ein Handelsmann, der hauptsaechlich Profession
davon macht, zu dem Ende Gelder auf Wechsel
zu geben oder zu nehmen, um dadurch nicht allein
seinen Neben-Menschen, sondern auch sich
und den Seinigen zu dienen.«

*Anonym,
Der in allen Vorfaellen vorsichtige Banquier,
Frankfurt am Main/Leipzig 1773*

BÖRSE UND BANKEN

La Bourse à Francfort f/M.

Anonym
La Bourse à Francfort f/M
(Die Börse in Frankfurt am Main)
*Ohne Ort [Frankfurt am Main], um 1830
kolorierte Lithografie*
Nachträglich angebrachte Beschriftung:
Jüdische Bankiers im Haus Braunfels,
Liebfrauenberg, um 1830

Die Börse [Frankfurt am Main] La Bourse
Innere Ansicht   Vue de l'Intérieur

Jakob Fürchtegott Dielmann/Emil Höfer
Innenansicht der Alten Börse in Frankfurt am Main
Frankfurt am Main 1845, Stahlstich

BÖRSE UND BANKEN 175

Ferdinand Martin Cordt Brütt (1849–1936)
An der Börse
1888, Öl auf Leinwand (Ausschnitt)
Bez. r. u.: Ferd. Brütt D.d.f. 88

»Fehlt zu Frankfurt eine Anstalt für Papiergeld,
eine Zettelbank? Ja! Gott sei gedankt!
Warum gedankt? Weil es eine Ruinanstalt wäre.«

Anonyme Protestschrift,
um 1870

BÖRSE UND BANKEN

> Frankfurter Bank M 100
> 1 Originalplatte Fond 50 Fl.
> 1 Patrize zur Veränderung des Fond M 100
> 1 Klatschplatte Fond M 100
> 7.2.96.

Hermann Junker
Souvenir de Francfort. Offert à
la Banque Nationale d'Italie
Werbeschrift Dondorf & Naumann
zur Herstellung von Papiergeld
*Frankfurt am Main 1869,
elf Gouachen auf Papier, Karton
Blatt: »Clichés. Galvanoplastie«*

Frankfurter Bank: Druckplatten
zur Herstellung von Papiergeld
7. Februar 1896, Metall, Papier

Centralverband des Deutschen
Bank- und Bankiergewerbes
Erweiterte Ausschusssitzung
Berlin, 27. Juni 1931 .

Am Rednerpult Georg Solmssen,
dahinter auf dem Vorstandspodium
v. l. Walther Frisch, Max A. Warburg,
Otto Bernstein und Eduard von Eichborn

als Beherrscher des Geldmarktes.
4 Juden in der Leitung des deutschen Bankgewerbes.

Das Foto wurde nach 1933 mit antisemitischen Parolen versehen und so in propagandistischen Lichtbild-Vorträgen gezeigt.

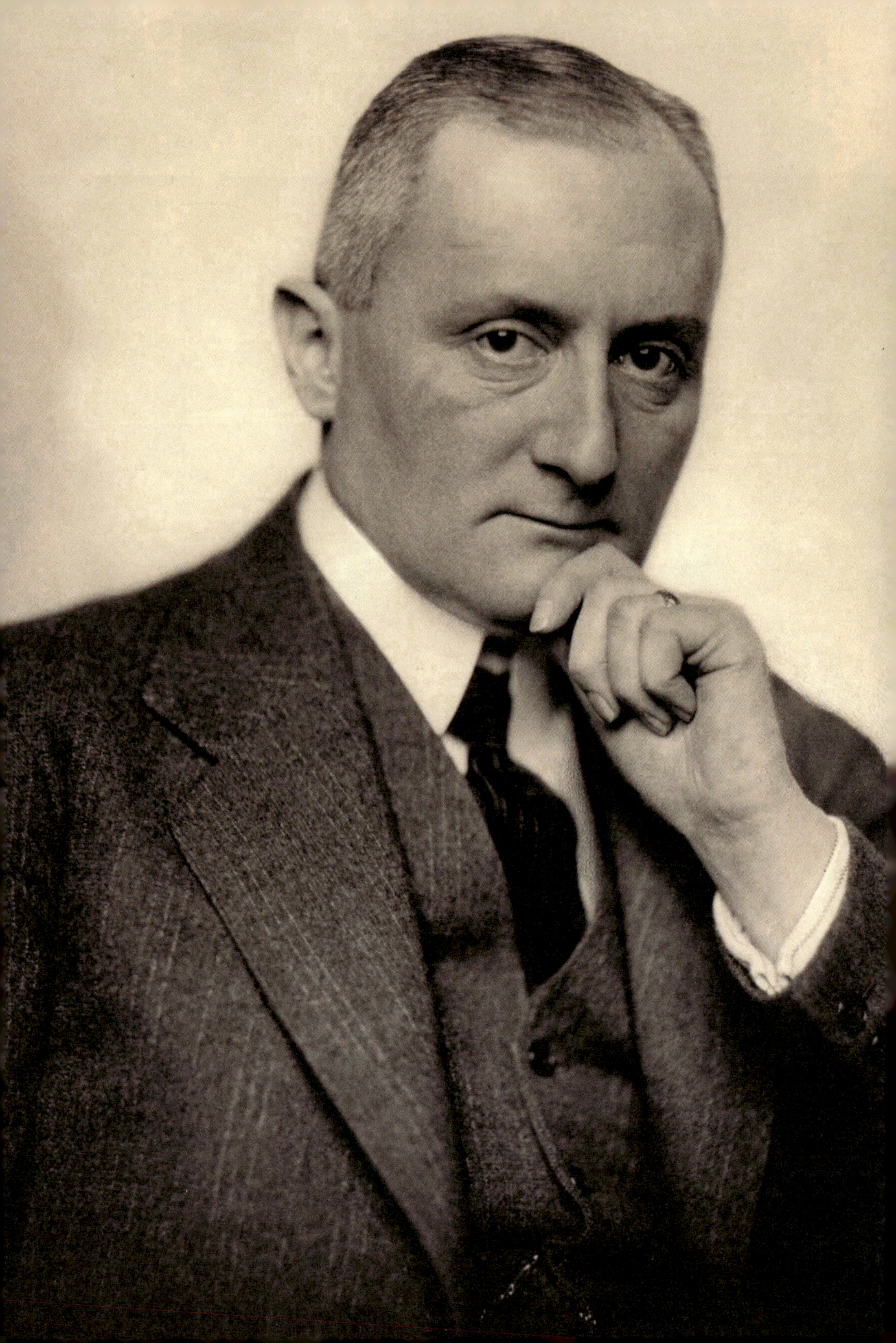

»Ich erinnere mich einer Gelegenheit, da ich mit Ihrem Vater über Bismarck sprach, zu dessen begeisterten Anhängern ich gehörte. Ihr Vater meinte: ›Jeder Mensch ist ein Saldo; wo große Taten und Verdienste im Credit stehen, lassen auch manche Debetposten noch einen großen Saldo übrig. So steht Bismarck's Konto‹.«

*Arthur von Gwinner an Georg Solmssen,
30. März 1931*

Georg Solmssen (1869–1957)
Vorstandssprecher der Deutschen Bank
und der Disconto-Gesellschaft (1933–1934)
ohne Ort, um 1920

Deutsche Bank Filiale Frankfurt am Main.
Der Namensbestandteil Disconto-Gesellschaft
ist zwischenzeitlich entfallen.
Frankfurt am Main, 1937

HANDEL
UND
KOMMERZ

WER
IST
DER
KAUF
MANN
HIER
UND
WER
DER
JUDE?

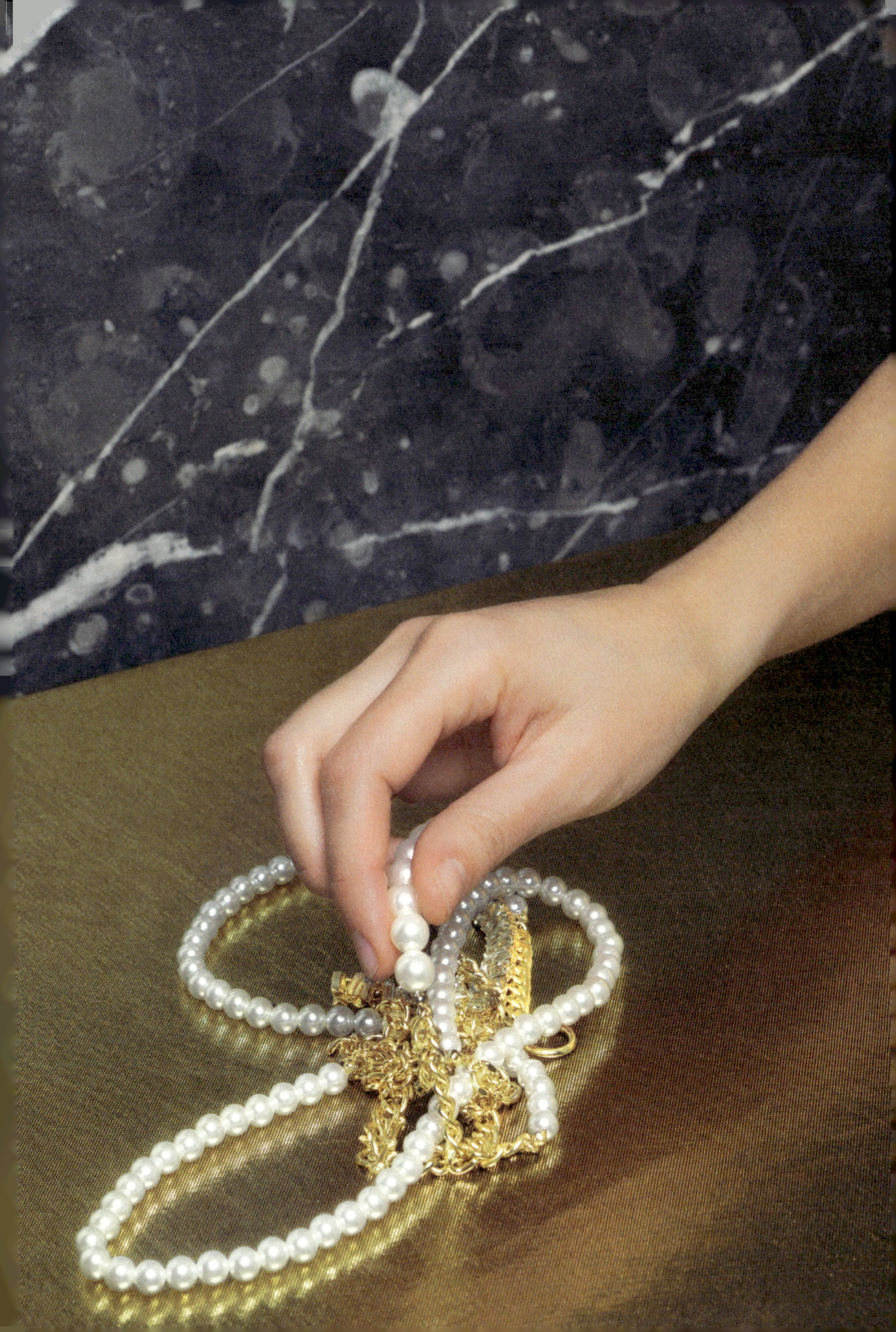

JUDEN UND HANDEL: VON DER FRÜHEN NEUZEIT BIS ZUM BEGINN DER EMANZIPATION

Jonathan Karp

»Wir können beobachten, dass durch gewisse Umstände der Handel so unter der Erdbevölkerung aufgeteilt ist, dass man, je nach hervorstechenden Merkmalen, einige die Verwalter, andere die Lieferanten, einige die Bergleute, andere die Produzenten und wieder andere die Lagerhalter der Welt nennen könnte. So könnte man durchaus sagen, dass die Juden die Makler der Welt sind, die, woher sie auch kommen mögen, diesen Geschäftszweig schaffen und sich darin betätigen.« (John Toland, Gründe für die Einbürgerung der Juden in Großbritannien und Irland, 1714)

Dieser Aufsatz bietet einen Überblick über den historischen Hintergrund jüdischer Wirtschaftstätigkeit von der Frühen Neuzeit bis zu den ersten Phasen der jüdischen Emanzipation Ende des 18. und Anfang des 19. Jahrhunderts. Meine Studie stützt sich stark auf die wegweisenden Untersuchungen von Jonathan Israel, vor allem bei den Beschreibungen der sephardischen Diaspora vom 16. bis zum 18. Jahrhundert.[1] Der Überblick hat Israels gründlicher Rekonstruktion zwar viel zu verdanken, betont jedoch einen Aspekt, der in seinen Studien nicht direkt aufgegriffen wird. Ich vertrete die These, dass die Emanzipation der europäischen Juden, die sich nach und nach im langen Jahrhundert zwischen der Französischen und der Russischen Revolution vollzog, nicht die direkte Folge beharrlicher jüdischer Handelstätigkeit war und auch nicht am Ende einer langen Reihe begrenzter Privilegien stand, die Juden für ihren Beitrag zum Handel gewährt wurden. Stattdessen erfolgte die Emanzipation der europäischen Juden trotz und sogar im Widerspruch zur unverhältnismäßig großen Rolle, die sie im Handel und in der Finanzwelt spielten. Die Emanzipation war Teil des Bemühens, Juden von ihrer seit Langem bestehenden Ausrichtung auf den Handel zu lösen – ein Vorhaben, das allerdings, wie wir heute sagen können, scheiterte.

DIE SEPHARDISCHE DIASPORA

Im Spätsommer 1492 erlebten Juden die größte Vertreibung in nachbiblischer Zeit (entgegen der weitverbreiteten Annahme vertrieben Römer Juden nie in großer Anzahl aus Palästina). Zwischen 75.000 und 150.000 mussten Spanien verlassen; die meisten zogen nach Portugal, wo sie jedoch fünf Jahre später durch ein königliches Edikt zur Konversion gezwungen wurden. Eine kleine Anzahl von Flüchtlingen siedelte sich rund ums Mittelmeer an, in Nordafrika (vor allem in Fès) und in Teilen Italiens. Wer über die notwendigen Mittel verfügte, zog bis in die Hafenstädte Griechenlands und der Türkei, um der christlichen Welt ganz zu entkommen und in relativer Freiheit unter den osmanischen Türken zu leben.[2]

JUDEN UND HANDEL
Jonathan Karp

Tatsächlich hatte die demografische Verlagerung der iberischen Juden (damals weltweit die größte jüdische Gemeinschaft) bereits ein Jahrhundert zuvor, 1391, eingesetzt, als in einem Großteil der Iberischen Halbinsel Pogrome stattfanden, die zur Zwangskonversion von geschätzt einem Drittel der jüdischen Bevölkerung führten. Nach kanonischem Recht kann eine Konversion durch Taufe, selbst wenn sie durch Zwang und Gewalt vollzogen wurde, niemals rückgängig gemacht werden; die meisten Konvertiten durften daher nicht zum jüdischen Glauben zurückkehren. Einige dieser »Neuen Christen« machten ihren Frieden mit ihrem neuen Status oder nahmen ihn allmählich an. Andere verstellten sich und übten ihre Religion als »Kryptojuden« im Geheimen aus, was in den Augen der Kirche natürlich Häresie war. Andere verließen das Land und zogen dorthin, wo sie ihren Glauben offen praktizieren konnten oder wo die christlichen Behörden weniger eifrig das Verbot der Häresie ahndeten, das für sie galt. Die Gruppe der Juden, die aufgrund der Pogrome 1391 ausgewandert waren, legte die Grundlage für die nach der Vertreibung von 1492 entstandene iberojüdische oder sephardische Diaspora. Zu den Vertriebenen von 1492 kamen bald die Neuen Christen, die vor der spanischen Inquisition flohen (die in den Jahren 1478 bis 1483 eingerichtet wurde, um vor allem die Kryptojuden unter den Neuen Christen aufzuspüren), und nichtkonvertierte Juden, die 1498 aus dem Königreich Navarra vertrieben wurden (die letzten bekennenden Juden auf spanischem Boden). Die Neuen Christen in Portugal, von denen die meisten nur dem Anschein nach Christen waren, emigrierten in größerer Anzahl erst, als auch dort 1536 die Inquisition eingerichtet wurde. Zusammen bildeten dann all die sephardischen Juden, darunter die vielen Neuen Christen, die auf der Iberischen Halbinsel blieben, eines der großen Handelsnetze der Frühen Neuzeit.[3]

Im mittelalterlichen Spanien waren Juden unter den Kaufleuten des Landes in der Minderheit; viele waren gar keine Kaufleute, sondern Kunsthandwerker, Handwerker, Arbeiter und Bedienstete oder übten eine religiöse Funktion aus. Der Geldverleih, das sollte hier betont werden, hatte für die Juden in Spanien nie eine so große Bedeutung wie für die Juden in Nordeuropa. Die spanischen Juden im Spätmittelalter beteiligten sich also auf vielfältige Weise am Wirtschaftsleben, allerdings spielte der Handel eine wichtige Rolle. Im spanischen Judentum entwickelte sich eine mächtige Kaufmannselite, die selbst in der Zeit von 1391 bis 1492 noch gedieh, als es mit der jüdischen Gemeinde bergab ging. Die Zwangskonversion trug dazu bei, dass diese alte Kaufmannselite überlebte oder neu belebt wurde, da die »Conversos« nun von den früheren Einschränkungen für Juden befreit waren und einen besseren Zugang zu Kapital und politischen Ämtern hatten.[4] Gleichzeitig pflegten die Neuen Christen, selbst wenn sie ihre neue Religion ernst nahmen, normalerweise weiter familiäre und wirtschaftliche Beziehungen zu ihren ehemaligen Glaubensbrüdern. Dieses Phänomen bleibender Verbindungen zwischen bekennenden Juden und Neuen Christen bestand über die Zeit der Vertreibungen von der Iberischen Halbinsel hinaus und wurde zu einem typischen Merkmal der späteren sephardischen Diaspora. Ende des 16. Jahrhunderts konnten die jüdischen Kaufleute in Thessaloniki, Venedig oder Livorno dank dieser Beziehungen mit den Kaufleuten unter den Neuen Christen in Lissabon oder Cádiz Handel treiben. Und im 17. Jahrhundert machten die Neuen Christen in Peru, Mexiko und Brasilien Geschäfte mit Neuen Christen auf der Iberischen Halbinsel. Mittelsleute waren ehemalige Neue Christen (und nun bekennende Juden) in Amsterdam.

Neben den nicht konvertierten Juden flüchteten im 16. Jahrhundert auch viele Zwangskonvertierte ins Osmanische Reich, wo sie ohne Angst wieder ihren früheren jüdischen Glauben praktizieren konnten. Wer die Mittel für derart weite Reisen besaß, war auch gut ausgestattet, um an einem so günstigen Ausgangspunkt wie dem östlichen Mittelmeer seine Handelstätigkeit wieder aufzunehmen. Die osmanischen Herrscher hatten genug von den anmaßenden politischen Ambitionen der italienischen Händler, die seit Langem in Griechenland und der westlichen Türkei tätig waren, darunter vor allem die Venezianer und Genuesen. Daher hießen sie die jüdischen Kaufleute willkommen und gewährten ihnen Handelsrechte und Monopole.[5] Davon profitierten wiederum Juden und Neue Christen, die in Venedig und anderen italienischen Handelsmetropolen lebten, da die Herrscher dort Mitte des 16. Jahrhunderts – wenn auch widerwillig – die Notwendigkeit einsahen, Toleranzedikte zu erlassen und den »levantinischen« Kaufleuten, wie die sephardischen Händler aus den Ländern des östlichen Mittelmeers genannt wurden, Privilegien zu gewähren.[6] Diese Kaufleute brachten Getreide, Gewürze und Seide nach Norditalien, oft über Überlandrouten von Bosnien nach Triest und von dort weiter nach Süden und Westen. Im Gegenzug exportierten sie venezianisches Tuch über den Balkan, der als Drehkreuz fungierte. Ihre Dominanz auf bestimmten Handelswegen und bei bestimmten Waren zeigt sich in der Behauptung eines venezianischen Botschafters gegenüber der osmanischen Regierung, zwei Drittel des Handels mit Venedig befänden sich in den Händen von Juden.[7]

Die neue religiöse wie wirtschaftliche Identität der Zwangskonvertierten bot auch einen Anknüpfungspunkt für die Wiedereinrichtung jüdischer Gemeinden in Ländern, aus denen Juden lange vorher vertrieben worden waren. Den französischen Königen lieferte sie den nötigen Vorwand, einer kleinen Anzahl von Sepharden die Ansiedlung zu Handelszwecken zu erlauben. Die französischen Könige Heinrich II. und Heinrich III. stellten 1550 beziehungsweise

1574 *lettres patentes* aus, die Neuen Christen das Privileg erteilten, sich in Hafenstädten am Atlantik, etwa in Bordeaux und Bayonne, niederzulassen (später auch in Nantes und Rouen). Derartige Privilegien waren fast immer zeitlich begrenzt, konnten aber erneuert werden. Gleichzeitig war der Bereich der kommerziellen oder gewerblichen Tätigkeit stark eingeschränkt. Doch immerhin gewährten sie einen gewissen Freiraum bei der Religionsausübung; was bedeutete, dass die Behörden ein Auge zudrückten, wenn Juden ihre Religion praktizierten, solange sie das im Privaten taten und diskret vorgingen.[8] In einigen Fällen wurde den Neuen Christen praktisch Schutz vor der Inquisition versprochen, bekannt ist in diesem Zusammenhang vor allem das Privileg für die toskanische Hafenstadt Livorno win den »Leggi Livornine« von 1593. Dadurch konnten sich kleine Gruppen von Sepharden in der zweiten Hälfte des 16. Jahrhunderts in vielen mittel- und norditalienischen Städten sowie in den Hafenstädten der spanischen Niederlande, vor allem in Antwerpen, niederlassen.

In einem sich regelmäßig vom 16. bis ins 18. Jahrhundert wiederholenden Vorgang gab es immer wieder Flüchtlingswellen Neuer Christen von der Iberischen Halbinsel, sobald sich die Tätigkeit der portugiesischen und spanischen Inquisition verschärfte; allerdings bis ins 18. Jahrhundert nie in dem Ausmaß, dass es auf der Iberischen Halbinsel überhaupt keine sephardischen Kaufleute mehr gegeben hätte. Viele verließen die iberische Einflusssphäre nicht ganz, sondern fanden Zuflucht in der Neuen Welt, wo es der Inquisition zumindest von Zeit zu Zeit an Schlagkraft und Reichweite mangelte. Spanische Neue Christen waren Kaufleute im Peru und Mexiko (Neuspanien) des 16. Jahrhunderts, und die portugiesischen Neuen Christen erschlossen wichtige Handelswege in Brasilien. Die wichtigsten Handelsgüter waren Zucker, Kaffee, Tropenholz und Sklaven. Die Sepharden waren auch am Handel mit Schmuggelwaren wie Silber beteiligt, das aus den Minen im bolivianischen Potosí stammte und nach Brasilien und von dort nach Portugal gebracht wurde.[9]

Die Präsenz der Neuen Christen in der westlichen Hemisphäre stärkte ihre Position als bedeutende Macht im Welthandel, nicht nur im katholischen Frankreich, sondern mehr noch im calvinistischen Amsterdam, das im 17. Jahrhundert zum wichtigsten Drehkreuz für den Atlantikhandel aufgestiegen war. Als Antwerpen 1585 während des Aufstands der Niederlande gegen die Macht der spanischen Habsburger belagert und erobert wurde, flohen Sepharden wie Protestanten nach Amsterdam. Dort und später in Hamburg konnten die Neuen Christen im Lauf der Jahrzehnte wieder zum jüdischen Glauben zurückkehren und ihn offen praktizieren, was viele auch taten. Das hinderte diese Abtrünnigen jedoch nicht daran, zu den wichtigsten Importeuren und Exporteuren im wachsenden niederländischen Handel mit Spanien und Portugal aufzusteigen.[10]

Die holländischen Sepharden in Amsterdam arbeiteten mit den Neuen Christen unter den Kaufleuten in Brasilien und auf der Iberischen Halbinsel zusammen und importierten Waren aus den Kolonien nach Spanien und Portugal. Dort wiederum erwarben sie Wein, Wollstoffe und Edelsteine (die meist von sephardischen Kaufleuten in Ostindien stammten) für den Export nach Nordeuropa. Die holländischen Juden importierten sogar Munition nach Portugal, um den Unabhängigkeitskampf des Landes gegen Spanien 1640 zu unterstützen, und trieben Handel mit Nordafrika, wo ehemalige Neue Christen eine wichtige Rolle in der lokalen Wirtschaft und Politik spielten.[11]

Die Unterstützung, die Portugal von führenden Amsterdamer Juden im Kampf um die Unabhängigkeit erhielt, brachte den Sepharden im niederländischen Teil Brasiliens kein Glück. Als Portugal Brasilien 1654 zurückeroberte, flohen die Juden, um den Häschern der Inquisition zu entgehen, in andere niederländische Kolonien wie Curaçao und Neu-Amsterdam. Einigen Historikern zufolge beflügelte der portugiesische Sieg in Brasilien einen teilweise erfolgreichen Versuch Amsterdamer Juden, sich wieder in England anzusiedeln, wo sie 1290 vertrieben worden waren.[12] In diesem Zusammenhang sollte man vielleicht darauf hinweisen, dass nicht alle Argumente für eine Wiederansiedlung von Juden ökonomischer Natur waren. Der Anführer des Vorhabens, der Amsterdamer Rabbi Menasseh ben Israel, teilte den Puritanern unter Oliver Cromwell mit, da die Juden heutzutage fast überall leben würden, sei die Genehmigung für ihre Wiederansiedlung in England der letzte Schritt, um die Bedingungen für die biblische Prophezeiung zu erfüllen: entweder für das Kommen des Messias in der Vorstellung der Juden oder die Wiederkehr Christi.[13]

Die Handelstätigkeit der sephardischen Kaufleute in der Diaspora erreichte im 17. Jahrhundert zwar ihren Höhepunkt, allerdings zeigten sich bereits erste Anzeichen des Niedergangs, der sich im folgenden Jahrhundert fortsetzen sollte. Amsterdam war zum neuralgischen Zentrum der sephardischen Kaufleute geworden; die Amsterdamer Juden kontrollierten dort nie die Börse, übten jedoch beträchtlichen Einfluss darauf aus. Gegen Ende des 17. Jahrhunderts wendete sich das Blatt; die niederländische Hegemonie im Handel und bei den Finanzen musste weichen, stattdessen dominierten fortan die Briten. Und Juden fehlte die Möglichkeit – oder die Freiheit –, eine gleichwertige Rolle in der zunehmend komplizierten englischen Finanzwelt und an der Londoner Börse zu spielen.[14] Die protektionistische Handelspolitik der Briten, die sich in erster Linie gegen die Niederlande richtete, setzte auch der Handelstätigkeit der Sepharden zu, die in Ländern aktiv waren, für die Amsterdam lange Zeit als Umschlagplatz und Handelszentrum gedient hatte. Der britische Merkantilismus war typisch für den Geist einer neuen Zeit, die sich durch starke Beschränkungen für den internationalen Handel und eine stärkere Betonung einer staatlich geförderten monopolistischen Produktion im eigenen Land auszeichnete.[15]

All das stand in deutlichem Gegensatz zu den internationalen Geschäften, die die Sepharden getätigt hatten. Sie hatten in hohem Maß von einer Ära des globalisierten Handels profitiert, die sie in gewisser Weise selbst ermöglicht hatten – einer Ära, die mit dem Zeitalter der europäischen Entdeckungen einherging. Zu ihrem Leidwesen wurde dieses globale Denken vorübergehend eingeschränkt, als in der Periode vom 18. zum Frühen 19. Jahrhundert die entstehenden Nationalstaaten damit begannen, den politischen und bürokratischen Emanzipationsprozess zu unterdrücken.

Nach dem Spanischen Erbfolgekrieg (1701–1714) versuchte sich Spanien innenpolitisch zu konsolidieren. In dieser Zeit nahmen *Autodafés* (Schauprozesse und Ketzerverbrennungen) dramatisch zu, denen die verbliebenen Neuen Christen schließlich auch zum Opfer fielen.[16] Diese Entwicklungen führten zu einer wachsenden Armut bei den Sepharden und brachten die Ressourcen der Gemeinden wie etwa in Amsterdam an ihre Grenzen.[17] Zu Beginn des 18. Jahrhunderts befand sich der Großteil sephardischer Händler in der Diaspora in einem steilen wirtschaftlichen Niedergang.

DER HANDEL IN DER ASCHKENASISCHEN WELT

Es ist schwierig, konkrete Handelsverbindungen zwischen den sephardischen und aschkenasischen Juden in der Frühen Neuzeit auszumachen. Gewiss lebten in Italien aschkenasische Juden neben anderen Juden oder zumindest in deren Nähe, darunter auch Sepharden. In vielen Teilen der mediterranen Welt gab es Siedlungsinseln aschkenasischer Juden, vor allem in Palästina. Das gilt im späten 17. Jahrhundert auch für die Juden in London, Amsterdam, Hamburg und anderen Hafenstädten am Atlantik und an der Ostsee. Aus dieser Nähe ergaben sich wirtschaftliche Verbindungen, wie Jonathan Israel einleuchtend argumentiert,[18] doch anscheinend entwickelte sich daraus kein einheitliches Netzwerk und schon gar keine systematische Handelsstruktur mit einer dynamischen Arbeits- und Aufgabenteilung zwischen den beiden Gruppen. Entsprechend wird hier die Handelstätigkeit der aschkenasischen Juden separat beschrieben. Erst am Schluss werden wir versuchen, die beiden Hauptstränge des jüdischen Wirtschaftslebens zusammenzuführen.

Die wirtschaftliche Entwicklung der aschkenasischen Gemeinden in Nord- und Osteuropa vom 16. bis zum Frühen 19. Jahrhundert wird von drei Faktoren bestimmt. Zum einen hatten die Juden im Mittelalter größtenteils städtische Gemeinschaften gebildet, mit Schwerpunkten im Rheinland und in Städten wie

Mainz, Worms, Köln, Frankfurt sowie weiter im Osten Wien, Prag und Krakau. Doch ab der Frühen Neuzeit lässt sich eine durchgängige Verlagerung der jüdischen Bevölkerung aufs Land beobachten, hinaus in kleine Städte und ländliche Dörfer in Deutschland, und im Fall der polnischen Juden eine geografische Bewegung nach Osten, nach Ostgalizien, in die Ukraine und nach Litauen – alles Regionen mit vielen Kleinstädten, aber wenigen großen städtischen Zentren.

Neben dieser Bewegung weg von den großen Städten veränderte sich auch das Beschäftigungsprofil der aschkenasischen Juden grundlegend, von der starken Ausrichtung auf Geldgeschäfte hin zu einer viel breiteren Palette von Handelstätigkeiten: Hausieren, Viehhandel, Wirtshäuser, Getreide- und Alkoholhandel und so weiter. Vor allem in Osteuropa betätigten sich Juden im Verlauf des 17. und 18. Jahrhunderts in vielen Berufen, die nichts mit Handel zu tun hatten, darunter auch viele Handwerksberufe. Kurz gesagt, die Vorstellung vom Geldverleiher Shylock als antijüdisches Bild war in der Frühen Neuzeit zwar durchaus dominant, ist für diese Zeit jedoch ein anachronistisches und unpassendes Stereotyp. Gerade in diesem Zeitraum gab es eine deutliche Ausweitung der beruflichen Tätigkeiten, da Juden nicht mehr in erster Linie Geldverleiher waren, sondern sich als Mittelsleute und Händler aller Art betätigten.[19]

In dieser Zeit richteten Juden auch ihre politischen Verbindungen neu aus und passten sie dem Aufstieg des lokalen Adels an. Im Mittelalter hatten in erster Linie Könige und Kaiser als Schutzherren der Juden fungiert. Doch mit der Verlagerung der jüdischen Siedlungsschwerpunkte Richtung Osten, nach Mitteleuropa und vor allem Polen, war nicht mehr die Krone ausschlaggebend, sondern der Adel wurde zum wichtigsten Förderer der jüdischen Wirtschaftstätigkeit. Im frühneuzeitlichen Deutschland, in einer Zeit, als viele Juden aus den großen Städten vertrieben wurden, bot ihnen der Adel Schutz im Austausch für ihre kaufmännischen Dienste. In Polen, wo die Macht des Königs ab dem späten 16. Jahrhundert massiv schwand, zog der Großteil der jüdischen Bevölkerung in die östlichen und südöstlichen Regionen des Landes, wo der Adel mit fast uneingeschränkter Autorität herrschte.[20]

Diese drei Entwicklungen vollzogen sich in Deutschland früher als in Polen und hatten in den jeweiligen Regionen ganz unterschiedliche Auswirkungen, obwohl die Auslöser die gleichen waren. Hier ist vor allem der Judenhass der Bürger zu nennen, die vom Kaiser verpflichtet wurden, Juden in ihrer Mitte zu tolerieren. Sie wurden bereits ab dem 13. Jahrhundert, wenn nicht sogar früher, als Störfaktor für die bürgerliche Ordnung betrachtet. Das soll nicht heißen, dass die Bürger alle gleich waren oder einheitlich dachten. Man muss hier zwischen den Patriziern unterscheiden, die eine Art »Quasi-Adelsstand« bildeten (einige wurden auch nobilitiert), und der bescheideneren Ordnung der

Stadtbürger, deren Leben in Zünften organisiert war. Juden hätten in den Städten niemals so lange überleben können, wenn das gesamte Stadtsystem gegen sie gerichtet gewesen wäre. Im Gegenteil: Ihre Abwanderung aus den Städten war vielmehr ein Jahrhunderte währender und auch nie abgeschlossener Prozess. So hatten beispielsweise Frankfurt am Main und Worms während der gesamten Zeit mehr oder weniger kontinuierlich eine jüdische Einwohnerschaft. Die Mitglieder der Handwerkerzünfte sahen in Juden Eindringlinge und Ungläubige, die gegen das gottgefügte gesellschaftliche und wirtschaftliche Gleichgewicht verstießen, eine statische Ordnung mit strengen, hoch regulierten wirtschaftlichen Verfahren, in der die Marktbeziehungen auf ewig festgelegt waren.

Das Zinsnehmen von Juden betrachteten Zünfte und Gilden als Dolch, der die städtische Gemeinschaft mitten ins Herz traf, und als einen Keil, den Fürsten und Kaiser in die Gemeinschaft trieben, um mit illegalen Mitteln das zu erreichen, was ihnen Brauch und Regeln politisch versagten: die städtische Gemeinschaft mit ihrer geheiligten Ordnung der königlichen oder kaiserlichen Herrschaft zu unterwerfen. Und da Juden eine gegensätzliche Kraft darstellten, die dieses Gleichgewicht durcheinanderbrachten, hielt man sie eines jeden Verbrechens für fähig. Ihre vermeintliche Habgier und Amoralität machten sie in den Augen der Bürger zu Komplizen Satans und so waren ihre religiösen Rituale ein Affront für Gott, während die wirtschaftlichen Praktiken die Christen angeblich in den Ruin trieben. Es ist nicht so, dass angebliche Ritualmorde und andere Vorwürfe jüdischer Schandtaten, die im 14. und 15. Jahrhundert in Deutschland weite Verbreitung fanden, ein Vorwand für die Vertreibung von Juden waren; doch die falschen Anschuldigungen gegen sie stellten einen der wenigen Mechanismen dar, mit dem die Bürger Druck auf die Obrigkeit ausüben konnten – selbst auf den Kaiser –, damit diese die Vertreibung billigte. So wurden Juden im 15. und 16. Jahrhundert aus einer Stadt nach der anderen vertrieben: Augsburg, Nürnberg, Ulm, Ravensburg, Köln, Straßburg, Regensburg, Colmar und Wien sowie viele weitere.[21]

Ironischerweise zogen die aus den Städten vertriebenen Juden oft gar nicht so weit weg (es sei denn, wie es im 16. Jahrhundert zunehmend der Fall war, die Vertreibung bezog sich nicht nur auf eine Stadt, sondern ein ganzes Territorium). Während sich die Gesamtzahl der Juden im deutschen Reich bis zum 16. Jahrhundert deutlich reduzierte, passten sich diejenigen, die es schafften, zu bleiben, oft erfolgreich an die Gegebenheiten an und nutzten die Möglichkeiten, die ihnen lokale Fürsten boten. Häufig blieben Juden in der Nähe ihrer ehemaligen Wohnorte und zogen in Vororte oder kleine Dörfer. Sie zahlten Steuern und standen dafür unter dem adligen Schutz. Außerdem boten sie den ländlichen Gemeinden unter seiner Herrschaft ihre kaufmännischen Dienste an.[22]

Bei diesem neuen Arrangement stellte der Geldverleih nur einen, gewissermaßen untergeordneten Teil der jüdischen Handelstätigkeit dar. Den Kunden Kredit anzubieten, sei es nun in Form einer Pfandleihe, Ratenzahlung oder dem direkten Geldverleih, war ein notwendiger Nebenzweig des Handels. Doch der Geldverleih an sich, obwohl er natürlich weiter bestand, wurde immer weniger zu einer eigenständigen Tätigkeit, die sich vom Warenhandel oder anderen Dienstleistungen abhob. Die Hauptaufgabe der Juden bestand darin, als Mittelsleute zwischen Land, Dorf und Stadt zu fungieren; sie brachten landwirtschaftliche Produkte auf den Markt und verkauften den Bauern und Dorfbewohnern im Gegenzug Fertigwaren, wobei es sich oft um gebrauchte Waren handelte. Juden spezialisierten sich auf Altkleider (die auch in den kommenden Jahrhunderten ein wirtschaftlicher Schwerpunkt bleiben sollten), auf den Tausch von tierischen Produkten wie Leder und Häute sowie auf den Handel mit Vieh und Pferden. Der Historiker Robert Liberles liefert ein interessantes Beispiel für die neue Nähe von Juden zum Landleben:

»Bei einem im Viehhandel weithin üblichen Verfahren kauften Juden ein Kalb und gaben es einem Bauern zur Aufzucht. Der Nutzen für den Bauern bestand in der Arbeitskraft und der Milch der Kuh. Wenn die Kuh dann verkauft werden sollte, zog der jüdische Händler den ursprünglichen Kaufpreis vom Verkaufspreis ab und teilte den Rest mit dem Bauern.«

Auf diese und ähnliche Weise bewahrten Juden ihre starke Orientierung auf den Handel, während sie gleichzeitig eng in die bäuerlich-ländliche Wirtschaft eingebunden wurden.[23]

Die Situation im Westen Polens glich im 16. Jahrhundert der in deutschen Städten einige Jahrhunderte zuvor. Juden waren im Hochmittelalter in Städte in Großpolen, Kleinpolen und Westgalizien gezogen. Offenbar waren sie Teil einer größeren Gruppe deutscher Bürger und Kolonisten, die von der polnischen Krone und lokalen Adligen mit dem Versprechen großzügiger Siedlungsprivilegien angelockt wurden, um den Aufbau der Städte zu fördern. Die Spannungen, die das Verhältnis zwischen Bürgern und Juden bereits in Mitteleuropa belastet hatten, traten weitestgehend auch in den polnischen Städten auf. Viele Stadträte wandten sich an die Obrigkeit mit der Bitte, einen Status *de non tolerandis Judaeis* zu gewähren, was praktisch ein Ansiedlungsverbot von Juden innerhalb der Stadtmauern bedeutete, wobei sich auch hier Juden oft in der Nähe niederließen. Auch das jüdische Wirtschaftsleben in dieser Zeit ähnelte der Situation im mittelalterlichen Deutschland. So boten Juden eine breite Palette von Finanzdiensten an, darunter auch Geldverleih und die Steuerpacht für die polnische Krone.[24] Doch damit enden die Parallelen. Trotz Beschwerden der Bürger, Ritualmordbeschuldigungen sowie einer Intensivierung antijüdischer Gewalt wurden Juden aus polnischen Städten aber nie in Massen vertrieben. Auch der schrittweise erfolgende Ausschluss mittels Zunftprivilegien war weitaus weniger vollständig und effektiv als in deutschen Territorien. Juden lebten unauffällig in oder in der Nähe polnischer Städte wie Breslau, Kalisch, Posen und Lublin. Aus Warschau wurden sie allerdings wiederholt vertrieben und auch in Danzig durften sie sich bis zum Ende des 18. Jahrhunderts nicht offiziell niederlassen.

Dennoch haben wir es im 16. Jahrhundert nicht so sehr mit einer groß angelegten Vertreibung aus den Städten Westpolens zu tun, sondern mehr mit einer Verlagerung nach Osten, wo der Schwerpunkt der jüdischen Bevölkerung lag (oder vielleicht wäre es akkurater zu sagen, dass die jüdische Bevölkerung im Osten deutlich schneller wuchs). Mit der offiziellen Verbindung von Polen und Litauen in der Union von Lublin 1569 (womit eine dynastische Union von 1386 bestätigt wurde) gewährte der Adel umfassende Privilegien, um Juden in die Grenzgebiete im Osten zu locken. Zahlreiche Juden zogen von den stärker urbanisierten Zentren in West- und Zentralpolen in die ländlicheren Regionen Litauens, nach Kleinrussland (die nördliche Ukraine) und in die westliche Ukraine (das »Grenzland«). Sie blieben natürlich Stadtbewohner, lebten nun aber in einem wesentlich weniger städtisch geprägten Umfeld und mit geringerer wirtschaftlicher Konkurrenz vonseiten der Bürger. Man schätzt, dass sich die jüdische Bevölkerung in Ostpolen zwischen 1568 und 1648 verzwölffachte.[25]

Die Erschließung großer Landgüter im 15. und 16. Jahrhundert veranlasste Juden, in die Städte und Dörfer Litauens und der westlichen Ukraine zu ziehen, wo sie die Adligen bei der wirtschaftlichen Ausbeutung der östlichen Gebiete unterstützten. Als Gegenleistung ihrer Dienste für die Großgrundbesitzer wurden ihnen Freiheiten bei der Religions-und Berufsausübung sowie bei der Ansiedlung gewährt, darin eingeschlossen der Schutz vor Kollektivstrafen und Anklagen wegen Ritualmords. Außerdem erhielten sie begrenzte Rechte, Grundbesitz zu erwerben, und die Möglichkeit, eine wachsende Anzahl von Berufen auszuüben. Mit der steigenden Bevölkerungszahl wurde die jüdische Wirtschaftstätigkeit zunehmend komplex und ging weit über die traditionellen Bankgeschäfte und die Steuerpacht hinaus mit Tätigkeiten im Handwerk, Transportwesen und in der Gutsverwaltung.[26] Juden standen zwar nicht an vorderster Stelle beim Export von Holz, Pelzen und Getreide – die Handelsgüter wurden von Danzig aus nach Hamburg, Amsterdam, London und noch weiter verschifft –, sie spielten aber eine wichtige Rolle beim lokalen Transport und Warenhandel. Noch wichtiger ist jedoch, dass Juden vor allem im späten 17. Jahrhundert das Recht erwarben, das Monopol der Großgrundbesitzer für die Produktion und den Ausschank (*propinacja*) von Alkohol zu überwachen oder

Pacht und Steuern für Waren bei den Bauern einzutreiben (das sogenannte *arenda*-Pachtsystem). Sehr häufig war der Ort, wo diese Geschäfte getätigt wurden, ein lokales Gasthaus auf den Ländereien des Gutsherrn; solche Gasthäuser wurden im 18. Jahrhundert häufig von einem oder mehreren Juden gepachtet oder betrieben. Der Preis für diese Tätigkeit war jedoch (neben den steigenden Steuern), dass sie in das repressive *arenda*-System eingebunden wurden.[27]

Die Reaktion auf dieses ausbeuterische System erfolgte 1648 in Form des Chmelnyzkyj-Aufstands. Die Situation wurde noch zusätzlich durch Spannungen zwischen Griechisch-Orthodoxen, Katholiken und Juden verschärft und durch den Unmut der ukrainischen Kosaken aufgeheizt, die sich von der polnischen Krone missbraucht fühlten. Unter der Führung des ukrainischen Kosakenhauptmanns Bogdan Chmelnyzkyj (1595–1657) eroberten die Aufständischen einen Großteil Polen-Litauens. Der Konflikt unter Führung der Kosaken währte bis 1655 und hatte für die jüdische Bevölkerung in Podolien, Wolhynien, im südwestlichen Litauen und sogar in Teilen Galiziens und Zentralpolens verheerende Folgen. Zeitgenössische Berichte übertreiben die Anzahl der Opfer, doch man muss davon ausgehen, dass 40.000 Menschen – ein Viertel der polnischen Juden – ums Leben kamen. Der Chmelnyzkyj-Aufstand war das größte Massaker an Juden vor dem 20. Jahrhundert. Die Verwüstung löste eine gewaltige Flüchtlingswelle aus (nach dem Aufstand der Kosaken wurde die Region noch vom Russisch-Schwedischen Krieg und Russisch-Polnischen Krieg getroffen, der bis 1667 dauerte) und beschleunigte die Abwanderung vieler Juden in den Westen. Sie konnte jedoch nicht die allgemeine wirtschaftliche Entwicklung für Juden und deren demografische Ausbreitung in Osteuropa beeinträchtigen. Im Gegenteil, bereits ein Jahrhundert nach dem Aufstand lag die jüdische Bevölkerung wieder bei einer halben Million und im 18. Jahrhundert stellten Juden eine zentrale Wirtschaftskraft für Polen dar, das ansonsten mit großen politischen und wirtschaftlichen Problemen zu kämpfen hatte.[28]

Trotz der geschwächten Monarchie, einer zunehmend dezentralen Autorität und dem Ruf, ein »Paradies der Adligen« zu sein, zerfiel Polen politisch offiziell erst im letzten Drittel des 18. Jahrhunderts, als das Land zwischen Russland, Preußen und den Habsburgern aufgeteilt wurde. Deutschland dagegen war nie ein einheitliches politisches Gebilde gewesen, sondern bestand als Heiliges Römisches Reich Deutscher Nation aus einer Vielzahl souveräner und halbsouveräner Einheiten, die unter der losen, wenn nicht sogar nur nominell bestehenden Schirmherrschaft des Kaisers standen. In Ermangelung einer zentralen Autorität benötigten die großen und kleinen Staaten nach dem Westfälischen Frieden von 1648 dringend Geld für den Aufbau einer eigenen Verwaltung und Armee. Im gewissen Sinn bot die Krise Juden die Möglichkeit, sich wieder am deutschen Wirtschaftsleben zu beteiligen; und dieses Mal konnten sie sich deutlich stärker einbringen als dies in den Jahrhunderten zuvor der Fall gewesen war.

Jüdische Finanziers – in einigen Fällen Kaufleute, die es geschafft hatten, beim Handel in Polen große Kapitalmengen anzuhäufen – boten den staatlichen Verwaltungen nun ihre logistischen und finanziellen Dienste an, vor allem im Bereich des Militärs. Sie bezahlten nicht nur Truppen, sondern beherrschten auch die Kunst, im Feld stehende Armeen zu versorgen. Der Hoffaktor Leffmann Behrens beispielsweise, der am Hof der Welfenherzöge in Hannover tätig war, begann als finanzieller Unterhändler zwischen Ludwig XIV. und dessen Verbündetem Herzog Johann Friedrich, diente dann als Heereslieferant und Finanzier von Johanns Bruder Ernst August (dem er mit der Vermittlung von Großkrediten half, dessen Kurfürstenwürde zu erwerben) und wurde – als Höhepunkt seiner Karriere – schließlich der inoffizielle Finanzminister Georg Ludwigs, der später als George I. den britischen Thron bestieg (Regierungszeit 1714–1727).[29]

Juden wie Behrens bildeten die oberste Stufe eines komplizierten Netzwerks aus Geld, Krediten und Waren, dessen Knotenpunkte durch Religion, Geschick und Heirat miteinander verbunden waren. Doch oft folgte auf den rasanten Aufstieg der Hofjuden ein ebenso spektakulärer Fall. Samuel Oppenheimer (1630–1703) diente Kaiser Leopold I. auf brillante Weise als Bankier und Heereslieferant im Pfälzischen Erbfolgekrieg (1688–1697), bis ihn sein Herr (der nie ein Freund der Juden gewesen war) dem wütenden Wiener Mob überließ, der sein Anwesen plünderte. Ein ähnliches Schicksal widerfuhr Joseph Süß Oppenheimer (1698–1738), einer deutlich schillernderen und bis ins 20. Jahrhundert vielgeschmähten Figur (»Jud Süß«). Süß stieg in Württemberg zum Verdruss der protestantischen Untertanen zu einer Art Vizekönig unter dem katholischen Herzog Karl Alexander auf. Nach dem Tod des Herzogs wurde Süß kurzerhand verhaftet, verurteilt und hingerichtet, sein Leichnam wurde in einem eisernen Käfig jahrelang öffentlich zur Schau gestellt. Die Hofjuden erlangten zwar umfassende Privilegien für sich selbst, indem sie die Herrscher dabei unterstützten, gegen den Willen der Landstände (die quasi noch Überreste des Feudalsystems waren) einen zentralistischen, absolutistischen Staat aufzubauen, machten sich dadurch aber auch sehr verwundbar. Doch auch wenn Einzelnen oft ein trauriges Schicksal widerfuhr, blieb das Recht auf Ansiedlung ihrer jüdischen Glaubensbrüder meist bestehen. Diese Siedlungen wurden dann häufig zu Brückenköpfen für viele aschkenasische Juden, die sich im 17. Jahrhundert in Deutschland, Österreich, den Niederlanden, Dänemark und Ungarn niederließen.[30]

JÜDISCHER HANDEL UND DIE ANFÄNGE DER EMANZIPATION

Der Niedergang der sephardischen Händlergemeinden in der Diaspora und der Hofjuden Mitteleuropas im Frühen 18. Jahrhundert markiert das Ende einer erstaunlich dynamischen Periode jüdischen Wirtschaftslebens, die mit der Vertreibung der Juden von der Iberischen Halbinsel und aus Mitteleuropa ihren Anfang genommen hatte. Die jüdische Bevölkerung wuchs und verbreitete sich im gesamten 18. Jahrhundert weiter, doch ganz offensichtlich stiegen auch Erwerbslosigkeit, Obdachlosigkeit und Migration. In dieser Hinsicht ist es eine der Ironien in der modernen jüdischen Geschichte, dass die politische Emanzipation der Juden in eine Zeit fällt, als es mit dem wirtschaftlichen Erfolg allgemein bergab ging. Zugegeben, das sehen nicht alle Historiker so. Einige betrachten die sephardischen Kaufleuten gewährten Privilegien (etwa in den »Leggi Livornine« von 1593 oder im »Plantation Act« von 1740, bei dem die Briten Juden, die in den Kolonien lebten und arbeiteten, für mindestens sieben Jahre das volle Bürgerrecht zusprachen) als Vorläufer oder Vorboten einer vollen politischen Emanzipation, die normalerweise mit jenen Bürgerrechten assoziiert wird, die Juden in Frankreich während der Französischen Revolution gewannen.[31] Bei dieser Interpretation ist die Emanzipation mehr ein allmählicher Prozess, der sich über den Verlauf von zwei Jahrhunderten nach und nach vollzieht, und weniger ein plötzlicher revolutionärer Sprung. Die Resolution der Generalstaaten der Vereinigten Provinzen von 1657, ein Vorläufer des bereits erwähnten »Plantation Act«, gewährt den in den niederländischen kolonialen Besitzungen lebenden Juden zahlreiche Privilegien und bekräftigt, dass »diejenigen der jüdischen Nation, die in diesen Provinzen leben, wahre Bürger und Bewohner sind und ihnen die Bedingungen, Rechte und Privilegien zuteil werden müssen, die in den Verträgen und im Handel festgelegt wurden«.[32] Der irische Freidenker und Philosoph John Toland vermittelt in seinem Pamphlet *Gründe für die Einbürgerung der Juden in Großbritannien und Irland* von 1714 (ein Auszug wurde diesem Aufsatz vorangestellt!) eine ähnliche Botschaft: Juden seien nützlich und böten den Ländern, die es sich leisten sie zu tolerieren große Vorteile.[33]

Solche und ähnliche Äußerungen zeigen, dass Juden von einigen Staatsmännern und Regierungen positiv als Vermittler wirtschaftlichen Wohlstands betrachtet wurden. Doch die Vorstellung, dass die spätere Gleichstellung der Juden und ihre Position als Staatsbürger im modernen Sinn auf diesen positiven Gesten im Sinne eines Sprungbretts aufbaute, birgt einige Probleme. Zum einen wurden diese Privilegien sephardischen Kaufleuten gewährt und galten selten oder nur begrenzt auch für aschkenasische Juden. Die Erfahrung der (aschkenasischen) Hofjuden in Mitteleuropa und vor allem der polnischen Juden, die in Städten in Adelsbesitz lebten, lässt sich nicht mit der Situation der Sepharden im 16. und 17. Jahrhundert vergleichen, da Hofjuden nur Agenten ihrer Herren und auf diese angewiesen waren. Zum anderen litt bei den europäischen Staatsmännern Ende des 17. Jahrhunderts selbst der wirtschaftliche Ruf der viel gepriesenen Sepharden, tatsächlich wurden ihnen im darauffolgenden Jahrhundert nur noch sehr wenige besondere Privilegien gewährt. Wie bereits erwähnt, war die zunehmend merkantilistische und protektionistische Politik dieser Zeit ungünstig für die Tätigkeit der sephardischen Kaufleute, und die unter anderem daraus resultierende Verarmung der sephardischen Gemeinden empfahl sie auch nicht unbedingt wie noch zuvor als Fachleute für Handel und Finanzen.

Somit war in gewisser Weise nicht der jüdische Wohlstand, sondern die Armut die eigentliche Bewährungsprobe für die jüdische Emanzipation. Das heißt, dass die Idee der Emanzipation, die sich im letzten Viertel des 18. Jahrhunderts herauszukristallisieren begann, die Anerkennung der Rechte der Juden als Staatsbürger umfasste, obwohl sie zu der Zeit nicht mehr so nützlich schienen wie einst. Es ging also um eine Emanzipation trotz ihrer zunehmenden Armut und ihres problematischen beruflichen Ansehens. Christian Wilhelm von Dohm erklärte in seiner 1781 und 1783 erschienenen Schrift *Ueber die bürgerliche Verbesserung der Juden,* dem wegweisenden Text zur jüdischen Emanzipation, die Juden würden die Gleichstellung als Bürger verdienen nicht aufgrund ihres vermuteten kaufmännischen Scharfsinns, sondern wegen ihres Potenzials, trotz ihrer derzeit misslichen Lage produktive Bürger zu werden. Tatsächlich wurde bis zum Ende des 19. Jahrhunderts im Sinne Dohms viel stärker das Ziel betont, Juden von Handel und Geldverleih wegzubringen, anstatt die Vorteile herauszustellen, die man aus dieser stereotypisch jüdischen Betätigung ziehen könnte. Die Idee war, Juden die rechtliche Gleichstellung in der Erwartung zu erteilen, sie würden sich den allgemeinen Normen der europäischen Wirtschaft zu einer Zeit anpassen, als die meisten Europäer noch Bauern und Handwerker waren. In einigen Fällen wurde diese Vorstellung auch zu der Forderung verkehrt oder verdreht, dass Juden als Voraussetzung für ihre Emanzipation selbst Bauern und Handwerker werden sollten (oder zumindest aufhören sollten, in großer Anzahl Handel zu treiben). Diese Idee stand natürlich in deutlichem Widerspruch zum vorangegangenen Phänomen, Juden Privilegien *aufgrund* ihrer Leistungen als Kaufleute an sich zu gewähren.[34]

Eine letzte Ironie sollte man noch erwähnen. Die jüdische Emanzipation trat größtenteils in einer Zeit des wirtschaftlichen Niedergangs der europäischen Juden auf, einer Phase, die in Europa von etwa 1750 bis 1850 währte.

Doch gegen Ende dieses Zeitraums zeigte der jüdische Handel in Mittel- und Westeuropa ebenso wie in der Neuen Welt bereits erste Anzeichen der Erholung. Tatsächlich stiegen die meisten Juden der westlichen Welt in der zweiten Hälfte des 19. Jahrhunderts rasant in die Mittelschicht auf. Gleichzeitig erlebte die größte jüdische Population der Welt, die Juden in Osteuropa, eine massive wirtschaftliche Stagnation. Nichtsdestotrotz schafften die etwa 2,5 Millionen Juden, die zwischen 1880 und 1924 aus Osteuropa in die USA emigrierten, innerhalb von ein oder zwei Generationen den wirtschaftlichen Aufstieg, und das in einem schnelleren Tempo als andere Emigranten, die im selben Zeitraum in die USA kamen.[35] Dass Geschäftstätigkeit und Handel die Hauptrolle bei dieser bemerkenswerten Transformation spielten, deutet auf eine gewisse Kontinuität zwischen dem modernen jüdischen Wirtschaftsleben und der jüdischen Wirtschaftsgeschichte der Frühen Neuzeit hin, wie wir sie hier untersucht haben.[36]

Aus dem Englischen von Heike Schlatterer

1 Jonathan I. Israel, European Jewry in the Age of Mercantilism 1550–1750, Oxford 1985; ders., Diasporas within a Diaspora: Jews, Crypto-Jews and the World Maritime Empires (1540–1740), Leiden/Boston/Köln 2002.
2 Jane Gerber, The Jews of Spain: A History of the Sephardic Experience, New York 1994.
3 Haim Beinart, The Expulsion of the Jews from Spain, Oxford 2005.
4 Gerber, The Jews of Spain, wie Anm. 2, S. 121.
5 Israel, Diasporas Within a Diaspora, wie Anm. 1, S. 61–70.
6 Benjamin Ravid, A Tale of three Cities and the Raison d'Etat: Ancona, Venice, Livorno, and the Competition for Jewish Merchants in the Sixteenth Century, in: Mediterranean Historical Review, Bd. 6, Nr. 2, Dezember 1991, S. 138–162.
7 Israel, Diasporas within a Diaspora, wie Anm. 1, S. 61.
8 Arthur Hertzberg, The French Enlightenment and the Jews, New York 1968, S. 50f.
9 Paolo Bernardini/Norman Fiering (Hg.), The Jews and their Expansion to the West, 1450–1800, New York 2001.
10 Daniel Swetschinski, Reluctant Cosmopolitans: The Portuguese Jews of Seventeenth-Century Amsterdam, Oxford 2004.
11 Israel, Diasporas within a Diaspora, wie Anm. 1, S. 302–329.
12 Ebd., S. 352–389.
13 Jonathan Karp, The Politics of Jewish Commerce: Economic Thought and Emancipation in Europe, 1638–1848, New York 2008, S. 43.
14 Israel, Diasporas within a Diaspora, wie Anm. 1, S. 449–468.
15 Israel, European Jewry, wie Anm. 1, S. 247f.
16 Israel, Diasporas within a Diaspora, wie Anm. 1, S. 570–575.
17 Tirtsah Levie Bernfeld, Financing Poor Relief in the Spanish-Portuguese Jewish Community in Amsterdam in the Seventeenth and Eighteenth Centuries, in: Jonathan Israel/Reiner Salverda (Hg.), Dutch Jewry: Its History and Secular Culture (1500–2000), Leiden 2002, S. 62–102.
18 Israel, European Jewry, wie Anm. 1, S. 132.
19 Karp, The Politics of Jewish Commerce, wie Anm. 13, Kapitel 4.
20 Jonathan Karp, Jews, Nobility and Usury in Luther's Europe, in: Richard Cohen/Natalie Dohrmann/Elhanan Reiner/Adam Shear (Hg.), Festschrift in Honor of David Ruderman (erscheint 2014).
21 Ronnie Po-chia Hsia, The Myth of Ritual Murder: Jews and Magic in Reformation Germany, New Haven 1990.
22 Debra Kaplan, Beyond Expulsion: Jews, Christians, and Reformation Strasbourg, Palo Alto 2011.
23 Robert Liberles, An der Schwelle zur Moderne: 1618–1780, in: Marion Kaplan (Hg.), Geschichte des jüdischen Alltags in Deutschland: Vom 17. Jahrhundert bis 1945, München 2003, S. 82.
24 Bernard Weinryb, The Jews of Poland: A Social and Economic History of the Jewish Community of Poland from 1100 to 1800, Philadelphia 1972.
25 Moshe Rosman, The Lord's Jews: Magnate-Jewish Relations in the Polish-Lithuanian Commonwealth during the Eighteenth Century, Cambridge, Massachusetts, 1992.
26 Weinryb, The Jews of Poland, wie Anm. 24; Adam Teller Money, Power, and Influence: The Jews on the Radziwill Estates in 18th Century Lithuania, Jerusalem 2005.
27 Jonathan Karp, Jews and Judaism, in: Europe 1450 to 1789: Encyclopedia of the Early Modern World, Bd. 3, New York u.a. 2004, S. 357–370.
28 Ebd.
29 Ebd.; Selma Stern, The Court Jew: A Contribution to the History of Absolutism in Europe, New York 1984.
30 Karp, Jews and Judaism, wie Anm. 27; Stern, The Court Jew, wie Anm. 29.
31 David Sorkin, Enlightenment and Emancipation: German Jewry's Formative Age in Comparative Perspective, in: Todd M. Endelman (Hg.), Comparing Jewish Societies, Ann Arbor 1997, S. 89–112; ders., The Port Jew: Notes Toward a Social Type, in: Journal of Jewish Studies, Jg. 50, H. 1, 1999, S. 87–97.
32 Zitiert in Israel, Diasporas within a Diaspora, wie Anm. 1, S. 222, dt. Übers. Heike Schlatterer.
33 Jonathan Karp, The Mosaic Republic in Augustan Politics: John Toland's ›Reasons for Naturalizing the Jews‹, in: Hebraic Political Studies, Jg. 1, H. 4, 2006, S. 462–492; John Toland, Gründe für die Einbürgerung der Juden in Großbritannien und Irland, Stuttgart 1965 [1714], Eingangszitat, S. 57.
34 Karp, The Politics of Jewish Commerce, wie Anm. 13.
35 Calvin Goldscheider/Alan S. Zuckerman, The Transformation of the Jews, Chicago 1984.
36 Jonathan Karp, Can Economic History Date the Inception of Jewish Modernity, in: Gideon Reuveni/Sarah Wobick-Segev (Hg.), The Economy in Jewish History: New Perspectives on the Interrelationship between Ethnicity and Economic Life, New York/Oxford 2011.

KÖNIGE DES EINZELHANDELS: JÜDISCHE WARENHAUSUNTERNEHMER UND DIE MACHT DES KONSUMS

Paul F. Lerner

»Es gibt vier Herrscher Berlins, ungekrönte Kaiser, deren gestrenges Regiment nichtsdestoweniger aber allenthalben anerkannt wird [...]«, schrieb Leo Colze in einem 1908 erschienenen Buch über die *Berliner Warenhäuser* und fuhr fort: »Diese ungekrönten Herren sind die Warenhäuser, sind Wertheim, Tietz, Jandorf und seit Jahresfrist etwa das Kaufhaus des Westens.«[1] Ebenso wie Colzes Werk beruhte Erich Köhrers äußerst beliebter Roman *Warenhaus Berlin,* der im darauffolgenden Jahr erschien, thematisch auf dem Kaufhaus des Westens, kurz KaDeWe genannt. Es war das neueste, glamouröseste und luxuriöseste Warenhaus Berlins, ja sogar ganz Europas, ein veritabler Konsumpalast, dessen Pforten sich 1907 öffneten. Köhrers Protagonist, der tüchtige Geschäftsmann Friedrich Nielandt, der es trotz seiner einfachen Herkunft aus dem Schtetl zu einem gewaltigen Vermögen gebracht hatte, wurde in ähnlicher Manier als eine Art Herrscher dargestellt. Bei Köhrer liest sich das so: »Aber seine glücklichsten Stunden verbrachte Nielandt doch auf dem Altane seines ›Warenhauses Berlin‹. Ein köstliches Wohlgefühl beseligte ihn, wenn er an dieser Stelle stand und auf sein Werk hinabsah. Dann fühlte er sich als eine Art Herrscher, dem es gelungen war, eine Riesenstadt mit ihren Millionen sich zu unterwerfen.«[2] An anderer Stelle beschreibt Köhrer Nielandt als einen »Diktator über die Massen«, die »zu ihm hinein[strömten], wie die Fliegen in das Netz der Spinne«.[3]

Der Gedanke, dass Warenhausdirektoren mit Königen oder Staatsoberhäuptern zu vergleichen seien, dass sie sich in ihren Reichtümern sonnten und eine gewaltige Macht über die Bewohner einer Stadt ausübten, fand in Deutschland vom Ende des 19. Jahrhunderts bis zu Beginn der 1930er-Jahre große Resonanz. Romane, Kurzgeschichten und Filme trugen gewöhnlich Titel wie *Der Warenhauskönig, Der Konfektionsbaron* oder *Die Warenhausgräfin,* setzten so die Warenhausbesitzer mit dem (Hoch-)Adel gleich und benutzten diese eindrucksvollen Geschäftshäuser als Schauplätze für erfundene Geschichten über soziale Mobilität, das Überwinden von Klassenschranken und Liebesaffären.[4] Da die überwiegende Mehrzahl der Warenhäuser im Besitz von Juden war – eine allgemein bekannte und oft kommentierte Tatsache –, kann es nicht überraschen, dass sich der Begriff des Warenhauskönigs mit Diskursen über die Rolle der Juden im deutschen Wirtschaftsleben überschnitt; und hier ganz besonders mit Vorstellungen von jüdischem Reichtum und jüdischer Macht. Im Fall der sogenannten Warenhauskönige speisten sich die Darstellungen auch aus Ängsten in Bezug auf den jüdischen Einfluss auf deutsche Frauen, die letztlich den größeren Teil der Warenhauskundschaft und -angestellten ausmachten. Die Beschäftigten wurden oft als »Armee von Verkäuferinnen« bezeichnet – schließlich braucht jeder König, selbst ein Warenhauskönig, eine Armee. Ein Beobachter fasste das ins folgende Bild: »Es ist ein Heer, das jeden Morgen von neuem aufmarschiert, den Kunden zu erobern, von dessen Gunst alle Mitglieder des Unternehmens abhängen.«[5]

Der (jüdische) Warenhausdirektor wurde zuweilen romantisiert, als Retter verzweifelter und verarmter Verkäuferinnen gefeiert – und an anderer Stelle geschmäht und als gieriger, rücksichtsloser Ausbeuter und Frauenverderber verurteilt. Beide Darstellungsweisen vermittelten allerdings den Eindruck, dass er ziemlich mächtig war und die Geschäfte, die seine Macht verkörperten, für tief greifende Veränderungen in Wirtschaft, Gesellschaft und im Alltagsleben des modernen Deutschland sorgten. Wenn wir diese Vorstellungen verstehen wollen, müssen wir uns mit der Geschichte des Warenhauses in Deutschland ebenso befassen wie mit der Rolle der Juden im deutschen Wirtschaftsleben des 19. Jahrhunderts; und auch mit der Konsumrevolution, unter deren Einfluss sich das deutsche Alltagsleben und die Freizeitkultur zum Ende des Jahrhunderts zu wandeln begannen.

DAS WARENHAUS IN DEUTSCHLAND: HINTERGRUND UND GESCHICHTE

Die grundlegende Innovation, die sich mit dem Warenhaus verband, lag im Verkauf einer Vielzahl verschiedener Waren – Waren ganz verschiedener Art, zwischen denen es keinen inneren Zusammenhang gab – unter einem Dach und aus der Hand eines einzigen Eigentümers. Dieses Phänomen bildete Ende des 19. Jahrhunderts einen starken Kontrast zu bestehenden Formen des Einzelhandels, der bis dahin von sogenannten Spezialgeschäften beherrscht wurde, die eine ganz bestimmte, meist am Ort produzierte Art von Waren anboten. Die Warenhäuser bemühten sich bei der Erweiterung ihres Warenangebots um ein vollständiges Sortiment, damit sie alle Konsumbedürfnisse ihrer Kundschaft an einem Standort befriedigen konnten. »Alles unter einem Dach« war zu Beginn des 20. Jahrhunderts ein gängiger Werbespruch von Warenhäusern.

Die Warenhäuser warben mit freiem Eintritt auch ganz gezielt um Gelegenheitskäufer. Die Käufer wurden eingeladen, ja regelrecht gedrängt, sich »ohne Kaufzwang« umzusehen. Das war in den Spezialgeschäften, deren Inhabern nur an ernsthaften Kaufabsichten gelegen war, nicht üblich. Diese Praxis führte zu einer eher unpersönlichen, anonymen Konsumerfahrung und schuf mehr Distanz zwischen Kunde und Direktor, der an der Spitze der Hierarchie von Verkaufs- und Verwaltungspersonal stand. Die Warenhausartikel waren vorgefertigt und wurden meist in Regalen und in Behältnissen angeboten, in denen die Kunden sie berühren, in die Hand nehmen und durchsehen konnten, was auch die Beziehung zwischen Konsument und Konsumgut veränderte. Die Preise waren festgelegt und wurden angezeigt, während der Einkauf in einem Spezialgeschäft normalerweise von Verhandlungen über den Preis begleitet war. Die meisten Warenhäuser nahmen außerdem nur Bargeld an (in Spezialgeschäften wurde meist angeschrieben) und die Waren konnten oft auch nach dem Kauf wieder zurückgegeben oder umgetauscht werden.

Das Warenhaus war, wollte es erfolgreich sein, auf einen raschen Warenumschlag angewiesen (die Regale mussten für neue Lieferungen leer geräumt werden), die hohen Ausgaben mussten durch einen großen Umsatz wettgemacht werden. »Großer Umsatz, kleiner Nutzen« lautete Oscar Tietz' oberster Geschäftsgrundsatz.[6] Die Waren wurden zu attraktiven Preisen angeboten, die oft nur knapp über den eigenen Kosten lagen oder gelegentlich sogar darunter, um einen raschen Absatz zugunsten neuer Ware zu gewährleisten. Die typischen Merkmale des Warenhauses waren deshalb Dynamik, ständige Bewegung, rascher Warenumschlag und unablässiges Wachstum.

Viele Unternehmen boten ab dem frühen 20. Jahrhundert besondere Attraktionen und Hilfsdienste an, um weitere Kunden für sich zu gewinnen. Das war ein weiterer Unterschied zu den Spezialgeschäften, und es machte sie zu ganz besonderen Orten der Freizeitgestaltung und Touristenattraktionen. Ausstellungen und Modenschauen lockten beispielsweise neugierige Zuschauer an, während Restaurants, Bankschalter, Vorverkaufsstellen für Theaterkarten, Reisebüros, Friseursalons, Zeitungsleseräume, Schreibtische und Telefonzellen es der Kundschaft ermöglichten, Privat- und Haushaltsangelegenheiten zu erledigen, sich mit Freunden und Bekannten zu treffen und den Tag unter dem Dach des großen Warenhauses zu verbringen.

Warenhäuser strebten nach einer gewissen Weltläufigkeit; mit ihrer enormen Größe und Reichweite veränderten sie Stadtlandschaften, demografische Strukturen und Verkehrsströme. Sie wurden zu Begegnungsorten zwischen Einheimischen und internationalen Strömungen, Produkten und Stilen, zu Leitungen für regional und global vernetzte Kreisläufe, zu Lieferanten von Waren aus aller Welt. Der Sexualwissenschaftler Josef Bernhard Schneider beschrieb das Warenhaus als Treffpunkt von Ost und West: »Man kauft hier alles und lebt hier auch alles. Ja, man lebt hier noch viel mehr als in den Märchen von *Tausendundeine Nacht,* denn hier verbindet sich der Orient mit dem Okzident, und während man in einem Palmenhain bei dem Rauschen eines Springbrunnens sitzt, duften in greifbarer Nähe alle Süßigkeiten der Welt.«[7]

Viele Warenhäuser verwendeten bemerkenswerterweise den Globus als Symbol. Er stand für das Weltbürgertum des Hauses, für seine Fähigkeit, Waren aus aller Welt zu beziehen und anzubieten, und auch für seine Macht und

Herrlichkeit. Bei vielen Tietz-Gebäuden, unter anderen auch im prachtvollen, im Jahr 1900 fertiggestellten Haus in Berlin, schmückte ein in triumphalem, kraftvollem Stil gestalteter Globus den Haupteingang; ein Emblem, das viele Blicke anzog und Tietz in der Stadtlandschaft zu einer auffälligen Präsenz verhalf. Wertheim, Tietz' größter Konkurrent in Berlin wie auch auf nationaler Ebene, präsentierte sich selbst als »Weltstadtwarenhaus für die Welt« und bediente sich in Anzeigen, Katalogen und Briefköpfen ebenfalls des Globussymbols (über dem ein großes »W« für *Wertheim* und *Welt* zugleich stand).

Natürlich gab es in diesen Jahren auch ein schnelles Wachstum vieler herkömmlicher Spezialgeschäfte, die sich zudem stärker zeitgemäßer Geschäftsmethoden bedienten; und nicht alle Warenhäuser, vor allem diejenigen außerhalb der Hauptstadt, erreichten diese enorme Größe. Die typischen Merkmale der Warenhäuser des frühen 20. Jahrhunderts waren im Allgemeinen dennoch ihre monumentalen Ausmaße, die üppige Gestaltung und blickfängerische Auslagen. Durch ihre günstigen Preise machten die Warenhäuser zugleich bestimmte Produkte, die zuvor nur der Oberschicht vorbehalten waren, größeren Teilen der Mittelschicht, ja sogar der Arbeiterschaft zugänglich. Werbung und Bestellkataloge vergrößerten die Reichweite und den Neuigkeitswert der frühen Warenhäuser und beschleunigten dergestalt die »Demokratisierung des Konsums«.

Deutsche Warenhäuser unterschieden sich in wesentlichen Merkmalen von ihren Pendants in anderen Ländern. Die ersten Warenhäuser entstanden in Deutschland erst in den 1880er-Jahren, mehrere Jahrzehnte nach ihrer Einführung und Ausbreitung in Frankreich, Großbritannien und den USA. Die Errichtung eines Eisenbahnnetzes und die Industrialisierung der Herstellungsbetriebe waren Voraussetzungen für den Erfolg dieser neuen Form des Einzelhandels. Sie ermöglichten die kostengünstige Produktion und den Vertrieb der in Massenfertigung hergestellten Waren sowie das Entstehen einer Mittelschicht, aus der sich wiederum eine konsumierende Öffentlichkeit mit wachsender Kaufkraft und zunehmender Freizeit herausbildete. Die deutschen Muster der Industrialisierung spielten hier eine wesentliche Rolle, aber auch kulturelle Einflussfaktoren kamen ins Spiel; etwa die Tabuisierung des Verkaufs von Waren aus vielfältigen, unterschiedlichsten Sortimenten – das wesentliche Merkmal des Warenhauses – und die feindliche Haltung gegenüber jeder Form von auffälliger Werbung.

Eine einzigartige Entwicklung in Deutschland war, dass die großen Warenhäuser ihren Ursprung in Städten mittlerer Größe hatten, ganz im Gegensatz zu Paris, London, New York, Philadelphia und Chicago, den Standorten der frühesten großen Warenhäuser in anderen Ländern. Der Hermann-Tietz-

Konzern, eine der größten deutschen Warenhausketten, hatte seinen Stammsitz im thüringischen Gera. Oscar Tietz, ein Handlungsreisender, der für das Kurzwarenunternehmen seines Bruders Leonhard in Stralsund tätig war, eröffnete in Gera 1882 sein eigenes Geschäft, in dem er Woll- und Leinensachen verkaufte und schon bald Sortiment und Betrieb erweiterte. Leonhard Tietz' Geschäft in Stralsund machte unterdessen einen ähnlichen Wandel durch, ebenso wie Abraham Wertheims Unternehmen, das in derselben Straße angesiedelt war. Rudolf Karstadt eröffnete sein erstes Geschäft 1881 in Wismar, und die Gebrüder Schocken, die früher für die Warenhauskette der Familie Ury gearbeitet hatten, gründeten 1901 in Zwickau ihr eigenes Geschäft und beließen den Firmensitz auch dann noch dort, als ihr Unternehmen zu den führenden des ganzen Landes aufstieg. Natürlich gab es auch Ausnahmen. Zwei bedeutende Berliner Unternehmen, das Kaufhaus Israel und das Kaufhaus Rudolf Hertzog, machten eine Entwicklung durch, die eher Pariser Geschäften wie dem Bon Marché und den Galleries Lafayette vergleichbar war. Aber diese Häuser gerieten, so bedeutend sie in der frühen Geschichte des Handels mit Massenwaren in Deutschland auch gewesen sein mochten, um die Wende zum 20. Jahrhundert etwas in den Hintergrund, als die Warenhäuser Hermann Tietz, Wertheim und Jandorf in Berlin Fuß fassten.

Ein weiteres besonderes Merkmal der Entwicklung in Deutschland ist, dass – mit Ausnahme der Karstadts und Hertzogs – alle oben genannten Familien sowie eine ganze Reihe weiterer führender Warenhausbesitzerfamilien Juden waren. Noch verblüffender ist die Tatsache, dass beide Zweige der Familie Tietz, ebenso wie die Schockens, die Urys, die Grünbaums, die Wronkers und die Joskes, allesamt bedeutende Warenhausbesitzerfamilien, aus der Umgebung des Städtchens Birnbaum (Miedzychod) in der preußischen Provinz Posen stammten.

JUDEN UND WARENHÄUSER

Jüdischer Warenhausbesitz – in Österreich und Ungarn war die Situation weitgehend vergleichbar – entging den zeitgenössischen Beobachtern nicht. Antisemitische Agitatoren warnten vor einer im osteuropäischen Schtetl ausgeheckten Verschwörung zur Übernahme der deutschen Volkswirtschaft. Anti-Warenhaus-Aktivisten wie der Propagandist Paul Dehn wetterten gegen die Warenhauskultur und nahmen in den 1890er-Jahren für sich in Anspruch, irreführende jüdische Verkaufspraktiken, unaufrichtige Werbung und Taschenspielertricks zu entlarven. Sie sahen das Warenhaus im Wesentlichen als einen Ort, an dem sich die Händler bereicherten, indem sie naiven, arglosen deutschen Kunden billige Schundwaren andrehten – Themen, die von den Nationalsozialisten Ende der 1920er-Jahre wieder aufgewärmt wurden. Weniger schrille Denker beschrieben bei ihren Erklärungsversuchen für die jüdische Dominanz im Warenhauseinzelhandel die Juden als Kapitalisten par excellence und suchten nach historischen, theologischen oder sogar nach rassischen Verbindungen zwischen Juden, Judentum und modernem Handels- und Wirtschaftsverkehr. Werner Sombart stellte traditionelle Formen des Handels – die er mit Begriffen wie Stabilität, Festigkeit und Beständigkeit kennzeichnete – der Dynamik, den fließenden Übergängen und dem Intellektualismus des Warenhauswesens und der modernen Wirtschaft insgesamt gegenüber. Das atemberaubende Tempo und die ständige Bewegung des Warenhauses, sein Standort im internationalen Netzwerk von Handel und Warenzirkulation sowie die großen, ebenso riskanten wie notwendigen Investitionen, schienen nach Ansicht vieler zeitgenössischer Beobachter jene Besonderheiten und Geschäftspraktiken widerzuspiegeln, die in der jüdischen Geschichte oder gar – ohne Sombart zu nahe treten zu wollen – in der jüdischen Ethnie und rassischen Zusammensetzung ihren Ursprung hätten.

In Sigfrid Siwertz' Roman *Das Große Warenhaus* (1926) kämpft Jeremias Goldmann, einer der reichsten Männer Schwedens und Eigentümer des prächtigsten Warenhauses in Stockholm, mit (offensichtlich grundlosen) finanziellen Unsicherheiten, mit der Furcht, dass sein Unternehmen jederzeit scheitern und seine Reichtümer nur spekulativer Art und ohne tatsächlichen Wert sein könnten. Nach Ansicht eines Geschäftspartners von Goldmann war das eine typisch jüdische Angst, denn die Juden waren – als Konsequenz von Verfolgung und Katastrophen über viele Generationen hinweg – mit einer kollektiven Unruhe belastet, die sie immer wieder umziehen und aus feindseligen Ländern fliehen ließ. Mit anderen Worten: Die jüdischen Wirtschaftspraktiken waren eine Spiegelung der Lebenserfahrung des Ostjudentums. Aber für die Akteure wirkte sich das günstig aus, denn diese Unsicherheit brachte jüdische Geschäftsinhaber dazu zu expandieren, Neuerungen einzuführen und Risiken einzugehen. »Hier hatte nun dieselbe Furcht einen Geschäftspalast erbaut«, sinniert ein Kollege Goldmanns.[8] Der Geschäftspartner greift hier einen Punkt auf, den Sombart und andere angesprochen haben; nämlich dass die allgemeinen Lebensumstände – in diesem Fall Unsicherheit und Ruhelosigkeit – die Juden besonders gut auf den modernen Handelskapitalismus einstellten.

Aus der historischen Rückschau können die Gründe für die zahlenmäßige Dominanz von Juden im Warenhaussektor nuancierter formuliert werden. Neuankömmlinge, die ganz pragmatisch nach Einstiegschancen im Wirtschaftsleben suchen, neigen vielfach zu einem Engagement in neueren, riskanteren

Nischen des Handelswesens und werden nicht durch Tabus eingeschränkt, denen etablierte Bevölkerungsgruppen häufig unterliegen. In diesem Fall ging es um den Widerstand gegen Werbung und die Abneigung der Einzelhändler gegen ein Sortiment, das eine Vielzahl ganz unterschiedlicher Warengruppen umfasste. Da Juden von deutschen berufsständischen Vereinigungen weitgehend ausgeschlossen waren, verfolgten sie häufig innovative Entwicklungen im internationalen Handelswesen aufmerksamer als nichtjüdische Geschäftsleute, die, im gesellschaftlichen Mainstream akzeptiert, stärker zur Binnenbetrachtung neigten.

Jüdische Warenhausbesitzerfamilien arbeiteten oft zusammen. Junge Männer gingen in Unternehmen von Verwandten in die Lehre, bevor sie auf eigene Rechnung arbeiteten. Die Schockens fanden ihren Einstieg bei den Urys und boten später den Nährboden für eigene Schwesterfirmen wie das Kaufhaus Manasse, das Unternehmen ihres leitenden Direktors. Alfred Gerngross arbeitete in Wien bei August Herzmansky, bevor er 1879 sein eigenes Geschäft gründete, das sich schon bald zum größten Warenhaus der Stadt entwickelte. Juden waren auch in Bereichen des Wirtschafts- und Handelslebens tätig, die sich als nützliche Zugänge zum stärker diversifizierten Einzelhandel erwiesen. Jüdische Hersteller stiegen im frühen 19. Jahrhundert ins Textilgeschäft ein und erlangten durch lukrative Verträge – zum Beispiel durch die Lieferung von Uniformen an die preußische Armee – und technische Innovationen eine dominierende Marktposition im Bereich der Konfektionskleidung und gründeten in der Folge die Mehrzahl der bedeutenden deutschen Modehäuser.

Viele aus der Provinz stammende Unternehmerfamilien hatten ihre Geschäftstätigkeit als Hausierer begonnen, und die Erfahrungen mit der Zusammenführung von Waren diversen Ursprungs, die sie an unterschiedliche Bevölkerungsgruppen verkauften, mögen ihnen genützt haben, als sie ihre Geschäfte aus der preußischen Provinz Posen in das westliche Deutschland verlagerten. Mehrere jüdische Familien, so viel ist jedenfalls klar, wurden durch das Warenhausgeschäft außerordentlich reich, während vielen anderen – heutzutage weniger bekannten – Familien der Aufstieg in die gesicherte Mittelschicht gelang. Zu Beginn des 20. Jahrhunderts zählte nur Berthold Israel, der Direktor des gleichnamigen Warenhauses in Berlin, zur Spitzenriege der jüdischen Wirtschaftselite, wobei er etwas unterhalb der Bankiers und Großindustriellen rangierte, deren herausragende wirtschaftliche Bedeutung bis zu den Anfängen der Moderne zurückreichte. Israels Vermögen wurde damals auf zehn bis 20 Millionen Mark geschätzt.[9] Die beiden Tietz-Familien und die Wertheims rangierten, obwohl ihre Unternehmen bereits profitabler geworden waren, etwas darunter.

Die Unternehmen der Familien Tietz und Wertheim wuchsen, ihre Besitzer wagten sich in die größeren Städte und gegen Ende des 19. Jahrhunderts waren sie mit der 1890 erfolgten Eröffnung eines Wertheim-Warenhauses am Moritzplatz in der deutschen Hauptstadt angekommen. Im Jahr 1897 feierte man die Eröffnung des großartigen, vom Architekten Alfred Messel entworfenen Wertheim-Hauses in der Leipziger Straße in Berlin. Drei Jahre später fasste der Konzern von Hermann Tietz mit der Eröffnung eines Geschäftes ebenfalls in der Leipziger Straße erstmals Fuß in Berlin. Ein zweites großes Tietz-Warenhaus folgte 1906 am Alexanderplatz und im Jahr 1932 gab es in der Hauptstadt zehn Tietz-Warenhausfilialen.

Zwischenzeitlich war Adolf Jandorf, ein Angestellter von M. J. Emden in Hamburg, mit dem Auftrag nach Berlin entsandt worden, dort ein Emden-Warenhaus zu eröffnen. Er führte zu guter Letzt dann sieben Berliner Warenhäuser, unter anderen auch das Maßstäbe setzende KaDeWe, das 1907 seine Pforten öffnete und das Jandorf 1926 schließlich an Hermann Tietz verkaufte. Neben seiner enormen Größe, der fantastisch ausgeschmückten Architektur und der beispiellosen Pracht verfügte dieses Warenhaus auch über einen einzigartigen Standort. Die meisten größeren Textil- und Konfektionskleidungsgeschäfte hatten ihren Ursprung im sogenannten Konfektionsviertel um den Hausvogteiplatz und zogen dann in Richtung Alexander- und Potsdamer Platz; aber das KaDeWe betätigte sich als Vorreiter im grünen, vornehmlich Wohnzwecken dienenden Berliner Westen in der Nähe des Zoologischen Gartens. Diese Entwicklung führte zur Kommerzialisierung des gesamten Gebiets um den Kurfürstendamm, das in den 1920er-Jahren und abermals in West-Berlin nach dem Zweiten Weltkrieg zu einem wichtigen Zentrum für Einkäufe, Nachtleben und Vergnügungssuchende wurde. Der Standort des KaDeWe in der Nähe der Kaiser-Wilhelm-Gedächtniskirche sorgte bei den Behörden für Unbehagen. In seinem Roman *Warenhaus Berlin* thematisierte Köhrer das unmittelbare Nebeneinander von christlicher Kirche und (jüdischem) Tempel des Kommerzes, von Symbolen preußisch-protestantischer Traditionen und verführerischer, aber zugleich auch Ängste auslösender Zukunft.

Die deutschen Warenhäuser fanden nach dem verzögerten Einstieg rasche Verbreitung; und so galt das erste Jahrzehnt des 20. Jahrhunderts als das goldene Zeitalter der Warenhäuser. Im Jahr 1907 gab es in ganz Deutschland etwa 200 solcher Unternehmen, 40 bis 50 davon waren allein in Berlin ansässig.[10] Verlauf und Ende des Ersten Weltkriegs und vor allem die Inflation ließen das wirtschaftliche Wachstum stagnieren. Erst 1924, nach Einführung der Rentenmark, erfolgte eine relative Stabilisierung der Weimarer Republik. Die meisten Warenhäuser überlebten zwar die schwierigen Zeiten, aber die erneute Expansion ließ bis Mitte der 1920er-Jahre auf sich warten. Die sechs größten deutschen Warenhausunternehmen waren zu diesem Zeitpunkt Wertheim, Hermann Tietz, Leonhard Tietz, Karstadt, Alsberg und Schocken.

Abgesehen von KaDeWe und den spektakulären Wertheim- und Tietz-Filialen in der Hauptstadt haben die Warenhäuser vermutlich ihre größte Wirkung außerhalb Berlins erzielt. Die Firma Leonhard Tietz blieb in Köln ansässig und konzentrierte sich in ihrer Geschäftstätigkeit auf das Rheinland und Westfalen. Ihre modernen Gebäude, zum Beispiel das wolkenkratzergleiche Warenhaus in Oberhausen, und innovativ gestalteten Filialen in Kleve und Solingen brachten »[Großstadtleben] in das kleine niederrheinische Städtchen«.[11] Die Schockens – Späteinsteiger, aber rasch zulegende Schwergewichte – schafften es nie bis nach Berlin. Der Schwerpunkt ihrer 19 Warenhäuser lag in Sachsen, aber das Unternehmen hatte auch andere Standorte und pflegte Partnerschaften mit ähnlich strukturierten Geschäften in ganz Deutschland.

Mehrere dieser Häuser ragten aufgrund ihrer technischen und stilistischen Innovationen heraus und gingen auf eine bedeutende Partnerschaft zwischen Salman Schocken und dem Architekten Erich Mendelsohn zurück. In explizitem Kontrast zu den reich verzierten und üppig ausgestalteten Konsumpalästen der Warenhausfrühzeit – das berühmteste Beispiel war Alfred Messels Wertheim-Warenhaus in der Leipziger Straße in Berlin – verkörperten Mendelsohns Gebäude (etwa die Schocken-Filialen in Nürnberg, Stuttgart und Chemnitz) die Neue Sachlichkeit der Weimarer Epoche, mit dem Schwerpunkt auf Funktionalität, Beseitigung überflüssiger Gestaltungselemente und einem einheitlichen äußeren Erscheinungsbild, durch Typografie, Auslagengestaltung und Produktwerbung. Mendelsohn behauptete, sein Stil drücke den Geist der Moderne aus, erfasse ihre Dynamik und rastlose Energie. Einige Zeitgenossen kritisierten zwar seine Ergebnisse als »jüdischen Stil«, aber die Zusammenarbeit zwischen Mendelsohn und Schocken verfolgte unbeirrt das Ziel, die Aufmerksamkeit auf die Waren des Hauses zu lenken und den Akt des Konsumierens aufzuwerten: Waren von hoher Qualität sollten den Verbrauchern zu günstigen Preisen und in zweckmäßig gestalteter Umgebung angeboten werden.

Die 1920er-Jahre waren eine Zeit gewaltiger technischer Neuerungen in der Architektur, aber dasselbe galt auch für Werbung, Beleuchtung und Auslagen, Geschäftspraktiken und Gebäudeausstattung, zum Beispiel für die Aufzüge und den verbesserten Brandschutz. Dennoch ist es wichtig, sich zu vergegenwärtigen, dass die Warenhäuser in Deutschland in ihrer Blütezeit vor dem Zweiten Weltkrieg nicht mehr als fünf Prozent des Gesamtumsatzes im

Einzelhandelsmarkt erzielten. Sie erreichten erst im Jahr 1957 einen Spitzenwert von 12,4 Prozent. Die Statistik sollte jedoch nicht dazu dienen, ihre Bedeutung herabzumindern. Warenhäuser wurden zu sensationellen Orten für Konsum und Freizeit, zu auffälligen städtischen Wahrzeichen und »Blitzableitern« für Diskussionen über Juden, Geschlechterverhältnisse und Warenkultur in einer sich modernisierenden Welt.

WARENHAUSKÖNIG, VERKÄUFERIN UND FRAU KONSUMENT

Psychiater und Geschäftsinhaber stellten ab den 1890er-Jahren eine offenkundig starke Zunahme der Diebstähle in Warenhäusern fest, was manche Kritiker als Beweis für die verderbliche Wirkung nahmen, die diese Einrichtungen auf Frauen ausübten; für die Gefahren unkontrollierter Konsumentenwünsche und die Anziehungskraft, mit der verlockende Auslagen und verführerische Angebote selbst anständige Bürgersfrauen vom rechten Weg abbrachten. Ladendiebstähle und das, was schließlich als Kleptomanie bezeichnet wurde, gab es mit Sicherheit bereits vor der Entstehung von Warenhäusern in ganz verschiedenen Varianten des Einzelhandels, aber das Warenhaus nimmt in der Geschichte der Kleptomanie eine Sonderstellung ein. Angebote im Überfluss, ungehinderter Zutritt und freier Zugang zu den Waren, die gewaltigen, hin und her eilenden Menschenmengen und die Anonymität auf den Verkaufsetagen müssen allesamt dazu beigetragen haben, das Warenhaus zum »Paradies der Kleptomanen und Langfinger zu machen«,[12] wie Leo Colze es formulierte.

Die Verkaufsetagen des Warenhauses galten eher als Bereiche für Frauen. Dort flanierende Männer erregten eher Verdacht, und aus diesem Grund beschäftigten Warenhäuser meist weibliche Detektive, die sich in den Verkaufsräumen unauffällig bewegen konnten. Zeitgenossen wiesen darauf hin, dass weibliche Accessoires den Warenhausdiebstahl erleichterten. Handtaschen, Schals und weite Kleidung boten bequeme Verstecke für gestohlenen billigen Schmuck, Stoffstücke, Uhren oder Nippes aller Art; und es wurden Frauen ertappt, die Diebesgut sogar in ihrem Haar oder am Körper ihrer Babys versteckt hatten. »Sieht man den Aermel oder Rock an einer Stelle auffällig schwer herabhängen, so kann man sicher sein, daß sich ›dahinter ein Geheimnis birgt‹«, schrieb Colze.[13]

Psychiatrische Experten deuteten das Problem auf verschiedene Art und ihre Beschreibungen passten zu anderen zeitgenössischen Diskursen über die Macht des Warenhauses, seine magnetische Anziehungskraft und die Gefahren weiblicher Begierden. Mehrere Ärzte verglichen den seelischen Zustand der einkaufenden Frau mit einer hypnotischen Trance: Sie geriet nach ihrer Auffassung leicht in den Bann der zum Verkauf stehenden Waren, der fantastischen Auslagen und der Zerstreuungen und Reize, die das Warenhausumfeld bot. Die Geschäfte übten »eine berauschende und schwindelerregende Wirkung« auf die Kundschaft aus, schrieb der Psychiater Gerhard Schmidt.[14] »Die Temperatur, die Geräusche, Gerüche, Farben und Lichter riefen eine Umnebelung des Bewusstseins, [...] sogar einen hypnoseartigen Zustand hervor, in welchem der impulsive Diebstahl [...] geboren wurde.«[15]

Für Hans-Bernd Thiekötter, den Autor einer 1933 veröffentlichten juristischen Dissertation über »Die psychologischen Wurzeln und die strafrechtliche Bewertung von Warenhausdiebstählen«, waren die Warenhäuser darauf ausgerichtet, Frauen anzulocken und ihre Sehnsüchte zu wecken. Warenhausbesitzer wüssten, dass Frauen ihre Sehnsüchte weniger unter Kontrolle hätten als Männer, behauptete der Autor, und fantasievolle Auslagen und schöne Produkte würden Sehnsüchte und Begierden bei den Frauen wecken, die dazu neigten, das Warenhaus mit sehr viel mehr Dingen beladen zu verlassen, als sie ursprünglich kaufen wollten.[16]

Eine solche Bilderwelt führt uns zurück zu der Vorstellung vom Warenhausdirektor als König und von den Häusern selbst als riesigen Palästen, die eine enorme Macht über Angestellte und Kunden ausüben, und auch darüber, wie diese mit ihrer Zeit und ihrem Geld umgehen, ja sogar über ihre Träume und Fantasien. Auch das Geschlecht spielt in dieser Bildersprache natürlich eine wichtige Rolle. Das Warenhaus bot Frauen die Möglichkeit, sich allein – oder gemeinsam mit anderen Frauen – in der Öffentlichkeit zu bewegen. Es war eine aufregendere Alternative zur Kirche und einer der wenigen sicheren öffentlichen Orte für Frauen. Die Anwesenheit so vieler Frauen im öffentlichen Leben, von Frauen, die sich vergnügten und ihre Konsumwünsche befriedigten, war allerdings auch eine Quelle der Erregung, ja sogar eine gesellschaftliche Provokation. Das Warenhaus war ein erotisierter Raum. Die Bettenabteilung und die Lagerbereiche im Untergeschoss wurden oft zu Schauplätzen imaginierter sexueller Begegnungen. Kritiker warnten vor sexueller Promiskuität, vor Vergewaltigung und Ausbeutung, die angeblich besonders von jüdischen Warenhausbesitzern drohte. Von der antisemitischen Presse wurden sie daher als gierig und lüstern zugleich diffamiert.

Beziehungen zwischen Verkäuferinnen und Warenhausbesitzern waren ein gängiges Thema von Romanen und Boulevardpresse. Manche dieser fiktionalisierten Beziehungsgeschichten mögen von tatsächlichen Skandalen abgeschaut worden sein, wie etwa im Fall von Adolf Jandorf, den man (möglicherweise zu Unrecht) beschuldigt hatte, mit einer Reihe seiner Angestellten außereheliche Beziehungen unterhalten zu haben. In Berlin kam es 1907 und 1908 zu Demonstrationen gegen das KaDeWe, bei denen Jandorf wegen Arbeitsüberlastung und Ausbeutung seiner Angestellten (vor allem im Weihnachtsgeschäft), wegen Unterbezahlung und schlechter Behandlung des Personals angegriffen wurde.[17] Wegen der schlechten Bezahlung, so lautete eine häufig gegen Jandorf, aber auch gegen Wertheim und Tietz erhobene Beschuldigung, wären Verkäuferinnen gezwungen, ihr Einkommen durch Prostitution aufzubessern.[18] Paul Dehn beschuldigte die Warenhausbesitzer sogar, sie würden ihren männlichen Geschäftspartnern »nach galizischem Brauch« Frauen, nämlich weibliche Angestellte, »liefern« – eine offensichtliche Anspielung auf Behauptungen über Juden und ihre Verstrickung in den Menschenhandel.[19]

Außerhalb antisemitischer und warenhauskritischer Kreise wurde der jüdische Warenhauskönig jedoch meist als freundlich und gütig geschildert. In Margarete Böhmes Roman *W.A.G.M.U.S.* aus dem Jahr 1911 lesen wir: »Ganz Berlin ist [dem fiktiven Warenhausdirektor Josua] Müllenmeister untertan. [...] Er ist wie ein König, der Gesetze diktiert, dem Berlin seine Steuern zahlt, der über sein Volk regiert.«[20] Doch Müllenmeister ist eine sympathische Persönlichkeit, ein wagemutiger, brillanter Geschäftsmann und außerdem ein ehrenwerter Mensch, der von einer Verkäuferin mit zweifelhafter Moral verführt wird, aber am Schluss des Romans die wahre Liebe findet. Man erhält also, im Gegensatz (oder in dialektischer Beziehung) zum Raubtierimage, auch Eindrücke vom freundlichen, gütigen jüdischen Geschäftsmann, von einer liebenswürdigen Persönlichkeit, die sogar als Retter von unschuldigen, schlecht behandelten jungen Frauen auftritt.

Dieses Image, verkörpert zum Beispiel vom asexuellen, onkelhaften Goldmann in *Das Große Warenhaus,* vom alternden, aber freundlichen Heinrich Heimberg in Oscar Schweriners Roman *Arbeit: Ein Warenhausroman* (1912) oder eben von Müllenmeister, speiste sich aus der Tradition der »freundlichen jüdischen Männlichkeit«, die auf ein gutes Geschäftsgebaren ebenso Wert legte wie auf Fairness und Philanthropie. Diese Werte wurden in der Arbeitsweise mehrerer bedeutender deutscher Warenhäuser jener Zeit auch sichtbar: Nathan Israel zum Beispiel schloss an Samstagen und verschaffte so seinen Angestellten einen zusätzlichen freien Tag; die Familien Schocken und Tietz boten ihren Beschäftigten Kurse zur Weiterbildung, Gymnastik- und Übungsprogramme an, um Gesundheit und Hygiene zu fördern und etwas für die Erbauung zu tun. Jedoch: ob nun gütig oder bösartig, freundlich oder heimtückisch, der Warenhausbesitzer wurde durchgehend als außerordentlich mächtige Persönlichkeit dargestellt, als Personifikation scheinbar unaufhaltsamer Kräfte einer entstehenden Konsumkultur. Er herrschte in einem Bereich, der all jene Aufgeregtheiten, Chancen und Ängste verkörperte, die mit Deutschlands geradezu explosiver Konfrontation mit der modernen Konsumkultur verbunden waren.

Aus dem Englischen von Werner Roller

1 Leo Colze [Pseudonym für Leo Cohn], Berliner Warenhäuser, Berlin 1908, S. 11 (Nachdruck: Berlin 1989). Das KaDeWe, dessen Eigentümer Jandorf war, wurde zusammen mit Jandorfs gesamtem unternehmerischen Besitz 1926 an Tietz verkauft.
2 Erich Köhrer, Warenhaus Berlin: Ein Roman aus der Weltstadt, Berlin 1909, S. 76.
3 Ebd., S. 107. Das vollständige Zitat lautet: »Ein Haufen Geld – das war das einzige Mittel, das er, der arme Judenjunge ohne Bildung und gute Herkunft, nötig gehabt hatte, um sich fast zu einem Diktator über die Massen emporzuschwingen. Da strömten sie zu ihm hinein, wie die Fliegen in das Netz der Spinne.«
4 Max Freund, Der Warenhauskönig, Barmen 1912; Ernst Georgy, Der Konfektionsbaron. Ein Zeitbild aus der Konfektion, Stuttgart 1923; Walter Gerhard [Pseudonym für Wilhelm Rubiner], Die Warenhausgräfin, Leipzig 1923. Auf ähnliche Weise funktionierte dies beim Schauplatz Hotel, wovon viele Romane und Spielfilme der Zeit Zeugnis ablegen; vgl. etwa Alfons Arns, Hotel als Film/ Hotel as Motion Picture, in: Daidalos. Architektur/Kunst/Kultur, Nr. 62 (Thema: Übernachten/Sleeping out), Dezember 1996, S. 32–41.
5 A. Waldmann, Soziale Einrichtungen und Angestellten-Fürsorge, in: Hermann Tietz, der größte Warenhaus-Konzern Europas im Eigenbesitz. Ein Buch sichtbarer Erfolge, Berlin 1932, S. 182.
6 R. Hartmann, Großer Umsatz, kleiner Nutzen, in: Hermann Tietz, wie Anm. 5, S. 57.
7 Lothar Eisen [Pseudonym für Josef Bernhard Schneider], Psychologie des Warenhauses, in: Geschlecht und Gesellschaft 8, 1913, S. 391.
8 Sigfrid Siwertz, Das Große Warenhaus (1926), aus dem Schwedischen übersetzt von Alfred Fedor Cohn, Berlin 1928, S. 49. Das vollständige Zitat lautet: »Diese Furcht hatte ihre Wurzel in einer schwachen Konstitution, in der Unsicherheit und Unterdrückung vieler Generationen und in der Katastrophe schließlich, die ihn in ein fremdes Land geschleudert hatte. [...] Hier hatte nun dieselbe Furcht einen Geschäftspalast erbaut.«
9 Werner Mosse, Jews in the German Economy: The German-Jewish Economic Elite, 1820–1935, Oxford 1987, S. 189.
10 Paul Göhre, Das Warenhaus, Frankfurt am Main 1907, S. 90.
11 50 Jahre Leonhard Tietz 1879–1929, Köln 1929, S. 65.
12 Colze, Berliner Warenhäuser, wie Anm. 1, S. 73.
13 Ebd.
14 Gerhard Schmidt, Der Stehltrieb oder die Kleptomanie, in: Zentralblatt für die gesamte Neurologie und Psychiatrie, Jg. 92, 1939, S. 12.
15 Ebd.
16 Vgl. Hans-Bernd Thiekötter, Die psychologischen Wurzeln und die strafrechtliche Bewertung von Warenhausdiebstählen, Bochum 1933, S. 17.
17 Vgl. hierzu zum Beispiel: Die Freiheit, 14. Mai 1907, Zeitungsausschnitt im Landesarchiv Berlin, A Pr. Br. Rep. 30, Tit 94, Nr. 10937.
18 Vgl. Hauschildt, Der Kampf gegen die Warenhäuser. Praktische Vorschläge zur Beseitigung derselben, Friedeberg z. Queis 1898, S. 2.
19 Paul Dehn, Die Großbazare und Massenzweiggeschäfte, Berlin 1899, S. 45: »Zuweilen haben gewisse Unternehmer sogar versucht, nach galizischem Brauche auch Frauen zu liefern [...].«
20 Margarete Böhme, W.A.G.M.U.S., Berlin 1911 (New York 1912), S. 271. Die Abkürzung heißt aufgelöst: Warenhaus-Aktiengesellschaft Müllenmeister und Söhne; eine Anspielung auf das Warenhaus Wertheim am Leipziger Platz in Berlin.

Warenhaus Wertheim
Aus: Album »Berlin im Licht«
Berlin, 1928

»Wenn man heute in einer Familie hört: Wir gehen zu Wertheim, so heißt das nicht in erster Linie, wir brauchen irgendetwas besonders notwendig für unsere Wirtschaft, sondern man spricht wie von einem Ausfluge, den man etwa nach irgend einem schönen Orte der Umgebung macht.«

Gustav Stresemann, 1900

Melchior Lechter, »KÖNIGIN MODE«
Entwurf für ein dreiteiliges Glasgemälde
im Treppenhaus des Warenhauses Wertheim
*Berlin 1897, Aquarell, Tusche, Deck- und
Goldfarbe, auf Papier, gewachst*

AMERIKAS SENSATIONSSCHLAGER!

KREIERT von
MAX HANSEN

Robes-Modes.
(Collegiate.)
FOXTROT

DEUTSCH
TEXT vo
Bed

MUSIK v
Moe Ja
UND
Nat Bo

WIENER BOHEME
VERLAG
(Otto Hein)
ZENTRALE
Wien, IV.
chie Wienzeile 33.
ZWEIGSTELLE
Berlin W 15.
Brandenburgische Str. 27
11 West 49th Street
New York·City.
FRED WRESDE

Shapiro Bernstein & Co.
MUSIC PUBLISHERS
1591 Broadway & 47th Street
New York.
REG U S PAT OFF

Fritz Löhner-Beda
Couplet »Robes, Modes«
Wiener Boheme-Verlag,
Wien 1925, Notendruck

Lichthof im Warenhaus Wertheim,
Leipziger Straße, in der Mitte die
Frauenstatue »Die Arbeit«
Berlin 1898

»Das unerreichte Sortiment«
Bestellkatalog des Warenhauses Herzmansky
Wien, ohne Jahr [nach 1936], Kupfertiefdruck

Heinrich Hoffmann
Antisemitischer Boykott-Aufruf
gegen das Warenhaus Herzmansky
Wien, März 1938

»So ist das Warenhaus Wronker eine grandiose Zusammenfassung aller Zweige unseres wirtschaftlichen Lebens. Es dient allen. Es erspart uns Geld, es hilft uns weiter, besonders in dieser Zeit, da jeder mit dem Pfennig rechnen muss. Rationelle Betriebsführung und echter kaufmännischer Geist, wie er in Frankfurt schon immer lebendig war, dienen dem Kunden, der den Weg findet zum Warenhaus.«

Frankfurter Zeitung,
29. Oktober 1931

HANDEL UND KOMMERZ

Warenhaus Wronker
Postkarte, Farbdruck
Frankfurt am Main, ohne Jahr

»Warenhaus, Großbetrieb des Einzelhandels, der Waren ganz verschiedener Warengruppen absetzt. Da die Warenhäuser durch ihre wirtschaftliche Machtstellung den mittelständischen Einzelhandel beeinträchtigen, wurden schon früher Maßnahmen gegen ihre weitere Entwicklung ergriffen. Der Nationalsozialismus ist ein scharfer Gegner der Warenhäuser.«

*Der Volks-Brockhaus,
Leipzig 1939*

VON
DER
ZEDAKA
ZUM
MÄZENA
TENTUM

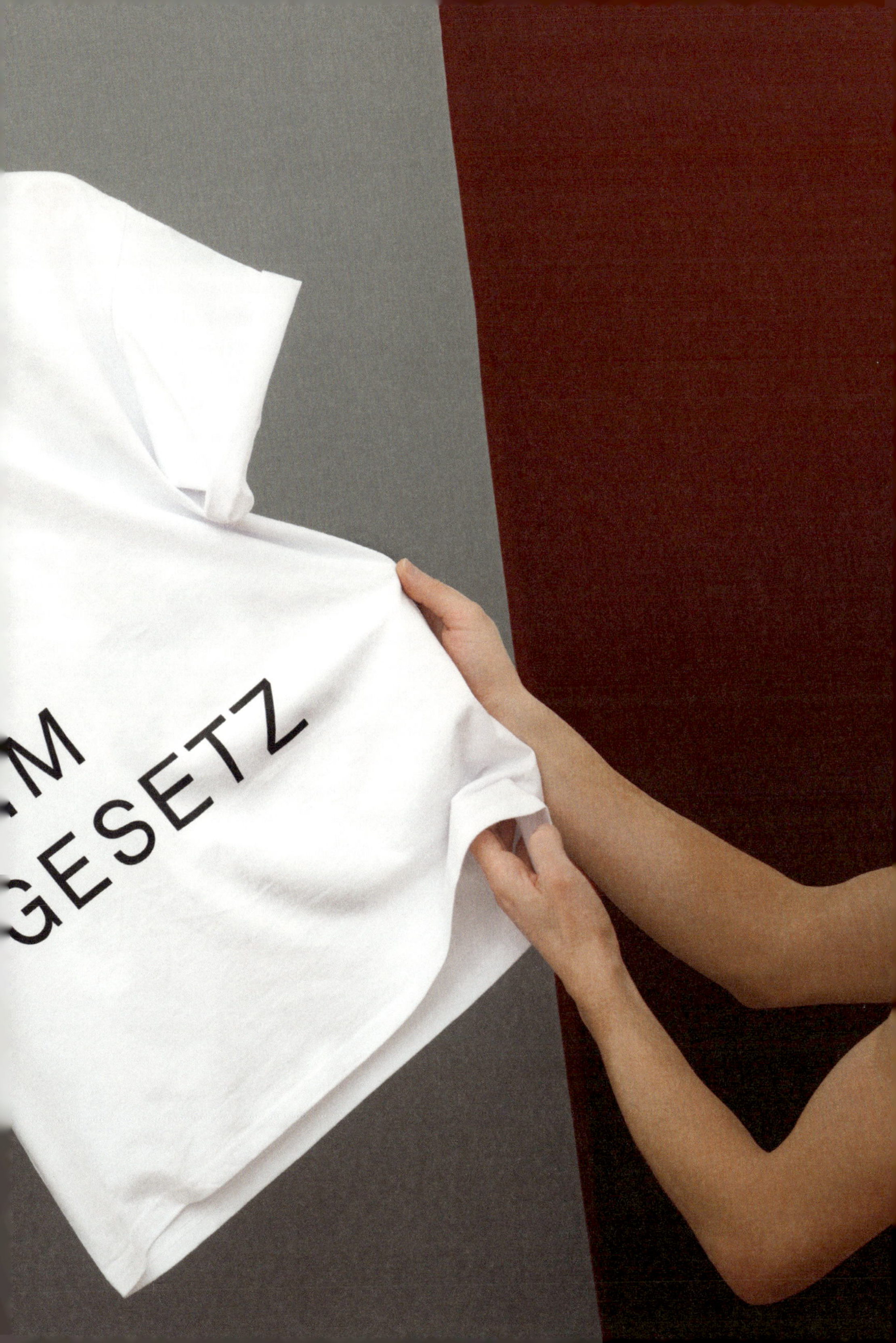
M
GESETZ

»ZEDAKA« — MEHR ALS NUR GEBEN

Johannes Heil

»Rothschild geht über den Boul'Mich' und sieht einen Bettler« – so oder so ähnlich beginnt mancher jüdische Witz, der schnell zum Judenwitz geraten kann, weil er ungebrochen zum Stereotyp vom arrivierten Juden in all seinen Schattierungen überleitet. Die umgekehrte Perspektive führt zum gleichen Ergebnis: »Ein Schnorrer sitzt auf dem Boul'Mich' und sieht den Rothschild kommen« – also mit gewitzter Vorfreude auf garantierten Zugewinn ohne eigenes Zutun. So will es scheinen. Was allein in solchen Geschichten stimmt, ist das religiös gebotene Geben. Verstanden und damit vollständig erfasst wird es aber kaum. Deswegen allein kann der »Rothschild« auch zur komischen Figur geraten. »Rothschild« – es könnte auch »Schmuel« oder selbst der nichtjüdische »Rockefeller« heißen – ist nicht trotz, sondern gerade wegen seines emblematischen Namens keine biografisch belegbare Figur, sondern ein Typ, eben auch ein Stereotyp. Den amerikanischen »Rockefeller« einmal ausgenommen, will die Erzählung übrigens nur in einem jüdischen Zusammenhang witzig erscheinen: »Bill Gates sitzt am Sunset Boulevard« würde wohl genauso wenig einen Lacher generieren wie seinerzeit »Bethmann geht über die Hauptwache«. Der Witz ist eine Funktion spannungsgeladener, per se bezeichnender Distanz. Es muss eine Geschichte vom reichen und vom armen Juden sein, die im eigenen Normensystem aufeinander verwiesen sind; der eine dabei, so der Subtext, von seinem schlechten Gewissen umgetrieben und zu steter Spendierlaune angehalten, der andere genau mit dieser Disposition des reichen Glaubensgenossens kalkulierend.

Um dagegen zu verstehen, warum Juden Almosen gaben und Waisenhäuser, Hospitäler, Hilfsvereine, ja Universitäten gründeten oder förderten und um dafür hinter das simple Stereotyp vom reichen Juden mit schlechtem Gewissen zu gelangen, muss man sich dieses Normensystem genauer anschauen, bei der Begriffsdeutung ansetzen; im weiteren Verlauf dann aber auch Zeitkontexte und Entwicklungen betrachten.

WORTBEDEUTUNG

Zedaka (hebr: צדקה) wird gerne als »Wohltätigkeit« übersetzt; das suggeriert einen selbstbestimmten Akt zum Wohl anderer, nicht zuletzt auch zum Ruhm des Akteurs. Tatsächlich aber ist *Zedaka*, ganz in Einklang mit der Bedeutungswurzel des Wortes, ein vor allem rechtsgeleiteter Begriff und meint den Akt der Herstellung von »Gerechtigkeit«, und das in Hinsicht des Verhältnisses zwischen Gott und Mensch. Denn schon beim ersten Vorkommen des Begriffs in der Tora heißt es: »Er [Abram] glaubte dem Herrn und er [der Herr] rechnete es ihm als Gerechtigkeit an« (והאמן ביהוה ויחשבה לו צדקה, Gen. 15, 6). Geübte

Zedaka ist eine religiös geleitete Verpflichtung mit subtiler innerer Gesetzmäßigkeit, die nichts von Freiwilligkeit, aber auch nichts Berechnendes hat. Es geht nicht um Nächstenliebe und ebenso nicht um Gewinnung eines himmlischen Gegenwerts, schon gar nicht um einen Ablass, im Gegenteil: *Zedaka* vollzieht sich ganz auf das Jetzt hin und ist mit keinem irgendwie näher bezeichneten jenseitigen Ziel ausgestattet. Zugleich ist sie kein Abbild des Slogans »Wohlstand verpflichtet«, denn *Zedaka* entlässt auch den Armen nicht aus der Pflicht. Der Schnorrer auf dem Boul'Mich' soll im Grund eben nicht sitzen bleiben und weiter warten, dass ihm gegeben werde; vielmehr sollte er selbst das ihm Mögliche leisten. Und versetzt Rothschild den armen Mann durch seine Gabe oder seinen Akt in die Lage, für sich selbst zu sorgen, dann waltet *Zedaka*.

BIBLISCHE WURZELN

Es ist bezeichnend, dass die Tora die *Zedaka* nicht als fertige Institution mitgibt. Ihre Gedanken finden sich in einzelnen Versen angelegt, etwa im Buch Leviticus:

> *»Wenn du dein Land aberntest, sollst du nicht alles bis an die Ecken deines Feldes abschneiden, auch nicht Nachlese halten. Auch sollst du in deinem Weinberg nicht Nachlese halten noch die abgefallenen Beeren auflesen, sondern dem Armen und Fremdling sollst du es lassen; ich bin der* Herr, *euer Gott«* (Lev. 19, 9–10).

Und ferner:

> *»Wenn einer deiner Brüder arm ist in irgendeiner Stadt in deinem Lande, das der* Herr, *dein Gott, dir geben wird, so sollst du dein Herz nicht verhärten und deine Hand nicht zuhalten gegenüber deinem armen Bruder, sondern sollst sie ihm auftun und ihm leihen, soviel er Mangel hat«* (Dt. 15, 7–8).

Es ist der schon erwähnte, bei Abrams Berufung auf den Herrn bezogene Begriff von *Zedaka*, der im Deuteronomium-Buch dann auch in der Praxis des Pfandrechts wieder begegnet:

> *»Wenn du deinem Nächsten irgendetwas borgst, so sollst du nicht in sein Haus gehen und ihm ein Pfand nehmen, sondern du sollst draußen stehen und er, dem du borgst, soll sein Pfand zu dir herausbringen. Ist er aber bedürftig, so sollst du dich nicht schlafen legen mit seinem Pfand, sondern sollst ihm sein Pfand wiedergeben, wenn die Sonne untergeht, dass er in seinem Mantel schlafe und dich segne. So wird das deine Gerechtigkeit sein vor dem Herrn, deinem Gott«* (תהיה צדקה לפני יהוה אלהיך, Dt. 24, 10–13).

Ein über den Imperativ zum sozialen Ausgleich hinausweisendes Warum und Wofür solchen Handelns wird hier überhaupt nicht formuliert, somit auch keinerlei künftige Vergeltung in Aussicht gestellt.

VOM IMPERATIV ZUR INSTITUTION

Was die Tora aufgab, waren selbstredende Satzungen, die die Balance zwischen Vermögenden und Mittellosen sichern sollten. Im Grunde waren sie ganz auf die Bedürfnisse einer agrarisch geprägten Gesellschaft hin formuliert. Um daraus ein weiter reichendes Regelwerk solidarischen Handelns zu formulieren, bedurfte es einer dynamischen Fortschreibung, die allein deshalb möglich, aber auch nötig wurde, weil sich aus diesen Satzungen Normen ableiten ließen, die für den Fortbestand von Judentum als Minderheit in der Diaspora essenziell werden sollten. Die Wohltätigkeit rückte ins Zentrum: »Auf drei Dingen beruht die Welt: auf Tora, auf Gottesdienst und auf Wohltätigkeit« (*gmilut chessed*), heißt es in den »Sprüchen der Väter« (Mischna, Pirkei Avot, I.2). Es waren die Rabbinen der Spätantike, die nach der Zerstörung des Tempels eine konsistente Neubegründung von Judentum unternahmen und zu diesem Zweck neben rechtlichen und rituellen Satzungen das Prinzip der Kollektivverantwortung definierten. Das geschah auf vierfachem Weg:

Zum einen wurden die einzelnen biblischen Weisungen präzisiert und strenger gefasst: So war es fortan ausdrücklich untersagt, die Armen mit Hunden und anderen Tieren von der Nachlese abzuhalten (Babylonischer Talmud, Hullin 131a; Jerusalemer Talmud, Pe'ah 5,6). In der Grundtendenz trat, wo doch aller Besitz letztlich Gott gehöre, das Moment selbstbestimmter Mildtätigkeit immer stärker hinter dem Ziel der Sicherung von Gleichheit und des Schutzes des Einzelnen gegenüber der Gemeinschaft zurück. Das Obligatorische der *Zedaka* wurde mit der Zeit immer stärker betont, vor allem durch kommunale Einrichtungen zur Sicherstellung der Wohltätigkeit zum Schutz des Einzelnen und durch Sanktionierung unsolidarischen Verhaltens des Einzelnen gegenüber anderen und der Gemeinschaft insgesamt.

Zum anderen wurde aus dem Gebot um Zulassung von »Armen und Fremdlingen«, wie in Lev. 19,10 gesetzt, unter den Bedingungen einer allerorten prekären jüdischen Minderheitenexistenz der Imperativ zur Ausstattung jüdischer Armer, das die ursprünglich genannten »Fremdlinge« nur noch optional einschloss (bGittin 59b). Ausdrücklich wurde Armut jetzt auch als Makel definiert, das »übler ist als fünfzig Plagen« (bBaba Batra 116a) und selbst schlimmer als der Tod (bNedarim 7b). Gebe es kein Mehl mehr, dann gebe es auch keine Tora, heißt es in der Mischna – ebenso wenig wie es Mehl ohne Tora gebe (Pirke Avot 3.21). Hier drückt sich die Erfahrung einer Gemeinschaft aus, die sich ein Armutsideal oder Weltflucht gar nicht erst leisten kann. Sie ist auf die Welt angewiesen und muss sich in ihr behaupten. Dabei ging es nicht einfach um Umverteilung, erst recht nicht um irgendeine Art von archaischem Protosozialismus (ein Umverteilungskonzept unter den Bedingungen einer vormodernen Gesellschaft). *Zedaka* meint, so strikt sie das Geben einfordert, gerade nicht die Aufgabe des Eigenen um den Preis eigener Verarmung. Dagegen wurde Vorkehrung getroffen. Nicht mehr als ein Fünftel des eigenen Besitzes dürfe man weggeben, heißt es einmal (bKetubot 50a); und von einem notorisch bekannten Verschwender dürfe man keine Gaben annehmen, das andere Mal (bTa'anit 24a).[1]

Ferner wurde der Geltungsbereich der *Zedaka* erheblich erweitert, vom Sozialen ins Gemeinschaftliche hinein. So wurde etwa das Recht auf Beherbergung auswärtiger Juden, zu Festen oder einfach auf der Durchreise, zum Kernbestand der Autonomieregelungen, die mittelalterliche Gemeinden sich durch Könige und nachgeordnete Gewalten verbürgen ließen. Gemeinden erfüllten eine Zentralfunktion, wenn sie eigens ein Hospital (*Hekdesch*) unterhielten, das gleichermaßen Krankenanstalt wie auch Hospiz war. Freitische, die gemeindliche Kasse (*Kuppa*) zur direkten Unterstützung Bedürftiger, Aussteuerfonds für arme Bräute und dergleichen mehr sind ebenso zu nennen. Die Mittel dafür brachten die Mitglieder der Gemeinden auf, durch innergemeindliche Zuwendungen und Einzelspenden zu freudigen Familienereignissen. Auch der Ausgleich von Verlusten, die Einzelnen durch Erpressung und unverschuldet entstanden waren, oder die Auslösung von Gefangenen wurde als bindende Pflicht verstanden. *Zedaka* widmete sich den Kranken (*bikur cholim*) und schloss schließlich auch die Toten ein: die Mitgliedschaft in der örtlichen Beerdigungsbruderschaft (*Chevra kaddischa*) oder gar Leitungsfunktionen darin wurden spätestens in der Neuzeit zum Ausweis des innergemeindlichen Ranges.[2]

Schließlich erscheint die *Zedaka* jetzt wenigstens ansatzweise mit Zielen versehen, die auf die eigene Person ausgerichtet sind; das waren freilich einmal mehr solche, die ganz in der Gegenwart verortet waren und nur mittelbar himmlische Rücklagen schufen. Nach der Mischna »sind dies die Dinge, von deren Früchten ein Mensch in dieser Welt zehrt, und das Vermögen bleibt ihm in der kommenden Welt: Ehrerbietung gegen Vater und Mutter, Liebeswerke und Friedenstiften zwischen einem Menschen und seinem Gefährten, aber das Studium der Tora übertrifft sie alle« (Mischna, Peah 1). In einem stilisierten Testament des 11. Jahrhunderts, das unter dem Namen des Elieser ben Isaak überliefert ist, heißt es dann:

> *»Den Kranken besuche, zeige ihm ein heiteres Gesicht, belästige ihn aber nicht. Die Trauernden tröste, weine über die Frommen, und du wirst nicht nötig haben, den Tod deiner Kinder zu beweinen. Ehre den Armen durch geheime Gabe, sieh ihn nicht an wenn er an deinem Tisch isst, sei nicht taub gegen sein Flehen, auf dass Gott dein Flehen erhöre.«*[3]

Hier liegt der Akzent auf dem Vermögen, das *Zedaka* für die kommende Welt bereithält; freilich wird hier kein eigentlicher Gewinn in Aussicht gestellt, sondern nur Anhörung in Momenten nicht weiter bezeichneter Nöte. Etwas anders gesetzt ist der Akzent im *Sefer Chassidim*, der dem Regensburger Juda ben Samuel ha-Chassid (ca. 1150–1217) und seinem Kreis der »Frommen von Aschkenas« (*Chassidei Aschkenas*) zugeschrieben wird. Da heißt es: »Ein Mensch, hat er noch so viel Thora gelernt, hat aber keine entsprechenden Taten aufzuweisen, gleicht einem, der die Schlüssel zu den inneren Gemächern, nicht aber die zu den äußeren besitzt – wie will er in die Schatzkammer gelangen?«[4] Ist hier das soziale Handeln gerade einmal Voraussetzung für den Zugang zur Tora, so erscheint es anderweitig wieder deutlicher mit einem darüber hinausgehenden Zweck ausgestattet.

KONZEPTE UND PRAXIS DER ZEDAKA

Um das Wesen von *Zedaka* in geschichtlicher wie gegenwärtiger Perspektive verständlich zu beschreiben, werden gerne die »acht Stufen des Gebens« des im hohen Mittelalter wirkenden Arztes und Philosophen Rabbi Mosche ben Maimon (Maimonides oder mit dem Akronym aus dem hebräischen Namen Rambam) zitiert. Er lebte von ca. 1135 bis 1204 und wirkte erst in Spanien, dann in Ägypten. In seinen *Mischne Thora* heißt es, die unterste Stufe sei das Geben in Unfreundlichkeit, die nächste das freundliche, aber nicht ausreichende Geben. Geben, nachdem man gebeten wird, und Geben, bevor man gebeten wird, bezeichnen die nächsten Stufen, darauf folgen zwei, die vom wechselseitigen (Nicht-)Kennen von Empfänger und Geber handeln; als höchste schließlich zwei, die besondere Aufmerksamkeit verdienen: In der siebenten Stufe wissen weder der Empfänger noch der Geber voneinander, jede persönliche Beziehung und damit alle daraus folgenden wechselseitigen Verpflichtungen sind ausgeschlossen. Als höchste Stufe wird, selbstverständlich unter Bedingung der zuvor reklamierten Anonymität, ein Handeln definiert, das dem Bedürftigen die Möglichkeit gibt, sich selbstständig zu ernähren.[5]

Natürlich lässt sich einwenden, dass Maimonides allenfalls als Repräsentant seines judeo-arabischen Wirkungskreises gelten könne, wo doch seine Werke nur mit großer Verzögerung von den Juden des Nordens rezipiert wurden und er ob seines konsequenten Rationalismus hier wie dort lange Zeit höchst umstritten war. Man darf den komplexen »Maimonidesstreit«, der bis heute manche Gemüter bewegen kann, hier aber vernachlässigen. Denn der Rambam definierte mit seinem Acht-Stufen-Modell keine neuen Prinzipien der *Zedaka*, sondern bildete lediglich eine Praxis ab, die zwischen Nord und Süd kaum verschieden war. Im Grund systematisierte sein Stufenmodell das durch die Tradition etablierte Verständnis jüdischer Wohltätigkeit, dessen Ausrichtung auf der achten Stufe als »Hilfe zur Selbsthilfe« beschrieben wurde. Nun muss man nicht bei der Feststellung der Ideengleichheit zwischen jüdischer Tradition und modernen Entwicklungskonzepten stehen bleiben. Denn was in modernen, bis heute oft noch patriarchalisch angelegten Konzepten der Anleitung zur Selbstständigkeit gerne aus dem Blick gerät, ist ein Moment, das für die jüdische Tradition ganz zentral ist: die Würde des Empfängers. Nicht nur, dass man den Armen durch »geheime Gabe ehren« sollte: »Sieh ihn nicht an, wenn er an deinem Tisch isst«, heißt es im Testament des Elieser ben Isaak.[6] *Zedaka* fordert die unbedingte Achtung des Mittellosen ein, eine vielleicht oft genug schwere Prüfung, und sichert seine Position.

Während des Mittelalters waren Institutionen und Instrumentarien der *Zedaka* noch wesentlich Gemeindeaufgaben und so verfügte die Gemeinde ihrerseits gegebenenfalls über Zwangsmittel, den Einzelnen zur Leistung seines Beitrags anzuhalten. In den Gemeindestatuten, die die Überlieferung R. Gerschom ben Jehuda (gest. 1035) zuschreibt und die sicherlich nicht später als im 12. oder 13. Jahrhundert entstanden sind, heißt es ausdrücklich, gegen einen mit Zustimmung der Mehrheit gefassten Beschluss der Gemeindeoberen zur Unterstützung der Armen dürfe ein Einzelmitglied nicht vor Gericht ziehen. Dass die Akzeptanz quasi verordneter und im Umlageverfahren geübter *Zedaka* hier wie ein Testfeld für die Durchsetzungsfähigkeit der innerjüdischen Obrigkeit erscheint, war womöglich intendiert, zumal wenn es weiter heißt: »Denn alles hängt von den besten Männern der Stadt ab.«[7] Die Dinge änderten sich spätestens ab dem ausgehenden 16. Jahrhundert, aber nur in institutioneller Hinsicht: Jetzt traten zunehmend freiwillige religiös-soziale Vereinigungen, *Chevrot*, hinzu.

Wo Juden nur geduldet waren und über keine anerkannten Körperschaftsrechte verfügten, füllten solche Vereinigungen selbst Gemeindefunktionen aus und regelten neben der traditionellen Wohltätigkeit auch andere Bereiche wie den Unterhalt von Bethäusern, die Bestallung von Rabbinern, die Sicherstellung der Nahrungsversorgung und anderes mehr. Auch in körperschaftlich verfassten Gemeinden bestanden oft mehrere *Chevrot* mit getrennten Tätigkeitsbereichen nebeneinander, von der Brautausstattung über die Mildtätigkeit und die Krankenpflege einschließlich des Betriebs von Hospitälern bis hin zur Totenpflege und den Unterhalt des Friedhofs; in Rom sollen in der ersten Hälfte des 18. Jahrhunderts bei 6.000 bis 7.000 jüdischen Einwohnern sogar dreißig solcher Vereine bestanden haben.

Wurde damit in der Breite ein oft umfassendes Netz sozialer Sicherung bereitgestellt, so definierten die *Chevrot* zugleich die Gemeindeelite und gliederten sie. Dass die Führungen von Gemeinde und *Chevrot* in vielen Positionen identisch besetzt waren, lässt sich leicht erkennen, ist aber mehr als nur ein Kennungsmal von Elitebildung; die *Chevrot* fungierten hier erkennbar als Instrument sozialer Steuerung und belegen die zuvor schon beobachtete, jetzt noch verfeinerte Verbindung von *Zedaka* und Gemeindehierarchie: die Beschränkung der Mitgliederzahl sowie die hohen Anforderungen, die gleichermaßen an Vermögen und Lebenswandel einschließlich solider Verheiratung künftiger Mitglieder gestellt wurden, oder die langjährige Tätigkeit in der *Chevra* selbst als Zugangsvoraussetzung zum Vorstand. All das, oft verbunden mit explizitem Ausschluss verwandtschaftlicher Beziehungen der Mitglieder untereinander, sicherte den örtlichen Eliten neben Exklusivität zugleich die nötige Breite in ihrer Aufstellung und wirkte im Binnenraum subtil differenzierend.[8]

Gemeindeführung und Wohltätigkeit waren so strukturell verwoben; damit war Wohltätigkeit keine Angelegenheit am Rand des Gemeindelebens, sondern in dessen Zentrum angesiedelt. Diese enge Verbindung dürfte auch erklären, warum die Führungen der Gemeinden und ihre Mitglieder sich im 18. und 19. Jahrhundert auf besondere Weise für die anstehenden Modernisierungsprozesse und ihre Anforderungen vorbereitet zeigten. Es wäre demnach auch zu wenig, das wohltäterische Verhalten vieler Juden nach innen wie nach außen einfach nur dem Kalkül auf sozialen Aufstieg und Akzeptanz innerhalb der Gemeinschaft wie in der Gesamtgesellschaft zuzuschreiben. Denn ebenso deutlich spiegelt sich hier auch die Umsetzung einer traditionell eingehegten Selbstverständlichkeit unter den Bedingungen der Moderne. Man kann noch weiter gehen. Bürgerlich-philanthropisches Handeln und jüdische *Zedaka* waren als Handlungsweisen kongruent oder wiesen doch zumindest große Schnittmengen auf, nach außen als adäquater Habitus zur Gewinnung von Respekt in einer vielfach reservierten oder auch ablehnenden Umwelt, nach innen hinein als noch immer originär jüdisches Handeln. Es erlaubte selbst denen, die in Distanz zu Religion und Ritual lebten, vollkommen bürgerlich zu leben und noch immer jüdisch zu handeln.

1 Tsvi Marx, Priorities in Zedakah and Their Implications, in: Judaism 28, 1979, S. 80–89; Jonathan Sacks, Wohlstand und Armut. Eine jüdische Analyse, in: Georg Heuberger/Paul Spiegel (Hg.), Zedaka. Jüdische Sozialarbeit im Wandel der Zeit. 75 Jahre Zentralwohlfahrtsstelle der Juden in Deutschland 1917–1992, Frankfurt am Main 1992, S. 14–29; Nachum Amsel, Tzedakah – More than Charity, in: ders. (Hg.), The Jewish Encyclopedia of Moral and Ethical Issues, Northvale 1996, S. 297–302.
2 Michael Toch, Die Juden im mittelalterlichen Reich (Enzyklopädie deutscher Geschichte, Bd. 44), München 1998, S. 20.
3 Aus dem Testament des Elieser ben Isaak, Worms, 11. Jh., Übersetzung Moritz Güdemann, Quellenschriften zur Geschichte des Unterrichts und der Erziehung bei den deutschen Juden von den ältesten Zeiten bis auf Mendelssohn, Berlin 1891 (Neudruck Amsterdam 1968), S. 4.
4 Sefer Chassidim Paragraf 13, deutsche Übers. nach Abraham Sulzbach, Bilder aus der jüdischen Vergangenheit. Ein Quellenbuch, Frankfurt am Main 1923, S. 7.
5 Maimonides, Mischne Tora: Sefer Zeraim, Hilchot Matenot Ani'im 10.
6 Wie Anm. 3.
7 Hiltrud Wallenborn u. a. (Hg.), Juden in Europa. Ihre Geschichte in Quellen, Darmstadt 2001, S. 153.
8 Michael A. Meyer, Deutsch-Jüdische Geschichte in der Neuzeit, München 1996, Bd. 1, S. 166ff.; Andreas Reinke, Judentum und Wohlfahrtspflege in Deutschland. Das jüdische Krankenhaus in Breslau 1726–1944, Hannover 1999, S. 20f. u. 33ff.

»WER HEUT ZU TAGE NICHT REICH IST, IST ARM — DAS IST SCHON EIN FLUCH, DER AUF UNS RUHET« DIE ENTWICKLUNG DES JÜDISCHEN WOHLFAHRTSWESENS IN DEUTSCHLAND SEIT DEM 17. JAHRHUNDERT

Derek J. Penslar

Das Zitat im Titel dieses Aufsatzes entstammt einer Predigt des berühmten Wiener Rabbiners Isaak Noah Mannheimer (1793–1865) aus dem Jahr 1835.[1] Mannheimer verweist hier auf die sozioökonomische Schichtung der Judenheit in Mitteleuropa, die jahrhundertelang aus einer winzigen finanziellen Elite und einer großen Masse verarmter Juden bestand, darunter auch Bettler und Landstreicher. Um die Zeit, als Mannheimer seine Predigt hielt, durchlebten die Juden Mitteleuropas eine Phase der allmählichen Angleichung an das Bürgertum. Die Armut jedoch blieb die größte Herausforderung für die jüdischen Gemeinden und es oblag der jüdischen Finanz- und Handelselite, die Lasten der Armenpflege auf sich zu nehmen. Vom frühen 19. Jahrhundert bis zu ihrer fast vollständigen Vernichtung im Holocaust kümmerten sich die europäischen Juden selbst um die Armen in ihren Reihen, und dies, obwohl der moderne Staat ihnen so gut wie alle anderen Aufgaben innerhalb ihrer vormals autonomen Gemeinschaft genommen hatte. Die meisten in der Armenpflege tätigen jüdischen Aktivisten begrüßten jedoch diese Lage der Dinge, denn sie bot ihnen die Möglichkeit, einerseits die verschiedenen Einrichtungen der jüdischen Gemeinden und damit auch ihre kollektive Identität zu bewahren und andererseits zu verhindern, dass die jüdischen Armen das Ansehen der jüdischen Mittelschicht beeinträchtigten und antisemitische Regungen provozierten.

Der Wunsch, sich um die eigenen Leute selbst zu kümmern, erzeugte allerdings kein grenzenloses Mitgefühl für die jüdischen Armen. Zwischen 1815 und 1870 boten Industrialisierung und Urbanisierung den Juden in West- und Mitteleuropa neue, nie da gewesene ökonomische Chancen und viele von ihnen konnten sich einen festen Platz in der neuen merkantilen Mittelschicht sichern. Jüdische Geschäftsleute gerieten in dieser Zeit nicht nur institutionell, sondern auch ideologisch in größere Nähe zum Wirtschaftsliberalismus. Und gerade weil sie die liberalen Vorstellungen von Eigenverantwortung und Arbeitsfleiß verinnerlichten, nahmen die führenden Angehörigen der neuen jüdischen Mittelschicht eine rigide Haltung gegenüber den jüdischen Armen ein. Aus Sorge, jüdische Hausierer und Landstreicher könnten ihren neu erworbenen sozialen Status gefährden, bemühten sich Aktivisten in den jüdischen Gemeinden das Betteln zu unterbinden und die Armenpflege zu rationalisieren. Führende Gemeindemitglieder, die selbst Kaufleute waren, stürzten sich in philanthropische Projekte, die jungen Juden eine Ausbildung im Handwerk oder in der Landwirtschaft verschaffen sollten – also auf Berufsfeldern, die traditionell als Inbegriff produktiver Arbeit galten, wenngleich sie im Zeitalter der Industrialisierung einen Niedergang erlebten. Vor allem in Deutschland, wo Bürgerrechte von einer sozioökonomischen »Selbsterneuerung« der Juden abhängig gemacht wurden, verinnerlichten prominente Juden die Kritik der Aufklärung an den jüdischen Armen, deren Lage als ein spezifisch jüdisches Problem angesehen wurde, das nach drastischen Maßnahmen verlangte.

Das Ethos der jüdischen Philanthropie um die Mitte des 19. Jahrhunderts war streng, bisweilen sogar hart, zugleich aber auch optimistisch, denn es wurzelte in der liberalen Vorstellung von der Kraft des Individuums zur moralischen und damit auch wirtschaftlichen Verbesserung aus eigener Kraft. Gegen Ende des Jahrhunderts jedoch wurde die jüdische Philanthropie von dem Gefühl einer tiefen sozioökonomischen Krise erfasst. Die Ursache hierfür war ein bösartiger Antisemitismus, der die jüdischen Eliten zur Übernahme der Vorstellung veranlasste, es gebe so etwas wie eine »jüdische soziale Frage«; eine Frage, die sich angeblich im Hinblick auf einen Handel, der von Juden überlaufen sei, ebenso stellte wie in Hinsicht auf den massenhaften Zustrom armer Juden von Ost- nach Westeuropa. Bis etwa 1870 hatte sich die Selbstkritik der Juden in ökonomischen Fragen auf die Armen beschränkt. Die »jüdische soziale Frage« jedoch sollte nun alle Juden betreffen, denn auch wohlhabende Juden litten angeblich psychisch unter den Belastungen des modernen Großstadtlebens. Wie schon zu Beginn des 19. Jahrhunderts wurde auch diese jüdische Selbstkritik mit besonderem Nachdruck in den deutschsprachigen Ländern artikuliert. Ähnlich verhielt es sich dann um die Zeit der Jahrhundertwende, als die Führung innerhalb der jüdischen Gemeinden von Bankiers und Geschäftsleuten auf hoch qualifizierte Freiberufler, etwa Juristen, Ärzte und Wissenschaftler, überging. Wie auch in anderen europäischen Staaten und Städten wurde die entstehende jüdische Sozialpolitik nun immer mehr von Fachleuten formuliert. Angeregt von dem enormen Wachstum staatlich finanzierter sozialer Wohlfahrtsdienste in Mitteleuropa, formte diese neue Elite aus der jüdischen Selbsthilfe eine umfassende Sozialpolitik. Obwohl die Zusammensetzung der jüdischen Führungseliten und ihre Anschauungen sich veränderten und obgleich Armut mit der Zeit immer weniger als moralisches Versagen von Individuen, sondern vor allem als ein Versagen der ganzen Gesellschaft angesehen wurde, kümmerten sich Juden – motiviert von einer Mischung aus Mitgefühl, Solidarität, Paternalismus und Furcht vor antisemitischen Regungen – weiterhin selbst um die Armen in ihren Reihen.

Im Mittelalter und in der frühen Neuzeit trafen jüdische Gemeinden immer wieder Vorkehrungen zur Beschränkung der allgemeinen Wohltätigkeit, um auf diese Weise den zwischen den jüdischen Gemeinden Europas ständig zirkulierenden Strom von Bettlern und Landstreichern unter Kontrolle zu halten. So schreibt der christliche Hebraist Johann Buxtorf der Ältere (1564–

1629) im Jahr 1603, die jüdischen Gemeinden in Deutschland erteilten jüdischen Landfahrern zeitlich begrenzte Genehmigungen zum Betteln an den Haustüren. »Wann arme Juden über Feld reisen, und bey andern einkehren, seynd sie gemeiniglich ein Tag oder zwey gastfrey, man siehet aber nicht gern, daß sie lang an einen Orth verbleiben, darum sie in ihren Stuben schreiben: *Bejóm rischon orach, Bejom schéni thórach, Bejom schelischi barach* oder *sarach*: Am ersten Tag ein Gast, am andern Tag ein Last, am dritten Tag ein Flüchtiger oder Stinckender.«[2] In jüdischen Gemeindeverordnungen des 17. Jahrhunderts aus Polen, Mähren und den Niederlanden gelten jüdische Arme als »gefährliche Leute« und werden mit »Vagabunden, nutzlosen Leuten und Mordgesindel« in Verbindung gebracht. Die neue sephardische Gemeinde in Amsterdam wollte sich vor armen Aschkenasim schützen, denen ihrer Auffassung nach »Sitten und Gebräuche des Judentums fremd« seien. Zugleich aber nutzte sie die Chance, sich durch Armenpflege ihrer kollektiven Macht und Identität zu vergewissern. Damit nahmen die Sephardim spätere Entwicklungen in Europa und Nordamerika vorweg, wo philanthropische Bemühungen zu einer wesentlichen Quelle moderner jüdischer Identität werden sollten.

Im späten 18. und frühen 19. Jahrhundert gab es unter den führenden Leuten innerhalb der jüdischen Gemeinden West- und Mitteleuropas eine tiefe Spaltung zwischen Befürwortern eines, wie man sagen könnte, traditionellen und eines progressiven Ansatzes beim Umgang mit der Armut und in der Armenpflege. Manche wohlhabende Juden hielten an der ehrwürdigen Praxis fest, jedem, der darum bat, ein Almosen zu geben. In ihren Augen waren die Armen bedürftige, ins Unglück geratene Menschen und Wohltätigkeit war ein göttliches Gebot, dessen Erfüllung letztlich auch dem gottesfürchtigen, großzügigen Spender zugutekam. Aber immer mehr Vorsteher jüdischer Gemeinden machten sich eine Vorstellung zu eigen, die zuerst die Aufklärung entwickelt hatte und die sie dann an den Liberalismus des 19. Jahrhunderts weiterreichte; dass nämlich ein Zusammenhang zwischen Armut und Unmoral bestehe und Wohltätigkeit deshalb das Ziel haben müsse, die Armen dahin zu bringen, produktive Arbeit zu leisten. David Friedländer (1750–1834), ein reicher Kaufmann, Führer der jüdischen Gemeinde von Berlin und radikaler »Maskil«, also Anhänger der jüdischen Aufklärung oder »Haskala«, plädierte 1793 dafür, dass »sowohl alle fremde einwandernde Bettler, als fremde Kranke, schon an den Grenzen des Preuß.[ischen] Staats durch die kräftigsten Mittel zurückgehalten werden«.[3] Fünfzehn Jahre später verlangte der Ältestenrat der Berliner jüdischen Gemeinde, die Stadtpolizei solle arme, schwangere und unverheiratete jüdische Frauen aus der Stadt fernhalten. Friedländer ging so weit, den unehelichen Kindern armer Juden eine aus Spenden finanzierte religiöse Erziehung zu verweigern; aber die orthodoxen Juden, die die Talmudschule leiteten, weigerten sich, die Namen der Nutznießer ihrer Dienste herauszugeben.

Das Bestreben, die Armenpflege rationaler und effizienter zu organisieren, verbreitete sich im frühen 19. Jahrhundert überall in Europa und ging von der Vorstellung aus, die Armen seien im Wesentlichen dreiste Bettler und raffinierte Betrüger, ein »Krebsgeschwür« (wie ein jüdischer Journalist schrieb), das eine radikale Behandlung erforderte. In diesem Sinn veröffentlichte die führende jüdische Zeitung in Deutschland, die *Allgemeine Zeitung des Judenthums*, 1840 einen Vorschlag zur Errichtung von »Industrieschulen«, in deren Erziehungsprogramm sich eine streng militärische Disziplin mit spartanischer Lebensweise und harter Arbeit verbinden sollte. Diese Schulen sollten Schüler schon ab dem fünften Lebensjahr aufnehmen. Der Unterricht sollte vierzehn Stunden am Tag dauern und die Kinder ein nützliches Gewerbe lehren. Diese an Charles Dickens erinnernde Vision wurde zwar nie verwirklicht, aber der Umgang mit jüdischen Armen in Deutschland war bisweilen tatsächlich sehr hart. Im Süddeutschland der Vormärzzeit, wo viele Juden in Armut lebten und ein ständiges Wohnrecht in Städten nur schwer zu erlangen war, wurden die Vorurteile bürgerlicher Juden gegenüber den Armen durch deren verzweifelte ökonomische Lage noch verschärft. Ab etwa 1820 und bis zur Einigung des Deutschen Reiches wurden in Fürth jüdische Arme von der gemeindlichen Wohlfahrtspflege in das allgemeine Arbeitshaus geschickt, wo es weder koscheres Essen noch Sabbatruhe gab. Um arme Juden am Kinderkriegen zu hindern, verbot die Jüdische Gemeinde Fürth Ehen, wenn sie der Meinung war, der Bräutigam sei nicht imstande, eine Familie zu ernähren; außerdem verbannte sie schwangere, unverheiratete Frauen aus der Stadt und nahm uneheliche Kinder nicht im Waisenhaus der Gemeinde auf.

Die Rationalisierung der jüdischen Armenpflege hatte aber auch positive Aspekte. Der vielleicht wichtigste war die Zentralisierung der Armenpflege in städtischen Kommissionen. Ende der Dreißigerjahre des 19. Jahrhunderts gab es solche Kommissionen in London, Paris, Wien, Amsterdam und Berlin. Die Berliner Armenkommission prüfte die Hilfesuchenden auf ihre Bedürftigkeit, trennte die arbeitsfähigen von den invaliden Armen und beschaffte nach Möglichkeit allen, die dafür infrage kamen, eine Erwerbstätigkeit – oft in der Heimindustrie, wobei die Kommission auch das Arbeitsmaterial zur Verfügung stellte, oder in der Gemeindewäscherei. Die Finanzierung von Wäschereien und Heimindustrie verschlang erhebliche Beträge. So zahlten zum Beispiel in Hamburg die ortsansässigen Juden eine hohe Armensteuer, aus der Tausenden Not leidender jüdischer Handwerker Darlehen gewährt werden konnten. Auch wenn in einzelnen Gebieten (etwa in Süddeutschland) die Armut groß blieb, erlebten die Juden im Deutschland der Vormärzzeit eine Phase der Angleichung ihrer materiellen Lage an das Bürgertum. Die gewaltige Kluft zwischen einer Handvoll sehr reicher Hoffaktoren und der großen Masse, die im 18. Jahrhundert bestanden hatte, verringerte sich und der allgemeine Wohlstand der jüdischen Gemeinschaft nahm zu. Dieser wachsende Reichtum der Juden in Deutschland und die fortdauernde Armut in ihrer Mitte trieben während des 19. Jahrhunderts überall in Deutschland die jüdische Philanthropie voran.

Die Verbürgerlichung der deutschen Juden förderte die Ausbildung ähnlicher philanthropischer Regungen, wie es sie im christlichen Bürgertum gab. Dabei erwarteten weder Christen noch Juden Unterstützung oder Handlungsanweisungen vom Staat. Sie hielten sich vielmehr an ihre eigenen religiösen und städtischen Gemeinden sowie an eine wachsende Anzahl weitgehend selbstständiger Vereine, die einen unentbehrlichen Teil der bürgerlichen Zivilgesellschaft ausmachten. Interessanterweise waren die jüdischen Philanthropen den christlichen Pendants bei der Zentralisierung der Armenpflege und bei der Beschaffung von Erwerbsmöglichkeiten für die Arbeitsfähigen, wo immer dies möglich war, um einiges voraus. Während die jüdischen Gemeinden, wie wir gesehen haben, zentrale Armenkommissionen schon in den ersten Jahrzehnten des 19. Jahrhunderts einrichteten, setzte der gleiche Prozess in den deutschen Kommunen erst nach 1850 ein. Die christlichen Kirchen waren allerdings die Ersten, die ihre philanthropischen Einrichtungen über die Grenzen der einzelnen Staaten hinweg in ganz Deutschland miteinander verknüpften. Während die »Innere Mission«, ein Bündnis lutherischer Wohlfahrts- und Erziehungseinrichtungen, 1848 gegründet wurde, sollte es noch mehr als zwanzig Jahre dauern, bis die Juden ihre erste nationale Organisation gründeten, den »Deutsch-Israelitischen Gemeindebund« (DIGB), der das Problem der vagabundierenden Armen als eine seiner wichtigsten Aufgaben betrachtete. In den absolutistisch regierten Staaten des 18. Jahrhunderts hatten die jüdischen Gemeinden ihre gemeindeübergreifenden Beziehungen aufgegeben und das Augenmerk nach innen gelenkt. Erst mit der Herstellung der deutschen Einheit wurde es für die deutschen Juden möglich, sich auf nationaler Ebene zu organisieren, und bezeichnenderweise rückte, sobald sie dies taten, das Problem der Armenpflege auf der Tagesordnung des DIGB nach ganz oben.

Man könnte meinen, dass sich die deutschen Juden seit ihrer Verbürgerlichung und Emanzipation innerhalb der deutschen Gesellschaft hinreichend integriert fühlten, die Sorge um die jüdischen Armen den nichtjüdischen Behörden anzuvertrauen. Dies war jedoch nicht der Fall. Die Juden in Deutschland hielten an dem Vermächtnis der Zeit vor ihrer Emanzipation fest, als man ihnen den Zugang zu städtischen Wohlfahrtseinrichtungen verwehrte, obwohl auch sie Steuern für deren Unterhaltung zahlten. Viele philanthropische Einrichtungen waren direkt oder indirekt mit den Kirchen verbunden, was die jüdischen Gemeindevorsteher davon abhielt, jüdische Arme in deren Obhut zu geben. Außerdem hofften die Gemeindevorsteher, auf diese Weise die Armen dem Blick der Öffentlichkeit entziehen zu können und an ihren Brüdern die eigene Großzügigkeit und damit ihr soziales Verantwortungsbewusstsein unter Beweis stellen zu können. Auch andere Gründe kamen ins Spiel, wie ein Vorgang zeigt, der in den 1860er-Jahren in Hamburg Aufsehen erregte. Unter Protesten führender Juden übertrug der Hamburger Senat die Verantwortung für die Pflege jüdischer Armer von der jüdischen Gemeinde auf die Stadt. Die jüdi-sche Gemeinde beharrte nun darauf, eine freiwillige Zusatzsteuer zu erheben, um ihrerseits weiterhin zusätzliche philanthropische Leistungen beisteuern zu können. Auf diese Weise bewahrte sie die kollektive jüdische Identität in einer Zeit, in der die Gemeinde ihrer Autonomie beraubt worden war.

Ludwig Philippson (1811–1889), der Herausgeber der *Allgemeine[n] Zeitung des Judenthums*, hatte diese Haltung bereits 1847 grundsätzlich dargelegt, wonach der Einheit von Religion und Gesellschaft sich insbesondere in der »Verbesserung der sozialen Verhältnisse seiner Bekenner« ein ebenso schönes wie reiches Feld eröffne: »Die Mission des Judenthums ist also: nicht blos die Einheit Gottes zu lehren, sondern auch: die Einheit der Religion und der Gesellschaft, der Idee und des Lebens.« Fast dreißig Jahre später, unter den veränderten Bedingungen einer gleichberechtigten kommunalen Armenfürsorge, hielt Philippson nun ein flammendes Plädoyer gegen damalige Bestrebungen zur Beseitigung jüdischen Armenwesens. Es sei von größter Wichtigkeit, »bestehende, seit Jahrhunderten eingelebte Wohlthätigkeitsanstalten nicht um allgemeiner Schemata willen, nicht aus einem dürren Principe heraus zu beseitigen oder zum Falle zu bringen. [...]. Die religiöse Pflicht besteht noch heute, und wird noch heute von der eminenten Mehrheit der Juden tief empfunden und bethätigt. [...]. Noch heute wird vom Judenthume die Wohlthätigkeit als eine der drei großen Stützen der menschlichen Gesellschaft, der drei Säulen des menschlichen Lebens angesehen, verkündet und bestätigt.«[4] Jahrzehntelang hatte Philippson die internationalen philanthropischen Aktivitäten der Juden für Palästina als eine Quelle der Solidarität zwischen den zunehmend säkularisierten und kulturell gespaltenen Juden der westlichen Welt dargestellt. Im neu vereinten Deutschland variierte Philippson dieses Bild fortgesetzter länderübergreifender jüdischer Solidarität nun, indem er die Beibehaltung des deutsch-jüdischen Partikularismus – hier in der Form einer fortgesetzten unabhängigen Armenpflege – zur Manifestation einer universalen Wahrheit erhob.

Die universalen Wahrheiten, denen die jüdische Philanthropie dienen sollte, waren spiritueller und materieller Art, teils durch Moralvorstellungen, teils durch Nützlichkeitserwägungen bestimmt. Alle diese Aspekte verschmolzen in der Idee, aus jüdischen armen Leuten tüchtige, produktive Bürger zu machen. Gemäß den politisch-ökonomischen Vorstellungen der Aufklärung und des Liberalismus war ein produktives Individuum glücklich und nützlich zugleich. Die Frage, die die jüdischen Philanthropen dabei umtrieb, lautete, welche Art von Erwerbstätigkeit als die produktivste gelten könne. Die Anhänger der Haskala, der jüdischen Aufklärung, priesen den Handel und von den Maskilim gegründete jüdische Schulen legten besonderes Gewicht auf kaufmännische Fächer wie Mathematik, Buchhaltung, Geografie und Sprachen. Aber häufig forderten die Maskilim die jüdischen Armen auch auf, sich einer »Berufsumschichtung« vom Handel hin zum Handwerk und zur Landwirtschaft zu unterziehen. Diese scheinbar in sich widersprüchliche Position wird vor dem Hintergrund der Vorurteile von Nichtjuden plausibel, die in den Juden ein Volk von parasitären Armen und verschwörerischen Bankiers sahen. Bürgerliche jüdische Philanthropen fühlten sich verpflichtet, beide Stereotype zu entkräften. Das erste würde verschwinden, sobald aus den armen Juden ehrenwerte Handwerker und Bauern geworden waren. Und das zweite würde sich als falsch erweisen, wenn jüdische Geschäftsleute nicht nachließen, ihre Tüchtigkeit, ihre Ehrlichkeit und ihre Tugend unter Beweis zu stellen. Die philanthropischen Aktivitäten waren selbst ein Mittel, Bürgertugend zu demonstrieren, und dienten auf diese Weise beiden Zielen gleichzeitig. Die jüdischen Philanthropen wollten die Entscheidung, ob Juden sich zum Handel oder zum Handwerk hin orientieren sollten, vom Einkommensniveau der Objekte ihrer philanthropischen Bemühungen abhängig machen.

Im Jahre 1833 veröffentlichte Michael Benedict Lessing (1809–1884) eine Verteidigungsschrift unter dem Titel *Die Juden und die öffentliche Meinung im preussischen Staate*. Darin räumte er ein, dass vielen Juden nur der Handel einen Lebensunterhalt zu bieten vermöge, äußerte sich aber zugleich voller Stolz über die wachsende Anzahl jüdischer Handwerker und die Handvoll Juden, die Land gekauft hätten und es bewirtschafteten. Lessing gab zu, dass die »Berufsumschichtung« nur für die Armen infrage komme, da die Wohlhabenden ihre Karriere im Handel nicht aufgeben würden. Ähnlich äußerte sich die deutschsprachige jüdische Zeitschrift *Sulamith*, die zwischen 1806 und 1848 erschien und sich vor allem an kaufmännische Abonnenten richtete, aber dennoch den Handel oft als unproduktiv und unmoralisch attackierte. Nach einer erbitterten Schilderung der verderblichen Auswirkungen des Handels, stellte einer der Beiträger klar: »Vom gebildeten Kaufmann ist hier die Rede nicht«, und gelangte zu der folgenden aufschlussreichen Feststellung:

»*Gelehrte und Künstler werden dann bei uns die Stelle pedantischer Stutzer; Kaufleute die Stelle der vielen Kleinhändler, Handwerker die Stelle der Hausirer, Bauern die Stelle müßiger Bettler, und brave Krieger die Stelle der Müßiggänger vertreten. Dann wird mancher unter uns um so weniger nöthig haben, sich seiner orientalischen Gesichtszüge zu schämen, und wir werden unter uns keine christelnde Juden und außer uns keine jüdischen Täuflinge mehr haben.*«[5]

In dieser Darstellung gehören die wohlhabenden Kaufleute zur oberen jüdischen Gesellschaftshierarchie, deren sozial tiefer stehende Elemente, die sich einer ehrenhaften produktiven Arbeit widmen, die Bessergestellten nicht in ihrem sozialen Aufstieg behindern. Deshalb fehlte im Deutschland der Vormärzzeit in Veröffentlichungen über die Handwerkerausbildung von Juden auch selten der Hinweis, dass ihre Überlegungen im Wesentlichen für die Kinder armer Leute gedacht seien.

Im Vormärz fand die Idee der beruflichen Neuorientierung armer Juden breite Unterstützung bei Rabbinern und anderen führenden Mitgliedern jüdischer Gemeinden in ganz Mitteleuropa. Jüdische Schulen in Berlin, Hamburg und Frankfurt am Main boten handwerkliche wie kaufmännische Ausbildungsgänge an. In keiner größeren jüdischen Gemeinde in Deutschland fehlte ein »Handwerkerverein«, ein freiwilliger Zusammenschluss von jüdischen Bürgern, die jungen Lehrlingen das Lehrgeld zahlten und bisweilen auch Stipendien zur Verfügung stellten. Diese handwerkliche Ausbildung kam vor allem jüdischen Jungen zugute. Es wurden aber auch erhebliche Anstrengungen unternommen, Mädchen auf praktische Berufe vorzubereiten. Anders als bei den Jungen war eine solche Ausbildung für Mädchen allerdings nicht zwangsläufig die Grundlage einer späteren Erwerbstätigkeit. Zum einen wurden arme jüdischer Mädchen in Hauswirtschaft unterrichtet, damit sie später als Dienstmädchen arbeiten konnten. Andererseits aber diente die praktische Ausbildung jüdischen Mädchen der Mittelklasse auch zur Vorbereitung auf ihre Aufgaben als kluge, tüchtige Hausfrauen und Mütter.

Auch wenn das Projekt, aus armen jüdischen Hausierern Handwerker zu machen, ideologisch und im Hinblick auf die Abwehr antisemitischer Vorurteile stark befrachtet war, gab es dafür doch auch eine solide pragmatische Begründung. In vielen Teilen Deutschlands hing zwischen 1815 und 1848 die Erlangung der Bürgerrechte und sogar des Aufenthaltsrechts für Juden davon ab, dass sie einer Tätigkeit nachgingen, die von den Behörden als produktiv angesehen wurde. Letztlich jedoch blieb das Ziel der beruflichen Umschichtung für die Juden unerreichbar. Christliche Handwerksmeister waren selten bereit, jüdische Lehrlinge einzustellen; die Zünfte verweigerten Juden die Mitgliedschaft; vielerorts gaben die Behörden Juden nicht die Erlaubnis, berufsbildende Vereine zu gründen, gerade weil sie verhindern wollten, dass junge Juden sich zu Handwerkern ausbildeten und damit Anspruch auf Wohnrecht erhielten. Außerdem überstieg in den deutschen Staaten um die Mitte des 19. Jahrhunderts das Angebot an Handwerkern bereits die Nachfrage und die Industrialisierung trug ebenfalls dazu bei, viele handwerkliche Tätigkeiten überflüssig zu machen. Bürgerliche jüdische Philanthropen schenkten dieser die gesamte Gesellschaft betreffenden Entwicklung wenig Beachtung, aber das war bei den christlichen Philanthropen aus dem neuen Industrie- und Kaufmannsbürgertum, die sich gern mit dem alten Mittelstand der unabhängigen Handwerker und Landwirte identifizierten, nicht viel anders.

Als die Juden in Deutschland nach der Jahrhundertmitte ihre Emanzipation erlebten, gaben die jüdischen Philanthropen die Idee der Berufsumschichtung für kurze Zeit auf. Doch ganz verschwand diese Idee nicht, denn die Anforderungen an die Armenfürsorge durch die jüdischen Gemeinden blieben bestehen und wuchsen sogar noch – vor allem infolge des Zustroms verarmter und verfolgter Einwanderer aus Osteuropa, von denen zwischen 1870 und 1914 zwei Millionen Deutschland durchquerten. Nur 70.000 von ihnen blieben im Land, während es in der Donaumonarchie zu einer massiven Binnenwanderungsbewegung aus Galizien, Ungarn, Böhmen und Mähren in die großen Städte kam. Die Anzahl der jüdischen Einwohner von Wien wuchs so zwischen 1886 und 1910 um 250 Prozent.

Jüdische Philanthropen in Österreich und Deutschland waren, wie ihre britischen und französischen Weggenossen, nicht bereit, die Kosten für die jüdische Immigration nach Westeuropa zu tragen. Stattdessen taten sie alles in ihrer Macht Stehende, um diese Immigranten so schnell wie möglich auf die Dampfer in den Hafenstädten und von dort in die Neue Welt zu befördern. Die deutschen Juden waren diesem Ansturm besonders stark ausgesetzt, da die große Mehrheit der Immigranten auf ihrem Weg nach Westen Deutschland durchquerte. Im Jahr 1881 wurden überall im Reich Hilfskomitees gegründet, und als die Immigration 1891 einen neuen Höhepunkt erreichte, gründete man in Berlin eine Konföderation von Hilfskomitees. Ein weiterer Versuch, die Hilfe für die Immigranten zu zentralisieren, war die 1901 erfolgte Gründung des »Hilfsvereins der deutschen Juden« und drei Jahre später des »Zentralbureaus für jüdische Auswanderungsangelegenheiten«, das vom Generalsekretär des Hilfsvereins Bernhard Kahn geleitet wurde. Obwohl der Hilfsverein zwischen

1904 und 1907 mehr als eine Million Mark aufwendete, leistete er nur weniger als einem Zehntel der 540.000 Juden, die in dieser Zeit aus Osteuropa in die Vereinigten Staaten gingen, greifbare Hilfe. Das österreichische Pendant zum Hilfsverein, die »Israelitische Allianz zu Wien«, verfügte über sehr viel geringere Mittel und trug infolgedessen noch weniger zur Bewältigung des Zuwandererstroms bei.

Außerstande, die Massenimmigration zu verlangsamen oder zu lenken, begnügten sich die jüdischen Philanthropen dafür zu sorgen, dass jene Neuankömmlinge, die blieben, nicht der Allgemeinheit zur Last fielen, sondern den Weg in eine produktive Beschäftigung fanden. In Deutschland fiel diese Aufgabe der »Zentralstelle für die jüdische Wanderarmenfürsorge« zu, die 1910 vom DIGB, dem Hilfsverein, dem Verband »B'nai B'rith« und der »Alliance Israélite Universelle« gegründet wurde. Interessanterweise reichte das Tätigkeitsfeld dieser Organisation weit über die Immigranten hinaus und umfasste auch alle jüdischen »Wanderarmen« in Deutschland, gleichgültig, woher sie kamen. Russische und galizische Juden dominierten hier zwar, aber viele arbeitsuchende Antragsteller waren deutsche Staatsbürger, sogenannte Reichsdeutsche, sowie Juden aus Böhmen und Ungarn.

Während sich der Hilfsverein darauf konzentrierte, Juden durch Deutschland zu schleusen und anderswohin zu befördern, kümmerte sich die Zentralstelle darum, den Juden im Land eine solidere Existenzgrundlage zu verschaffen. Ähnliche Ziele verfolgte überall im Reich ein dichtes Netz sozialer Dienste, die von den jüdischen Gemeinden eingerichtet wurden und, bezogen auf den einzelnen Hilfsbedürftigen, eine weit größere Hilfe leisteten als die städtischen oder kirchlichen Wohlfahrtseinrichtungen. In Berlin und Hamburg wuchsen die Ausgaben der jüdischen Armenpflege gegen Ende des Jahrhunderts ständig und in Wien, dessen jüdische Bevölkerung, wie erwähnt, zwischen 1886 und 1910 um 250 Prozent zunahm, wuchs das Budget der jüdischen Gemeinde für die Armenpflege um das Siebenfache. Bis 1910 brachte das jüdische Krankenhaus für die Pflege bedürftiger Armer so viel auf wie die siebzehn anderen Krankenhäuser der Stadt zusammen. In den jüdischen Waisenhäusern von Wien waren die Ausgaben pro Kind doppelt so hoch wie in den städtischen und staatlichen Waisenhäusern. In Deutschland vervierfachte sich zwischen 1889 und 1913 die Anzahl der jüdischen Krankenhäuser, Altenheime und Waisenhäuser.

Die Wandlungen innerhalb der jüdischen Philanthropie im deutschen Kulturraum waren qualitativer und quantitativer Art. Juden sahen, ähnlich wie die Christen, in der Armut immer weniger ein Zeichen von moralischer Schwäche, sondern vor allem das unvermeidliche Resultat struktureller Defekte innerhalb der kapitalistischen Gesellschaft. Unter dem Begriff »Sozialfürsorge« entstand ein umfassender Komplex sozialer Präventions- und Unterstützungsprogramme, zu denen auch medizinische Dienste, subventionierter Wohnraum und Kinderbetreuung gehörten – wohlunterschieden von der älteren »Wohltätigkeit«, die man eher mit punktuellen Reformen in Verbindung brachte. In ganz Europa wurde die Wohlfahrtsarbeit zu einem Aufgabenbereich der öffentlichen Verwaltung, um den sich nun in wachsendem Maß bezahlte Beamte mit technischem Sachverstand kümmerten. Die Sozialarbeit verlor den Charakter eines von engagierten Bürgern freiwillig geleisteten Dienstes und wurde zum Beruf. Im Zuge ihrer Professionalisierung erlangten medizinische Aspekte innerhalb der sozialen Wohlfahrtsarbeit immer größere Bedeutung. Paradoxerweise bezogen sich die Befürchtungen der sozialen Aktivisten sowohl auf eine von den Arbeitermassen ausgelöste soziale Revolution wie auf eine demografische Katastrophe infolge sinkender Geburtenraten. Zu Beginn des 19. Jahrhunderts hatte der Albtraum der Übervölkerung die Philanthropen veranlasst, ihre Hilfe so sparsam wie möglich zu gestalten. Nun hingegen führte die Angst vor einem Bevölkerungsschwund zu einer wahren Explosion von Initiativen im öffentlichen Gesundheitswesen – Hilfe im Haushalt für junge Mütter und Kliniken für ihre Babys, Tagesheime und Sommerlager für gefährdete Kinder.

Unter den führenden deutschen und österreichischen Juden gab es viele Ärzte, und die biologische Sprache, die gegen Ende des 19. Jahrhunderts immer stärker in das bürgerliche Denken und Empfinden vordrang, befeuerte auch die Debatten über die Mobilisierung von jüdischem Kapital und jüdischem Sachverstand zur Bewältigung der Krise des osteuropäischen Judentums. Vor dem Ersten Weltkrieg waren philanthropisch gesinnte jüdische Ärzte vor allem unbezahlte Verbandsfunktionäre oder freie Publizisten und nicht, wie in den städtischen Verwaltungen, bezahlte Beamte; aber in ihren Anschauungen ähnelten beide Gruppen einander. Die Biologisierung der Sozialpolitik, die Zunahme des politischen Antisemitismus ab etwa 1880 und die extreme Armut der osteuropäischen Juden ließen den alten innerjüdischen Diskurs über das ökonomische Fehlverhalten der Juden wieder aufleben, allerdings mit neuer Akzentuierung.

Dieser neue Diskurs trat im deutschen Zweig des internationalen Ordens B'nai B'rith deutlich zutage. Nach 1890 bezeichnete eine Gruppe von Mitgliedern, die vor allem aus Ärzten und Anwälten bestand, die organisierte Sozialarbeit als den eigentlichen Kern der Ordensaktivitäten. Der Vorsitzende der deutschen Großloge, Louis Maretzki, war Arzt und beschrieb das deutsche Judentum als einen »Volkskörper«, dessen Überleben vor allem durch die Armut der Juden und deren mangelhafte Verwurzelung in der produzierenden Wirtschaft bedroht sei. Weibliche Aktivistinnen, unter denen Bertha Pappenheim die bekannteste war, hegten ebenfalls darwinistische Vorstellungen von einem Kampf um das Überleben des Judentums. Das verbreitete Gefühl, bedroht zu sein und in einem Kampf zu stehen, war eine starke Quelle moderner jüdischer Identität – einer Identität, die sich übrigens eher in einer regen Beteiligung am jüdischen Vereinsleben als in der Religionsausübung oder in philosophischen Grübeleien Ausdruck verschaffte.

Der Korpsgeist, den deutsch-jüdische Aktivisten hier an den Tag legten, war eine natürliche Reaktion auf die Millionen verarmter Juden in Osteuropa, die in den Ländern, wo sie lebten, nicht willkommen waren und in ihrer Gesamtheit eine jüdische Variante der sogenannten sozialen Frage darstellten, die das Bürgertum der westlichen Welt um die Jahrhundertwende mit großer Besorgnis erfüllte. Allerdings wies die »jüdische soziale Frage« einige spezifische Merkmale auf.

Die deutsch-jüdischen Philanthropen sahen in den einwandernden Juden eine schwer zu bändigende, chaotische Menschenmasse, die eher dem Pöbel der Vormärzzeit glich als dem organisierten Industrieproletariat des ausgehenden 19. Jahrhunderts. Während des Zweiten Reiches neigten jüdische Philanthropen nicht dazu, die Armen in ihrer Obhut als Bedrohung oder als einen Stoßtrupp des Sozialismus wahrzunehmen. Gewiss, Anspielungen auf den Klassenkampf findet man auch in der jüdischen Presse Westeuropas. Louis Maretzki zum Beispiel behauptete, dank des Wirkens von B'nai B'rith werde »die Kluft, die zwischen den Besitzenden und Besitzlosen, zwischen den Gebildeten und Ungebildeten besteht, allmählich ausgefüllt. [...] Es spinnen sich zarte Fäden von den Niedrigen zu den Hohen, von den Wohlhabenden zu den Armen«, und das »Gemüt der Mühseligen« werde gehoben und gestärkt, wenn sie sähen, dass ein Gemeinschaftsgefühl sich in gutem Willen und Menschenfreundlichkeit Ausdruck verschafft.[6] Maretzki stellt hier aber nicht Bürger und Proletarier, sondern wohlhabende und arme Juden einander gegenüber. Außerdem zielte die jüdische Philanthropie vor allem auf die Schaffung einer robusten Mittelschicht von Händlern und Handwerkern, während der christlichen Philanthropie vor allem an einer Befriedung der Arbeiterklasse gelegen war.

Wie schon in der Vormärzzeit widmete sich die deutsch-jüdische Philanthropie ab etwa 1880 der Förderung der beruflichen Bildung. Im Jahr 1882 nahm der DIGB die Ausbildung in handwerklichen, landwirtschaftlichen und technischen Berufen in die offizielle Liste seiner Aufgaben auf. Überall in Deutschland entstanden jüdische Berufsbildungsvereine. Zwischen 1889 und 1913 stieg ihre Anzahl von 31 auf 129. Im Jahr 1902 gründete der DIGB in Weißensee bei Berlin eine Arbeiterkolonie. Dort erhielten jüdische Landfahrer und ehemalige Strafgefangene im Lauf von dreimonatigen Lehrgängen eine Berufsausbildung. Obwohl sich die Kolonie hauptsächlich um eine Klientel von eingewanderten Juden kümmerte, stellte der DIGB sie als eine Hilfseinrichtung für alle Juden auf deutschem Staatsgebiet dar. Auch die neuen Berufsbildungsvereine in Deutschland präsentierten sich nicht als Organisationen, die sich vor allem um Juden aus Osteuropa bemühten. Die ab 1893 bestehende jüdische Gartenbauschule in Ahlem bei Hannover und der 1897 gegründete landesweite »Verein für die Beförderung der Bodenkultur unter den Juden in Deutschland« richteten sich mit ihren Bemühungen ausdrücklich an deutsche Juden und behaupteten, die Einwanderer aus Osteuropa hätten die schon vorher bestehende »jüdische soziale Frage« nur verschärft.

Nach Auffassung der Befürworter einer Berufsumschichtung im wilhelminischen Deutschland betraf die »jüdische soziale Frage« deutsche Juden und ihre osteuropäischen Brüder gleichermaßen und bürgerliche Juden ebenso wie die Mittellosen unter ihnen. Die Rhetorik der jüdischen Philanthropie glich einem Punkt auf einem Möbius-Band, der bruchlos von einer Seite auf die andere dieses Bandes wechselte. Juden im »Ansiedlungsrayon« im Westen des Russischen Reiches, durchreisende und nach Deutschland einwandernde Juden, die dem Deutschen Reich angehörenden »Ostjuden« in Posen und schließlich die Juden in Deutschland selbst wurden, unabhängig von ihrer Herkunft, zum Gegenstand einer Kritik, die jederzeit auch in Selbstkritik umschlagen konnte.

In Dutzenden von Veröffentlichungen nach der Jahrhundertwende behaupteten jüdische Aktivisten des DIGB, des B'nai B'rith und der jüdischen Gemeinden im ganzen Reich, die Konzentration erwerbstätiger Juden im Handel und in den freien Berufen sei schädlich. Der Handel sei überlaufen und von einer brutalen Konkurrenz geprägt und biete langfristig wenig wirtschaftliche Sicherheit. In Deutschland wimmele es von unbeschäftigten Ärzten, Anwälten und Gelehrten. Die klerikale Arbeit biete nur geringe Entlohnung und sei obendrein eintönig. Diese rein ökonomische Kritik verschränkte sich fast immer mit psychologischen und medizinischen Thesen: Juden fehle es an handwerklichem Geschick und Selbstvertrauen; sie seien zu reizbar und zu nervös; die Anzahl der Selbstmorde und der psychischen Erkrankungen sei bei ihnen unverhältnismäßig hoch. Und schließlich seien Juden verweichlicht, verwöhnt und allen Aktivitäten in frischer Luft und unter freiem Himmel abgeneigt.

Diese Äußerungen stammen nicht etwa von verdrossenen Juden an den Rändern der jüdischen Gesellschaft. Sie kamen von engagierten Aktivisten, etwa von Louis Maretzki oder vom Vorsitzenden des DIGB Samuel Kristeller, von dem Fabrikanten Marcus Adler, von dem orthodoxen Arzt Arthur Kahn oder von Julius Moses, einem Arzt, der vor allem als Reichstagsabgeordneter der SPD und Initiator von Projekten zur öffentlichen Gesundheitsvorsorge in der Weimarer Republik bekannt wurde. Der wichtigste Schutzverband der deutschen Juden, der »Centralverein deutscher Staatsbürger jüdischen Glaubens«, setzte sich für die Wiederbesiedlung der deutschen Ostprovinzen mit Juden ein. Der Verein unterstützte ein jüdisches Kolonisierungsprogramm, das Juden im Osten ansiedeln sollte, wo sie dann als Landwirte und Handwerker arbeiten würden. Solche Ideen von einer Rückkehr zur Scholle, von Umsiedlung und nationaler Wiedergeburt verbindet man normalerweise mit dem zionistischen Streben nach einer autonomen jüdischen Volkswirtschaft und einer Erneuerung der jüdischen Kultur. Aber die deutsch-jüdische Landwirtschaftsbewegung der Zeit um die Jahrhundertwende entwickelte sich getrennt vom Zionismus und neben ihm. Tatsächlich lernten einige der bedeutendsten deutschen Vorkämpfer des Zionismus, etwa Max Bodenheimer und Franz Oppenheimer, die Landwirtschaftsbewegung zuerst bei den deutsch-jüdischen Philanthropen kennen, ehe sie sich dem Zionismus zuwandten.

All diese intensiven Bemühungen deutsch-jüdischer Aktivisten um eine Berufsumschichtung waren noch weniger erfolgreich als die ihrer Vorgänger in der ersten Hälfte des 19. Jahrhunderts. Deutsche Juden blieben weiterhin im Handel konzentriert, weil er ihnen vertraut war und die Aussicht auf guten Verdienst bot. Weder Handwerk noch Landwirtschaft, beides Erwerbszweige, die sich damals im Niedergang befanden, erschienen den deutschen Juden verlockend. Bei den osteuropäischen Juden übertraf das Angebot an Handwerkern, z. B. bei Schneidern, Zimmerleuten und Schlossern, schon die Nachfrage. (Um die Jahrhundertwende arbeitete wenigstens ein Drittel der erwerbstätigen russischen Juden als Handwerker.) Wie in den Jahrzehnten zuvor setzten sich bürgerliche deutsche Juden vor allem deshalb dafür ein, Juden aus dem Handel zu verdrängen, weil sie damit antisemitische Angriffe auf ein angebliches jüdisches Schmarotzertum abwehren wollten.

Es gab allerdings im wilhelminischen Deutschland auch eine verbreitete Sorge um den Fortbestand des Kunsthandwerks und bei den Sozialreformern ein Bestreben, das Kunsthandwerk auch im Industriezeitalter zu erhalten. Und im Übrigen hatte die ökonomische Selbstkritik der bürgerlichen deutschen Juden einen wahren Kern. Jüdische Kaufleute hatten es tatsächlich mit einer mörderischen Konkurrenz zu tun und die juristischen und medizinischen Berufe waren ohne Zweifel überlaufen. Außerdem erzeugte die Industrialisierung eine größere und nicht etwa eine kleinere Nachfrage nach bestimmten Handwerksberufen wie Fleischern, Bäckern, Kunsttischlern und Herstellern anderer Luxusgüter.

Die rückwärtsgewandten Aspekte der jüdischen Philanthropie im wilhelminischen Deutschland überlebten den Ersten Weltkrieg nicht. Die Idee, aus Juden Bauern zu machen, überließ man den Zionisten und der verzweifelten Apologetik jüdischer Kriegsveteranen. Die durch Krieg, Revolution und Inflation verursachte extreme ökonomische Notlage des deutschen Judentums beschleunigte den schon vor dem Krieg sich abzeichnenden Trend zu einer stärker professionalisierten und zentralisierten Sozialfürsorge. Im Jahr 1917 taten sich der B'nai B'rith, der DIGB und der Jüdische Frauenbund zusammen und gründeten die »Zentralwohlfahrtsstelle der deutschen Juden«. In der Weimarer Republik stand dann die öffentliche Fürsorge auch den Juden uneingeschränkt offen, und doch erlebte die jüdische Sozialpolitik damals eine Blüte wie nie zuvor. Die staatliche Förderung jüdischer Wohlfahrtsverbände und die Bildung von Dachorganisationen, die diese Einrichtungen mit den entsprechenden Institutionen auf katholischer und protestantischer Seite verknüpften, verbesserte das Niveau der jüdischen Wohlfahrtsarbeit und ihre finanzielle Ausstattung.

Der aggressive Antisemitismus, die hohe Arbeitslosigkeit und sinkende Geburtenraten beunruhigten die jüdischen Aktivisten und bestärkten sie in ihrer Auffassung, Sozialfürsorge sei eine Art von Rettungsarbeit. Auch in der Zeit der Weimarer Republik blieben die deutschen Juden der selbstständigen Erwerbstätigkeit in kleinen Handelsbetrieben verbunden, die durch Inflation und Rezession dann stark in Mitleidenschaft gezogen wurden. Einstige Befürworter der jüdischen Berufsumschichtung in Richtung Handwerk erkannten nun, dass die deutschen Juden allenfalls auf eine »Proletarisierung« hoffen konnten, auf einen Wechsel aus dem Angestellten- ins Arbeiterdasein. Als die ökonomische Krise der Juden sich verallgemeinerte und auch große Teile der Mittelschicht erfasste, bröckelten die Unterschiede zwischen Bürger und »Luftmensch« oder zwischen deutschem und aus dem Ausland stammendem Juden bis zu dem Punkt, wo sie sich in nichts auflösten. Der Ton des jüdischen Wohlfahrtsdiskurses verlor an Härte und Rechthaberei; zum einen dank der zunehmenden Professionalisierung der sozialen Dienste, zum anderen weil bürgerliche deutsche Juden, die früher wohlhabend gewesen waren und großzügig für ausländische Juden im Reich wie im Ausland gespendet hatten, nun selbst immer bedürftiger und abhängiger von fremder Hilfe wurden.

Etwa 150 Jahre lang, von der Zeit der Aufklärung bis zur Machtübernahme der Nazis, kümmerten sich wohlhabende Juden um die Armen in ihren Reihen. In der Meinung, Juden sollten ihre ökonomischen Probleme ohne viel Beistand von außen selbst lösen, brachten sie in ihren Gemeinden Geldmittel in Form von Spenden und Steuereinnahmen auf. Rabbiner und andere führende Leute in den Gemeinden waren zu der Ansicht gelangt, die materiellen und spirituellen Bedürfnisse der Juden seien gleichermaßen wichtig und die jüdischen Eliten daher verpflichtet, sich um den Lebensunterhalt und das wirtschaftliche Handeln ihrer weniger begünstigten Glaubensbrüder zu kümmern. Die Einstellung gegenüber den Armen und der Umgang mit ihnen wandelten sich im Lauf der Zeit sehr stark, aber die Anschauungen der jüdischen Philanthropen unterschieden sich nie wesentlich von denen der Christen, unter denen sie lebten. Ähnlich wie sein nichtjüdisches Pendant, verschmolz der jüdische philanthropische Diskurs im Hinblick auf die Armen Barmherzigkeit und Paternalismus, Solidarität und Entfremdung, Pragmatismus und Moralismus. Allerdings fügten die Juden dieser Mischung eine kräftige Portion Selbstkritik und Ängstlichkeit vor den Meinungen der Nichtjuden bei. Dieses Element verlieh der philanthropischen Rhetorik der Juden zusätzliches Gewicht und spornte die jüdischen Aktivisten an, das dichteste und ausgedehnteste Netz philanthropischer Einrichtungen aufzubauen, das es in Deutschland gab. Trotz all ihrer Bemühungen gelang es den Aktivisten jedoch nicht, die Armut der Juden auszurotten, ihre berufliche Schichtung zu verändern und die massenhafte Wanderung von Juden aus dem Osten in den Westen zu drosseln oder auch nur zu steuern. Bei der Beurteilung der deutsch-jüdischen Philanthropie sollte man allerdings nicht nur deren Leistungen berücksichtigen, sondern auch das Engagement all jener, die sich ihr mit großer Hingabe widmeten; ebenso wie das Vermächtnis, das sie für den weiteren Ausbau der jüdischen sozialen Wohlfahrtsdienste in der Welt nach 1945 hinterlassen haben.

Aus dem Englischen von Reinhard Kaiser

1 Isaak Noah Mannheimer, Gottesdienstliche Vorträge über die Wochenabschnitte des Jahres. Gehalten im israelitischen Bethause zu Wien, Bd. 1, Erstes und zweites Buch Moses, Wien 1835, S. 422.
2 Joannis Buxtorfi [Johann Buxtorf], Synagoga Judaica. Noviter restaurata: Das ist: Erneuerte jüdische Synagog, Oder Juden-Schul, Franckfurt und Leipzig 1738 (zuerst 1603), S. 668f. (aus dem XXXII. Kapitel, Von der Juden Bettlerey und Armuth).
3 David Friedländer, Akten-Stücke die Reform der Jüdischen Kolonien in den Preußischen Staaten betreffend, Berlin 1793, S. 147.
4 Ludwig Philippson, Die Gegenwart des Judenthums, in: Allgemeine Zeitung des Judenthums (AZdJ), Jg. 11, 17. Mai 1847, S. 309f. und L.P., Die jüdische Armenpflege, in: AZdJ, Jg. 39, 9. November 1875, S. 739f.
5 H. J. Damier, Patriotische Gedanken und Wünsche, in: Sulamith, eine Zeitschrift zur Beförderung der Kultur und Humanität unter der jüdischen Nation, Jg. 2, Bd. 2, H. 6, 1809, S. 413–420, hier S. 415 u. 417.
6 Louis Maretzki, Die Leistungen des Ordens, in: Das Wesen und die Leistungen des Ordens U.O.B.B.: eine Propagandaschrift in zwei Vorträgen, Berlin 1911, S. 37.

IM ZEICHEN DER EMANZIPATION — JÜDISCHES MÄZENATENTUM IN WISSENSCHAFT UND KUNST

Sven Kuhrau

Der weltweite Rang der deutschen Museen, Universitäten und Forschungsinstitute wäre ohne den Beitrag jüdischer Mäzene und Mäzeninnen, die sich insbesondere vom späten 19. Jahrhundert bis zur NS-Diktatur für Kultur und Wissenschaft einsetzten, nicht denkbar. Und trotzdem lässt sich für diesen Zeitraum nicht ohne Weiteres von jüdischem Mäzenatentum sprechen, denn in der Regel sah man den auf die Allgemeinheit gerichteten Stiftungen, die zumeist an schon bestehende städtische und staatliche Institutionen ergingen, ihre Herkunft nicht an. Im Gegenteil, sie scheinen die ethnische oder religiöse Identität der Stifter zugunsten einer Selbstdarstellung als gemeinsinnige und patriotische Bürger auszublenden.

Wohltätigkeit in der Tradition der *Zedaka* gehört zu den Grundpflichten eines jeden Juden, der diese nach seinen Möglichkeiten zu entrichten hat. Dem Wortsinn nach »Gerechtigkeit« meinend, zielt die *Zedaka* auf sozialen Ausgleich und Hilfe zur Selbsthilfe unter Wahrung der Würde des Empfängers. Im Mittelalter findet sie ihren Ausdruck zunächst in der verpflichtenden Finanzierung von Gemeindeaufgaben (insbesondere der Armenfürsorge), dazu treten in der Neuzeit zunehmend freiwillige religiös-soziale Vereinigungen mit spezifischer Zielrichtung, etwa zur Hilfe bei der Brautausstattung oder der Kranken- und Totenpflege.[1] Von hier aus lässt sich eine direkte Verbindung zu den sozialen, nun mitunter auch mit individuellen Namen verbundenen Stiftungen im 19. und 20. Jahrhundert ziehen, wie beispielsweise der 1920 in Frankfurt eingerichteten Henry und Emma Budge-Stiftung, die sich der Fürsorge Erholungsbedürftiger nach Krankheit (zur Hälfte Juden und Christen) widmete,[2] oder dem Dr. Markus Mosse Krankenhaus, das der Berliner Zeitungsmagnat Rudolph Mosse 1891 im Gedenken an seinen Vater und Kommunalarmenarzt in Grätz gründete.[3]

Die Förderung der Kunst sowie der Wissenschaft lässt sich hingegen nur bedingt in die Tradition der *Zedaka* stellen. Die Malerei, die im europäischen Raum zur wichtigsten aller Kunstgattungen avancierte, spielte im traditionellen jüdischen Leben des Mittelalters aufgrund des alttestamentarischen Bilderverbotes eine ganz untergeordnete Rolle. Das schloss aber nicht die Ausbildung eines eigenen Kunsturteils in Teilen der jüdischen Bevölkerung aus: Pfandleiher, die auch Kunstwerke beliehen, kamen nicht umhin, sich ein entsprechendes Fachwissen anzueignen; und Hoffaktoren in der frühen Neuzeit lernten, sich in durch Kunstwerke geprägten höfischen Räumen mit Selbstverständlichkeit zu bewegen. Eine jüdische Praxis des Kunstsammelns und Mäzenatentums, wie sie für die höfischen und stadtbürgerlichen Eliten der frühen Neuzeit typisch war, folgte daraus jedoch nicht. In der Förderung der Wissenschaft hingegen konnten jüdische Mäzene möglicherweise eher an die religiös motivierte Stiftungstätigkeit anschließen, indem ihnen die finanzielle Unterstützung des

Torastudiums als Brücke zur allgemeinen Wissenschaftsförderung diente. Hinsichtlich einer solchen Kontinuitätslinie wurden jedoch Zweifel angemeldet, da gerade die herausragenden Vertreter der Wissenschaft aus weitgehend säkularisierten Familien kamen.[4]

Unstrittig ist, dass das im 19. Jahrhundert entstehende bzw. zunehmende Mäzenatentum für Kunst und Wissenschaft eng mit der Verbürgerlichung, Assimilation und Säkularisierung der Juden verbunden war, mit der in vielfacher Hinsicht eine Abkehr von kulturellen Traditionsbeständen einherging, etwa in der Form des jüdischen Kultus oder der häuslichen Lebenspraxis. Jüdische Wohltätigkeit stellt in diesem komplexen Transformationsprozess einen konstanten Wert dar, eben weil diese in der gewandelten Form des Mäzenatentums in der sich formierenden bürgerlichen Gesellschaft als integratives Mittel wirksam werden konnte. Die Förderung von Kunst und Wissenschaft ersetzte dabei in der Regel nicht die Pflicht zur sozialen Wohltat innerhalb der Gemeinde oder der Stadtgesellschaft, sie trat vielmehr zu den sozialen Stiftungen hinzu, dies allerdings häufig mit beträchtlicher Öffentlichkeitswirkung.

Die Frage, wie ein im Kern religiöses Gebot der Wohltätigkeit unter den Bedingungen einer sich zunehmend säkular verstehenden Gesellschaft neu zu definieren war, betraf dabei nicht allein die jüdische, sondern auch die christliche Stiftungspraxis. In Frankfurt am Main geht noch heute eine Reihe von milden Stiftungen auf das Mittelalter bzw. auf die frühe Neuzeit zurück, die Christen eingedenk ihres eigenen Seelenheils tätigten.[5] Und noch im 19. Jahrhundert überließ dort der freistädtische Senat den mildtätigen Stiftungen die Armenpflege (und erhob deshalb auch keine Armensteuer).[6] Zu den Auswirkungen eines zunehmend säkularen Selbstverständnisses innerhalb der christlichen Mehrheitsgesellschaft der Stadt zählen frühe Bildungsstiftungen, wie diejenigen des Arztes Johann Christian Senckenberg (1707–1772), der 1763 nicht nur ein Bürgerhospital stiftete, sondern auch eine Anatomie und ein chemisches Labor für Ausbildungszwecke, einen botanischen Garten, eine Bibliothek sowie eine naturhistorische Sammlung, die den Grundstock des späteren Senckenberg-Museums bildete. Für künstlerische Zwecke setzte sich hingegen der Bankier Johann Heinrich Städel (1728–1816) als Gründer des Städelmuseums und der zugehörigen »Mal-Akademie« ein.[7]

Wenn auch unter den Mäzenen Frankfurts alle Konfessionen – Reformierte und Lutheraner sowie Katholiken und Juden – vertreten waren, so ist der Forschung »der späte Beginn des jüdischen Mäzenatentums [aufgefallen], das erst in den letzten Jahrzehnten des 19. Jahrhunderts größere, dann aber auch sehr große Dimensionen annahm«.[8] Stimmt dieser Befund, so folgte die jüdische Unterstützung von Wissenschaft und Kunst in Frankfurt einem Modell, das zunächst aufgeklärte christliche Bürger formuliert hatten und in dessen Gesellschaft man sich nun offenbar integrieren wollte. Welche vermittelnde Rolle Kultur und Wissenschaft in diesem Prozess übernehmen konnten, hatten ja bereits die frühen jüdischen Salons der Zeit um 1800 gezeigt, die sich vor allem in Berlin und Wien gebildet hatten. Noch bevor Juden in Berlin die vollen Stadtbürgerrechte (1808) und die Staatsbürgerschaft (1812, unter Ausklammerung der Frage nach der Anstellung von Juden im Staatsdienst) erhielten, war im Salongespräch über Wissenschaft und Kunst zumindest zeitweise eine Gleichstellung kultureller Art entstanden. Bildung wurde sowohl zum Medium der Integration als auch der gesellschaftlichen Teilhabe: »Juden wollten nicht nur *wie* die anderen, sondern auch *mit* den anderen leben.«[9] Aus dieser Motivation heraus entwickelten sich insbesondere die Juden in den Städten zu wahren Musterbürgern, mehr noch, sie avancierten in vielen Fällen zu Modernisierern eben dieses Bürgertums.[10]

In Frankfurt sind die Früchte dieses Aufbruchs in die bürgerliche Gesellschaft noch allerorten zu bestaunen, insbesondere die 1914 gegründete Frankfurter Universität zeugt noch heute vom Stiftungswillen vieler jüdischer Bürger.[11] Die Initiative für diese letzte Universitätsgründung im Deutschen Kaiserreich ging von dem Industriellen Wilhelm Merton (1848–1916), Sohn eines aus England eingewanderten Juden, aus sowie dem Oberbürgermeister Franz Adickes (1846–1915). Die zahlreichen Stiftungen gerade auch aus jüdischen Händen machten die Frankfurter Universität zu einer der am besten ausgestatteten Universitäten im Kaiserreich. Interessant bezüglich der Frage nach dem Zusammenhang von Säkularisierung, Verbürgerlichung und Stiftungswesen ist nun das Faktum, dass in Frankfurt »von Anfang an [...] Übereinstimmung [herrschte], dass Theologische Fakultäten nicht in diese Universität gehörten. Gerade die Stifterfamilien jüdischer Herkunft legten oft Wert darauf, dass die von ihnen ins Leben gerufene Anstalt eine weltliche, säkularisierte und liberale sein sollte.«[12] Nicht minder bedeutsam für die Stiftungsmotivation als diese überkonfessionelle Haltung war der Gedanke, mit der Universitätsgründung einen entscheidenden rationalen Beitrag zu liefern zur Abwehr des institutionellen Antisemitismus an deutschen Universitäten. Die Statuten der Frankfurter Universität untersagten denn auch explizit die religiöse Diskriminierung bei Fakultätsberufungen.

Der individuellen Stiftungstätigkeit liegt zumeist ein ganzes Bündel von Motivationen zugrunde, die ohne persönliche Äußerungen – die allerdings auch zu kontextualisieren wären – nur im Verfahren von Indizienbeweisen zu ergründen sind. Dabei gilt es, den gesellschaftlichen Rahmen zu beachten, innerhalb dessen gestiftet wird. Während die Frankfurter Universitätsstifter auf Mitgestaltung der städtischen Belange zielten, Juden hier also sowohl eine soziale Position innerhalb der städtischen Honoratiorenschaft als auch ein Mitwirkungsrecht in allen öffentlichen Belangen anmeldeten, stellte sich die Situation in Berlin anders dar. In der sozialen Zusammensetzung der preußischen Residenzstadt und Industriemetropole, die zudem ab 1871 Hauptstadt des Deutschen Kaiserreiches war, unterschied sich Berlin sowohl durch seinen hohen Anteil aristokratischer Einwohner als auch durch die Präsenz des Militärs markant von der patrizisch geprägten Bürgerstadt Frankfurt. Berlins wirtschaftsbürgerliche Elite, insbesondere im Bankensektor, setzte sich zum überwiegenden Teil aus Juden zusammen, die zum einen im Zuge der Reichsgründung in die neue Hauptstadt gezogen waren, zum anderen aber auch den arrivierten jüdischen Familien der Stadt angehörten, die ihren Stammbaum auf die unter dem Großen Kurfürsten eingewanderten Familien zurückverfolgen konnten.[13] Zugewandert oder alteingesessen – Berliner Juden konnten sich stolz auf die Ausbildung einer eigenen bürgerlichen Kultur berufen, für die Pars pro Toto Anfang des neunzehnten Jahrhunderts die jüdischen Salons einer Henriette Herz, Rahel Varnhagen oder Amalie Beer stehen konnten. Mit Max Liebermann (1847–1935) hatte es Ende des 19. Jahrhunderts und im frühen 20. Jahrhundert ein ebenso jüdischer wie Berliner Künstler, der auch noch direkt neben dem Brandenburger Tor wohnte, als Führer der Berliner Secession zu nationaler Prominenz gebracht.

Als die wohlhabenden Juden der Stadt im wilhelminischen Kaiserreich begannen, sich als Mäzene zu profilieren, wies Berlin bereits eine Reihe traditionsreicher Museen auf und im Unterschied zu Frankfurt auch bereits eine Universität. Eine Reihe von Administratoren in der preußischen Verwaltung war für das Funktionieren der nach wie vor Königlichen Museen verantwortlich. Die prägende Persönlichkeit war der Direktor der Gemäldegalerie, Wilhelm von Bode (1845–1929), dem es vermittels des als Förderverein gegründeten Kaiser Friedrich-Museums-Vereins gelang, die vermögenden Kreise aus Berlin und dem Deutschen Reich für den Ausbau der Königlichen Museen zu gewinnen. Im Dienst der Nationalgalerie sollte der einstige Assistent Bodes, Hugo von Tschudi (1852–1911), die Aufgabe übernehmen, ein Netzwerk von wohlhabenden Kunstliebhabern zu entwickeln. Bisweilen redete auch der jeweilige preußische König und Kaiser in die hauptstädtische Kulturpolitik hinein, so etwa der Kronprinz Friedrich Wilhelm (Friedrich III.) und seine Frau Victoria (Kaiserin Friedrich) bei den Planungen zum »Renaissancemuseum« oder Wilhelm II., der sich konkret in die Ankaufspolitik der Nationalgalerie einmischte, da er Tschudis proimpressionistische Agenda nicht teilte. Auch die Wissenschaftsförderung der jüdischen Mäzene stand häufig im Kontext ihres

Engagements für die Museen; so zum Beispiel, wenn James Simon (1851–1932) die Ausgrabungen von Tel el Armana finanzierte und dessen berühmtestes Fundstück, die Nofretete, den Museen schenkte. James Simon war auch die treibende Kraft hinter den Aktivitäten der Deutschen Orient-Gesellschaft, durch deren Ausgrabungen die Berliner Museen »mit dem Glanz der als vorbildlich erachteten antiken Hochkulturen gefüllt werden [sollten], genauso wie es England und Frankreich schon lange vorgemacht hatten«.[14] Im Ergebnis entwickelte sich in Berlin zwischen den Vermögenden und den Museen eine enge Symbiose, von der beide Seiten profitierten. Wie es Bode und Tschudi gelang, ihre öffentlichen Sammlungen auszubauen, so sahen sich die Sammler sowohl mit dem noblen volksbildenden Zweck der Museen verbunden als auch mit dem in ihren Augen nicht minder ehrenhaften Anliegen, das Deutsche Reich auf dem Feld der Kultur mit Frankreich und England gleichziehen zu lassen. James Simons stets die Zwecke der Museen unterstützende Stiftungen und seine Finanzierung archäologischer Grabungen waren zu allererst Ausweis eines tiefen Patriotismus. Mäzenatisches Handeln richtete sich hier weniger auf die Stadtgesellschaft denn auf die Nation im Ganzen.

Das Schenken von Kunst ging in der Regel mit ihrem Sammeln einher. Ist es möglich, dass jüdische wie christliche Unternehmer, gerade im Kontext der Hofstadt Berlin, sich am Vorbild des Adels orientierten, zu dessen kultureller Praxis seit Langem das Kunstsammeln gehörte? Das behauptete jedenfalls die zeitgenössische Polemik gegen den »Parvenü« als neuen Typus der Berliner Gesellschaft. Tatsächlich scheint das Motiv der Aristokratisierung in der sich entwickelnden wilhelminischen Sammlerkultur an entscheidender Stelle auf; nämlich im Kontext der Sammlung Oskar Hainauer (1840–1894), die in den 1870er-Jahren den Standard für das großbürgerliche Kunstsammeln in Berlin etablierte. Der in Breslau geborene Hainauer erlebte seinen gesellschaftlichen Aufstieg im Berlin der Gründerära, wo er ab 1861 am bleichröderschen Bankhaus angestellt war.[15] Spätestens ab Mitte der 1870er-Jahre war Hainauer, wahrscheinlich vermittelt durch Bleichröder, Bevollmächtigter des Pariser Bankhauses der Rothschilds in Berlin.

Hainauer, dessen Ernsthaftigkeit in seiner Beschäftigung mit der Kunst außer Frage steht, nutzte sein mäzenatisches Engagement für die Königlichen Museen gleichwohl als Medium des gesellschaftlichen Aufstiegs. Ihm stand die Familie der in Frankreich geadelten Rothschilds vor Augen, die die Hochachtung des französischen Kaisers erlangt hatte und deren gesellschaftlicher Rang durch ihre Kunstsammlungen gestärkt wurde. Nach diesem Vorbild hegte Hainauer, wie sich anhand der Berliner Polizeiakten nachweisen lässt, »den zu Allerhöchster Kenntnis gebrachten Wunsch, in den Adelsstand erhoben zu werden«[16] – ein Wunsch, der zweifelsohne aufgrund der jüdischen Herkunft Hainauers verweigert wurde, obwohl sich dieser sogar hatte taufen lassen.[17]

Die Episode Hainauers zeigt, dass der Sammler die gesellschaftliche Gemengelage falsch eingeschätzt hatte. Für die Mehrzahl der Sammler dürfte ihre Kunstpflege aber ohnehin von vornherein im Kontext bürgerlicher Vorstellungen gestanden haben. Kein Geringerer als Goethe hatte das Sammeln als Ausdruck von Selbstbildung begriffen[18] und Schillers Kulturkritik hatte dem Kunstwerk eine heilende Funktion zugewiesen, wonach der im Tagesgeschäft aufgeriebene Mensch nur angesichts der Kunst zur ganzheitlichen Betrachtung seiner Existenz komme. In dem wilhelminischen Diskurs über den Lebensstil der Wirtschaftselite wurde dieses idealistische Gedankengut wieder aufgenommen und das Sammeln, oder um mit Alfred Lichtwark zu sprechen, der »Dilettantismus«, zur bürgerlichen Selbstkultivierung anempfohlen.[19] Nicht von ungefähr avancierte in der Architektur das »Haus eines Kunstfreundes« zur leitenden Bauaufgabe der Zeit um 1900. Aus dieser Sicht traten die repräsentativen Funktionen des Kunstsammelns zugunsten einer intimen Auseinandersetzung mit der Kunst in den Hintergrund. Und tatsächlich ließe sich anhand eines chronologischen Überblicks über die Sammlungsinterieurs im wilhelminischen Berlin illustrieren, wie sich in der privaten Inszenierung von Kunstwerken zunehmend ein geschmacklich verfeinertes Sensorium ausbildete, das sich nicht nur in der Auswahl von Kunstwerken, sondern auch in der Wahl ihrer Präsentationsformen niederschlug.[20] Demnach waren das Sammeln und Stiften von Kunst zwei Seiten einer Medaille bürgerlichen Engagements, gerichtet zum einen auf die Selbstbildung und zum anderen, vermittelt durch das Museum, auf die Bildung der Nation.

Nicht abschließend geklärt ist die Frage, welche Rolle das Sammeln und Stiften der von Wilhelm II. mit dem Begriff der »Rinnsteinkunst« belegten Malerei des französischen Impressionismus für die Identität der oft jüdischen Sammler hatte. Wurden jene Tschudi unterstützenden Sammler wirklich »immer individualistischer und unkonventioneller«, lehnten sie tatsächlich »Assimilation und Akkulturation« an »wilhelminische Werte« ab und riskierten sie dabei »sogar, als *fremdartig*« wahrgenommen zu werden?[21] Sicherlich, das Erwerben oder auch Stiften eines impressionistischen Bildes war ein kulturpolitisches Statement, nicht aber ein Risiko. Unter Max Liebermanns Führung hatte sich die Secession, die die impressionistische Richtung als deutsche Kunst etablierte, 1898 in Berlin gegründet. Schon im darauffolgenden Jahr bezog sie ein eigens für den Zweck errichtetes Ausstellungsgebäude neben dem Theater des Westens, ab 1905 war sie dann am Kurfürstendamm mitten in Berlin W. zu finden. Die »Revolutionäre« von einst gehörten auf diese Weise schon bald zum künstlerischen Establishment und in ihrem Umfeld gediehen ein ihnen gewogener Kunsthandel samt einer liberalen Kunstpublizistik,[22] der auf der Gegenseite ein deutschnationales Lager entsprach.[23] Liebermann setzte gerade jetzt weiter auf Integration, wie seine Selbstinszenierung aus dieser Zeit zeigt: Nicht zufällig wählte Liebermann für sein 1912 erbautes Haus am Wannsee den nationalen Einheitsstil der Zeit »um 1800«, und nicht zufällig zitiert sein Dach ein anderes berühmtes Dach, nämlich das von Goethes Gartenhaus in Weimar. Im Inneren befanden sich schlichte klassizistische Möbel und Teile von Liebermanns Sammlung französischer Impressionisten. Zusammen mit dem Garten war das Haus als Demonstrationsobjekt eines liberalen, bürgerlichen und dabei deutschen Lebensstils gedacht, jedenfalls war es kein Ausweis von »Fremdartigkeit«, vielmehr von Vorbildlichkeit.

Die künstlerische Moderne ist auch in Wien von jüdischen Mäzenen gefördert worden, ja sie ist dort sogar abwertend als »goût juif« bezeichnet worden.[24] Ob dem tatsächlich eine bewusste Annahme einer selbst gewählten kulturellen »Fremdartigkeit« entsprach, wie dies jüngst vorgebracht wurde, soll indessen dahingestellt bleiben.[25] Das ästhetizistische Wiener Milieu lenkt das Augenmerk jedoch abschließend auf einen hier bisher unbehandelten Aspekt: Die Rolle der jüdischen Mäzeninnen. Offenbar muss die Reihe der Identitäten, die mit der mäzenatischen Praxis in Verbindung stand, um die Kategorie des sozialen Geschlechts erweitert werden. So wie das Mäzenatentum als Zeichen jüdischer Emanzipation im Allgemeinen gelten konnte, so auch als Ausdruck der Emanzipation jüdischer Frauen im Besonderen. Gerade im Kontext des Wohlfahrtswesens erwiesen sich Frauen als »Gestalterinnen der modernen jüdischen Identität«,[26] und das betraf sowohl ihr soziales Engagement als auch ihr Mäzenatentum. Als prominentes Beispiel sei hier Adele Bloch-Bauer (1881–1925) genannt, die, gleich zweimal von Gustav Klimt gemalt, als Muse und Mäzenin zur öffentlichen Person wurde. Bereits 1919 übergab sie sechs Gemälde Klimts – darunter auch die erwähnten Bildnisse – der Österreichischen Staatsgalerie als Leihgabe. In ihrem Testament von 1923 dann hinterließ sie diese Bilder der Staatsgalerie gänzlich.[27] Aus jüdischer Familie kam auch Berta Zuckerkandl (1864–1945), die zum Sprachrohr der Wiener Secession wurde und als Salonière an die Wiener Salontradition des Biedermeier anschloss.[28]

Die – bislang immer noch viel zu wenig beachtete – Rolle der Sammlerinnen in der Vermittlung moderner Kunst ist auch bezüglich der Berliner Kunstszene des Kaiserreichs damit begründet worden, dass sich die zumeist jüdischen Frauen aus dem Großbürgertum an die »Tradition der früh emanzipierten Jüdinnen, die zu Beginn des 19. Jahrhunderts ihre Salons in Berlin führten«, erinnert haben mögen.[29] So interpretierte Liebermann beispielsweise den

Salon der Felicie Bernstein (1852–1908) – es war in Berlin das erste private Interieur, in dem französische Impressionisten zu besichtigen waren – in diesem Sinn: »In dem Hause Bernstein herrschte ein ganz eigener genius loci mit ganz eigenem Lokalkolorit: er war der wieder auferstandene Salon der Frau Henriette Herz, der 70 oder 80 Jahre zuvor das ganze geistige Berlin beherrscht hatte.«[30] Mehr noch als im Fall der Kunst sammelnden Männer scheint im mäzenatischen Engagement der Frauen ein bewusster Bezug auf eine ganz eigene – jüdische – Geschichte gelegen zu haben.

Ich danke Tanja Baensch für die kritische Lektüre des Textes.

1 Georg Heuberger/Paul Spiegel (Hg.), Zedaka. Jüdische Sozialarbeit im Wandel der Zeit. 75 Jahre Zentralwohlfahrtsstelle der Juden in Deutschland 1917–1992, Jüdisches Museum Frankfurt am Main, Frankfurt am Main 1993.
2 Über das Spektrum der jüdischen Stiftungen in Frankfurt informiert: Arno Lustiger (Hg.), Jüdische Stiftungen in Frankfurt am Main, Frankfurt am Main 1988, zur Henry und Emma Budge-Stiftung vgl. dort S. 98–101.
3 Zum Stiftungswesen der Familie Mosse vgl. Elisabeth Kraus, Die Familie Mosse. Deutsch-jüdisches Bürgertum im 19. und 20. Jahrhundert, München 1999, S. 400–452, hier S. 409–411.
4 Vgl. Shulamit Volkov, Jüdisches Leben und Antisemitismus im 19. Jahrhundert, München 1990, S. 144–165.
5 Vgl. Wolfgang Klötzer, Über das Stiften – Zum Beispiel Frankfurt am Main, in: Bernhard Kirchgässner/Hans-Peter Becht (Hg.), Stadt und Mäzenatentum (Veröffentlichungen des Südwestdeutschen Arbeitskreises für Stadtgeschichtsforschung, Bd. 23), Stuttgart 1997, S. 15–30, hier S. 17.
6 Ebd., S. 20.
7 Ebd., S. 25.
8 Ralf Roth, »Der Toten Nachruhm«. Aspekte des Mäzenatentums in Frankfurt am Main (1750–1914), in: Jürgen Kocka/Manuel Frey, Bürgerkultur und Mäzenatentum im 19. Jahrhundert (Bürgerlichkeit, Wertewandel, Mäzenatentum, Bd. II), S. 99–127, hier S. 112.
9 Shulamit Volkov, Die Verbürgerlichung der Juden in Deutschland. Eigenart und Paradigma, in: Jürgen Kocka, Bürgertum im 19. Jahrhundert, Bd. III: Verbürgerlichung, Recht und Politik, Göttingen 1995, S. 105–133, hier S. 127f.
10 Diese These bei Shulamit Volkov, Zur Einführung, in: dies. (Hg., unter Mitarbeit von Elisabeth Müller-Luckner), Deutsche Juden und die Moderne, München 1994, S. VII–XXIII.
11 Die jüdischen Universitätsstiftungen sind dokumentiert in: Lustiger, wie Anm. 2, S. 74–93.
12 Notker Hammerstein, Zur Geschichte der Johann Wolfgang Goethe-Universität zu Frankfurt am Main, in: Helmut Coing u. a., Wissenschaftsgeschichte seit 1900. 75 Jahre Universität Frankfurt, S. 124–141 u. S. 125f.
13 Zur Berliner Wirtschaftselite vgl. Dolores L. Augustine, Patricians and Parvenus. Wealth and High Society in Wilhelmine Germany, Oxford/USA 1994; Morton Reitmayer, Bankiers im Kaiserreich. Sozialprofil und Habitus der deutschen Hochfinanz, Göttingen 1990.
14 Olaf Matthes, Theodor Wiegand und der Erwerb der »Thronenden Göttin« für das Berliner Antikenmuseum, in: Thomas W. Gaehtgens/Martin Schieder (Hg.), Mäzenatisches Handeln. Studien zur Kultur des Bürgersinns in der Gesellschaft, Berlin 1998, S. 82; zu James Simon vgl. grundlegend Olaf Matthes, James Simon. Mäzen im Wilhelminischen Zeitalter, Berlin 2000.
15 Brandenburgisches Landeshauptarchiv, Der Polizeipräsident von Berlin, Rep. 30 Berlin c Tit. 94, Nr. 10513 (Oskar Hainauer), Bl. 9f.
16 Ebd., Bl. 24.
17 Ausführlich zu Hainauer vgl. Sven Kuhrau, Der Kunstsammler im Kaiserreich. Kunst und Repräsentation in der Berliner Privatsammlerkultur, Kiel 2005, S. 39–45.
18 Johann Wolfgang Goethe, Der Sammler und die Seinigen, Dresden u. a. 1997. Diesen Kontext betont Annette Weber, Zwischen Altruismus und Akzeptanz – Sammeln als Inbegriff bürgerlicher Selbstverwirklichung, in: Koordinierungsstelle für Kulturgutverluste Magdeburg (Hg.), Sammeln. Stiften. Fördern. Jüdische Mäzene in der deutschen Gesellschaft (Veröffentlichungen der Koordinierungsstelle für Kulturgutverluste, Bd. 6), Magdeburg 2008, S. 27–48, und auch Annette Weber, Kunstsammeln als Konzept bürgerlicher Kulturentwicklung. Strategien und Intentionen deutsch-jüdischer Sammler, in: dies. (Hg.), Jüdische Sammler und ihr Beitrag zur Kultur der Moderne, Heidelberg 2011, S. 165–188.
19 Alfred Lichtwark, Wege und Ziele des Dilettantismus, München 1894. Zu Lichtwark vgl. Henrike Junge, Alfred Lichtwark und die »Gymnastik der Sammeltätigkeit«, in: Ekkehard Mai (Hg.), Sammler-Stifter-Museen. Kunstförderung in Deutschland im 19. und 20. Jahrhundert, Köln 1993, S. 202–214.
20 Vgl. die Interieuraufnahmen in: Kuhrau, wie Anm. 17.
21 Vgl. Veronica Grodzinsky, Wilhelm II., Hugo von Tschudi and Jewish Patronage of French Modern Art, in: Weber (Hg.), Jüdische Sammler, wie Anm. 18, S. 119–132, hier S. 130. »As to the Jewish patrons [...] they grew increasingly individualistic and unconventional, thus rejecting assimilation and acculturation to many Wilhelmine values, even at the risk at standing out as the *other*.«
22 Zu den Netzwerken der Moderne vgl. Robert Jensen, Marketing Modernism in Fin-de-Siècle Europe, Princeton 1994, mit weiterer Literatur.
23 Lagerbildend wirkte der Bremer Künstlerstreit im Jahr 1911, vgl. dazu Wulf Herzogenrath/Dorothee Hansen, Van Gogh – Felder. Das Mohnfeld und der Künstlerstreit. Kunsthalle Bremen, Bremen 2003; zu den Angriffen des nationalistischen Kunsthistorikers Henry Thodes auf Liebermann im Jahr 1905, vgl. Weber, Jüdische Sammler, wie Anm. 18, S. 175f.
24 Vgl. Hannes Stekl, Wiener Mäzene im 19. Jahrhundert, in: Kocka/Frey, wie Anm. 8, S. 164–191, hier S. 178.
25 Elana Shapira, Jewish Patronage and the Avant-Garde in Vienna, in: Weber, Jüdische Sammler, wie Anm. 18,

S. 219–235, hier S. 234; vgl. auch Shapira, Jüdisches Mäzenatentum zwischen Assimilation und Identitätsstiftung in Wien 1800–1930, in: Claudia Theune/Tina Walzer (Hg.), Jüdische Friedhöfe – Kultstätten, Erinnerungsort, Denkmal, Wien/Köln/Weimar 2011, S. 171–186.
26 Marion A. Kaplan, Jüdisches Bürgertum. Frau, Familie und Identität im Kaiserreich, Hamburg 1997, S. 254.
27 Monika Mayer, Museen und Mäzene. »Jüdisches« Mäzenatentum und die Österreichische Galerie 1903 bis 1938, in: Eva Blimlinger/Monika Mayer, Kunst sammeln, Kunst handeln (Schriftenreihe der Kommission für Provenienzforschung 3), Wien/Köln/Weimar 2012, S. 19–25.
28 Emily D. Bilski (Hg.), Jewish Women and their Salons. The Power of Conversation, New York 2005.
29 Stephan Pucks, Von Manet zu Matisse. Die Sammler der französischen Moderne in Berlin um 1900, in: Johann Georg Prinz von Hohenzollern/Peter-Klaus Schuster, Manet bis Van Gogh. Hugo von Tschudi und der Kampf um die Moderne, Nationalgalerie, Berlin 1996, S. 386–390, hier S. 390. Einen Hinweis auf die von Pucks ohne Belege versehene These bietet eine Quelle, die zumindest für die späte Weimarer Republik eine solche Rückbesinnung belegt. Der Nachlass Adele Warschauers (Landesarchiv Berlin) bietet einen Einblick in das gesellige Vereinsleben des »Hauspflege-Vereines«, in dem seinerzeit viele jüdische Frauen der Oberschicht Mitglied waren. 1930 fand dort ein Theaterabend mit Else Schulhoffs »Ein Berliner Salon um 1800 (Ein Abend bei Rahel Levin)« statt. Zur bedeutenden Berliner Sammlung Margarete Oppenheims vgl. unlängst Sebastian Panwitz, »… das Departement Kunst untersteht meiner Frau«. Margarete Oppenheim und ihre Sammlung, in: Anna Dorothea Ludwig u. a. (Hg.), Aufbruch in die Moderne. Sammler, Mäzene und Kunsthändler in Berlin 1880–1933, Köln 2012, S. 120–135.
30 Max Liebermann, Meine Erinnerungen an die Familie Bernstein, in: Georg Treu (Hg.), Carl und Felicie Bernstein. Erinnerungen ihrer Freunde, Dresden 1914., S. 47–52, hier S. 50.

Saul Raskin
Formen der Wohltätigkeit
USA, 1. Hälfte des
20. Jahrhunderts, Illustration

»Die höchste Stufe, über der es keine weitere gibt, hat der Mensch erreicht, der dem Armen beisteht, indem er ihm ein Geschenk macht oder ihm ein Darlehen gibt, indem er mit ihm eine Geschäftspartnerschaft eingeht oder ihm hilft, eine Arbeit zu finden — einfach gesagt, indem er ihn in die Lage versetzt, die Hilfe anderer Menschen entbehren zu können.«

Maimonides,
Hilkhot Mattenot Ani'im 10, 7–14

Zedaka-Büchse
20. Jahrhundert, Silber

Zedaka-Büchse
Bühnenkasten mit Brautpaar
*20. Jahrhundert, Silber,
getrieben, gelötet, graviert*

Zedaka-Büchse
*zwischen 1900 und 1925
Eisenblech, genietet, gelötet, bemalt*

Zedaka-Büchse
Tischform mit vier Challot auf dem Deckel
*20. Jahrhundert, Messing, gegossen,
gesägt, graviert*

Kleine Presse
Kinderspeisung des Vereins für
Kinderhorte, dessen Rechnungsführer
Charles L. Hallgarten war
Frankfurt am Main, 1. Februar 1888

»Auch mir hat er [Hallgarten] so oft seine Unterstützung geliehen, wenn es galt, armen Kindern oder bedrängten Eltern in ihrer Not zu helfen.«

Kondolenzbrief Direktor Walther, Musterschule, Frankfurt am Main 1908

Charles L. Hallgarten (1838–1908)
[um 1903]

Vertrag über die Gründung einer Universität in Frankfurt am Main

1. Die Stadt Frankfurt am Main
2. Akademie für Sozial- und Handelswissenschaften
3. Carl Christian Jügel-Stiftung
4. Stiftung Theodor Stern'sches Medizinisches Institut
5. Institut für Gemeinwohl
6. Georg u. Franziska Speyersche Studien-Stiftung
7. Physikalischer Verein
8. Dr. Senckenbergische Stiftung
9. Senckenbergische Naturforschende Gesellschaft
10. Stiftung Neurologisches Institut
11. Neurologisches Institut

ertrag über die Gründung einer
niversität in Frankfurt am Main
tto Linnemann (1876–1961)
rankfurt am Main, 28. September 1914,
quarell auf Pergament, Ledereinband,
oldschnitt

Hauptgebäude der
Universität (Jügelhaus)
Frankfurt am Main, um 1914

»Wenn keine Stimme sich für uns erhebt,
so mögen die Steine dieser Stadt für
uns zeugen, die ihren Aufschwung zu einem
guten Teil jüdischer Leistung verdankt,
… in der aber auch das Verhältnis zwischen
jüdischen und nicht jüdischen Bürgern
stets besonders eng gewesen ist.«

Dr. Eugen Mayer,
30. März 1933

KAPITA
LISMUS
DEBATTEN

BIS
MEIN
KAPITAL
ZU
LAUTER
ZINSEN
WIRD

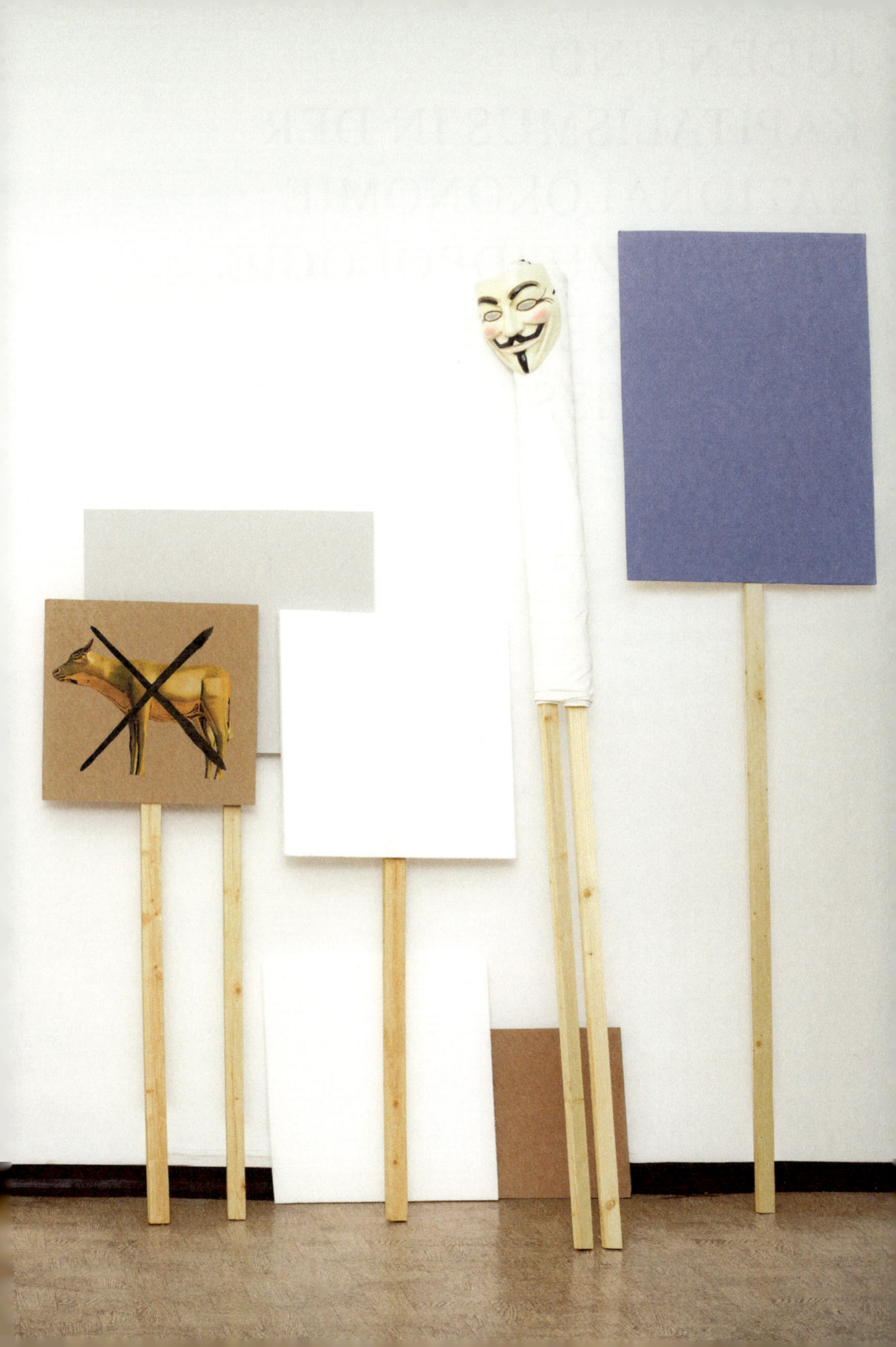

JUDEN UND KAPITALISMUS IN DER NATIONALÖKONOMIE UM 1900: ZU IDEOLOGIE UND RESSENTIMENT IN DER WISSENSCHAFT

Nicolas Berg

EINLEITUNG

Der nationalbolschewistische Schriftsteller und Politiker Ernst Niekisch (1889–1967) schrieb 1946 unter dem Titel *Das Reich der niederen Dämonen* eine Abrechnung zur Geschichte des »Dritten Reichs«, in der sich bemerkenswerterweise auch ein Kommentar über das Verhältnis von Juden und dem Zeitalter des Kapitalismus findet. Es heißt hier in einer Passage über die liberale Grundströmung des 19. Jahrhunderts:

»*Am emanzipierten Juden war am augenscheinlichsten das Wesen des 19. Jahrhunderts offenbar geworden: so liberal und human war dieses Säkulum gewesen, dass es sogar den Juden befreit und ihm gleiche Rechte gegeben hatte. [...] [Die Befreiung] geschah, weil der bürgerlich-kapitalistische Geist seine tiefe Übereinstimmung mit dem jüdischen empfand und weil der Jude auf Grund seiner Lebenssituationen der geborene Verbündete war, wo die Fahne des Liberalismus und der Humanität enrollt wurde.*«[1]

Diese hier als Selbstverständlichkeit konstatierte »tiefe Übereinstimmung« des »bürgerlich-kapitalistischen« mit dem »jüdischen Geist« muss bei heutigen Lesern Erstaunen auslösen, gerade in einer schonungslosen Bilanz der Nazizeit, zumal in einem mit »Die Judenverfolgung« überschriebenen Kapitel. In diesem Statement eines seinem Selbstverständnis nach sozialistischen Autors (der 1919 noch an der Münchner Räterepublik mitgewirkt hatte, später dem linken Flügel der NSDAP nahestand, sich dann dem Widerstand gegen Hitler anschloss und nach dem Zweiten Weltkrieg der SED beitrat) waren die emanzipierten Juden im 19. Jahrhundert keine Minderheit, die lediglich an den allgemeinen Rechten und Pflichten des Liberalismus Anteil hatten, sondern sie wurden bei Niekisch zu Repräsentanten des – von einer sozialistischen Politik der Gegenwart und Zukunft zu überwindenden – bürgerlichen Zeitalters erklärt. So sah er in ihnen ein Kollektiv, das als erster und logischer Verbündeter des Bürgertums dabei geholfen hatte, das Machtgefüge der alten, ständischen Welt des Adels zu zerstören; ein Kollektiv, das dabei aber eben selbst nicht in der neuen Zeit aufgegangen, sondern korporativ geblieben war und ungeachtet seiner Modernität auch weiterhin partikular und gruppenbezogen – eben als Judentum – handelte: »Als der Bürger den Aristokraten mit den Waffen des Liberalismus und der Humanität erledigen wollte«, so heißt es deshalb bei Niekisch weiter, »kam der Jude als deren Spezialist naturnotwendig zum Zuge.«[2]

Die Herkunft dieser Sichtweise auf die Juden als »Spezialisten« für Liberalismus und als Vertreter des Kapitalismus, nach der sowohl ihre Identität als auch ihre Differenz mit der Epoche das ambivalente Signum der kollektiven jüdischen Besonderheit war, ist Leitfrage der folgenden Ausführungen. Erst die

Kritik der breit in die nationalökonomische Theorie eingegangenen völkerpsychologischen Konzepte vermag die Selbstverständlichkeit, mit der Niekisch die Juden als Verkörperungen der von ihm kritisierten ökonomischen Moderne beschrieb, entschlüsseln. Hier lag ein Kommentar zur Vernichtung der europäischen Juden vor, der zur Reflexion darüber wurde, welchen geschichtsphilosophischen Anteil die Juden an den Grundfehlern der Epoche gehabt hatten, die ihrer Ermordung zugrunde lag.

Wie ist eine solche geradezu sprachlos machende Verkehrung des Themas zu erklären? In welcher wissenschaftshistorischen Tradition steht die Vorstellung von einer besonderen Nähe der Juden zum Kapitalismus? Aus welchem ideen- und ideologiegeschichtlichen Kanon speist sich die Denkfigur vom »jüdischen Kapitalismus«? Wer prägte und besetzte die Begriffe und Konzepte, die hier Anwendung fanden, und wie kam es, dass ein solcherart bestimmtes Verhältnis der Juden zur Moderne über alle herkömmlichen Geschichtszäsuren des 19. und 20. Jahrhunderts hinweg in allen denkbaren Varianten – vulgär-antisemitisch, sozialistisch oder aber in der wissenschaftlich-nationalökonomischen Theoriesprache – immer wieder erneuert werden konnte: in den 1850er-Jahren in den protoethnologischen Schriften eines Wilhelm Heinrich Riehl ebenso wie im Kaiserreich Bismarcks, im Wilhelminismus ebenso wie nach dem Ersten Weltkrieg und im Verlauf der Weimarer Republik; im Nationalsozialismus in besonders hervorstechender Weise, aber in einer entnazifizierten Form eben auch noch in beiden neuen deutschen Staaten nach 1945/49?

Kaum eine Vorstellung über Juden ist hartnäckiger in der modernen Geschichte verankert als jenes immer wieder und von den verschiedensten Seiten vorgetragene Räsonnement über die vermeintlich »falschen« Berufe oder die falsch ausgeübte Berufsauffassung von Juden. Durch die Epochen hindurch finden wir Variationen einer stets ähnlichen Zustandsbeschreibung, deren Persistenz zudem den offensichtlichen Vorteil mit sich brachte, dass die aus dieser wiederholenden Beschreibung abgeleiteten negativen Wertungen, die natürlich aufeinander Bezug nahmen, immer mehr den Charakter von Wissen reklamierten. So wurden Vorbehalte über den angeblich degenerierten kollektiven ökonomischen Zustand der Juden in einem Ton der Nüchternheit und der bloßen Faktenfeststellung vorgetragen, die schon allein dadurch den Charakter einer Erklärung annahmen. »Das vorchristliche Judentum«, so heißt es etwa in einer theologischen Interpretation über den historischen Ort der Bibel in der Weltgeschichte aus dem Jahr 1949, sei noch rein »geistig« ausgerichtet gewesen und habe noch »richtig« auf »vorwiegend landwirtschaftlich-handwerklicher Grundlage« gelebt; also, wie es hier weiter unmissverständlich heißt, »unter gesunden Voraussetzungen«. Dagegen habe sich dann das nachchristliche jüdische Volk der Diaspora über die ganze Welt hin verteilt, sich gleichsam kollektiv dem Materialismus hingegeben, also »vor allem dem Geldverkehr und Warenhandel zugewandt«, und lebe somit »in einem abnormalen Zustand«.[3]

»Gesund« waren in dieser Sicht der Dinge Tätigkeiten in Handwerk und Landwirtschaft, »abnormal« hingegen generell Warenhandel und Geldberufe. Auch dieses Dokument trug also, wie der Essay Niekischs, einen alten Vorwurf in die neue Zeit. Dass ein solches Ressentiment aus den Jahrzehnten vor 1945, in der es noch so häufig als Wissen geadelt worden war, nach 1945 nicht völlig verschwand, gehört zum Thema »Juden und Geld«[4] dazu: Es bedarf offenkundig einer grundsätzlichen und diachronen Analyse jener Wertehaltung in ökonomischen Fragen, die nicht in bloßer Ranküne oder in Konkurrenzgerangel aufgeht, die vielmehr auch in einen elaborierten wissenschaftlichen Diskurs einging, um von dort wieder zurück in den öffentlichen publizistischen Diskurs zu wirken.

Im Folgenden soll das bekannteste Buch dieses Diskurses, Werner Sombarts *Die Juden und das Wirtschaftsleben* (1911), genauer betrachtet werden; genauer heißt hier in drei Schritten: Zunächst wird exemplarisch anhand einer Reihe von frühen Aufsätzen, die der Autor später in sein Buch integrierte, die hier gewählte Überzeugungsstrategie, vor allem in Bezug auf die Begriffswahl,[5] verfolgt, die Ansichten wie jene von Niekisch oder Eberle vorwegnahm und dabei mit dem Charakter von Wissenschaftlichkeit versah; zweitens wird die Referenz betrachtet, die Sombart im Rahmen seines Themas Forschungen jüdischer Gelehrter widmete und uns heute Aufschluss darüber gibt, woher er seine Fragen bezog und wie er sie für seine Wertungen verkehrte; drittens schließlich soll mit einem Blick auf die Rezeptionsgeschichte des Buchs versucht werden, die Aporie zu verstehen, die, angesichts der Tatsache, dass Sombart in diesem Werk gleichsam jüdische Fragen an sich gerissen hatte, Kritiken und Kommentare jüdischer Leser des sombartschen Buches prägte.

ZUR BEGRIFFSGESCHICHTE DES RESSENTIMENTS

Werner Sombarts Buch *Die Juden und das Wirtschaftsleben* erschien 1911 bei Duncker und Humblot in Leipzig.[6] Ein Jahrhundert später kann dieses Werk als das Schlüsseldokument für eine besondere Verschiebung, eine Übersetzung oder einen Diskurswandel gelten, deren Ergebnis ein mehrfaches Paradox ist: Im Gewand der Wissenschaft trat das Ressentiment hervor und damit ging auch jene verwandte Problematik einher, die sowohl mit dem Thema an sich als auch mit der speziellen Argumentation des Werkes zu tun hat. Es handelt sich hier um die besonders wirkmächtige Quelle für einen wissenschaftlichen Antisemitismus, der keinen bekennenden Antisemiten mehr benötigte. So steht das Buch für eine ganze Reihe ideengeschichtlicher Phänomene: Es war natürlich Ausweis der Person, die es schrieb, es trägt die Eigen- und Besonderheiten seines Blickes auf die Fragen nach den Grundprinzipien der Wirtschaft seiner Zeit, es ist in seiner Sprache verfasst und dabei auch Ausdruck seines Welt- und Menschenbilds. Zugleich weist das Werk auch über die Person ihres Verfassers hinaus, denn es bündelte die Richtung, in die ein immer stärker ökonomisch gehaltener wissenschaftlicher Diskurs, mit dem man über jüdische Geschichte und über den Anteil der Juden an der modernen Kultur sprach, sich in diesen Jahren insgesamt bewegte.[7]

So ist *Die Juden und das Wirtschaftsleben* zugleich auch Kulminationspunkt einer Tradition völker- und kollektivpsychologischer Zeitdiagnosen, die um die Jahrhundertwende gerade in die Nationalökonomie zu münden schienen; einem Fach, das in den Jahrzehnten vor und nach 1900 stark soziologisierte und dabei die sozialpsychologische Frage nach der Genesis der neuen kapitalistisch-modernen Wirtschaftsform ins Zentrum der eigenen Fragen gerückt hatte. Spätestens seit Sombarts eigenem Wurf mit dem den Begriff prägenden Titel *Der moderne Kapitalismus* aus dem Jahr 1902[8] und Max Webers nicht weniger sprichwörtlichem Aufsatz *Die protestantische Ethik und der »Geist« des Kapitalismus* von 1904,[9] spätestens also seit diesen beiden immer wieder diskutierten Arbeiten bekannten Nationalökonomen sich in Deutschland zu einem innerfachlichen »soziologischen Turn«. Verwiesen sei etwa auf die Äußerung von Edgar Jaffé, Gründer und langjähriger Herausgeber der bedeutendsten deutschsprachigen Zeitschrift dieser Richtung, des *Archiv[s] für Sozialwissenschaft und Sozialpolitik*, der 1914 in der »Erforschung der psychologischen Voraussetzung unserer heutigen Wirtschaftsordnung« die dringlichste Aufgabe des Fachs erblickte.[10] In dieser mehrfachen Art und Weise nahm Sombarts Buch die vorangegangene Zeit in sich auf, in der es – wie Hans Liebeschütz 1967 in seiner Studie *Das Judentum im deutschen Geschichtsbild von Hegel bis Max Weber* über das 19. Jahrhundert schrieb – eine Besonderheit der deutschen Geschichtsschreibung war, dass sie für wichtige Strömungen des gesellschaftlichen Lebens beides zugleich war: »Spiegel und treibende Kraft«.[11]

In der Tat spiegelt das Werk eine Sichtweise, die in den Jahren und Jahrzehnten um 1900 zu einer Art Communis Opinio geworden zu sein schien, nach der es gar keine Frage mehr war, ob es eine enge, grundlegende und historisch-kausale Verbindung zwischen dem Judentum und dem modernen Kapitalismus gebe, sondern lediglich darüber diskutiert wurde, wie diese Verbindung zustande gekommen war und – vor allem – wie sie zu bewerten sei. Sombart nannte seinen Gegenstand folgendermaßen: Er wollte »jene überragende Rolle« untersuchen, die Juden »beim Aufbau der modernen Volkswirtschaft« gespielt hätten. Ihm ging es dabei vor allem um die Frage der »spezifische[n] Eignung der Juden«, im Verlauf dieses Prozesses »Begründer des modernen Kapitalismus zu werden«.[12] Diese Frage schloss alle denkbaren wissenschaftstheoretischen Richtungen ein, ob politisch rechts oder links stehend. Der Allgemeinheitsgrad der seinerzeit formulierten Problemstellung kommt etwa in den Eingangssätzen der Rezension des sombartschen Buches zum Ausdruck, die der Breslauer Schmoller-Schüler Felix Rachfahl, der seinerzeit Nationalökonomie in Gießen lehrte, in den *Preußischen Jahrbüchern* vorlegte. Hier heißt es: »Wer möchte daran zweifeln, daß das Judentum auf die Ausbildung des modernen Kapitalismus einen ungeheuren Einfluß ausgeübt hat?«[13] Rachfahls Antwort auf diese rhetorische Frage war eindeutig: Niemand zweifelte daran, die Sache selbst war offensichtlich unstrittig und stand für ihn wie für seine Leser außer Frage; der Autor äußerte lediglich darüber Verwunderung, dass es vor Sombart noch keine zusammenfassende wissenschaftliche Darstellung zum Thema gegeben habe.

Der Schrift Sombarts war somit etwas Symptomatisches eigen, sie war ein Spiegel ihrer Zeit und des Faches, in dem sie entstand. Zugleich war ihr eine eigene »treibende Kraft« inne, denn nach ihrem Erscheinen konnte man über die hier verhandelten Dinge und Themen gar nicht mehr anders als mit Bezug auf das Buch und seine vielen Auflagen sprechen. Ein zeitgenössischer Kommentator hatte Recht, wenn er gar vom »Rummel um Sombart« und vom »Sombartkult«[14] sprach, denn den ersten Kritiken folgten immer und immer mehr Kommentare, Entgegnungen, Kritiken, Verteidigungen und Widersprüche. In den späten 1920er-Jahren erschienen bereits mehrere Bücher zu Sombarts These und viele Studien nahmen noch Jahrzehnte später, auch noch nach 1945, affirmativ Bezug auf das Buch.

In einer Serie von vier Abhandlungen zwischen 1909 und 1911 in der Zeitschrift *Archiv für Sozialwissenschaft und Sozialpolitik,* deren Herausgeber er wenige Jahre zuvor geworden war, bereitete Sombart das Erscheinen seines Buches vor. Hier schrieb er über die Themen »Der kapitalistische Unternehmer«, »Kommerzialisierung des Wirtschaftslebens« und »Technik und Kultur«.[15] Die der Öffentlichkeit hier vorgelegten knapp zweihundert Seiten waren einerseits das Ergebnis einer Überarbeitung von seinem Werk *Der moderne Kapitalismus,* für das Sombart 1902 seine innerfachliche und öffentliche Berühmtheit erst erworben hatte. Nun integrierte er in die dort noch ganz allgemein gehaltene Darstellung der historischen und systematischen Ursachen für die Entstehung der modernen Wirtschaft, die er mit dem in der Folge seines Buches geläufig gewordenen Begriff »Kapitalismus« belegt hatte, die These, dass es für diese Entstehung mit den Juden auch eine konkrete, benennbare Gruppe gebe, die als Erfinder, Verbreiter und Verteidiger der ökonomischen Moderne zu gelten habe. In den Aufsätzen waren Völkerpsychologie und Kollektivkonstruktion zum Bestandteil der nationalökonomischen Theoriebildung und so zu einem Argumentationsprinzip geworden. Es fällt auf, dass sie in einer größtmöglichen Verallgemeinerung formuliert waren: Im Titel trug keiner der Texte einen Hinweis auf die Verbindung zwischen Kapitalismus und Judentum, auch wenn sie exakt davon handelten.

Im ersten Aufsatz war dies noch weniger explizit, hier aber lässt vor dem Hintergrund der gleich zu Beginn beschworenen rein wissenschaftlichen, objektiven Methodologie die Beschreibung des idealtypisch verstandenen kapitalistischen Protagonisten aufhorchen. Erfolgsstreben und Gewinnabsicht – Sombart spricht vom »Produkt« des Profits (S. 708) – entstehe aus einer typologischen Verschmelzung von Unternehmer und Händler (S. 728f.); hier zeichnete der Autor das Bild des kapitalistischen Händlers in konsequenter Opposition zum herkömmlich-traditionell eher emphatischen Verständnis der deutschen oder italienischen mittelalterlichen oder neuzeitlichen Kaufleute, die in der einschlägigen Literatur immer als »schöpferisch« und »produktiv« gesehen werden. Sombart definierte die Tätigkeit des kapitalistischen Händlers – unabhängig vom jeweils gegebenen Handelsgut – als ganz unverbunden mit seinem Gegenstand, als berufsmäßiges »Berechnen und Verhandeln«. Die Figur des in den Kapitalisten gleichsam eingegangenen und mit diesem verschmolzenen Händlers scheint hier durch völlig fehlende Seriosität ausgezeichnet zu sein, Sombart präsentiert diesen modernen Kapitalisten-»Händler« als Spieler und »spekulierenden Kalkulator« (S. 735).

Im zweiten Aufsatz zur »Kommerzialisierung des Wirtschaftslebens« wird Sombart noch viel expliziter. »Kommerzialisierung« definierte er hier als »Auflösung aller wirtschaftlichen Vorgänge in Handelsgeschäfte; oder doch ihre Beziehung auf Handelsgeschäfte und damit, wie man es nicht ganz klar auszudrücken pflegt, unter die ›Börse‹ als dem Zentralorgan alles hochkapitalistischen Handels. Ich meine also wie ersichtlich«, so schrieb er, »den jedermann vertrauten Prozeß, der sich heute seiner Vollendung naht und der die Erfüllung des Kapitalismus bedeutet, den Prozeß der Verbörsianerung der Volkswirtschaft [...].«[16] Dieser Prozess, so Sombart weiter, sei durch die »Versachlichung des Kredits«, die »Vermarktung« von Forderungsrechten und eine »Ausbildung selbständiger Unternehmungen zum Zweck der Schaffung von Forderungsrechten« (Wertpapieren) gekennzeichnet, »also deren Kreierung aus Gewinnabsichten«. Für diese drei Elemente, so Sombarts These, könne er »den Nachweis« erbringen, dass an diesen Erfindungen die Juden Teil hatten, ja dass »die in dieser Entwicklung zum Ausdruck kommende Eigenart des modernen

Wirtschaftslebens recht eigentlich dem jüdischen Einflusse ihre Entstehung verdankt.« (Teil I, S. 632) Und er fährt fort:

»*Was wir sehr genau wissen, ist dieses: daß die Juden die Träger des Geldverkehrs während des ganzen Mittelalters waren, daß sie an den verschiedensten Plätzen Europas saßen und unter einander Beziehungen unterhielten [und] daß die Juden, als einflußreiche Vermittler internationalen Handels, das im Vulgarrecht der Mittelmeerländer traditionell überkommene Remittierungsgeschäft in größerem Umfange verwendet und weiter ausgebildet haben.*«[17]

Diese Abhandlungen beendete Sombart, indem er einen erkenntnistheoretischen Graben zog, um ein evidentes Problem zu beseitigen, das seine Theorie aufwies; nämlich den schlichten Umstand, dass es viele christliche Unternehmer und Kapitalisten gab. Wie schon bei der längst gängigen rhetorischen Unterscheidung von »Kaufmann« und »Händler« wiederholte er dieses auf Kollektivkonstruktionen und Völkerpsychologie basierende Auseinanderdividieren von selbst entwickelten »Typen« und »Stilen«, indem er die alten Industriellen von der neuen, vermeintlich »jüdischen« Kaste der Kapitalisten zu unterscheiden versuchte:

»*Der Unternehmer alten Stils trug noch branchenhaftes Gepräge, der neue Unternehmertyp ist gänzlich farblos. Wir können uns nicht vorstellen, daß Alfred Krupp anderes als Gußstahl, der alte Borsig anderes als Maschinen, Werner Siemens anderes als Elektrizitätsgüter herstellte [...]. Wenn Rathenau, Deutsch, Arnold, Friedländer, Ballin, Hulschinsky morgen ihre Stellungen untereinander vertauschten, würde vermutlich ihre Leistungsfähigkeit nicht sehr beträchtlich verringert werden. Weil sie alle Händler sind, ist ihr zufälliges Tätigkeitsgebiet gleichgültig.*« (Teil II, S. 66)

Hier hatte Sombart die Beispiele für seine Behauptung weder ökonomisch noch historisch (nach »alter« Sitte und »neuer« Mode) gewählt, sondern die von ihm präsentierten Namen verdeutlichen, dass er Ökonomie nach rein völkischen Distinktionen wahrnahm und nur so zu semantisieren in der Lage war: Alle »Unternehmer alten Stils« sind bei ihm deutscher, alle anderen dagegen jüdischer Herkunft. Nicht nur die Dichotomie »Händler« versus »Kaufmann« war nun wissenschaftsfähig, auch die von »Unternehmer« und »Kapitalist« enthielt nun eine konstruierte deutsch-jüdische Antinomie, die auch das Ergebnis hatte, einen »guten« von einem »schlechten« Kapitalismus zu scheiden, und somit kaum etwas mit der Sache, viel dagegen mit dem Autor zu tun hatte, der über sie räsonierte.[18]

Der Erfolg des Buches von 1911, in das diese Aufsätze eingingen, überdeckte die dichotomen Operationen; es galt ab seinem Erscheinen als Jahrhundertwerk, ohne das überhaupt nicht mehr zum Thema »jüdische Wirtschaft« oder »Juden und Kapitalismus« gesprochen werden konnte. Das 15. Tausend der im Text unveränderten Neuauflage von 1927 pries der Verlag selbstbewusst wie folgt an:

»*Das berühmte, auch in zahlreichen Übersetzungen verbreitete Buch macht auch heute – 16 Jahre nach seinem ersten Erscheinen – den Eindruck eines ganz großen künstlerischen Wurfes; es ist weder dem Stoffe noch der Darstellung nach überholt und kann mit keinem ähnlichen Werke verglichen werden. Es stellt zum ersten Mal in wissenschaftlicher und zusammenfassender Weise die Bedeutung fest, die den Juden für die Entwicklung des modernen Wirtschaftslebens zukommt. Das Ergebnis ist, daß der moderne Kapitalismus im wesentlichen als das Werk der Juden angesehen werden muß, die seit ihrer Vertreibung aus Spanien und Portugal zunächst in Holland und England, dann in Amerika, Frankreich, Deutschland und anderen Ländern das moderne Wirtschaftssystem zur Entfaltung bringen: sie weiten den Weltmarkt aus, sie sind an der Begründung der Kolonialwirtschaft und des modernen Staates wesentlich beteiligt; sie führen die Kommerzialisierung (Verbörsianisierung) des Wirtschaftsleben herbei; sie vertreten zuerst und verbreiten die Grundsätze der modernen Wirtschaftsführung. – Die Gründe, die diese hervorragende Bedeutung der Juden für das Wirtschaftsleben verständlich machen, findet der Verfasser zunächst in der eigentümlichen Lage, in der sich die Juden bei Begründung der modernen Volkswirtschaft befanden und zum Teil noch befinden: ihre Verbreitung über die Erde, ihr enges Zusammenhalten, ihre Fremdheit, ihr Reichtum befähigen sie zu der Rolle, die sie gespielt haben. Besonders aus der jüdischen Religion erklärt Sombart einen großen Teil der Wirksamkeit, die die Juden im Wirtschaftsleben ausgeübt habe. – In den letzten Abschnitten wird das Problem der jüdischen Eigenart ausführlich behandelt und die Frage aufgeworfen, wie dieses spezifisch jüdische Wesen entstanden sei; ob es blutsmäßig begründet oder nur äußerlich angeeignet, ob seit alters vorhanden oder erst im Laufe der Geschichte erworben sei. Das jüdische ›Rassenproblem‹ wird einer eingehenden Kritik unterzogen, ebenso werden die bisherigen Versuche einer geschichtlichen Deutung kritisch geprüft; und schließlich gibt Sombart auf Grund der Tatsachen eine eigene Darstellung vom Werdegang des jüdischen Volkes seit seinem Eintritt in Palästina bis heute. – Das Buch ist in streng objektivem Geiste abgefaßt. Der Verfasser enthält sich jeder Bewertung der von ihm festgestellten Tatsachen und überläßt es dem Leser, seine Schlüsse aus den Ergebnissen, zu denen das Buch gelangt, selbst zu ziehen.*«[19]

Die von Sombart entwickelten Thesen werden in dieser Anzeige so dargestellt, als seien sie international gesichertes Wissen; die von ihm rein willkürlich gebrauchten oder geprägten Begriffe erscheinen hier wie die feststehende Fachterminologie einer gültigen Wirtschaftsgeschichtsschreibung und, nicht zuletzt, auch der »streng objektive Geist« des Verfassers wird erneut herausgestrichen. Sein Buch hatte im Ganzen einen fast unanfechtbaren Status im Diskurs über »Juden und Geld« erhalten. Dabei hatte es – analog zu den satirischen Zeitschriften aus dem 19. Jahrhundert, die den »Banquier«, den »Börseaner« oder »Kommerzienrath« auch als beliebte Stereotype verwendeten[20] – eine Karikatur gezeichnet, aber im Unterschied zur Bildsatire dieser Zeit gerade kein Bekenntnis zum Genre der Polemik, ihren Überspitzungen und Übertreibungen abgelegt, sondern sich genau umgekehrt in den Schutz der Wissenschaft begeben und somit gegen die Lesart immunisiert, sein Werk könne lediglich für eine Meinung unter anderen gehalten werden. So trug *Die Juden und das Wirtschaftsleben* auf seine Weise – und deshalb umso wirkmächtiger –, wie auch die diffamierenden Schmähbilder der »Stürmer«-Karikaturen, dazu bei, die immer wiederkehrende Gleichsetzung von Juden und Kapitalismus in den Köpfen der Zeitgenossen zu verankern. Dessen Zeichner Philipp Rupprecht hatte seinen Bildern durch Attribute wie Geldsack, Münze, Börsenzeitung oder manchmal auch durch einen umfassenden bildlichen Code, der Körper (dicken Bauch), Kleidung (Anzug, Weste, Krawatte, Zylinder) und Luxusgüter (Schmuck, Zigarre, Uhrenkette) umfasste, eine plumpe Stimmigkeit mitgegeben, die die unmittelbare Funktion hatte, die Überzeugungen der Leser zu bestätigen und ihre Ängste anzustacheln.[21] So platt war das von Sombart gezeichnete Bild nicht, aber es war auch nicht weit davon entfernt. Laut Liliane Weissberg war ihnen gemeinsam, dass sie den Verdacht nährten oder nachzuweisen versuchten, die jüdische Religion erziehe dazu, den Mittel zum Zweck zu machen, das Geld zu vergöttern und so den Kapitalismus als quasi der eigenen Mentalität gemäßes Milieu zu befördern.[22]

VEREINNAHMUNGEN: SOMBART UND DIE JÜDISCHE GELEHRSAMKEIT

Die erwähnte Besprechung von Rachfahl – die Themenwahl, Fragestellung und Grundthese von Sombart als gängiges Allgemeinwissen darstellte – ist aus einem weiteren Grund von Interesse, denn er bemerkte hier prominent am Beginn seiner Rezension, dass Sombart »mit einer umfassenden Belesenheit in der umfangreichen, weit zerstreuten judaistischen Literatur« ausgerüstet sei und es so verstanden habe, »den großen Stoff […] wirklich zu durchdringen und zu meistern«.[23]

Das Verhältnis von Sombart zu jüdischer Gelehrsamkeit ist in der Tat ein entscheidender Transfer, in dem zwei Dinge zugleich geschahen: erstens eine durch den Autor durchaus nicht verheimlichte Übernahme von Wissen und

Informationen; zugleich aber auch eine damit einhergehende Verschiebung oder Umformulierung der Phänomene in die Sprache eines Wissenskollektivs, das im Hinblick auf die Juden nicht in der ersten Person Plural sprach, sondern mit dem auf sie verweisenden, distanzwahrenden »sie« operierte. Diese Mühe, mit der sich Sombart über Jahre hinweg, wie er schrieb, »das judaistische Problem«[24] zu eigen gemacht hatte, ist eigens zu analysieren; denn in dieser Übernahme lag ganz unabhängig von der Wertung de facto auch eine Anerkennung, eine thematische und publizistische Aufwertung, die manche Teile der enthusiasmierten Kritik in jüdischen Zeitschriften später zu erklären hilft. Wenn Sombart selbst anmerkte, er habe keine Vorarbeiten vorgefunden, so ist dies leicht anhand seines Buches zu widerlegen; denn er hatte die Bücher, Editionen, Aufsätze und Enzyklopädieartikel, die er verwendete, mit Akribie und Finderstolz benannt und aufgeführt. Die Bemerkung über die fehlende Forschungstradition ist somit nicht wörtlich zu nehmen, sondern erweist sich als Ausdruck der traditionellen Distanz zwischen der etablierten akademischen Welt und der Wissenschaft des Judentums.

Eine reale Distanz, die er selbst aber aus Sachgründen für sein Buch zu überwinden hatte; sie zeugt also von Vorbehalten, weil der Autor hier ganz offensichtlich die »Vorarbeiten« vermisste, die in allgemein anerkannten Traditionen standen – in jener von Universitäten und den dort etablierten Zeitschriften und Schriftenreihen. Diejenigen Studien, die die Juden und ihre Geschichte zum Thema machten und die für ihn bei diesem Buchprojekt essenziell waren, bildeten somit in seinen Worten nur das »Material«, wie er immer wieder betonte (S. 439, 460 u. ö.); eine Art Rohstoff, den erst er, Sombart, »aus lokalen Monographien und Zeitschriftenaufsätzen zusammen zu tragen« (S. 447) hatte und dem er auf diese Weise erst Dignität verlieh und den er in die eigentliche Wissenstradition emporhob. Er rügte die »judaistische Geschichtsforschung in und für Deutschland« allgemein dafür, dass sie »nicht von ferne die Leistungen aufzuweisen hat, wie die in anderen Ländern, namentlich England, Frankreich und den Vereinigten Staaten«.[25] Generell kritisierte er, dass jüdische Autoren ihr Interesse an Themen der Wirtschaft meist auf rechtliche Rahmenbedingungen konzentrierten:

> »Es ist wirklich höchst seltsam: so viel über das Judenvolk geschrieben ist: über das wichtigste Problem: seine Stellung im Wirtschaftsleben ist kaum etwas von grundlegender Bedeutung gesagt worden. Was wir an sogenannten jüdischen Wirtschaftsgeschichten oder Wirtschaftsgeschichten der Juden besitzen, verdient diese Namen meist gar nicht, denn es sind immer nur Rechtsgeschichten oder gar nur Rechtschroniken, die überdies die neuere Zeit ganz und gar unberücksichtigt lassen.«[26]

Von Anfang bis Ende der über 600 im Anhang beigegebenen Anmerkungen zitiert er immer wieder die *Zeitschrift für Demographie und Statistik der Juden*.[27] Sombart ging es aber, wie er selbst es ausdrückte, im Ganzen weniger um Quellenstudium als vielmehr darum, »die ganz großen Zusammenhänge aufzudecken«.[28] Weitere Zeitschriften wie *The Jewish Quarterly Review* (seit 1889) oder die von Zacharias Frankel gegründete *Monatsschrift für die Wissenschaft des Judentums* (seit 1851) werden zwar ausführlich und durchgängig zitiert, zugleich aber bemängelt Sombart in abschätziger Weise, die »judaistischen Zeitschriften« seien »in wirtschaftshistorischer Hinsicht außerordentlich dürftig« (S. 447f.) oder sie würden »im wesentlichen jüdisch-propagandistische Zwecke verfolgen«.[29] Eine solche Wertung fällt dann besonders auf, wenn man sie mit der Einschätzung vergleicht, die Sombart den Büchern Otto Glagaus zukommen lässt, in dessen Pamphleten *Der Börsen- und Gründungsschwindel in Berlin* (1876) und *Der Börsen- und Gründungsschwindel in Deutschland* (1877), die in der Forschung seit Langem als Klassiker des Antisemitismus gelten, er immer noch »die beste Quelle« zur Wirtschaftsgeschichte der Frühzeit des Kaiserreichs erkennen möchte und in denen er – »trotz aller Tendenz, trotz aller Einseitigkeiten und Übertreibungen und trotz aller zum Teil recht schiefen Werturteile« – vor allem das »Wertvolle« rühmte (S. 456).

Die bekannten Namen der jüdischen Geschichtsschreibung, vor allem Heinrich Graetz, Isaak Markus Jost, Meyer Kayserling, Moritz Güdemann und Georg Caro, tauchen selbstredend ebenso bei Sombart auf wie wiederkehrende Bezugnahmen auf Enzyklopädien, vor allem auf die *Jewish Encyclopedia*.[30] Für den besonders problematischen Abschnitt, nämlich über »Die Bedeutung der jüdischen Religion für das Wirtschaftsleben«, berief sich Sombart auch auf klassische theologische Darstellungen und Schriften zur jüdischen Ethik, etwa auf die Bücher von Moritz Lazarus und Hermann Cohen. Anderen der zitierten jüdischen Autoren erkennt er den Ausdruck »Historiker« nur in Anführungen, also in ehrabschneidendem Sinn, zu (S. 453). Im Rahmen der Bibelkritik, der Deutungen des Talmud und des Schulchan Aruch, in die sein ökonomietheoretisches Buch ja ebenfalls ausgreift, kritisiert Sombart die fatale Dialektik, die dadurch entstanden sei, dass Antisemiten das Werk »als Fundgrube ausgebeutet« haben, woraus folgte, dass jüdische Gelehrte »sich fast immer bemüßigt« gefühlt hätten, so Sombart, »die Angriffe der antisemitischen Pamphletisten abzuschlagen«. So sei leider »für die objektiv-wissenschaftliche Darstellung wenig übrig geblieben«. (S. 465)

Gegen Ende des 19. Jahrhunderts wuchsen auch die medizinische Literatur zur modernen Nervosität und Darstellungen zur Ethnologie und Anthropologie der Juden an – erwähnt seien in diesem Zusammenhang exemplarisch die

Arbeiten Arthur Ruppins –, die von Sombart ebenso einbezogen werden wie Freuds *Schriften zur Neurosenlehre*[31] oder Karl Marx' frühere Schrift *Zur Judenfrage*. Marx wurde von Sombart aufgrund dieses Texts sogar als einer der ganz wenigen Autoren gepriesen, der »in die jüdische Psyche tief und klar hineingeschaut« habe (S. 469).

Das Fazit also, das dieser Blick in die Arbeitsweise und die Argumentation Sombarts im Hinblick auf seine Aneignung jüdischer Quellen und Literatur gestattet, lautet: Zumeist wertet der Autor jene jüdischen Zeitschriften und Darstellungen aus, die statistische Daten und kritische Äußerungen von jüdischen Autoren über das Thema enthalten. Diese lobt er als objektiv, weist dagegen Darstellungen als »auffallend unvollständig« und »tendenziös« zurück, in denen er solche Kritik und negativen Werturteile nicht findet. Wenn der Autor so über die Ethik von Moritz Lazarus schreibt, diese mache dem »humanitären Herzen« des Verfassers alle Ehre, sie gehe jedoch »mit der historischen Wahrheit [...] recht willkürlich um«, dann meinte er bei Lazarus ein Prinzip zu erkennen, das auf ihn selbst noch viel mehr zutraf als auf den von ihm Kritisierten: Es sei, so monierte Sombart hier, »doch kaum statthaft, daß man alle Quellenstellen, die das Gegenteil der verfochtenen Meinung besagen, einfach ignoriert« (S. 468). Nicht anders verfuhr aber der Nationalökonom in seinem eigenen Bemühen, den Kapitalismus als »jüdisch« darzustellen.

EIN BUCH – ZWEI DISKURSE?
JÜDISCHE GELEHRTE UND SOMBART

Keine Analyse der Rezeption dieses Buches im innerjüdischen Diskurs kann an dem Wissenschaftsidealismus im deutschen Judentum um 1900 vorbeischauen, der in den Worten des Nationalökonomen Franz Oppenheimers wie in einer Sentenz festgehalten ist, als dieser schrieb: »In der Republik der Wissenschaft hat der Geringste, wenn er ihren Regeln folgt, alle Rechte ihrer Fürsten.«[32] Dass Werner Sombart als einer der bekanntesten Wissenschaftler seiner Zeit, als Koryphäe seines Faches und als Berliner Zelebrität den Juden in einem umfangreichen und in der Öffentlichkeit Furore machenden Buch ernsthaft, so konnte man es ja auffassen, einen wichtigen Anteil an der Entstehung der Moderne zuschrieb, ihnen hierfür eine nachgerade überragende, wenn nicht sogar die entscheidende Rolle nachwies – das war nicht nur eine literarische Sensation, das war für Juden auch als ein Kompliment von nichtjüdischer Seite zu verstehen.

Sombart sei unter den Volkswirten unserer Zeit »eine Klasse für sich«, so etwa Oppenheimer in seiner eigenen Besprechung, in der er den Teilen zustimmte, in denen Sombart die Besonderheiten jüdischer Wirtschaft beschrieb, dessen Erklärungen er aber scharf ablehnte. Sombart wirke weiter als die meisten seiner Kollegen, denn »[j]edes seiner Bücher trägt den Stempel einer eigenartigen und kraftvollen Persönlichkeit«, und er habe mit seiner Schrift alle, Juden und Anti- wie Philosemiten, leidenschaftlich bewegt.[33] Oppenheimer stellte zudem fest, dass es »kaum einen Zeitgenossen geben [werde], der imstande wäre, dieses Werk auf seinen Tatsachengehalt hin zu kontrollieren«. Um das Buch von Sombart angemessen zu besprechen, müsse man »nicht nur Nationalökonom und Wirtschaftshistoriker, sondern auch jüdischer Theologe, Anthropologe, Völkerpsychologe usw. sein«; das Werk stelle somit insgesamt »Spezialprobleme für einige hundert exakter Doktordissertationen und Professorenbücher«.[34]

Die Rezeption von *Die Juden und das Wirtschaftsleben* durch jüdische Gelehrte, die allein schon in der monographischen Darstellung des jüdischen Beitrags zur ökonomischen Moderne einen Akt der Anerkennung erblickten, spiegelt diese Bemerkung Oppenheimers. Sie dokumentiert sich etwa im Band *Juden im deutschen Kulturbereich* von Siegmund Katznelson aus dem Jahr 1934,[35] in dem zwar nicht hundert, wohl aber fünfzig Gelehrte den jüdischen Anteil an der modernen Wirtschaft, an den ihr zugrunde liegenden Wissenschaften und Erfindungen wie auch an den künstlerischen Errungenschaften der Zeit herausstellen. Richard Willstätter, Nobelpreisträger für Chemie, schrieb hierfür ein Geleitwort, in dem er »ein wahrhaft geschichtliches Bild von dem Anteil [...] [ankündigte], den die Juden an den kulturellen Leistungen ihres Vaterlands in der Zeitspanne von ›Nathan der Weise‹ bis zum Verlust der Gleichberechtigung« gehabt haben.[36] Der Herausgeber selbst, Kaznelson, beschrieb die Intention seines Werks in der Vorbemerkung ebenfalls, als den »Versuch eines historischen Rückblicks auf den Anteil, den deutsche Juden am wissenschaftlichen, künstlerischen, politischen, wirtschaftlichen, kurz: am kulturellen und sozialen Leben des deutschen Staatsgebiets bis zum Jahre 1933 genommen haben«.[37] Ein solcher Ansatz solle nicht als Apologie verstanden werden, es sei »nichts anderes als ein der geschichtlichen Wirklichkeit möglichst entsprechendes Bild« Ziel der Beiträge gewesen und es sei Aufgabe des Buches, »entgegen Über- wie auch Unterschätzung dieses Anteils«, so der Herausgeber mit Verweis auf das Buch von Sombart, »eine rein wissenschaftliche Darstellung zu geben, wie sie dem Gebot der Wahrheitsforschung entspricht«.[38]

Ganz ähnlich hatten zuvor auch schon der Chefredakteur des Finanz- und Handelsblattes der *Vossischen Zeitung,* Richard Lewinsohn, im Artikel »Kapitalismus, jüdischer« im *Jüdischen Lexikon,* sowie die jüdischen Nationalökonomen Kurt Zielenziger und Felix Theilhaber argumentiert: Lewinsohn mit deutlicher Distanz zu Sombart, Zielenziger und Theilhaber mit Kritik eher an dessen Übertreibungen.³⁹ Sombart erhielt sogar im Jüdischen Lexikon einen eigenen Personeneintrag, auch dieser war kritisch und hob hervor, dass sein Buch über die Juden in der modernen Wirtschaft häufig »als Rüstzeug« für Antisemiten verwendet werde.⁴⁰ Im gleichen Band widmete dort aber auch Mark Wischnitzer, Berliner Wirtschaftshistoriker und Generalsekretär des Hilfsvereins der deutschen Juden, dem sombartschen Buch breite Aufmerksamkeit in seiner Darstellung der modernen jüdischen Sozialgeschichte.⁴¹ Der Kulturhistoriker Eduard Fuchs hatte einige Jahre zuvor sogar ganz ungebrochen affirmativ im Anschluss an Sombart geschrieben:

> »Die Juden haben unter allen Völkern der Erde die umwälzendste Rolle gespielt. Ihre Rolle ist gleich der des Geldes, dessen umfangreichste Beherrscher sie von jeher sind. Sie haben damit dem modernen Antlitz der Welt, dem Gesicht, das diese seit dem Ausgang des Mittelalters trägt, einen Teil seiner wesentlichsten Züge verliehen; sie sind durch ihren Zusammenprall mit dem Abendland zu Menschheitsbildnern gewaltigsten Stiles geworden.«⁴²

Kapitalismus und Judentum waren in der Vorstellung von »Menschheitsbildnern gewaltigsten Stiles« auch hier – ohne die negativen Wertungen, die große Teile des Sombart-Buches charakterisieren – in Gänze zur Deckung gebracht worden. Am einflussreichsten aber war die Einschätzung des jüdischen Historikers Salo W. Baron, der 1928 mit Verweis auf Sombart schrieb:

> »Despite all the restrictions placed on his [i.e. the Jew in Early modern Times, N.B.] activities, it is no exaggeration to say that the average Jewish income much surpassed the average Christian income in pre-Revolutionary times. [...] [I]s it not remarkable that the most typical Ghetto in the world, the Frankfort Judengasse, produced in the pre-Emancipation period the greatest banking house of history? [...] Paradoxical as it may seem, the very restrictive legislation proved in the long run highly beneficial to Jewish economic development. It forced them into the money trade, and throughout the Middle Ages trained them in individual enterprise without guild backing, compelled them to set up wide international contacts (the banking house of Lopez was established by five brothers in Lisbon, Toulouse, Bordeaux, Antwerp and London).«⁴³

Barons Zeilen enthalten in klassisch zu nennender Weise noch den Stolz auf eine besondere kollektive Leistung. Sie können als Pars pro Toto einer vielfach variierten jüdischen Sichtweise auf das Buch von Sombart gewertet werden, mit dem impliziten Tenor, dass dies nun endlich auch ein nichtjüdischer Gelehrter anerkenne, auch wenn dieser es mit einigen »Übertreibungen« (»exagerations«) vorgetragen habe. Man benötige dessen Buch im Grund genommen gar nicht, um zu sehen, »that the Jew had an extraordinarily large share in the development of early capitalism, and received corresponding benefits«. Und weiter: »With the dawn of early capitalism, and the need for ready money for the new manufactures and international trading ventures, the Jew fitted readily into the new economic structure.«[44]

Es ist bezeichnend, dass Arthur Ruppins Buch *Die Juden der Gegenwart*, das zuerst 1904 erschienen war, im Jahr der Sombart-Kontroverse eine Neuausgabe erhielt, in der er die Befunde des Berliner Nationalökonomen sogleich voller Begeisterung mit aufnahm und in seine Darstellung integrierte.[45] Im Kapitel »Der wirtschaftliche Aufstieg der Juden« pries Ruppin den Kapitalismus als eine gleichsam jüdische Ära der großen Ermöglichungen und als Hauptursache für die, wie er es nannte, »beschleunigte Assimilation in der Gegenwart«. Und er skizzierte eine weitverbreitete jüdische Sombart-Lektüre, indem er mit Bezug auf ihn voller Stolz hinschrieb, dass den Juden »in der Rolle der kaufmännischen und industriellen Unternehmer [...] bald große Erfolge beschieden« waren, weil das Partikulare nun universell geworden sei:

»*(N)icht nur als Geldverleiher wurde der Jude in den Augen der Christen durch die veränderten wirtschaftlichen Verhältnisse ›ehrlich‹, auch als kaufmännischer oder industrieller Unternehmer konnte er sich jetzt betätigen, ohne Anstoß zu erregen. Unter der Herrschaft der Zunftorganisation hatte es als unehrenhaft gegolten, nach möglichst großem Warenabsatz und Gewinn zu streben, weil dadurch die anderen Zunftgenossen beeinträchtigt wurden. [...] Jetzt war mit dem Verfall der Zünfte dem Erwerbsstreben der Juden das Unehrenhafte genommen. Was er tat, taten die Christen jetzt auch, denn das private Erwerbsstreben, die Jagd nach Gewinn war zur Maxime des gesamten Wirtschaftslebens geworden. Auch diese Betätigung des Juden war ›ehrlich‹ geworden, weil die gesamte Volkswirtschaft ›jüdisch‹ geworden war.*« (S. 45)

In dieser zweiten Auflage verwies Ruppin also explizit auf Sombart und stimmte ihm darin zu, »daß die Juden ihre Rolle als Kaufleute nicht dem Zufall, sondern einer hervorragenden kaufmännischen Beanlagung [sic!] verdanken«. Ja, er bezeichnete es hier als gesichertes Wissen, in dem »so ziemlich alle Nationalökonomen einig« seien: Juden sind, so zitierte Ruppin eine Sombart-Sentenz aus dem *Kapitalismus*-Buch von 1902 in zustimmender Weise, »gleichsam die Inkarnation kapitalistisch-kaufmännischen Geistes«.[46] So übertrug er den Gedanken in jene jüdische Lesart, die einen triumphierenden Ton wählte, weil er die Akkulturation als Bedingung für Teilhabe ernst nahm und den Stolz auf die Bewältigung der Moderne herausstrich. Konkret heiße dies, schrieb er weiter, »daß die Juden in erheblich größerem Verhältnis als die europäischen Christen Leute hervorbringen, welche neben Energie und Wagemut auch geistige Beweglichkeit, insbesondere die Gabe schneller Auffassung und Kombination haben« (S. 47).

So schien Sombarts Darstellung über die Entstehung des Kapitalismus eine innerjüdische Sichtweise zu übernehmen. Dieses vermeintliche Kompliment aber hatte Züge einer labilen Währung: So war es etwa nur gültig im Zusammenhang mit der Verantwortung, ja, mit einer überproportionalen Weise, kollektiv Schuld für die Schatten- und Verlustseite der modernen Welt zugewiesen zu bekommen. So wurde das Kompliment als Währung dort wertlos, wo es vor dem Hintergrund einer im Ganzen äußerst kritischen Sicht auf die Gegenwart, auf die Schattenseiten der Industrialisierung und Nachteile der liberalen Verkehrswirtschaft oder generell des Marktes, bewertet wurde. So lag dieser vermeintlichen Anerkennung keineswegs Dank und Bewunderung zugrunde, sondern gerade das Gegenteil: Anschuldigungen und eine Form von kollektiver Haftbarmachung. Es war Siegfried Kracauer, der hierzu anmerkte, dass erst das ökonomische Denken selbst diese Form von Beitragsdenken im Negativen wie Positiven erfinden musste, da deutsche und jüdische Elemente faktisch in allen modernen Entwicklungen ja so vollständig miteinander verschmolzen seien, dass man sie unmöglich mehr »säuberlich voneinander trennen kann«.[47]

Der jüdische Wissenschaftsidealismus, wie ihn Oppenheimer formulierte, war also seinerzeit zu korrigieren, nicht zuletzt aufgrund solcher Bücher, wie dem von Sombart. Und seine Folgen müssen heute dekonstruiert werden, denn es waren im Grund genommen zwei voneinander getrennte Diskurse, die sich des Buches *Die Juden und das Wirtschaftsleben* zu bemächtigen versuchten; einer, der von der Bedeutung der jüdischen Emanzipation für die moderne Ökonomie positiv angetan war (an ihm partizipierten mehr jüdische als nichtjüdische Kommentatoren), und ein zweiter, der den damit verbundenen negativen Wertungen zustimmte (hier war es naheliegenderweise andersherum). Im Verlauf der Debatte um Sombarts Werk wurden immer mehr jüdische Stimmen laut, die mit guten Gründen und mit methodischer Kritik auf Distanz zum Autor und dessen Thesen gingen, etwa Max Samuel Melamed oder Sigbert Feuchtwanger.[48] Oder aber die Argumentation verlief im Ganzen umgekehrt, etwa in Felix Theilhabers Frühwerk *Der Untergang der deutschen Juden* von 1911, das den Untertitel »Eine volkswirtschaftliche Studie« trug. Auch dieses war in Bezug auf Sombart geschrieben und kann als eine umgekehrte Zustimmung gewertet werden, da er zwar auch den hohen Anteil von Juden in der modernen Wirtschaft zum Thema machte, dabei aber nicht die These vertrat, die Juden hätten die herkömmliche Wirtschaft zerstört, sondern gerade umgekehrt die Gefahr beschwor, dass die moderne Ökonomie und die »Ausstrahlungen des Kapitalismus« das Judentum beenden würden.[49]

Die Aporie der jüdischen Rezeption des sombartschen Buches wird an diesen Beispielen mehr als deutlich. Da es aber eine direkte Auseinandersetzung von seiten Sombarts mit jüdischen Kollegen nicht gab und er ihre Schriften nur dort verwendete, wo sie ihm nützlich für die eigene These erschienen, enthält dieses Kapitel der Rezeption im Grund genommen auch kein Gespräch mehr. Franz Oppenheimer formulierte dies in einem Brief an Sombart: »Sie bieten diskursive Wissenschaft an und weigern sich dann, mit Fachleuten darüber zu diskutieren!«[50]

SCHLUSS: DIE NATIONALÖKONOMIE UND DIE ETHNISIERUNG DER SOZIALEN FRAGE

Matthew Lange hat in seiner Studie zur antisemitischen deutschsprachigen Kapitalismuskritik zwischen 1850 und 1930, die auf Wissenschaft, populären Sachbüchern und Tagespublizistik wie auf fiktionalen Texten basiert,[51] die These aufgestellt, dass der moderne Antisemitismus eine dritte Kapitalismuskritik zwischen der sozialistischen und der christlich-ständischen Soziallehre bildete. Diese Vorstellung von den drei Kapitalismuskritiken ist sogar noch schärfer zu fassen, da der Antisemitismus nicht nur in einer von ihnen dominiert, sondern tatsächlich in allen drei Milieus markant zutage tritt. Es handelt sich also, in Zuspitzung einer Formulierung, die Jeffrey Herf vor dreißig Jahren verwendete, weniger um »theoretischen Antisemitismus« als viel mehr um eine »antisemitische Theorie«.[52] Der Unterschied liegt im Status des hier verhandelten Stoffes: In Ersterem ist Antisemitismus eine Meinung und benötigt einen Träger, der sich zu dieser Meinung bekennt; in Letzterem ist er zu behauptetem Wissen geworden und über dieses Wissen wachen nichtbekennende Antisemiten.

Werner Sombarts Buch ist heute als nachgerade klassischer Ausdruck einer solchen Tendenz zur »antisemitischen Theorie« ohne Antisemitismus zu betrachten; ein Dokument, das nicht identisch mit dem ist, was als »akademischer Antisemitismus«[53] beschrieben wurde.[54] Der bekennende Antisemitismus hat Sombart stets als Vorläufer anerkannt, doch hier kehrte die Kritik, er sei »projüdisch« oder habe auf neutrale Weise den Juden doch insgesamt zu viel Bedeutung zugemessen, immer wieder.[55] Es war Arno Herzig, der den sombartschen Text in die Tradition von Heinrich von Treitschke einordnete und dabei die Nähe der beiden Verfasser mit guten Argumenten herausstellte. Aber während Treitschke Ende der 1870er-Jahre im berühmten »Berliner Antisemitismusstreit« von jüdischer Seite aus vor allem Widerspruch erhalten hatte, und dies quer zu allen politischen Parteien, war das Besondere an dem Buch von Sombart drei Jahrzehnte später das Gegenteil; nämlich die Tatsache, dass es in einem so hohen Maß Fragen der jüdischen Moderne ansprach, dafür – vom

Centralverein deutscher Staatsbürger jüdischen Glaubens (CV) bis hin zum Zionismus (der das Buch zu Beginn euphorisch pries)[56] – aus ganz unterschiedlichen Gründen Zuspruch und Zustimmung erhielt, im Ganzen aber gerade nicht den jüdischen Anteil an allen positiven Seiten des modernen Kapitalismus, wohl aber denjenigen an seinen Schattenseiten herausstellen wollte.

Diese zunehmende Ethnisierung der sozialen Frage im späten 19. und in der ersten Hälfte des 20. Jahrhunderts konnten einzelne jüdische Gelehrte wie auch politische Organisationen mit Aufklärungsbroschüren nicht mehr aufhalten. Entsprechende Materialien, die überliefert sind, scheinen ihren Hauptadressaten in jüdischen Lesern gesehen zu haben, als Form der intellektuellen Bestärkung, das offensichtlich Falsche nicht zuletzt doch noch selbst für wahr zu halten, wo es inzwischen Eingang in Wissenschaft und Bildung, in Zeitungspublizistik, Nachschlagewerke und nicht zuletzt auch in innerjüdische Diskurse gehalten hatte.

Bücher, Broschüren und Merkblätter beschritten dabei unterschiedliche Wege: einer, der an das allgemeine Wissen und die Informationspflicht des Einzelnen appellierte; ein anderer, der für ein neues Denken oder einen anderen Blick auf die Gegenwart warb. Der erste Weg ist in der Merkblattsammlung *Anti-Anti* des CV dokumentiert, die 1924 erstmals in einem Umfang von knapp 60 Seiten erschien und dann erweitert in immer neuen Auflagen vertrieben wurde, bis sie schließlich 1932 das 37. Tausend und einen Umfang von 186 Blatt erreichte.[57] Hier setzten die Autoren ihre Hoffnung ganz offenkundig auf Informationen, mit denen sie besonders grobe und denunziatorische Behauptungen des allgemeinen und organisierten Antisemitismus durch Fakten zu widerlegen versuchten: Die häufigsten ökonomischen Topoi des Antisemitismus erhielten eine schlichte Gegendarstellung.

Wer den allenthalben zu »Wissenschaft« und »Wissen« geronnenen antisemitischen Desinformationen folgte, konnte zur Meinung gelangen, dass es zwei Ökonomien gebe: eine schlechte jüdische und eine gute allgemeine. Hiergegen wandte sich die Aufklärungsschrift; etwa im Beitrag »Arbeit und Juden«, in dem dargelegt wurde, wie seit dem Altertum und durch das ganze Mittelalter hindurch Juden mehrheitlich in Landwirtschaft und Handwerk tätig gewesen waren; indem sie die Bedeutung der körperlichen Arbeit für die Geschichte der Juden herausstrich, Nachweise aus der Bibel anführte und berühmte nichtjüdische Wissenschaftler, Gelehrte und Nationalökonomen wie etwa Lujo Brentano zitierte:

»Es zeugt von völliger Verständnislosigkeit gegenüber volkswirtschaftlichen Fragen, wenn man dem ›raffenden‹ (›nicht an den Boden gefesselten‹) Kapital der Banken das ›schaffende‹ Kapital der Industrie und Landwirtschaft gegenüberstellt. [...]. Die Behauptung, die Banken hätten nur mit ›raffendem‹ Kapital, also Leihkapital zu tun, ist falsch, weil a) gerade die Banken durch

> *Aktienemission, durch Kreditgewährung und durch die verschiedensten Arten des Finanzierungsgeschäfts den Zufluß des Kapitals zur Industrie bewirken; b) gerade die Sparkassen die Gelder ihrer Kunden, also das Kapital des Mittelstandes und der Arbeiterschaft in festverzinslichen Werten, also leihkapitalistisch anlegen.«* (Nr. 29a)

Im Eintrag »Reichtum« (Nr. 60a-c) legte der CV »das Märchen vom ›jüdischen‹ Reichtum« dar und führte an, dass international mit Henry Ford und John D. Rockefeller und in Bezug auf Deutschland mit Bertha Krupp von Bohlen und Halbach, Fritz Thyssen, Fürst Henckel von Donnersmarck, Fürst von Hohenlohe und Carl Friedrich v. Siemens keineswegs Juden die reichsten Menschen der Gegenwart seien. Umgekehrt habe die »Proletarisierung und Verarmung, die den Mittelstand zum Teil vernichtet hat, [...] selbstverständlich auch die deutschen Juden ergriffen« (Nr. 60c). Und auch das Warenhaus, von den Antisemiten als Erfindung zur Verführung der Massen denunziert, wurde verteidigt:

> *»Warenhaus und Kleinbetrieb befriedigen meist verschiedene Bedürfnisse des kaufenden Publikums.«* (Nr. 75a) *»Der Anteil des Umsatzes der Warenhäuser am Umsatz des gesamten deutschen Einzelhandels wird weit überschätzt.«* (nur ca. 1/25 oder knapp 4 Prozent, ebd.) *»Der Freiburger Universitätsprofessor Adolf Lampe (Nichtjude) spricht sich über die vielfach vertretene Auffassung von der ›Mittelstandsgefährdung‹ durch das Warenhaus in seiner Schrift ›Der Einzelhandel in der Volkswirtschaft‹ (Berlin 1930) folgendermaßen aus: ›Dieses nüchterne Tatsachenbild, das eine erste Uebersicht der Größenordnung bietet, zeigt bereits recht deutlich, daß der ›mittelständische Einzelhandel‹, als Ganzes genommen, durch alle seine ihm mehr oder minder verwandten Konkurrenten keineswegs ernstlich bedroht ist. [...] Von einer irgendwie zwangsläufigen Verdrängung der Kleinbetriebe kann kaum die Rede sein. Seit 1925 zeigt die Aufgliederung der Einzelhandelsbetriebe nach Größenordnungen in der berufsgenossenschaftlichen Statistik keine auffälligen Entwicklungstendenzen.«* (Nr. 75b)

Außerdem verwiesen die Blätter darauf, dass viele deutsche Waren- und Kaufhäuser nichtjüdische Besitzer hätten, etwa Althoff, Herzog, Zeeck, Oberpollinger, C. & A. (Nr. 75b). Und weiter heißt es hier in diesen Handreichungen zum Selbstschutz gegen die immer wiederkehrenden Anschuldigungen:

> *»Das gesamte Warenhaus- und Einheitspreis-Geschäftsproblem ist lediglich aus antisemitischen Gründen zu einem ›jüdischen‹ Problem gemacht worden. Das Problem ist weder ›jüdisch‹ noch ›christlich‹. Schädigen die Warenhäuser die Entwicklung des Mittelstandes, dann leiden die jüdischen Kaufleute ebenso wie die nichtjüdischen. Man muß endlich lernen, wirtschaftliche Probleme wirtschaftlich und nicht durch die antisemitische Brille zu sehen.«* (Nr. 75c)

Auch die schmale Broschüre *Wir deutschen Juden* von 1932 wurde vom Centralverein verfasst.[58] Hier aber ging es im Unterschied zur Argumentationshilfe, die die *Anti-Anti*-Blätter darstellten, weniger um die informative Auflistung von Daten und Fakten aus dem realen Wirtschaftsleben, sondern mit Zeichnungen und Illustrationen wurde der Versuch unternommen, anders auf die Dinge zu schauen und ökonomische Zusammenhänge nicht verzerrt, verschoben und antisemitisch als Vorwürfe gegen die Juden zu verwenden, zwecks besseren Verständnisses der Verflochtenheit moderner Wirtschaftsprozesse. Also um ein Denken, das für einen anderen und neuen Blick auf die vermeintlichen Skandale im modernen Wirtschaftsleben warb.

Heute wissen wir, dass beide jüdische Abwehrstrategien keine Änderung des allgemeinen Bewusstseins herbeizuführen in der Lage waren. Aber so wurden sie ungewollt zu Dokumenten, die aufzeigen, was Siegfried Kracauer in dem zitierten Essay von 1933 schrieb: Indem Deutschland die Juden austrieb, verneinte es einen jüdischen Geist, »der nicht nur jüdisch ist«[59] – und verließ so seine eigene Mission.

1 Ernst Niekisch, Das Reich der niederen Dämonen, Berlin 1957, S. 199.
2 Ebd., S. 200.
3 Joseph Eberle, Die Bibel im Lichte der Weltliteratur und Weltgeschichte, Bd. 1, Wien 1949, S. 81f.; zit. nach: Andreas Kilcher, »Jüdische Literatur« und »Weltliteratur«. Zum Literaturbegriff der Wissenschaft des Judentums, in: Aschkenas 18/19 (2008/2009), H. 2, S. 465–483, hier: S. 471f.
4 Vgl. Abraham H. Foxman, Jews and Money. The story of a stereotype, London 2010.
5 Als Pionierstudie für einen solchen Anlass unerlässlich: Christoph Cobet, Der Wortschatz des Antisemitismus in der Bismarckzeit, München 1973.
6 Werner Sombart, Die Juden und das Wirtschaftsleben, Leipzig 1911.
7 Zum Gesamtzusammenhang von Entstehung, Thesen und Rezeptionsgeschichte des Buches vgl. jetzt vor allem: Friedrich Lenger, Werner Sombarts »Die Juden und das Wirtschaftsleben (1911)« – Inhalt, Kontext und zeitgenössische Rezeption, in: Nicolas Berg (Hg.), Kapitalismusdebatten um 1900. Über antisemitisierende Semantiken des Jüdischen, Leipzig 2011, S. 239–253; Tobias Metzler, Werner Sombart im Ausland – »Die Juden und das Wirtschaftsleben« in England, Amerika und Frankreich, in: ebd., S. 255–292; Thomas Meyer, Zur jüdischen Rezeption von Werner Sombart – Julius Guttmanns Schrift, in: ebd., S. 293–317 (in allen Beiträgen sind Angaben zur Spezialforschung); außerdem: Karsten Krieger, Werner Sombart, in: Wolfgang Benz (Hg.), Handbuch des Antisemitismus. Judenfeindschaft in Geschichte und Gegenwart, Bd. 2/2: Personen (L–Z), Berlin 2009, S. 781–784.
8 Werner Sombart, Der moderne Kapitalismus, Bd. 1: Die Genesis des Kapitalismus, Leipzig 1902; vgl. hierzu: Georg von Below, Die Entstehung des modernen Kapitalismus, in: Historische Zeitschrift 91 (1903), S. 432–485.
9 Max Weber, Die protestantische Ethik und der »Geist« des Kapitalismus I, in: Archiv für Sozialwissenschaft und Sozialpolitik (AfSS) 20 (1905), S. 1–54.
10 Edgar Jaffé, Der treibende Faktor in der kapitalistischen Wirtschaftsordnung, in: AfSS 40 (1914), S. 3–29, hier: S. 3.
11 Hans Liebeschütz, Das Judentum im deutschen Geschichtsbild von Hegel bis Max Weber, Tübingen 1967, S. VIII.
12 Sombart, Die Juden und das Wirtschaftsleben, wie Anm. 6, S. VII.
13 Felix Rachfahl, Das Judentum und die Genesis des modernen Kapitalismus [Rezension von: Werner Sombart, Die Juden und das Wirtschaftsleben, Leipzig 1911], in: Preußische Jahrbücher, Bd. 147 (1912), H. 1, S. 13–86, hier: S. 13.
14 Nathan Birnbaum, Der Rummel um Sombart, in: Ost und West 12 (1912), H. 3, Sp. 211–218, hier: Sp. 218.

15 Werner Sombart, Der kapitalistische Unternehmer, in: AfSS 29 (1909), S. 689–758; ders., Die Kommerzialisierung des Wirtschaftslebens, Teil I, in: AfSS 30 (1910), S. 631–665; Teil II, in: AfSS 31 (1910), S. 23–66; sowie: ders., Technik und Kultur, in: AfSS 33 (1911), S. 305–347.
16 Sombart, Die Kommerzialisierung des Wirtschaftslebens, Teil I, wie Anm. 15, S. 631.
17 Ebd., S. 636; Sombart zit. hier: Levin Goldschmidt, Universalgeschichte des Handelsrechts, Stuttgart 1891, S. 410.
18 Ein ähnliches Verfahren wandte der heute kaum mehr bekannte Antisemit Gustav Böhmer in seiner Schrift Niederlage und Sieg der deutschen Gesinnung von 1897 an, in der er den »reichen Bankjuden« oder »jüdischen großkapitalistischen Ausbeuter« (Baron Maurice de Hirsch) von einem »echt deutschen grosskapitalistischen nützlichen Kraftmenschen« (Carl von Stumm-Halberg) unterscheidet; vgl.: Matthew Lange, Bankjuden, in: Wolfgang Benz (Hg.), Handbuch des Antisemitismus. Judenfeindschaft in Geschichte und Gegenwart, Bd. 3: Begriffe, Theorien, Ideologien, Berlin/New York 2010, S. 40–42, hier S. 42.
19 Anzeige des Verlags Duncker & Humblot für Die Juden und das Wirtschaftsleben (1928), in: Rudolf Kaulla, Der Liberalismus und die deutschen Juden. Das Judentum als konservatives Element, München/Leipzig 1928, hier nach S. 100.
20 Vgl. Michaela Haibl, Vom »Ostjuden« zum »Bankier«. Zur visuellen Genese zweier Judenstereotype in populären Witzblättern, in: Jahrbuch für Antisemitismusforschung 6 (1997), S. 44–91. Haibl spricht jedoch zu Recht auch im Hinblick auf die von ihr untersuchten Karikaturen von »zeichnerischer Aggression« (S. 51).
21 Vgl. Julia Schwarz, Visueller Antisemitismus in den Titelkarikaturen des »Stürmers«, in: Jahrbuch für Antisemitismusforschung 19 (2010), S. 197–216; zur Funktion v .a. S. 210f.; von den hier untersuchten 320 Titelkarikaturen aus der Zeit zwischen 1933 und 1939, die Juden und Judentum zum Thema haben, war mehr als jede dritte den »jüdischen Kapitalisten« und der »jüdischen Finanzoligarchie« gewidmet, im Jahr 1935 waren es sogar 50 Prozent der Karikaturen (ebd., S. 211).
22 Liliane Weissberg, Notenverkehr. Antisemitische Motive und Texte auf dem Notgeld der 1920er Jahre, in: Helmut Gold/Georg Heuberger (Hg.), »Abgestempelt«. Judenfeindliche Postkarten, Heidelberg 1999, S. 276–283, hier S. 276.
23 Rachfahl, Das Judentum und die Genesis des modernen Kapitalismus, wie Anm. 13, S. 13.
24 Sombart, Die Juden und das Wirtschaftsleben [weiter zit.: JWL], wie Anm. 6, S. V; weitere Zitatnachweise im Folgenden in Klammern im Text.

25 JWL, S. 447 (Anm. 128).
26 JWL, S. VIf.; ähnlich die Bemerkungen im Anhang, S. 463.
27 JWL, S. 437 und 476. In der ersten Nennung bezieht sich Sombart auf eine Arbeit von Jakob Fromer, in der letzten auf einen Aufsatz von Alfred Nossig.
28 JWL, S. 447.
29 JWL, S. 448; Letzteres v.a. im Hinblick auf die Allgemeine Zeitung des Judentums (ab 1837).
30 Die englischsprachige Jewish Encyclopedia (1901–1906) wird von Sombart auf fast jeder Seite der Verweise zitiert. Seine Bemerkung, die JE sei »gerade in ihren biographischen Teilen besonders wertvoll« (S.-462) lässt vermuten, dass Sombart nicht in erster Linie an der Darstellung interessiert war, sondern dass er hier lediglich die Namen seiner Wirtschaftsakteure nachschlug, um sich zu vergewissern, ob sie jüdisch waren oder nicht.
31 JWL, S. 467, 472; Sombart zitiert: Sigmund Freud, Sammlung kleinerer Schriften zur Neurosenlehre, 2. Folge, Wien/Leipzig 1909.
32 Franz Oppenheimer, Die soziale Frage und der Sozialismus. Eine kritische Auseinandersetzung mit der marxistischen Theorie, Jena 1913, S. IV.
33 Franz Oppenheimer, Die Juden und das Wirtschaftsleben, in: Neue Rundschau 22 (Juli 1911), H. 7, S. 889–903, hier S. 889.
34 Ebd., S. 890; vgl. auch Franz Oppenheimer, Brief an Werner Sombart vom 16. Mai 1911, in: Geheimes Staatsarchiv Preußischer Kulturbesitz (GStAPK), IV. HA, Nl Sombart, Nr. 4 f (Bl. 575–582). Hier heißt es: »Ihr Judenbuch habe ich studiert und für das Hauptorgan der zionistischen Organisation und für die ›Neue Rundschau‹ angezeigt. Sie werden die beiden Arbeiten hoffentlich bald in die Hand bekommen, und ich nehme an, dass Sie zufrieden sein werden. Ich habe mich bemüht, die Kritik so zu halten, wie jede Kritik gehalten sein sollte, als prinzipielle Auseinandersetzung der entscheidenden Punkte, ohne jedes Herumnörgeln an Einzelheiten.«
35 Siegmund Kaznelson (Hg.), Juden im deutschen Kulturbereich. Ein Sammelwerk. Mit einem Geleitwort von Richard Willstätter, dritte Ausgabe mit Ergänzungen und Richtigstellungen, Berlin 1962 [zuerst 1934].
36 Richard Willstätter, Geleitwort, in: ebd., S. VII-XI, hier: S. VII.
37 Siegmund Kaznelson, Vorbemerkung zur ersten Auflage (1935), in: ebd., S. XII–XIII, hier: S. XII.
38 Ebd., S. XII.
39 Vgl. Art. »Kapitalismus, jüdischer«, in: Jüdisches Lexikon, Bd. 3 (Ib–Ma), Berlin 1927, Sp. 584–585; Kurt Zielenziger, Juden in der deutschen Wirtschaft, Berlin 1930; Felix A. Theilhaber, Schicksal und Leistung: Juden in der deutschen Forschung und Technik, Berlin 1931.
40 Vgl. Art. »Sombart, Werner«, in: Jüdisches Lexikon, Bd. 4/2 (S–Z), Berlin 1927, Sp. 493f.
41 Vgl. Art. »Wirtschafts- und Sozialgeschichte der Juden«, in: ebd., Sp. 1447–1458.
42 Eduard Fuchs, Die Juden in der Karikatur. Ein Beitrag zur Kulturgeschichte, München 1921, S. 72; zit. nach: Weissberg, Notenverkehr, wie Anm. 22,, S. 277.
43 Salo W. Baron, Ghetto and Emancipation. Shall We Revise the Traditional View?, in: The Menorah Journal 14 (1928), No. 6, S. 515–526.
44 Ebd.; in dieser Tradition noch: Eduard Rosenbaum, Some Reflections on the Jewish Participation in German Economic Life, in: Leo Baeck Institute Year Book 1 (1956), S. 307–314.
45 Arthur Ruppin, Die Juden der Gegenwart. Eine sozialwissenschaftliche Studie, 2. Aufl., Köln/ Leipzig 1911 [zuerst: 1904].
46 Werner Sombart, Der moderne Kapitalismus, Bd. 2, wie Anm. 8, S. 349; aus der zweiten Auflage von Ruppin, Die Juden der Gegenwart, wie Anm. 45, S. 47.
47 Siegfried Kracauer, Conclusions [Bestandaufnahme] (1933), in: Inka Mülder-Bach/Ingrid Belke (Hg.), Siegfried Kracauer. Werke, Bd. 5.4: Essays, Feuilletons, Rezensionen, Berlin 2011, S. 467–473, hier S. 468. Kracauers Beitrag macht deutlich, dass bei dem zu einem Prozess gewordenen »gegenseitigen Empfangen und Nehmen« im Grund genommen weder Kritik am jüdischen Beitrag zur deutschen Moderne sinnvoll ist noch der von Juden als »Gegenrechnung« hierzu formulierte Wunsch nach Dank.
48 Max Samuel Melamed, Psychologie des jüdischen Geistes. Zur Völker- und Kulturpsychologie, Berlin 1912; 2. Aufl. 1914; Sigbert Feuchtwanger, Die Judenfrage als wissenschaftliches und politisches Problem, Berlin 1916. Beide Bücher sind Beispiele für eine Grundsatzauseinandersetzung mit Sombart.
49 Felix A. Theilhaber, Der Untergang der deutschen Juden. Eine volkswirtschaftliche Studie, 2., veränderte Aufl., 3. bis 4. Tausend, Berlin 1921 [zuerst 1911], S. 146: »Die Juden als Träger des Kapitalismus sind am meisten von den Launen des Kapitals abhängig und von den Schäden der Geldwirtschaft getroffen. Die religiösen Teile des jüdischen Volkes kämpfen um die Suprematie des Geistes über die mächtigen wirtschaftlichen Einflüsse.«
50 Franz Oppenheimer, Brief an Werner Sombart vom 16. Mai 1911, in: Geheimes Staatsarchiv Preußischer Kulturbesitz, VI. Hauptabteilung, Nachlass Sombart, Nr. 17, Bl. 216.
51 Matthew Lange, Antisemitic Elements in the Critique of Capitalism in German Culture 1850–1933, Oxford 2007.
52 Jeffrey Herf, Werner Sombart: Technology and the Jewish question, in: ders., Reactionary Modernism.

Technology, Culture, and politics in Weimar and the Third Reich, Cambridge/London/New York 1989, S. 130–151; vgl. auch: Ulrich Wyrwa, Kapitalismuskritik, in: Benz (Hg.), Handbuch des Antisemitismus, Bd. 3, wie Anm. 18, S. 171f.; Wyrwa betont die Koinzidenz von Kapitalismuskritik und der Wendung zum modernen Antisemitismus.

53 Karen Schönwälder, Akademischer Antisemitismus. Die deutschen Historiker in der NS-Zeit, in: Jahrbuch für Antisemitismusforschung 2 (1993), S. 200–229.

54 Vgl. Arno Herzig, Zur Problematik deutsch-jüdischer Geschichtsschreibung, in: Menora 1 (1990), S. 209–234, hier: S. 217.

55 Etwa: Richard Mun, Die Juden in Berlin, Leipzig 1924. Der Verf. zeichnet die Namen der von ihm konsultierten Autoren mit den Kürzeln »Jf.« (»judenfreundlich«), »N.«. (»Neutral«) und »A.« (Antisemit), Sombart erhielt bei Mun ein »N.«

56 Vgl. den Artikel »Sombart und wir«, dessen Tenor folgendermaßen lautete: »[D]ie Hauptsache ist dieses: daß ein Nationalökonom von Weltruf, ein Nichtjude, ein Forscher, den selbst einer seiner Gegner einmal einen der geistvollsten Soziologen der Gegenwart genannt hat, als Resümé seiner jahrelangen Arbeiten über die Judenfrage zu einer unzweideutigen Rechtfertigung der nationaljüdischen , der zionistischen Bewegung kommt [...]. Denn wir sind kein Volk von Schwärmern, aber wir wollen auch kein Volk von Krämern sein noch werden.«, in: Jüdische Rundschau 16 (1911), Nr. 50 vom 15. Dezember 1911, S. 589, zit. nach: Yehuda Reinharz (Hg.), Dokumente zur Geschichte des deutschen Zionismus 1882–1933, Tübingen 1981, S. 100–102, hier S. 101 u. 102.

57 Anti-Anti. Blätter zur Analyse. Tatsachen zur Judenfrage, 7. erweiterte und neu bearbeitete Auflage, hrsg. vom Centralverein deutscher Staatsbürger jüdischen Glaubens, Berlin o. J. [1932], unpaginiert; vgl. vor allem die folgenden Einträge: »Arbeit und Juden« (Nr. 3), »Auslandsbanken« (Nr. 4), »Kapital« (Nr. 29), »Reichtum« (Nr. 60), »Warenhäuser« (Nr. 75), »Wucher« (Nr. 77).

58 Centralverein Deutscher Staatsbürger jüdischen Glaubens (Hg.), Wir Deutschen Juden, 321–1932, Berlin o. J. [1932], S. 39 (»Schaffendes u. raffendes Kapital«).

59 Kracauer, Conclusions [Bestandaufnahme], wie Anm. 47, S. 472.

RADIKALER ANTIKAPITALISMUS.
DER JUDE ALS KOMMUNIST

Jerry Z. Muller

Zu den Merkwürdigkeiten der neueren europäischen Geschichte gehört die Tatsache, dass Juden von anderen nicht nur mit dem Kapitalismus identifiziert wurden, sondern auch mit der extremsten Form von Antikapitalismus, dem Kommunismus. Auch wenn der Antisemitismus oft mit dem Antikapitalismus verbunden war, trug das Vorhandensein des Antisemitismus doch auch dazu bei, eine Anzahl von Juden in eine Bewegung zu treiben, die versprach, den Antisemitismus auszurotten, indem sie dessen angebliche Grundlage, den Kapitalismus selbst, abschaffte. In Wirklichkeit aber verstärkte der Umstand, dass sich Juden mit dem Kommunismus identifizierten, nur den Antisemitismus. So kam eine katastrophale Dialektik in Gang: Der Antisemitismus führte dazu, dass Juden innerhalb der kommunistischen Bewegungen in Führungspositionen gelangten, und ihre exponierte Stellung in einer Bewegung, die die bestehende Gesellschaft bedrohte, lieferte wiederum dem Antisemitismus neue Nahrung.[1]

Der Mythos vom Juden als Bolschewik entstand in der Woge von Revolutionen gegen Ende des Ersten Weltkriegs. Er wurde dann zu einem zentralen Element im Programm des ideologischen Antisemitismus der Nazis und regte zahlreiche Nichtdeutsche zur Kollaboration bei der mörderischen Ausführung dieses Programms im Zweiten Weltkrieg an. Nach dem Krieg beeinflusste die Dialektik von Antisemitismus und jüdischer Beteiligung am Kommunismus auch weiterhin die Geschichte Osteuropas, indem die deutlich sichtbare Rolle, die Männer und Frauen jüdischer Herkunft bei der Sowjetisierung Osteuropas spielten, den Antisemitismus noch einmal verwandelte – diesmal in eine Begleiterscheinung der Opposition gegen den Stalinismus innerhalb der breiten Bevölkerung der betroffenen Staaten. In einer letzten Wendung versuchten die Sowjets und die Kommunisten Osteuropas dann, diesen neuen Antisemitismus für ihre eigenen Zwecke zu nutzen.

Die verhängnisvolle Wechselwirkung zwischen rechtem Antisemitismus und jüdischer Unterstützung des revolutionären Kommunismus ist nicht unbemerkt geblieben. Aber nur selten ist man der Frage nach ihrer Bedeutung für die Geschichte des modernen Judentums und des modernen Europa nachgegangen. Ich möchte hier die Umrisse dieser Geschichte nachzeichnen und mich dabei nicht, wie die meisten Historiker, auf Motivationsfragen, sondern auf die beabsichtigten und unbeabsichtigten Folgeerscheinungen konzentrieren.

Innerhalb dieser Geschichte nimmt Ungarn einen besonderen Platz ein. Wohl nirgendwo sonst ging der wirtschaftliche und gesellschaftliche Aufstieg von Juden so schnell vor sich wie in Ungarn während des halben Jahrhunderts vor dem Ersten Weltkrieg. Nirgendwo waren Juden in den kommunistischen Revolutionen am Ende dieses Krieges so exponiert wie in Ungarn. Der Holocaust traf die ungarischen Juden erst spät, dann aber mit einer Geschwindigkeit wie nirgendwo sonst. Und nach dem Zweiten Weltkrieg bot Ungarn noch einmal ein extremes Beispiel für die Präsenz von Juden in der neuen kommunistischen Regierung, die von der Roten Armee an die Macht gebracht wurde.

Die antisemitische Identifizierung der Juden mit dem Kapitalismus beruhte auf einer Übertreibung, ihre Identifizierung mit dem Kommunismus hingegen auf einer Verzerrung. Eine Übertreibung war die Identifizierung der Juden mit dem Kapitalismus insofern, als sie eine reale Grundlage darin hatte, dass Juden tendenziell tatsächlich die besseren Kapitalisten waren. Die Identifizierung der Juden mit dem Kommunismus beruhte darauf, dass zwar nur wenige Juden tatsächlich Kommunisten waren, dass aber diese wenigen innerhalb der kommunistischen Bewegungen besonders exponiert waren. Der »jüdische Bolschewismus« war ein Mythos. Aber wie bei vielen Mythen reichte sein Wirklichkeitsbezug gerade so weit, dass sich ein plausibles Schreckgespenst daraus machen ließ.

Der Universalismus des Marxismus, seine Verheißung, alle ethnisch oder religiös bedingten Unterschiede zwischen den Menschen zu beseitigen und ein brüderliches Verhältnis zu den Nichtjuden zu stiften, machte ihn für junge Juden und andere ethnische Minderheiten attraktiv. Die größte Anziehungskraft entwickelte er dabei in Gestalt des Sozialismus, einer Bewegung mit starken demokratischen Wurzeln, die sich während des 20. Jahrhunderts in eine reformerische Kraft innerhalb der kapitalistischen Gesellschaft verwandelte. Eine nicht unerhebliche Minderheit junger Juden (die oft, wenn auch nicht immer, aus Russland stammten) fühlte sich jedoch von der radikaleren, revolutionären Bewegung des Kommunismus angezogen, und dies in ganz unterschiedlichen Weltgegenden: in Russland ebenso wie in den Vereinigten Staaten, in Ägypten ebenso wie in Südafrika.[2] Diese Anziehung sollte sich als fatal erweisen.

Vor allem in Ost- und Mitteleuropa wurde die Verbindung der Juden mit dem Kommunismus über weite Strecken des 20. Jahrhunderts sehr wichtig. Jüdisches Leben spielte sich dort vor dem Hintergrund eines tiefsitzenden Antisemitismus ab. Im Russischen Reich und in Rumänien zeigte sich dieser Antisemitismus auf politisch-administrativer Ebene darin, dass man den Juden die Bürgerrechte verweigerte, dass man ihr Wohnrecht und ihren Zugang zu Bildungseinrichtungen einschränkte; und im Alltagsleben zeigte er sich in Pogromen. In vergleichsweise liberaleren Ländern wie dem Deutschen Reich oder der Donaumonarchie war der Antisemitismus subtiler und weniger drückend. Aber in Ost- wie in Mitteleuropa wurde er in seiner Intensität, seiner Reichweite und seiner Durchsetzungskraft bald durch jüdische Revolutionäre beeinflusst und manchmal verändert, deren Handeln durch einen Filter bestehender antisemitischer Vorurteile gedeutet und als repräsentativ für das Judentum als Ganzes angesehen wurde.

Jede Untersuchung, die sich mit solchen Zusammenhängen befasst, steht vor dem Dilemma, zu definieren, wer als Jude gelten soll. Soll der Historiker auch diejenigen einschließen, die sich bewusst und ausdrücklich vom jüdischen Glauben und von der Judenheit abgewendet haben (wie etwa Karl Marx, den sein vom jüdischen Glauben abgefallener Vater mit vier Jahren zum Luthertum konvertieren ließ)? Wenn man solche Leute als Juden betrachtet, erweckt man möglicherweise den Eindruck, man würde rassistische Kategorien akzeptieren, die den Juden von ihren Feinden aufgezwungen wurden. Hielte man sich allein an die Definitionen von Antisemiten, so würde man zuletzt auch diejenigen zu den Juden zählen, die keinerlei historische Verbindung zum Judentum haben. Bei der Untersuchung der historischen Beziehung zwischen Juden, Kommunismus und Antisemitismus scheint es am sinnvollsten zu sein, diejenigen als Juden zu betrachten, die von anderen als solche wahrgenommen wurden und tatsächlich jüdischer Herkunft waren. Die Attraktivität des Kommunismus erwuchs zu einem erheblichen Teil aus dem Verlangen, dieser Herkunft zu entkommen, die mit Partikularismus, Provinzialismus, Rückständigkeit und oft genug auch mit Handel und Geschäftemacherei in Verbindung gebracht wurde.[3]

DIE SOWJETISCHE FEUERPROBE

Ein Artikel, der im Februar 1920 unter dem Titel »Zionismus contra Bolschewismus – Ein Kampf um die Seele des jüdischen Volkes« im Londoner *Illustrated Sunday Herald* erschien, nennt den Bolschewismus ein »Komplott internationaler Juden [...] Nun endlich hat diese sonderbare Truppe von Gestalten aus der Unterwelt der Großstädte Europas und Amerikas das russische Volk beim Schopf gepackt und sich praktisch zum unbestrittenen Herrn dieses Riesenreiches gemacht.«

Der Verfasser dieses Artikels, Winston Churchill, äußerte hier eine Ansicht, die von vielen Gegnern des Bolschewismus in und außerhalb Russlands geteilt wurde. Ihnen allen erschien die prominente Rolle von Männern jüdischer Herkunft innerhalb der bolschewistischen Führung unübersehbar.[4] Leo Trotzki, Volkskommissar des Auswärtigen in Lenins erstem Kabinett, hatte 1917 den Umschwung innerhalb des Petrograder Sowjets organisiert, der dann die Oktoberrevolution auslöste und zum Sturz der liberalen Regierung Alexander Kerenskis führte. Zu den prominenten Bolschewisten jüdischer Herkunft gehörten auch der Präsident des Obersten Sowjets, Jakow Swerdlow;

der stellvertretende Vorsitzende des Rats der Volkskommissare und Vorsitzende des Moskauer Sowjets, Lew Kamenew (eigentlich Rosenfeld); der Vorsitzende des Petrograder Sowjets und Führer der Kommunistischen Internationale Grigori Sinowjew (eigentlich Radomyslski); der Leiter der Petrograder Abteilung der Geheimpolizei, der »Tscheka«, Moissei Urizki; und Karl Radek (eigentlich Sobelsohn), eine der führenden Figuren in der russischen und der deutschen Kommunistischen Partei.

Angesichts so vieler Bolschewiken jüdischer Herkunft in Führungspositionen lag es nahe, den Bolschewismus als »jüdisches« Phänomen zu betrachten. Und wenn schon Winston Churchill, der dem Antisemitismus persönlich fernstand, den Bolschewismus für eine Krankheit der jüdischen Gemeinschaft halten konnte, kamen jene, denen die Juden schon immer als Feinde der christlichen Kultur erschienen waren, erst recht zu dem Schluss, der Bolschewismus sei nichts anderes als eine weitere Ausprägung dessen, was den Wesenskern der jüdischen Seele ausmache. Und doch war es in fast jeder Hinsicht völlig verfehlt, den Bolschewismus mit den Juden gleichzusetzen.

Gewiss, die meisten russischen Juden begrüßten den Sturz des zaristischen Regimes, das dem Antisemitismus Vorschub geleistet hatte, das den größten Teil der Juden gezwungen hatte, innerhalb des »Ansiedlungsrayons« zu wohnen, und ihren Zugang zu höherer Bildung radikal eingeschränkt hatte. Es war noch nicht allzu lange her, da hatte die zaristische Regierung die Juden aus Moskau vertrieben (1891); hatte im Gefolge der Revolutionen von 1905 Pogrome gegen Hunderte von jüdischen Siedlungen geduldet und sogar unterstützt; hatte Mendel Beilis im Jahre 1911 wegen des Vorwurfs vor Gericht gestellt, er habe einen nichtjüdischen Jungen ermordet, um sein Blut für jüdische Ritualzwecke zu benutzen; und hatte, nachdem man die Schuld an den Niederlagen der russischen Armee im Jahr 1914 den Juden zugeschoben hatte, Hunderttausende von ihnen in das Innere Russlands deportiert.

Nach der Revolution im Februar 1917 jedoch hatte die Kerenski-Regierung die rechtliche Ungleichbehandlung der Juden beendet. Mehr noch – der vom Staat ausgehende Antisemitismus hatte, trotz seiner Härte, den größten Teil der Juden keineswegs der radikalen Linken zugetrieben. Politisch aktive Juden waren im zaristischen Russland größtenteils keine Sozialisten. In der ersten russischen Duma von 1906 gab es zwölf Juden, von denen neun den liberalen Konstitutionellen Demokraten angehörten. Von den Juden, die Sozialisten waren, standen die meisten dem jiddischistischen »Bund« nahe, eine kleinere Anzahl der zionistischen Gruppierung »Poale-Zion«, eine noch kleinere Anzahl den Menschewiken und die winzigste Minorität den Bolschewiken. Die meisten russischen Juden unterstützten den Bolschewismus schon deshalb nicht, weil dessen Atheismus ihren religiösen Überzeugungen zuwiderlief und dessen Wirtschaftspolitik die zahlreichen jüdischen Kaufleute, Händler und Ladenbesitzer bedrohte. Im Jahr 1918 schloss das Rabbinat von Odessa die jüdischen Bolschewiken aus der jüdischen Gemeinde aus. Der Moskauer Oberrabbiner Jakob Mazeh soll einmal zu Trotzki (eigentlich Bronstein) gesagt haben: »Die Trotzkis machen die Revolutionen, und die Bronsteins zahlen dafür.« Dieser Gedanke kam in der folgenden Zeit immer wieder zur Sprache, während die offizielle jüdische Gemeinde voller Besorgnis zusah, wie Juden innerhalb der revolutionären Bewegung immer deutlicher hervortraten.

Erst nach dem Ausbruch des Bürgerkriegs wandten sich Juden in stärkerem Maß den Bolschewiken zu, dies jedoch nicht, weil sie sich von den Roten besonders angezogen fühlten, sondern weil ihnen angesichts der massiven Pogrome, die mit den Kämpfen einhergingen, ihr Selbsterhaltungstrieb sagte, dass sie keine andere Wahl hätten. Im Jahr 1919 marschierte die Rote Armee mit Trotzki an der Spitze in der Ukraine ein. In seinem Aufruf zur Hilfe gegen die Bolschewiken behauptete der Befehlshaber einer paramilitärischen Gruppe, der ukrainische Nationalist Nikifor Grigoriew: »Die Leute, die Christus gekreuzigt haben, beherrschen jetzt die Ukraine.« Andere Partisanengruppen übernahmen den Kampfruf »Tod den Juden! Für den orthodoxen Glauben!«.

Die mörderischen Angriffe auf Juden in Weißrussland und in der Ukraine inmitten der Wirren des Bürgerkriegs gingen weniger auf Befehle der politisch Verantwortlichen als vielmehr auf die Stimmung in der bäuerlichen Bevölkerung zurück. Das Direktorat der Ukrainischen Volksrepublik und der Befehlshaber der Weißen, Denikin, versuchten vergeblich, die örtlichen Kommandeure unter Kontrolle zu bringen, denen der Zusammenbruch der Ordnung eine willkommene Gelegenheit zum Plündern und Morden bot. Im Verlauf der Kämpfe wechselten einige dieser Kommandeure die Seite und setzten ihre Pogrome unter bolschewistischer Schirmherrschaft fort. In der Ukraine wurden damals etwa 70.000 Juden ermordet, weitere 50.000 Juden von den Weißen in Denikins russischer Freiwilligenarmee. Auf diese Weise wurden die Juden in die Arme der Roten getrieben. Sie kamen zu dem Schluss, dass ihr Überleben wohl oder übel von der Niederlage der Konterrevolution abhing.

In den folgenden Jahren kam es zu einer gefährlichen Verzerrung des Gesamtbildes der jüdischen Beteiligung am Bolschewismus. Juden waren in der Bolschewistischen Partei – ähnlich wie andere ethnische Gruppen, die unter Diskriminierung gelitten hatten – etwas überrepräsentiert. Da aber die Juden stärker städtisch geprägt waren und über eine bessere Bildung verfügten als die anderen Gruppen, übernahmen sie auch in größerem Umfang aktive Rollen in der Partei und hatten, nachdem sie ihr einmal beigetreten waren, bessere

Aufstiegschancen. Zwischen 1917 und 1922 war zwischen einem Sechstel und einem Fünftel der Delegierten bei den Parteikongressen der Bolschewisten jüdischer Herkunft. In den Zwanzigerjahren lag der Anteil der Juden unter den Mitgliedern der Kommunistischen Partei der Sowjetunion bei fünf Prozent und war damit etwa doppelt so hoch wie ihr Anteil an der Bevölkerung.

Da der größte Teil der Beamtenschaft und der Intelligenzija aus vorrevolutionärer Zeit eine Zusammenarbeit mit den Bolschewiken ablehnte oder umgekehrt von den Bolschewisten weiterhin mit Misstrauen betrachtet wurde, gelangten gebildete Juden oft auf wichtige Posten und übernahmen besonders sensible Aufgaben innerhalb der Bürokratie und Verwaltung des neuen Regimes. So kam es, dass viele Russen bei ihrem ersten Kontakt mit dem neuen Regime einem Kommissar, einem Steuerbeamten oder Geheimdienstler jüdischer Herkunft gegenüberstanden. Die soziologische Zusammensetzung der kommunistischen Bewegung interessierte diese Menschen nicht. Sie fanden ihren Antisemitismus bestätigt und verschmolzen das Bild vom Juden als Politkommissar mit dem uralten Bild vom Juden als Gottesmörder.

Das rasche Vordringen von Juden in die Bereiche von Wirtschaft, Kultur und Politik setzte sich in den Zwanzigern fort und erreichte Mitte der 1930er-Jahre seinen Höhepunkt.[5] Im Jahr 1926 wurde zum letzten Mal ein jüdisches Mitglied ins Politbüro berufen – Lasar Kaganowitsch, der später die politisch motivierte Hungersnot in der Ukraine steuerte, wobei Millionen ukrainischer Bauern zu Tode kamen. Die Mehrsprachigkeit der Kommunisten jüdischer Herkunft führte dazu, dass sie auch in der Kommunistischen Internationale überrepräsentiert waren und eine Schlüsselrolle beim Aufbau neuer kommunistischer Bewegungen in der ganzen Welt spielten.[6] Während der Großen Säuberung in den Jahren 1934 bis 1939 waren Juden unter den »Säuberern« (als Angehörige der Geheimpolizei) ebenso überrepräsentiert wie unter deren Opfern. Zu ihnen gehörte auch Genrich Jagoda, der ab 1934 als Chef der Geheimpolizei fungierte, bis er 1936 selbst als Verräter verdächtigt und 1938 hingerichtet wurde.[7] Aber auf jeden jüdischen Kommunisten, der den Säuberungen zum Opfer fiel, kamen sehr viel mehr jüdische Opfer aus den Reihen der Religiösen und der Zionisten sowie andere, die dem Regime die Gefolgschaft verweigerten. Da die vorhandenen Posten im Zuge der Säuberungen mit Funktionären aus der Bauern- und Arbeiterklasse neu besetzt wurden, ging der Anteil der Juden innerhalb des Partei- und Staatsapparats rasch deutlich zurück.[8] Unmittelbar vor dem Ausbruch des Zweiten Weltkriegs begann eine Kampagne zur Entfernung ethnischer Juden aus der sowjetischen Elite, die dann nach 1948 wieder in Gang gebracht wurde und ihren Höhepunkt in der »Ärzteverschwörung« kurz vor Stalins Tod im März 1953 erreichte.[9]

DIE GESCHEITERTEN REVOLUTIONEN IN DEUTSCHLAND UND DAS BEISPIEL UNGARN

In Mitteleuropa und insbesondere in Deutschland verlief die Geschichte etwas anders.[10] In der Zeit bis 1918 waren die meisten deutschen Juden in die Mittel- oder sogar bis in die Oberschicht aufgestiegen, sodass bei ihnen Armut als Motiv für eine Hinwendung zum Sozialismus ausfiel. Im Gegenteil, in ihrem Wahlverhalten und dort, wo sie politisch aktiv wurden, orientierten sich die Juden, entsprechend ihrem sozialen und wirtschaftlichen Status als Angehörige der Mittelschicht, so weit nach rechts, wie das politische Spektrum es ihnen erlaubte. Allzu weit nach rechts ging es dabei allerdings nicht. Denn wie im größten Teil des übrigen Europa blieb der Zugang zur politischen Rechten den Juden auch in Deutschland versperrt, da die rechtsgerichteten Parteien das Christentum als festen Bestandteil der nationalen Identität ansahen. (In Italien, wo die politische Rechte weniger zum Antisemitismus neigte, schlossen sich der faschistischen Partei auch bürgerliche Juden an und einige von ihnen gelangten in prominente Stellungen.)

So stimmten die deutschen Juden in den Jahrzehnten vor dem Ersten Weltkrieg bei Wahlen mehrheitlich für die Liberalen. Die meisten politisch aktiven Juden jedoch fanden sich in den Reihen der Sozialisten. Manche von ihnen führte das Verlangen nach größerer politischer und gesellschaftlicher Gleichheit ins sozialistische Lager. Den deutschen Juden waren zwar die vollen bürgerlichen und politischen Rechte inzwischen gewährt worden, aber bei ihrem Aufstieg in die höheren Sphären der Gesellschaft oder des Bildungswesens fanden sie ihren Weg zu verantwortlichen Positionen in Staat und Verwaltung oft versperrt und ihre Chancen für eine akademische Karriere beschränkt – nicht durch Gesetze, sondern aufgrund fortbestehender Vorurteile. Andere Juden hingegen fühlten sich eher von einer apokalyptischen Idee der sozialistischen Revolution angezogen.

In den Jahren vor 1914 war die Hochkultur der gebildeten Schichten West- und Mitteleuropas geprägt von einer Abneigung gegen die liberale, bürgerliche »Gesellschaft« und dem Bestreben, neue Quellen von »Gemeinschaft« zu erschließen. Aufgrund dieser Antipathie wandten sich viele junge deutsche Intellektuelle im Lauf der Zeit der radikalen Rechten und einem Nationalismus zu, der ihnen neue kollektive Ziele auf der Grundlage einer angeblich gemeinsamen Vergangenheit zu verheißen schien. Den jüdischen Intellektuellen, die von diesem Antiliberalismus ebenfalls beeinflusst wurden, zugleich aber von Bewegungen, die sich der Rückkehr zu den germanischen Wurzeln verschrieben, grundsätzlich ausgeschlossen waren, boten sich als Alternativen der Zionismus (dem sich vor 1918 aber nur wenige anschlossen) und der visionäre Sozialismus an. Er versprach, die angeblich zur Vereinzelung der Menschen führende Zivilisation des liberalen Kapitalismus durch eine neue Kultur der Gemeinschaftlichkeit zu ersetzen, die alle Menschen ohne Ansehen ihrer Herkunft vereinen würde.

Nach dem Zusammenbruch der deutschen Monarchie im November 1918 gelangten Juden zum ersten Mal an exponierte Stellen innerhalb des Staatsapparats, wo sie Regierungsverantwortung übernehmen konnten. Die meisten jüdischen Sozialisten in Deutschland begrüßten wie ihre nichtjüdischen Genossen den Durchbruch zur vollen parlamentarischen Demokratie, den die Massendemonstrationen der Arbeiter gegen Ende des Krieges herbeigeführt hatten. Für eine gewisse Zeit blieb die reale Macht im Land geteilt zwischen einer provisorischen Regierung aus parlamentarischen Vertretern der sozialistischen und liberalen Parteien auf der einen Seite und den Arbeiter- und Soldatenräten auf der anderen. Damit stand die Linke vor einer politischen Grundsatzentscheidung. Die Sozialdemokraten bevorzugten ein System, in dem die Souveränität bei einem Parlament lag, über dessen Zusammensetzung in demokratischen Wahlen vom gesamten Volk entschieden wurde. Links von ihnen standen die Spartakisten, aus denen die neue Kommunistische Partei hervorging, die sich dafür einsetzte, die oberste Staatsgewalt bei den »Räten« zu verankern, dem deutschen Äquivalent der russischen »Sowjets«. Zwischen ihnen standen die Unabhängigen Sozialdemokraten von der USPD, die in der Frage »Parlaments- oder Räteherrschaft?« schwankten.

In den schicksalhaften Monaten nach 1918 wurden die parlamentarischdemokratischen Bestrebungen der Sozialdemokraten durch eine Reihe von Revolutionen in Berlin und München infrage gestellt. Zuletzt beschlossen die sozialdemokratischen Führer, sich im Kampf gegen die Bedrohung durch die radikale Linke auf Einheiten der alten kaiserlichen Armee und die neu gebildeten Freikorps zu stützen – eine unheilvolle Entscheidung, denn die jungen Veteranen dieser konterrevolutionären Einheiten wurden später das Rückgrat des Nationalsozialismus. Häufig hatten Juden die unterdrückten Revolutionen angeführt, was eine wesentliche Ursache für das Wiederaufleben des politischen Antisemitismus in Deutschland war.

Statistisch betrachtet, weist die Beteiligung der Juden an der neuen Kommunistischen Partei Deutschlands das gleiche Muster auf, dem man auch anderswo begegnet.[11] Gemessen an der Gesamtzahl der Juden in Deutschland, war deren Unterstützung für die Kommunisten verschwindend gering. Unter den Parteiaktivisten jedoch waren die Juden mit etwa sieben Prozent der Teilnehmer bei der Gründungsversammlung der Partei einigermaßen überrepräsentiert. Zu dem elfköpfigen Zentralkomitee gehörten auch vier Kommunisten jüdischer Herkunft, alle mit akademischer Ausbildung: Rosa Luxemburg, Leo Jogiches, Paul Levi und August Thalheimer.

Aus Polen stammend und seit Langem als Theoretikerin und Agitatorin in der polnischen und deutschen sozialistischen Bewegung aktiv, hatte Rosa Luxemburg die parlamentarische Demokratie als »kleinbürgerliche Illusion« abgelehnt und die deutschen Sozialdemokraten als die »Schabbesgojim« der deutschen Kapitalisten bezeichnet – ein Ausdruck, der nichtjüdische Diener bezeichnete, die in den Häusern der Juden jene Dienste verrichteten, die den Juden am *Schabbes*, dem Sabbat, untersagt waren. Als Theoretikerin der »revolutionären Spontaneität« hatte sie sich seit langem bemüht, das deutsche Proletariat zu revolutionärem Handeln anzustacheln. In einem Leitartikel für das Zentralorgan des Spartakusbundes *Die Rote Fahne* schrieb sie am 14. Dezember 1918 unter der Überschrift »Was will der Spartakusbund?«: »In diesem letzten Klassenkampf der Weltgeschichte um die höchsten Ziele der Menschheit gilt dem Feinde das Wort: Daumen aufs Auge und Knie auf die Brust!« Als nun die Führung der Kommunistischen Partei im Januar 1919 zum bewaffneten Aufstand aufrief, fühlte sich Rosa Luxemburg verpflichtet, sie zu unterstützen, obwohl der Rückhalt ihrer Partei in der Bevölkerung gering war. Daraufhin wurde sie von den Soldaten eines Freikorps, das die sozialdemokratische Regierung zur Niederschlagung der Revolte herbeigerufen hatte, brutal ermordet.

In Bayern dominierte auf dem Höhepunkt der revolutionären Turbulenzen ein Zirkel jüdischer Intellektueller fast ohne politische Erfahrung. Geplant und angeführt wurde die Revolution in Bayern von Kurt Eisner, Mitglied der USPD, der am 7. November 1918 das Ende der Monarchie verkündete und eine Bayerische Republik ausrief. Die Münchner Arbeiterschaft ließ sich auf einer Woge des Abscheus gegen die Monarchie, die das Land in den Krieg geführt hatte, mitreißen. Es war dieser Abscheu gegen das alte Regime, der Eisner, einen bärtigen Bohemien und Theaterkritiker, in dem konservativen, katholischen, ländlich geprägten, antisemitischen Bayern an die Macht kommen ließ. Als Münchner Juden Eisner in einem Brief baten, zugunsten eines Nichtjuden zurückzutreten, antwortete er, die Frage nach der Herkunft stamme aus einem »Zeitalter, das wir inzwischen überwunden haben«, und behielt das Ruder in der Hand.

Massive Arbeitslosigkeit und Lebensmittelknappheit gehörten bald zum Alltag der neuen Bayerischen Republik, die bei der Demobilisierung der aus dem Krieg heimkehrenden Soldaten mit gewaltigen Problemen zu kämpfen hatte und infolge ihrer unrealistischen Wohlfahrtspolitik bald von einem Staatsbankrott bedroht war. Eisner war ein Mann mit hohen Idealen, aber geringer Urteilskraft, der es mit seinem rhetorischen Radikalismus und seinem unberechenbaren Taktieren bald schaffte, sämtliche politischen Lager gegen sich aufzubringen. Im Januar 1919 bekam seine Partei noch 2,5 Prozent der Wählerstimmen. Auf dem Weg zum bayerischen Landtag, wo er seinen Rücktritt erklären wollte, wurde er von einem jungen Adligen ermordet.

Nach einer wirren Übergangsphase kam am 7. April 1919 eine zum großen Teil aus linken Intellektuellen jüdischer Herkunft bestehende neue Regierung an die Macht und rief in München eine Räterepublik aus. An dieser kurzlebigen Regierung wirkten unter anderen mit: der Anarchist Gustav Landauer; der Dramatiker Ernst Toller, der verkündete, Anbruch des Sozialismus bedeute auch die Befreiung des Menschen von aller kapitalistischen und geistigen Unterdrückung; der radikale Redner Erich Mühsam, über dessen politische Haltung ein Freund sagte, er wolle ständig links von sich selbst stehen; und der sozialistische Theoretiker Otto Neurath, der der neuen Regierung als Sozialisierungskommissar beitrat. Seine Pläne zur Vergesellschaftung von fast allem kamen über das Stadium ihrer Verkündung zwar nicht hinaus, aber er war doch lange genug im Amt, um die bayerische Mittel- und Oberschicht in Angst und Schrecken zu versetzen. Nach einer Woche wurde diese erste Sozialistische Republik Bayern von einer noch radikaleren Gruppe verdrängt, die mit der Kommunistischen Internationale in Verbindung stand und nun die Zweite Bayerische Räterepublik ausrief. An ihrer Spitze stand Eugen Leviné-Nissen, ein aus Russland stammender Gefolgsmann Rosa Luxemburgs, den die Kommunistische Partei nach München entsandt hatte. Die Sozialdemokraten, die größte Partei im gewählten bayerischen Parlament, ersuchte Berlin um Hilfe bei der Unterdrückung der Kommunisten, woraufhin die Reichsregierung Truppen in Marsch setzte, denen sich Freikorps aus Nordbayern anschlossen. Im Mai marschierten sie in München ein und beendeten die Bayerische Räterepublik in einer Woge von Terror.

Zu denen, die die traumatische Erfahrung dieser Räterepubliken erlebten, gehörte auch der eben aus dem Militärdienst entlassene Adolf Hitler. Er war schon früher Antisemit gewesen, aber erst in der Zeit danach entdeckte er eines seiner verführerischsten Themen, das ihn nicht mehr losließ: die »jüdisch-marxistische Weltverschwörung«.

Die meisten deutschen Juden empfanden keinerlei Begeisterung für die Ereignisse im November 1918 und nachher, sondern betrachteten sie, wie viele andere Deutsche, als eine nationale Katastrophe. Jüdische Zeitungen in München und anderswo warnten sogar, das Auftreten revolutionärer Juden werde den Antisemitismus weiter schüren. Sie irrten sich nicht. Nachdem Kurt Eisner im Februar 1919 ermordet worden war, äußerte die *Kreuzzeitung*, das ehrwürdige Organ des preußischen Konservatismus, Eisner sei einer der übelsten Vertreter des Judentums, das in den letzten Monaten eine so prägende Rolle in der deutschen Geschichte gespielt habe. In der auffälligsten Weise verbänden sich in ihm zwei Merkmale seiner Rasse, ihr historischer Internationalismus – denn auch Eisner sei »von Geburt« Ausländer – und ihre rassisch bedingte Fantasterei, im Gegensatz zum deutschen Realismus. Hier tauchte ein weiteres Element der sich abzeichnenden Katastrophendialektik auf: Das neue Judenbild, das sich nun in den Köpfen der Deutschen festsetzte, beruhte auf dem Handeln gerade jener Juden, denen die jüdische Religion und die Sorge um das Schicksal des Judentums am allerfernsten lagen.

Die Antisemiten der deutschen Rechten beschränkten sich in ihrem Hass natürlich nicht auf die jüdischen Befürworter einer deutschen Räterepublik. Ihre Abneigung schloss die Sozialdemokraten und die Liberalen ebenfalls ein. Aber es war die Möglichkeit, Sozialdemokraten und Liberale mit jüdischen Kommunisten in Verbindung zu bringen, die das Bild vom jüdisch-kommunistischen Revolutionär so nützlich für die deutsche Rechte machte.

Wenn Juden im Verlauf der Revolutionen in Russland und Deutschland deutlich sichtbar waren, so schienen sie in Ungarn allgegenwärtig zu sein.[12] Heute ist die ungarische Räterepublik fast vergessen, aber zu ihrer Zeit erregte sie großes Aufsehen. Sie entstand nach dem Zusammenbruch der liberalen Regierung im März 1919 und blieb 133 Tage lang bestehen, bis sie, durch innere Zersetzungserscheinungen geschwächt, von rumänischen Truppen zu Fall gebracht wurde. Von ihren 49 Kommissaren waren 31 jüdischer Herkunft. Zu den Schlüsselfiguren der Ungarischen Räterepublik gehörten Béla Kun, der Außenminister und eigentliche Chef des Regimes; Tibor Szamuely, der stellvertretende Kriegskommissar, zu dessen Aufgaben auch die Unterdrückung der Konterrevolution gehörte; und Ottó Korvin (Klein), der Chef der Geheimpolizei. Außerdem gehörten zu ihr auch der zum Bolschewiken gewordene Philosoph und Literaturtheoretiker Georg Lukács und Mátyás Rákosi (Roth), der drei Jahrzehnte später Diktator im stalinistischen Ungarn werden sollte. Zum Vorsitzenden des revolutionären Regierungsrates wählten sie Sándor Garbai, einen Nichtjuden. Rákosi witzelte später, man habe Garbai auf diesen Posten gewählt, um »jemanden zu haben, der auch am Samstag Todesurteile unterzeichnen konnte«.

Dass Juden eine so exponierte Rolle in der ungarischen Räterepublik spielten, wirkt noch überraschender, wenn man bedenkt, dass die ungarischen Juden nicht nur reicher als ihre Glaubensbrüder in Osteuropa, sondern auch erstaunlich erfolgreich im Streben nach Positionen von hohem Status waren. Im 19. Jahrhundert waren die ungarischen Juden eine wichtige Triebkraft der kapitalistischen Entwicklung innerhalb dieser traditionellen, ländlich geprägten, aus Aristokraten, Landadel und Bauern bestehenden Gesellschaft gewesen. Gegen Ende des Jahrhunderts hatten die Kinder dieser jüdischen Unternehmer oft den Weg in die Universitäten und nachher in die freien Berufe gefunden. Obwohl die Juden am Vorabend des Ersten Weltkriegs nur fünf Prozent der Bevölkerung ausmachten, stammten fast die Hälfte aller Ärzte, Rechtsanwälte und Journalisten in Ungarn aus ihren Reihen. Anders als in anderen Ländern begrüßte die madjarische Oberschicht in Ungarn die jüdische Assimilation an die ungarische Kultur, da auf diese Weise der madjarische Anteil innerhalb der ethnischen Balance auf der ungarischen Seite der österreichisch-ungarischen Doppelmonarchie mehr Gewicht erhielt. Gebildete Juden konnten in den Adel einheiraten, wurden selbst geadelt und konnten in prestigeträchtige Positionen gelangen. Unmittelbar vor dem Krieg umfasste die ungarische Regierung mindestens sechs Minister jüdischer Herkunft.

DER MYTHOS VOM JUDEN ALS BOLSCHEWIKEN

Der politische Antisemitismus als eigenständige Bewegung war ein neues Phänomen in Europa. Bis zum 19. Jahrhundert war der europäische Antisemitismus vor allem religiös geprägt gewesen und beruhte auf der Abneigung der christlichen Kirchen gegen jene, die die Lehren des Evangeliums ablehnten. Mit dem Aufkommen des Industriekapitalismus jedoch änderte sich die Zielrichtung: Von nun an richteten sich die Angriffe vor allem gegen den Juden als Kapitalisten, von dem es hieß, er zerstöre die traditionelle Gesellschaft und beute sie aus. In den Augen der neuen Antisemiten waren die Rothschilds und Bleichröders die Könige ihrer Zeit, die »rois de l'époque«. In West- und Mitteleuropa erreichte der Antisemitismus dieser Spielart seine größte Wirksamkeit in den letzten Jahrzehnten des 19. Jahrhunderts und schien 1914 schon wieder abzunehmen. Doch der Umstand, dass die Juden in den Revolutionen zwischen 1917 und 1919 eine prominente Rolle spielten, verschaffte ihm neuen Schwung. Jetzt rückte der Jude als Revolutionär neben den Juden als Gottesmörder und den Juden als Kapitalist. Die Bilder von Trotzki, Luxemburg und Kun schoben sich über diejenigen eines Rothschild und eines Ahasver, des Ewigen Juden aus den Legenden des christlichen Mittelalters, der wurzellos und ewig verflucht nirgendwo zur Ruhe kommt, weil er Christus geschmäht hat.

Zu den Büchern, die das Bild vom Juden als kommunistischem Revolutionär verbreiteten, gehörte auch ein Augenzeugenbericht über die ungarische Räterepublik mit dem Titel *Quand Israël est roi* (»Wenn Israel König ist«) von Jean und Jérôme Tharaud aus dem Jahr 1921. Die Verfasser, die seit Langem der radikalen Rechten in Frankreich angehörten, waren mit einer Anzahl von

Reisebüchern bekannt geworden, in denen sie poetische Schilderungen und reportagehafte Elemente miteinander verbanden, und sie hatten für ihr Werk schon den Prix Goncourt bekommen. Ihr neues Buch beschrieb die ungarische Revolution als eine Verschwörung von Juden, an der sich zur Tarnung auch einige Nichtjuden beteiligt hatten. »Nach der Dynastie der Arpaden, nach dem heiligen Stephan und seinen Söhnen, nach den Anjou, den Hunyadi und den Habsburgern, trat im heutigen Ungarn nun ein König von Israel in Erscheinung«, so berichteten die beiden Brüder und schilderten dann in düsteren, fantasievoll ausgemalten Einzelheiten den Terror der »Lenin-Bande« (der Roten Garde) und die Foltermethoden der Abteilung für politische Ermittlungen unter Ottó Korvin. Zwischen Berichten über Beschlagnahmungsaktionen der Revolutionäre und darüber, wie christliche Professoren durch junge jüdische Intellektuelle ersetzt wurden, fanden sich auch Ausführungen wie diese: »Ein neues Jerusalem entstand an den Ufern der Donau. Es entstieg dem jüdischen Hirn eines Karl Marx und wurde von Juden auf einem Fundament aus sehr alten Ideen errichtet.« Von diesem Buch wurden in Frankreich 55.000 Exemplare verkauft, es erlebte zahlreiche Auflagen und wurde in mehrere Sprachen übersetzt, auch ins Englische und Deutsche (*Die Herrschaft Israels*, 1927; im Jahr 1933 gaben die Tharauds ihrem Buch über das neue Naziregime den Titel *Quand Israël n'est plus roi* – »Wenn Israel nicht mehr König ist«).

Das Bild vom Juden als Bolschewiken wurde zum Mittelpunkt des neuen Mythos der politischen Rechten. In seiner radikalsten und rassistischsten Form wurde dieser Mythos sogar in die historische Vergangenheit zurückprojiziert, wie etwa in dem Titel eines Pamphlets, das Hitlers geistiger Ziehvater, Dietrich Eckart, 1923 herausbrachte: *Der Bolschewismus von Moses bis Lenin. Zwiegespräch zwischen Adolf Hitler und mir.* Während der Inflation des Jahres 1923 in Deutschland bedruckte die Nazipartei wertlos gewordene Geldscheine mit Karikaturen internationaler jüdischer Bolschewiken, etwa Karl Radek oder Alexander Helphand, und schrieb dazu: »Ostjude Parvus-Helphand: Rumänischer Getreideschieber, Geldgeber der Novemberverbrecher«.[13]

Jeder Beobachter mit halbwegs klarem Blick wäre zu dem Schluss gekommen, dass nur wenige Juden tatsächlich Kommunisten waren und dass die meisten Kommunisten keine Juden waren. Jüdische Kommunisten wurden jedoch durch eine von älteren antisemitischen Stereotypen gefärbte Brille gesehen. Es bedurfte schon einer sehr verdrehten Sicht der Dinge, um zu der Auffassung zu gelangen, der jüdische Revolutionär und der jüdische Kapitalist, jeder an seinem Platz, arbeiteten gemeinsam daran, die christliche Zivilisation zu erobern – aber so dachte die Rechte in der Zeit zwischen den Weltkriegen tatsächlich über die »jüdische Frage«.

Im kollektiven Gedächtnis der amerikanischen Juden wird dieser Liaison zwischen Juden und Kommunismus kaum eine Fußnote gewidmet. Die wenigen, die sich Gedanken über diese Frage gemacht haben, sehen die Beteiligung von Juden am amerikanischen Kommunismus allenfalls als einen unbedeutenden Umweg, der von der Hauptstraße der Integration in die amerikanische Demokratie wegführt; eine Sackgasse vielleicht, jedenfalls ohne größere Bedeutung für die Geschichte der Vereinigten Staaten oder die der amerikanischen Juden, zumal die Kommunistische Partei in den USA nie an die Macht kam, in keinem einzigen Bundesstaat und in keiner einzigen Stadt. Und dennoch spielte das Bild vom Juden als Kommunisten eine oft übersehene Rolle in der Geschichte nicht nur der Juden in Amerika, sondern auch der Millionen von Juden in Osteuropa, die nach dem Ersten Weltkrieg gern in die Vereinigten Staaten ausgewandert wären, aber durch Einwanderungsbeschränkungen, die zu Beginn der Zwanzigerjahre erlassen wurden und im »Reed-Johnson Act« von 1924 gipfelten, daran gehindert wurden. Diese Beschränkungen lassen sich nämlich teilweise darauf zurückführen, dass die Juden mit dem politischen Radikalismus in Verbindung gebracht wurden. Der Begriff »jüdischer Bolschewismus« war unter amerikanischen Antisemiten während der Zeit zwischen den Weltkriegen und darüber hinaus gang und gäbe.[14]

WEST- UND OSTEUROPA

Tiefe, Ausmaß und Beschaffenheit des Antisemitismus in den verschiedenen europäischen Ländern waren in erheblichem Maß von der ökonomischen, politischen und kulturellen Rolle der Juden im Allgemeinen abhängig und nicht zuletzt auch von der Bedeutung, die den jüdischen Kommunisten jeweils zukam. Wo es nicht zu Umsturzversuchen gekommen war oder wo Juden in ihnen keine auffällige Rolle gespielt hatten, gewann auch der Mythos vom jüdischen Bolschewismus für die Rechte keine große Bedeutung. Dies war der Fall in Westeuropa, das von der Welle revolutionärer Aufstände nach dem Ersten Weltkrieg und von einer direkten Bedrohung durch die Sowjetunion verschont blieb. (Zwar kam es in Italien 1920 und 1921 zu revolutionären Landnahmen und Besetzungen von Industriebetrieben, aber unter den Führern der radikalen Linken waren nur wenige Juden. In Italien, wo die nationalistische Rechte für Leute jüdischer Herkunft lange zugänglich gewesen war, fanden sich bei den Unterstützern der Faschisten mehr Juden als bei den linken Revolutionären.)

Andererseits wurden Juden in jenen Gebieten besonders massiv mit dem Kommunismus identifiziert, wo jüdische Revolutionäre in der Nachkriegszeit tatsächlich aktiv geworden waren: in Deutschland, Ungarn und Polen, in der Ukraine und später in Litauen.[15]

In Polen wurde das Bild vom Juden als Bolschewiken dadurch zusätzlich verfinstert, dass die Russen bei dem Angriff der sowjetischen Roten Armee auf das Land im Jahr 1919 einen vierköpfigen Provisorischen Revolutionsausschuss einsetzten, in dem zwei Mitglieder jüdisch waren. Als dann zu Beginn des Zweiten Weltkriegs Ostpolen und Litauen von der Sowjetunion annektiert wurden, setzten die Sowjets bei der Durchsetzung ihrer Vorherrschaft immer auf den Beistand der kleinen Zirkel einheimischer Kommunisten, in denen die Juden zumeist überrepräsentiert waren – ein Muster, das sich dann überall in Osteuropa wiederholte.

In keinem Land Osteuropas verfügte die Kommunistische Partei über eine breite Basis in der Bevölkerung. (Eine Ausnahme bildeten lediglich einige Gebiete im tschechischen Teil der Tschechoslowakei.) Dies hatte zur Folge, dass die Partei auch dann schon »jüdisch« wirkte, wenn sich nur ein winziger Teil der Juden dem Kommunismus zuwandte. Von den 3,3 Millionen Juden in Polen während der Zeit zwischen den Weltkriegen konnte die Kommunistische Partei fünftausend als Mitglieder gewinnen. Weil aber die Gesamtzahl der Mitglieder bei nur 20.000 lag, machten diese wenigen Juden schon ein Viertel der Partei aus. In Litauen bestand die Kommunistische Partei 1940 zu einem Drittel aus Juden – aber insgesamt gab es nur 2.000 litauische Kommunisten. Von den 150.000 Juden, die in Litauen lebten, waren also nicht einmal 700 Kommunisten, aber in solchen Fällen bedurfte es eben nicht allzu vieler jüdischer Kommunisten, damit die Partei Außenstehenden »jüdisch« erschien. Ähnlich verhielt es sich in Rumänien, wo zu Beginn des Zweiten Weltkriegs 800.000 Juden lebten, während die rumänische KP insgesamt weniger als 1.000 Mitglieder und ein paar tausend Sympathisanten hatte, sodass es sich, selbst wenn jedes Parteimitglied jüdischer Herkunft gewesen wäre (was wohl kaum der Fall war), um einen winzigen Bruchteil der rumänischen Juden gehandelt hätte. Aber viele Posten in den oberen Rängen der kleinen Partei wurden mit Juden besetzt, unter ihnen auch Ana Pauker, die Enkelin eines Rabbiners.[16]

Gewiss, in großen Teilen Osteuropas existierte der Antisemitismus schon lange vor der bolschewistischen Revolution und wäre auch ohne Juden in exponierter Stellung innerhalb der kommunistischen Bewegung ein wesentlicher Faktor in den politischen Auseinandersetzungen der Zeit zwischen den beiden Weltkriegen gewesen. In den neuen Nationen, die aus dem Zerfall des alten Zarenreiches und der Habsburger Monarchie hervorgingen, galten die Juden als verdächtig, weil sie sich eher mit der deutschen, russischen oder ungarischen Kultur identifizierten als mit der Kultur der neuen Nationalitäten.

In Ungarn, Polen und Rumänien, wo die Mittelschicht der Geschäftsleute und Freiberufler lange Zeit zum größeren Teil aus Juden bestanden hatte, wurde ihre Rolle nun von einer neuen, nichtjüdischen Mittelschicht infrage gestellt, deren Aufstiegschancen durch die beengten wirtschaftlichen Verhältnisse in den verschiedenen Regionen eingeschränkt waren. Für diese aufstrebenden Mittelschichten zahlte es sich aus, die Juden als »Außenseiter« zu betrachten. Gleichzeitig bekamen Juden, die bei der Vermarktung landwirtschaftlicher Erzeugnisse aktiv waren, oft den Unmut der Bauern zu spüren, die den Juden die Schuld an ihrer ökonomischen Misere gaben. So wurde der Hass auf den Juden als Kommunisten ein weiterer Bestandteil jenes Gebräus antisemitischer Motive, in dem »der Jude« als Vertreter des internationalen Kapitalismus oder als artfremder Parasit am Körper des alteingesessenen Volkes oder auch als Konkurrent der aufstrebenden einheimischen Mittelschicht geschmäht werden konnte.

In Deutschland, wo der politische Antisemitismus vor 1914 auf dem Rückzug gewesen war, ist die Teilnahme von Juden an den Revolutionen der Nachkriegszeit der wesentliche Faktor gewesen, der das Wiedererstarken des Antisemitismus auf der Rechten förderte. Nachdem Hitler seine Macht in Deutschland gefestigt hatte, stand eine Gruppe ideologisch radikaler Antisemiten an der Spitze der mächtigsten Nation Europas. Und nach der deutschen Invasion in die Sowjetunion lenkte dieser Antisemitismus, der sich mit einem pseudowissenschaftlichen ideologischen Rassismus verband, das Handeln von Hitlers Wehrmacht und seiner SS. Bald entwickelte sich daraus ein Vernichtungsfeldzug, bei dem die Deutschen überall in Osteuropa von Kollaborateuren aus den jeweiligen Regionen unterstützt wurden. So gelang es den Nazis und ihren Helfern, innerhalb weniger Jahre 85 Prozent der Juden in Ost- und Mitteleuropa zu ermorden.

NACH DEM ZWEITEN WELTKRIEG

Doch in den Jahren nach Hitlers Niederlage erschienen noch einmal Juden auf der politischen Bühne Osteuropas. Mit der Eroberung großer Gebiete in Ost- und Mitteleuropa durch die Rote Armee in den Jahren 1944 und 1945 nahm die Katastrophendialektik eine neue Wendung. Der Antisemitismus führte dazu, dass Juden an exponierte Positionen bei der Sowjetisierung Osteuropas gelangten, ähnlich wie schon in der Frühphase der bolschewistischen Herrschaft. Ihre Verstoßung aus dem politischen Apparat, die sich in der Sowjetunion über Jahrzehnte erstreckte, ging in Osteuropa dann wie unter erhöhtem Druck sehr schnell vonstatten.[17]

Gegen Ende des Krieges lebten noch rund 700.000 Juden in Osteuropa.[18] Manchen war es gelungen, sich zu verstecken, andere hatten die Konzentrationslager überlebt. Hunderttausende von ihnen waren aus den von den Deutschen 1939 besetzten polnischen Gebieten auf sowjetisches Gebiet geflohen, von wo die Russen sie ins Innere der Sowjetunion deportiert hatten. Später gesellten sich ihnen die jüdischen Flüchtlinge aus Ostpolen hinzu, das 1941 von den Deutschen erobert wurde.

Jene, die die Jahre in Sibirien oder in den Kolchosen Zentralasiens überlebten, kehrten nach dem Ende des Krieges nach Polen zurück. Aufgrund ihrer unmittelbaren Erfahrung mit dem Kommunismus in der UdSSR waren sie besonders begierig, das sowjetisch besetzte Polen so bald wie möglich in Richtung Westen oder Palästina zu verlassen. Den übrigen Juden Ost- und Mitteleuropas aber hatte der Vormarsch der Roten Armee buchstäblich das Leben gerettet, und viele von ihnen begrüßten die Russen mit offenen Armen. Doch als diese Überlebenden in ihre früheren Wohnorte zurückkehrten, fanden sie ihre Häuser und Wohnungen oft von Fremden belegt. Ihre Geschäfte, ihr Mobiliar, selbst ihre Kleidung hatten sich andere angeeignet, die nun entsetzt diese unvorhergesehene Rückkehr der jüdischen Überlebenden erlebten und sie mit Drohungen und Gewalt davon abzuhalten versuchten, ihre Habe zurückzuverlangen. Diese durch unrechtmäßige Bereicherung entstandene Mittelschicht hatte ihre eigenen Gründe dafür, sich zu wünschen, dass die Juden wieder verschwänden, und spielte eine Rolle bei den Pogromen, zu denen es in den Jahren 1945 und 1946 an vielen Orten in Osteuropa kam. Am bekanntesten sind die Übergriffe in der polnischen Ortschaft Kielce im Juli 1946, bei denen 41 Juden ums Leben kamen.

Für diese Gewaltausbrüche gab es jedoch auch noch eine andere Ursache. Unter den Wegbereitern der Sowjetisierung Polens, Ungarns, Rumäniens und der Tschechoslowakei waren auch eine Handvoll kommunistischer Veteranen, die sich jahrelang in der Sowjetunion aufgehalten hatten, während ihre Parteien verboten und verfolgt worden waren und ihre Heimatländer unter der deutschen Besetzung litten. Einige von denen, die mit der Roten Armee zurückkehrten, gehörten zu den Überlebenden der Großen Säuberung, wobei ihr Überleben oft genug ein Indiz für ihre Loyalität gegenüber Stalin gewesen sein dürfte.

Viele dieser heimkehrenden Kommunisten – die man später »Moskowiter« nannte – waren Juden. In Ungarn waren die Spitzenfunktionäre der Kommunistischen Partei jüdische Moskowiter. Rudolf Slansky, der Generalsekretär der Kommunistischen Partei in der Tschechoslowakei, war Jude. Zu den jüdischen Spitzenfunktionären im Polen der Nachkriegszeit gehörten die Moskowiter Jakub Berman, Chef der Geheimpolizei; Hilary Minc, verantwortlich für die Wirtschaft; Roman Zambrowski (eigentlich Rubin Nussbaum), Sekretär des ZK der Partei; und Józef Różański (eigentlich Goldberg), der nach einer Ausbildung beim sowjetischen Geheimdienst NKWD Chef der Ermittlungsabteilung im Ministerium für öffentliche Sicherheit wurde. In Rumänien war Ana Pauker der eigentliche Kopf des Regimes, Sekretärin des Zentralkomitees der Partei, stellvertretende Premierministerin und Außenministerin. Zu den Stützen des rumänischen Regimes zählten außerdem Iosif Chișinevschi, Leonte Răutu und Mihail Roller – lauter jüdische »Moskowiter«.

In der Führungsriege des ostdeutschen Regimes gab es nur wenige jüdische Moskowiter, aber das lag daran, dass viele deutsch-jüdische kommunistische Exilanten, die in die UdSSR gegangen waren und dort die Große Säuberung überlebt hatten, im Jahr 1939 nach dem Molotow-Ribbentrop-Abkommen an die Gestapo ausgeliefert worden waren. Eine Ausnahme war Markus Wolf, der Sohn eines jüdischen Arztes und Kommunisten aus Stuttgart, der als Jugendlicher und junger Erwachsener in Moskau gelebt hatte und als Offizier der Roten Armee nach Deutschland zurückkehrte. Nachdem er zunächst im Propagandaapparat des Regimes gearbeitete hatte, baute Wolf später die »Hauptverwaltung Aufklärung« im Ministerium für Staatssicherheit auf, deren Chef er bis 1987 war. Außer Wolf gab es noch einige wenige kommunistisch gesinnte Intellektuelle jüdischer Herkunft, die die Kriegsjahre im Westen verbracht hatten und nun zurückkehrten, um beim Aufbau eines kommunistischen Regimes in Deutschland zu helfen, das die aus ihrer Sicht kapitalistischen Wurzeln des Nationalsozialismus ein für alle Mal kappen sollte. Zu den bekannteren unter ihnen gehörte Gerhart Eisler, ein alter Funktionär der Komintern, der 1949 aus den Vereinigten Staaten verschwand, nachdem ihn der »Ausschuss für unamerikanische Umtriebe« vorgeladen hatte. Eisler tauchte in Ostdeutschland wieder auf und wurde Chef des neuen Informationsbüros, des Propagandaministeriums des Regimes. Sein Bruder Hanns Eisler wurde 1948 aus den USA ausgewiesen und ging ebenfalls nach Ostdeutschland, wo er die Musik für die neue Hymne der Deutschen Demokratischen Republik schrieb.

Die Verwendung von Juden in exponierten Positionen der von der Sowjetunion gesponserten Regime war – und hier trifft die Floskel einmal genau – »kein Zufall«. In den neu eroberten Ländern Ost- und Mitteleuropas hatten die Sowjets nur wenige verlässliche Unterstützer. Aus guten Gründen herrschte hier seit Langem ein tiefes Misstrauen gegenüber dem russischen Imperialismus und der Antikommunismus war eine Art von Nationalregion. Die kleinen kommunistischen Parteien, die sich in den Ländern selbst gebildet hatten, waren im Lauf des Krieges weiter geschwächt worden. Die jüdischen Moskowiter, die die »Feuerprobe« des Stalinismus überstanden hatten, gehörten zu den wenigen Einheimischen, denen die Sowjets bei der Ausführung ihrer Pläne trauen konnten. Manche von ihnen nahmen öffentliche Führungsaufgaben nur widerstrebend an, weil sie, wie etwa Ana Pauker, glaubten, ihre ethnische Herkunft könnte die Partei in den Augen einer antisemitischen Öffentlichkeit in Misskredit bringen.[19]

Zu diesen altgedienten Kommunisten gesellten sich jüngere Juden, die von den gescheiterten Assimilationsbemühungen ihrer Eltern enttäuscht waren, außerdem über die Sowjetunion wenig wussten und sich von einer Ideologie angezogen fühlten, die den Hass zwischen den Völkern ein für allemal zu beseitigen versprach. Weil sie mit den lokalen Verhältnissen vertraut und außerdem fanatische Antifaschisten waren, wurden für Posten bei der Geheimpolizei oft Juden ausgewählt. Wegen ihres hohen Bildungsniveaus waren sie in den Bereichen von Propaganda und Bildung besonders aktiv. Juden mit Fremdsprachenkenntnissen wurden in die Außenministerien und die Außenhandelsabteilungen gesetzt. So traten Angehörige eines Volkes, das inmitten der Gleichgültigkeit seiner Nachbarn oder gar unter deren aktiver Mitwirkung mit Deportation und Massenmord verfolgt worden war, nun als hochrangige Regierungs- und Polizeibeamte in Erscheinung – und zwar unter dem Schirm der Roten Armee und als Erfüllungsgehilfen der Sowjetunion. Großen Teilen der Bevölkerung in Polen, Rumänien, Ungarn und der Tschechoslowakei erschienen diese jüdischen Kommunisten wie Wesen von einem anderen Stern, die ihnen im Dienst einer fremden Macht ein fremdes System aufzwingen wollten.

Das Ergebnis war eine Wiederbelebung des Antisemitismus. Die breite Masse des Volkes nahm nicht zur Kenntnis, dass die neuen, von der Sowjetunion gestützten Regime die sozialen und religiösen Einrichtungen der jüdischen Gemeinden zuerst untergruben und dann liquidierten, und dass die große Mehrzahl der Juden in ihrer Mitte die Kommunisten keineswegs unterstützte, sondern mit den Füßen abstimmte und in Richtung Westen auswanderte. Die Feindseligkeit konzentrierte sich auf die Kollaborateure jüdischer Herkunft und traf nicht die vielen Nicht-Juden, aus denen das Regime ebenfalls bestand. Die Juden, die auf das neue System gesetzt hatten, stellten bald fest, dass sie nicht nur, was ihre Stellung, sondern auch was ihr bloßes Überleben anging, auf die Sowjets angewiesen waren. Stalin hatte, ob notgedrungen oder planmäßig, eine Klasse von Menschen geschaffen, die ganz von ihm abhängig und infolgedessen außerordentlich gefügig waren. Auch aus diesem Grund gab Stalin, als er 1948 innerhalb der Sowjetunion eine antisemitische Kampagne entfesselte, seinen jüdischen Vasallen in den osteuropäischen Ländern weiterhin Rückhalt, zumindest noch für einige Jahre. Hierzu veranlasste ihn das Gespenst des Titoismus, das den Kreml nach dem Ende des Zweiten Weltkriegs in Schrecken versetzte. Denn bei Kommunisten jüdischer Herkunft bestand die geringste Wahrscheinlichkeit, dass sie sich mit den einheimischen Volksmassen gegen die Vorherrschaft der Sowjets verbündeten.

Doch in den frühen 1950er-Jahren verlor der Titoismus an Schrecken, sodass die Sowjets ihre jüdischen Vasallen opfern konnten. In dem Bestreben, ihren Rückhalt in der Bevölkerung auszuweiten, versuchten sogar einige lokale kommunistische Führer jüdischer Herkunft, den von der Sowjetunion wiederbelebten Antisemitismus für die eigenen Zwecke zu instrumentalisieren. Aber seine ganze Stärke zeigte dieses Instrument, als es gegen sie selbst gewendet wurde.

DER SOWJET-BLOCK

Der Festigung der kommunistischen Vorherrschaft unter der Führung von »Moskowitern« folgte regelmäßig die Untergrabung der jüdischen Gemeindeorganisationen, wobei Zionisten mit besonderer Härte verfolgt wurden. Als sich zeigte, dass bei den Volksmassen die Bereitschaft zur offenen Revolte gegen das verhasste, ihnen von der UdSSR aufgezwungene System wuchs, versuchten die Sowjets überall die jüdischen »Moskowiter« zu opfern und sie durch weniger unbeliebte, »heimische« Kommunisten zu ersetzen. Diesen erschien es oft praktisch und bequem, die antikommunistische Stimmung in der Bevölkerung auf die Mühlen des Antisemitismus zu leiten.

In der Tschechoslowakei, wo die Kommunisten 1948 ihre Diktatur errichtet hatten, war Rudolf Slansky Generalsekretär der Partei, ein altgedienter Kommunist jüdischer Herkunft und »Moskowit«. Als die kommunistische Vorherrschaft gesichert war, wurde im Jahr 1950 eine Säuberung gegen nicht moskautreue Kommunisten in Gang gebracht. Auf Juden zielte dann vor allem eine zweite Säuberungswelle im Jahr 1951, der unter anderen der stellvertretende Generalsekretär der Partei, Josef Frank, und die stellvertretenden Minister für Äußeres, Außenhandel und Finanzen zum Opfer fielen. Schließlich wurde im November 1951 auch Slansky verhaftet, nachdem er kaum zwei Jahre zuvor als offizieller Vertreter seines Landes Stalin zu dessen siebzigstem Geburtstag gehuldigt hatte. Nun jedoch stand er im Mittelpunkt des niederträchtigsten Schauprozesses der Nachkriegszeit, der in enger Zusammenarbeit mit den Agenten des sowjetischen Ministeriums für Staatssicherheit durchgeführt wurde. Von den vierzehn führenden Parteimitgliedern, die 1952 wegen Verbrechen gegen den Staat angeklagt wurden, waren zwölf Juden. In der offiziellen Klageschrift standen hinter jedem ihrer Namen die Worte »jüdischer Herkunft«. Die Anschuldigungen lauteten unter anderem »Zionismus«, »Titoismus«, »Trotzkismus« und Kollaboration mit der »Spionage des westlichen Imperialismus«. Alle Angeklagten wurden schuldig gesprochen und elf von ihnen zum Tode verurteilt.

Das alles geschah in einem Land, in dem die meisten Juden auf den Anbruch des Kommunismus damit reagiert hatten, dass sie aufgestanden und gegangen waren. Bis 1950 waren drei Viertel der Juden in der Tschechoslowakei emigriert, so dass nur noch weniger als 20.000 Juden im Land waren, die nicht mehr als 0,15 Prozent der Bevölkerung ausmachten. Dieser Umstand verhinderte die Verurteilung Slanskys und seiner Mitangeklagten ebenso wenig, wie er die tschechische Regierung daran hinderte, 1968 eine wüste Kampagne gegen den Zionismus zu starten.

In Rumänien wurde die alte moskowitische Führung, in der Vertreter von ethnischen Minderheiten und insbesondere der Juden stark vertreten waren, im Zuge einer Politik der bewussten Rumänisierung verdrängt. Es begann mit der Entmachtung von Ana Pauker 1952 und wurde dann unter ihrem Parteirivalen Gheorghe Gheorgiu-Dej fortgeführt. Wie es dann auch anderswo geschah, wurden die »Exzesse« des Stalinismus, die nun neuerdings eingeräumt wurden, den jüdischen Moskowitern zur Last gelegt – etwa Ana Pauker, obwohl diese sich in Wirklichkeit einigen der erdrückendsten Maßnahmen widersetzt hatte, etwa der Zwangskollektivierung der Landwirtschaft.[20] Auch in Rumänien taten die Juden, was sie konnten, um das Land zu verlassen. Von den 385.000 Juden, die bei Kriegsende in Rumänien lebten, waren 1949 noch 256.000 da. 220.000 von ihnen beantragten im Frühjahr 1950 Ausreisevisa. Es durfte jedoch nur noch weniger als die Hälfte der Antragsteller ausreisen, bevor die Emigration Ende 1951 unterbunden wurde.[21]

In Ostdeutschland spielte sich, wenn auch in kleinerem Maßstab und mit gewissen Abwandlungen, ein ähnlicher Vorgang ab.[22] Dort gab es nur wenige Juden in exponierten politischen Positionen und im Staatssicherheitsdienst, während sie in den Reihen der Parteipropagandisten und Ideologen zahlreicher waren. Im Übrigen erschienen offene Angriffe auf Juden in Deutschland auch wenig opportun. Im Juni 1953 wurde Gerhart Eisler aus seinem Amt, bei dem er für die Lenkung von Presse und Rundfunk zuständig gewesen war, entfernt. Paul Merker, ehemals Mitglied des Politbüros und bekannt für seine Judenfreundlichkeit, wurde verhaftet und es gab Pläne, ihm wegen Kontakten mit »Agenten des westlichen Imperialismus« den Prozess zu machen. Juden wurden von der Staatssicherheit verhaftet und eingesperrt. Nach der Meldung über die Aufdeckung der »Ärzteverschwörung«, die am 13. Januar 1953 in der *Prawda* erschien, flohen die Vorsteher der jüdischen Gemeinden von Ost-Berlin, Dresden, Erfurt und Leipzig in den Westen und Hunderte ostdeutscher Juden folgten ihnen in den Wochen danach. Mit Stalins Tod endete dann die Bedrohung der wenigen Juden, die noch in Ostdeutschland geblieben waren.

In Polen verliefen die Dinge nach dem gleichen Muster, aber mit dramatischeren Folgen. An der Spitze des Regimes stand ein Kommunist katholischer Herkunft, Boleslaw Bierut, aber, wie schon erwähnt, waren sowohl der Chef des Sicherheitsdienstes, Jakub Berman, wie auch Hilary Minc, der Chef der Kommission für Wirtschaftsplanung, und Roman Werfel, einer der führenden Parteiideologen, allesamt jüdischer Herkunft. Minc wachte über die Erhöhung der Arbeitsnormen und die Senkung des Lebensstandards, die eine Folge höherer sowjetischer Forderungen an die polnische Wirtschaft waren, während Werfel sich auf dem Gebiet der Kulturpolitik den lächerlich anmutenden kulturpolitischen Forderungen der »Schdanow-Linie« unterwarf. Der Umstand, dass Juden in der Partei und vor allem im Sicherheitsapparat überrepräsentiert waren, machte das ohnehin unpopuläre Regime noch unbeliebter. Auf Anweisung der sowjetischen Botschaft wurden 1954 führende jüdische Repräsentanten des polnischen Regimes degradiert. Nachdem der Volksaufstand gegen den Stalinismus im Oktober 1956 seinen Höhepunkt erreicht hatte, wurde die moskowitische Führung durch Wladyslaw Gomulka ersetzt, während Berman und den anderen jüdischen Moskowitern die »Irrtümer« der Vergangenheit angelastet wurden. Die wenigen Juden, die sich entschlossen hatten, in Polen zu bleiben – die jüdischen Einrichtungen waren schon zwischen 1949 und 1950 liquidiert worden und im Jahr 1953 hielten sich nur noch weniger als 40.000 Juden im Land auf –, wurden zum großen Teil während der antisemitischen Kampagne von 1968 aus ihren Stellungen entfernt. Zur Zufriedenheit einer Generation von jüngeren Kadern, die im neuen Polen geboren und aufgewachsen waren, wurden damals die letzten Reste der kommunistischen jüdischen Intelligenzija beseitigt.

Die Geschichte der Juden und des Kommunismus in Mittel- und Osteuropa verdient eine ausführlichere Darstellung und eine genauere Analyse. Historiker, deren Augenmerk vor allem auf die utopischen Ideale revolutionär gesinnter Juden gerichtet war, haben davon abgelenkt, dass diese Kommunisten jüdischer Herkunft, nicht weniger als ihre nichtjüdischen Genossen, von ihren antikapitalistischen Idealen dazu verleitet wurden, sich an einer katastrophalen Politik und an abscheulichen Verbrechen gegen Juden und Nichtjuden zu beteiligen. Auch wenn sie nur selten die Hauptursache für antisemitische Regungen war, hat doch die Tatsache, dass Juden in der kommunistischen Bewegung eine so auffällige Rolle spielten, die Flammen des Antisemitismus immer wieder angefacht. Was der Oberrabbiner von Moskau einst vorausgesagt haben soll, hat sich auf tragische Weise als prophetisch erwiesen: Die Trotzkis machten die Revolutionen, und die Bronsteins zahlten die Zeche.

Aus dem Englischen von Reinhard Kaiser

1 Ich danke Ferenc Katona für seine Hilfe bei der Sichtung ungarischer Quellen für diesen Aufsatz. – Zum Thema Juden und Kommunismus stütze ich mich auf: R. V. Burks, The Dynamics of Communism in Eastern Europe, Princeton 1961; François Fejtö, Les Juifs et l'Antisémitisme dans les Pays Communistes, Paris 1960; Paul Lendvai, Anti-Semitism in Eastern Europe, London 1971; Branko Lazitch, Biographical Dictionary of the Comintern, überarb. Neuausg., Stanford, Calif. 1986; Walter Z. Laqueur, Revolutionism and the Jews, in: Commentary, Februar 1971; Jacob L. Talmon, Jews between Revolution and Counter-Revolution, in: Israel among the Nations, London 1970, und Jews and Revolution (in Hebräisch), in: Talmon, Beedan Ha-alimut, Tel Aviv 1975; Ezra Mendelsohn, The Jews of East Central Europe between the Wars, Bloomington 1983; Ezra Mendelsohn, On Modern Jewish Politics, New York 1993; Robert Wistrich, Revolutionary Jews from Marx to Trotsky, London 1976, und ders., Socialism and the Jews: The Dilemmas of Assimilation in Germany and Austria-Hungary, Rutherford, N. J. 1982. Es existiert eine vorzügliche Sammlung neuerer Arbeiten zum Thema: Dan Diner/Jonathan Frankel (Hg.), Dark Times, Dire Decisions: Jews and Communism, New York 2004.
2 Zu Ägypten vgl. Walter Laqueurs Porträt von Henri Curiel in: Dying for Jerusalem, Naperville, Ill. 2006; zu Joe Slovo sowie Rusty und Hilda Bernstein in Südafrika siehe: Glenn Frankel, Rivonia's Children: Three Families and the Cost of Conscience in White South Africa, New York 1999.
3 Vgl. Mendelsohn, On Modern Jewish Politics, wie Anm. 1, S. 98–100, und Yuri Slezkine, The Jewish Century, Princeton 2004, S. 152–153. Slezkines Buch ist zuverlässig und treffend, wo es sich mit den assimilierten, Russisch sprechenden Juden der Sowjetunion beschäftigt; wird aber immer weniger zuverlässig, wo es sich mit den übrigen Juden in der Sowjetunion, in den USA und in Israel befasst.
4 Zu Russland und der Ukraine vgl. Arthur E. Adams, Bolsheviks in the Ukraine, New Haven 1963; Robert Conquest, Harvest of Sorrow: Soviet Collectivization and the Terror Famine, New York 1986; Otto Heller, Der Untergang des Judentums, 2. Aufl., Berlin 1933, bes. S. 230–235; Taras Hunczak (Hg.), The Ukraine, 1917–1921: A Study in Revolution, Cambridge, Mass. 1977; Stuart Kahan, The Wolf of the Kremlin, New York 1987; Joseph Nedava, Trotsky and the Jews, Philadelphia 1972; Hans Rogger, Jewish Policies and Right-Wing Politics in Imperial Russia, Berkeley 1986; Leonard B. Schapiro, The Role of the Jews in the Russian Revolutionary Movement, in: ders., Russian Studies, New York 1987; Zvi Y. Gitelman, A Century of Ambivalence: The Jews of Russia and the Soviet Union, 1881 to the Present, 2. Aufl., Bloomington 2001.
5 Zur Mobilität der Juden in Gesellschaft, Wirtschaft und Bildungswesen während der frühen Sowjetzeit vgl. Slezkine, The Jewish Century, wie Anm. 3, S. 216ff.
6 Johannes Rogalla von Bieberstein, Jüdischer Bolschewismus: Mythos und Realität, Schellroda 2003, Kap. 5. Trotz seiner tendenziösen Andeutungen, die Juden als Gesamtheit seien am Kommunismus in gleicher Weise schuld wie die Deutschen am Nazismus, enthält dieses Werk eine Fülle nützlicher Informationen. Auch Slezkine stellt fest, dass »foreign service was an almost exclusively Jewish specialty«, in: ders., The Jewish Century, wie Anm. 3, S. 255. Siehe auch Annie Kriegel/Stephane Courtois, Eugen Fried: Le grand secret du PCF, Paris 1997.
7 Gitelman, A Century of Ambivalence, wie Anm. 4, S. 112.
8 Slezkine, The Jewish Century, wie Anm. 3, S. 275.
9 Ebd., S. 301ff.
10 Zur Frage der deutschen Juden und ihrer politischen Einstellung vgl. Jacob Toury, Die politischen Orientierungen der Juden in Deutschland, Tübingen 1966; Donald L. Niewyk, The Jews in Weimar Germany, Bloomington 1980.
11 Siehe Niewyk, Jews in Weimar Germany, wie Anm. 10, und Werner T. Angress, Juden im politischen Leben der Revolutionszeit, in: Werner Mosse (Hg.), Deutsches Judentum in Krieg und Revolution, 1916–1923, Tübingen 1971.
12 Vgl. Rudolf Tokes, Bela Kun and the Hungarian Soviet Republic, New York 1967; Frank Eckelt, The Internal Policies of the Hungarian Soviet Republic, in: Ivan Volgyes (Hg.), Hungary in Revolution, 1918–19, Lincoln, Nebr. 1971; William O. McCagg, Jews in Revolutions: The Hungarian Experience, Journal of Social History 28 (1972), S. 78–105.
13 Liliane Weissberg, Notenverkehr – Antisemitische Motive und Texte auf dem Notgeld der 20er Jahre, in: Helmut Gold/Georg Heuberger (Hg.), Abgestempelt. Judenfeindliche Postkarten. Auf der Grundlage der Sammlung Wolfgang Haney, Frankfurt am Main 1999, S. 281.
14 Henry L. Feingold, A Time for Searching: Entering the Mainstream 1920–1945, Baltomore 1992, S. 6–8 u. S. 223–224; Leonard Dinnerstein, Anti-Semitism in America, New York 1994, S. 79–80 u. S. 95–96. Vgl. auch Joseph W. Bendersky, The Jewish Threat: Anti-Semitic Politics in the U. S. Army, New York 2000.
15 Vgl. Mendelsohn, Jews of East Central Europe, wie Anm. 1; zu Polen vgl. auch: Jaff Schatz, The Generation: The Rise and Fall of the Jewish Communists of Poland, Berkeley 1991. Zu Rumänien: Stephen Fischer-Galati, Fascism, Communism and the Jewish Question in Romania, in: Bela Vago/George Mosse (Hg.), Jews and Non-Jews in Eastern Europe, 1918–1945, Jerusalem 1974;

Vladimir Tismaneanu, Stalinism for All Seasons: A Political History of Romanian Communism, Berkeley 2003.
16 Vgl. Robert Levy, Ana Pauker: The Rise and Fall of a Jewish Communist, Berkeley 2001, S. 5.
17 Dan Diner/Jonathan Frankel, Introduction – Jews and Communism: The Utopian Temptation, in: dies., Dark Times, Dire Decisions, wie Anm. 1, S. 8.
18 Zu Polen vgl. Schatz, The Generation, wie Anm. 15; Josef Banas, The Scapegoats: The Exodus of the Remnants of Polish Jewry, New York 1979; Michael Borwicz, Polish Jewish Relations, 1944–1947, in: Chimen Abramsky u.a. (Hg.), The Jews in Poland, Oxford 1986; Michael Chechinski, Poland: Communism, Nationalism, Anti-Semitism, New York 1982; Marx Hillel, Le massacre des survivants en Pologne 1945–1947, Paris 1985; Teresa Toranska, »Them«: Stalin's Polish Puppets, New York 1987. Zu Rumänien: Ghita Ionescu, Communism in Romania, 1944–1962, London 1964; Tismaneanu, Stalinism for all Seasons, wie Anm. 15; Levy, Ana Pauker, wie Anm. 16. Über die Tschechoslowakei: American Jewish Committee, The Anti-Semitic Nature of the Czechoslovak Trial (hektografiert), New York 1952. Zu Ungarn: George Garai, Rakosi and the ›Anti-Zionist‹ Campaign of 1952–53, in: Soviet Jewish Affairs 12, Nr. 2 (1982), S. 19–36; Charles Gati, Hungary and the Soviet Bloc, Durham,
N. C. 1986, Kap. 4; Victor Karady, Post-Holocaust Hungarian Jewry, 1945–1948, in: Studies in Contemporary Jewry, Bd. 3, New York 1987.
19 Siehe hierzu z. B. Levy, Ana Pauker, wie Anm. 16.
20 Ebd., S. 129.
21 Ebd., S. 173–76.
22 Zu den Juden innerhalb des kommunistischen Regimes in Ostdeutschland siehe: Karin Hartewig, Zurückgekehrt: Die Geschichte der jüdischen Kommunisten in der DDR, Köln 2000; dazu auch der nützliche Aufsatz von Peter Monteath, The German Democratic Republic and the Jews, in: German History 22, Nr. 3 (2004), S. 448–468; und Paul O'Doherty, The GDR in the Context of Stalinist Show Trials and Anti-Semitism in Eastern Europe 1948–54, in: German History 10, Nr. 3 (1992), S. 302–317.

Grundlage des hier vorgelegten und ins Deutsche übertragenen Essays ist das gekürzte Kapitel 3 »Radical Anticapitalism – The Jew as Communist« in: Jerry Z. Muller, Capitalism and the Jews, Princeton, N. J.: Princeton University Press 2010, S. 133–188.

DER UTOPISCHE BLITZGEDANKE: REICHTUM FÜR ALLE — GOLD, GELD ODER ETWAS GANZ ANDERES?

Detlev Claussen

»Wir wollen auf Erden glücklich sein,
Und wollen nicht mehr darben;
Verschlemmen soll nicht der faule Bauch
Was fleißige Hände erwarben.

Es wächst hienieden Brot genug
Für alle Menschenkinder,
Auch Rosen und Myrten, Schönheit und Lust,
Und Zuckererbsen nicht minder.

Ja, Zuckererbsen für jedermann,
Sobald die Schoten platzen!
Den Himmel überlassen wir
Den Engeln und den Spatzen.

(Heinrich Heine, 1844)

Im traditionellen, vorbürgerlichen christlichen Europa schienen Reichtum und Macht zusammenzufallen; die Armen hatten ihr Schicksal zu tragen. Mit einer Ausnahme: Aus der am meisten verachteten und diskriminierten gesellschaftlichen Gruppe, den Juden, stachen die Hofjuden, privilegierte Einzelne, hervor, denen es als Hoffaktoren gelang, zu schwer entbehrlichen Helfern von Königen, Fürsten und großen Aristokraten zu werden. Ihr Erfolg stand auf tönernen Füßen; ihre Sicherheit hing von der persönlichen Gunst und dem Nutzen für die Mächtigen ab. Für den romantischen Märchenerzähler Wilhelm Hauff wird Aufstieg und Fall von »Jud Süß« zum Stoff, aus dem die Träume des Reichtums sind. Das lange 19. Jahrhundert, das von der großen Französischen Revolution bis zum Ausbruch des Ersten Weltkriegs reicht, ist das Jahrhundert der Märchenbildung als Teil einer bürgerlichen *invention of tradition*.

In diese Zeit fällt auch die Bildung der neuen großen Vermögen, die sich nicht mehr aus feudalem Besitzstand herleiten. Die bürgerliche Moderne hat aber nicht nur neue Reiche, *nouveaux riches*, hervorgebracht, sondern auch ihre radikale Negation, den »schauderhaft nacktesten, ganz feigenblattlosen, kommunen Kommunismus«,[1] von dem der späte Heine (nach der gescheiterten Revolution von 1848) gestand, er habe ihn in seiner Jugend (nach der Julirevolution 1830 und in seinem Pariser Exil) verteidigt. In die frühe Pariser Exilzeit fällt auch seine kurze intensive Beziehung zu »nicht bloß dem guten

Ruge, sondern auch meinem noch viel verstocktern Freunde Marx«.[2] Der utopische Blitzgedanke von der Abschaffung der Arbeit, zu der auch die Vorstellung der Abschaffung des Geldes gehörte, musste bei Marx einer kritischen Theorie der Gesellschaft weichen, während Heine die Wunden des unglücklichen Bewusstseins missglückter Säkularisierung und gescheiterter Emanzipation mit literarischen Mitteln zu verbinden suchte.[3]

Heine kannte die »Doktoren der Revolution«,[4] und er kannte ihre Genese aus der Hegelschule seiner frühen Berliner Jahre. Zu den Linkshegelianern der 1820er-Jahre gehörte sein enger Freund Eduard Gans, bei dem später der junge Student Marx hörte. Alle drei kannten sich aus mit dem Reichtum, Gans und Heine hatten Vergänglichkeit großen Reichtums »ganz famillionär«[5] erlebt. Geldreichtum schien den Weg zu eröffnen aus Ghettoisierung und Diskriminierung. Die jüdischen Kinder des Napoleonischen Zeitalters beobachteten Aufstieg und Fall der großen Vermögen ganz genau; denn auch ihr lebensgeschichtliches Schicksal verknüpfte sich mit dem Weltgeschehen. Heine hatte das Glück, linksrheinisch unter französischer Herrschaft aufgewachsen zu sein, und er hat den Code Napoléon, der die Emanzipation der Juden als selbstverständlich voraussetzte, sein Leben lang in Ehren gehalten. Auf dieses moderne Gesetzeswerk bezog sich auch die hegelsche Rechtsphilosophie, die viele junge Hörer seit seinem Amtsantritt nach Berlin zog. »Was vernünftig ist, das ist wirklich; und was wirklich ist, das ist vernünftig«, heißt der berühmte rechtsphilosophische Doppelsatz, den man als Apologie der Verhältnisse lesen könnte, aber der, wie Heine sicher entschlüsselte, anders verstanden werden muss:

»[...] ich sah manchmal, wie er sich ängstlich umschaute aus Furcht man verstände ihn. Er liebte mich sehr, denn er war sicher daß ich ihn nicht verriet; ich hielt ihn damals sogar für servil. Als ich einst unmutig war über das Wort: ›Alles was ist, ist vernünftig‹, lächelte er sonderbar und bemerkte: ›Es könnte auch heißen: Alles was vernünftig ist muß sein.‹ Er sah sich hastig um, beruhigte sich aber bald, denn nur Heinrich Beer hatte das Wort gehört.«[6]

So »unumwunden« plauderte Heine im französischen Exil das »Schulgeheimnis«[7] der deutschen Philosophie aus, zu einer Zeit, als er mit dem »Kommunismus« und mit dem gut 20 Jahre jüngeren Marx bekannt wurde.

Sapienti sat! Dem Kenner, der Hieroglyphen lesen kann, deutet Heine an, dass gerade die säkularisierten jungen Juden wie Heinrich Beer, Bruder des Komponisten Giacomo Meyerbeer, und er, ebenso wie der gleichaltrige Eduard Gans Hegels verklausuliert ausgedrückte Dialektik verstanden. Wenn das Vernünftige wirklich sein soll, dann gibt es kein Argument mehr gegen die Judenemanzipation. Die bürgerliche Gleichstellung der Juden bedeutete für die jungen jüdischen Intellektuellen eine Ausbruchsmöglichkeit aus dem Gefängnis des traditionellen Judentums und der aus dem Mittelalter stammenden, verfestigten gesellschaftlichen Arbeitsteilung, die es Juden nach einem drastischen Ausdruck Moses Mendelssohns nur erlaubte, »Arzt, Kaufmann oder Bettler zu werden«.[8] Diese Übergangszeit, das Napoleonische Zeitalter, eröffnete einer Vielzahl von Individuen, die als Mitglieder einer diskriminierten Gruppe Jahrhunderte lang am Rand der christlich beherrschten Feudalgesellschaften leben mussten, Chancen auf ein befreites Leben. Einige von ihnen, ganz wenige, hatten es schon unter diesen Bedingungen zu großem, wenn auch stets gefährdetem Reichtum gebracht: Modelle des »reichen Juden«, der es rätselhafterweise schafft, aus einer gesellschaftlich verachteten Position zum heimlichen Herrscher aufzusteigen. In Mayer Amschel Rothschild, dem Begründer des sagenumwobenen internationalen Bankhauses, glaubten viele Europäer, den »Ewigen Juden« wiederzuerkennen. Der Reichtum der Rothschilds überlebte im 19. Jahrhundert Revolutionen und Konterrevolutionen und schien die traditionelle jüdische Weisheit außer Kraft zu setzen: »Jüdischer Reichtum ist wie Märzschnee.«[9]

Heine und Gans wussten, wovon sie redeten, wenn sie vom Reichtum sprachen. Eduard Gans' Vater war unter Zurücklassung eines Schuldenbergs verstorben; gegen ihn wurden von modernen Antisemiten der ersten Stunde Schmähschriften veröffentlicht, in denen er des Wuchers bezichtigt wurde. Der gelehrte Kenner der Rechtsgeschichte, der blutjunge Eduard Gans verteidigte den Vater öffentlich gegen diese Vorwürfe. Dieses Aufsehen verschaffte ihm an der Berliner Universität neue Feinde, die seine Anstellung mit allen Mitteln zu verhindern suchten. Geld schien ein Zaubermittel zu sein, das aus den Schranken des mittelalterlichen Eingesperrtseins erlösen konnte. Aber am Geld hing der Fluch des Gefesseltseins an die traditionellen jüdischen Berufe in der Zirkulationssphäre: Bankier, Kaufmann und auf unterster gesellschaftlicher Stufenleiter Pfandleiher und Hausierer. Heine und Gans wurden Mitglieder einer Gruppe von jungen Juden, die nicht mehr so arbeiten und leben wollten und konnten wie ihre Väter und Vorväter. Aus einem Berliner »Wissenschaftszirkel« am Ende der Napoleonischen Epoche entstand unter dem Druck der antisemitischen Hep-Hep-Unruhen 1819 ein »Verein zur Verbesserung des Zustandes der Juden im Deutschen Bundesstaate«, der 1821 in den kurzlebigen »Verein für Cultur und Wissenschaft der Juden« überging.

Die Politik des Vereins endete in einem utopischen Projekt, das Heine ironisch »Ganstown, USA« nannte. Die europäische Restauration hatte Mitte der 1820er-Jahre die Hoffnungen der Juden auf Emanzipation aus vorbürgerlichen Herrschaftsverhältnissen zerstört. Ein jüdisches Kolonisationsprojekt in den modernen Vereinigten Staaten schien die logische Konsequenz in einer Gesellschaft, die den diskriminierten Juden keine umfassende Freiheit gewährte. Heines Freund Wohlwill schrieb damals: »Ein Auswandern der Juden scheint mir allerdings ein höchst wünschenswertes Ereignis: dort ist das Land der Freiheit und der Duldsamkeit, wo auch der Jude nicht als Fremder behandelt wird.«[10] Heine schloss sich dieser Ansicht an; in einer Geschichtsstunde des Vereins vor jüdischen Schülern soll er den »Rat« gegeben haben, »nach Amerika oder wenigstens nach England auszuwandern. In diesen Ländern falle es niemandem ein zu fragen: Was glaubst Du, oder was glaubst Du nicht? Jeder kann da nach seiner Façon selig werden.«[11] Aber es ging dieser kleinen jüdischen Gruppe und ihren Freunden um viel mehr, wie er 1840 an Rahels Ehemann Karl August Varnhagen von Ense schrieb: »Unser eigentliches Geheimnis haben wir nie ausgesprochen und werden es auch nie aussprechen, und wir steigen ins Grab mit verschlossenen Lippen! Wir, wir verstanden einander durch bloße Blicke, wir sahen uns an und wußten, was in uns vorging – diese Augensprache wird bald verloren sein, und unsere hinterlassenen Schriftmäler, z. B. Rahels Briefe, werden für die Spätergeborenen doch nur unenträtselbare Hieroglyphen sein [...].«[12] Das gescheiterte Ganstown-Projekt gehört in den Zusammenhang der missglückten Emanzipation. Diese Erfahrung machte Heine empfänglich für die frühkommunistische Utopie zu Beginn der 1840er-Jahre, als er im Pariser Exil die Zusammenarbeit mit Karl Marx und Moses Hess suchte.

Die Vereinsmitglieder hatten sich mit der Emanzipationskraft des Geldes auseinanderzusetzen – das Geld schien die Möglichkeit der Freiheit anzuzeigen und zugleich sich als fremde Macht gegenüber den Menschen zu verselbstständigen. Die jungen jüdischen Intellektuellen um 1820 konnten sich der Ambivalenz des Geldes nicht entziehen; die Frühkommunisten der frühen Vierzigerjahre gingen vom Lob des Geldes zur Kritik des Geldes über. Heine kann als Kronzeuge für den Utopismus beider Gruppen dienen, weil er mit ihnen sympathisierte, ohne sich vollends mit ihnen zu identifizieren. Es ist das Dilemma junger säkularisierter Juden in Biedermeier und Vormärz, das die utopischen Vorstellungen bei Gans und Wohlwill, bei Hess und Marx hervortreibt. Reichtum ist ohne die Vorstellung der Armut nicht denkbar. Jüdischer Reichtum konnte nur vor dem Hintergrund traditioneller jüdischer Armut und jüdischen Elends gesehen werden. Die Häuser der Frankfurter Judengasse, die Heine gemeinsam mit Börne 1827 besuchte, sahen ihn an, »als wollten sie mir betrübsame Geschichten erzählen, Geschichten, die man wohl weiß, aber nicht wissen will oder lieber vergäße, als daß man sie ins Gedächtnis zurückriefe«.[13] Mit protosoziologischem Blick lässt Heine die Geschichte jüdischen

Reichtums und jüdischer Armut passieren. Und er lässt sie von dem selbstbewussten »Juif de Francfort« Ludwig Börne erzählen, der im Lauf der enttäuschten Emanzipationshoffnungen zum demokratischen Patrioten eines Deutschlands, das es damals nur im »Luftreich des Traums«[14] gab, geworden ist. »Obgleich er selber reich war, ich sage reich, nach dem Maßstabe seiner Bedürfnisse, so hegte er doch einen unergründlichen Groll gegen die Reichen. Obgleich der Segen des Vaters auf seinem Haupte ruhte, so haßte er doch die Söhne, Mayer Amsel [sic!] Rothschilds Söhne.«[15]

Der Heine, der dies 1839 schreibt, ist über die traditionelle Dichotomie von Arm und Reich schon hinaus, von der die Wahrnehmung der vorbürgerlichen europäischen Gesellschaft beherrscht war. In ihr spielte das Verhältnis von gewöhnlichen armen und singulären reichen Juden eine besondere Rolle. Das traditionelle Verhältnis verlangte von den reichen Ausnahmejuden eine patriarchalische Fürsorgepflicht für den ärmlichen Rest der Gemeinde. Die Familiengeschichte Gans spiegelt das wider. Eduard Gans' Großvater Isaac, der 1798 verstarb, lebte noch als weltliches und gleichzeitig geistliches Oberhaupt in Celle. Eduards Vater Abraham war ein Mayer Amschel vergleichbarer abenteuerlicher Finanzmann in der Zeit der Napoleonischen Kriege, der dem von Napoleon geschlagenen Preußen durch Beschaffung von finanziellen Mitteln überleben half und zugleich seinem Sohn eine weltliche Ausbildung zukommen ließ. Im »Wissenschaftszirkel«, aus dem später der »Verein für Cultur und Wissenschaft der Juden« wurde, bündelte sich die Idee einer Solidargemeinschaft, einer diskriminierten Gruppe mit der Emanzipation durch weltliche Bildung – ein utopisches Motiv der Aufhebung zwanghafter Arbeitsteilung.

Aus dem Studium der jüdischen Geschichte und der vorbürgerlichen Gesellschaft entwickelt sich die Urvorstellung des utopischen Kommunismus – eine klassenlose Gesellschaft auf der Basis einer aufgehobenen Arbeitsteilung. Vorbedingung dieser neuen Vorstellungswelt ist aber eine kritische Aneignung der jüdischen Geschichte, der die traditionelle Feudalverfassung der jüdischen Gemeinden im christlichen Europa ein Dorn im Auge ist. Der als Hoffaktor reich gewordene Jude, der sich patriarchalisch um das Schicksal der armen Juden kümmert, wird zum Gegenstand der Gesellschaftskritik von Juden, die nicht mehr so leben wollen wie ihre Vorfahren. Aus ihr begründet sich das Gefühl einer »messianischen Zeit«,[16] das im Ganstown-Projekt kulminiert. Geld soll das Mittel sein, das an einem anderen Ort eine wirklich neue Gesellschaft ermöglicht. Hanns Günther Reissner hat überzeugend herausgearbeitet, wie identifiziert Heine damals mit dieser jüdisch-säkularen Utopie war: »Wenn einst Ganstown erbaut sein wird und ein glücklicheres Geschlecht am Missisippi Lulef bentscht und Matzes kaut [...].«[17]

Die messianische Stimmung verflog nach dem Scheitern des Projekts und der Auflösung des Vereins 1823; die Mitglieder des Culturvereins wanderten nicht aus und gründeten keine neue Gesellschaft, sondern suchten individuelle Auswege aus der deutschen Misere – der Erwerb individuellen Reichtums oder gar die Taufe, die besonders für »Wissenschaftsjuden« nötig war, um eine Beamtenstelle antreten zu können. Die Emanzipation verkümmerte zur obrigkeitsstaatlich gestellten »Judenfrage«, deren Debatten die enttäuschten Utopisten schon bald zu langweilen begannen. Besonders die Pariser Julirevolution von 1830 mit ihrem europäischen Nachhall belebte den utopischen Blitzgedanken wieder; die Erfahrungen im Exil machten die deutschen Exilanten mit der modernen Klassengesellschaft bekannt, in der die soziale Frage nach einer politischen Lösung verlangte. Heine spürte den möglichen Zusammenhang zwischen den *Französische[n] Zuständen[n]* und der fortgeschrittensten Philosophie, die aus dem reaktionären Preußen über den Rhein gepilgert kam. Eduard Gans kam 1830 nach Paris und begann den Saint-Simonismus zu studieren; er bereiste auch England. Auch Heines Briefe aus England können schon als protosoziologische Studien gelesen werden. Seine *Französischen Zustände* und später die *Lutetia* konkurrierten mit Ludwig Börnes berühmten *Briefe[n] aus Paris* aus den frühen 1830er-Jahren. Börne hatte das Auf und Ab der Napoleonischen Zeit isoliert in Frankfurt am Main erlebt; als Polizeiaktuar der von den Franzosen eingesetzten dalbergschen Verwaltung konnte er die Befreiung der Frankfurter Juden aus dem Ghetto erleben, aber mit der Vertreibung der Franzosen wurde er sogleich entlassen. Aufgrund guter privater Vermögensverhältnisse konnte er es sich leisten, als Publizist zu leben. Heine widmete dem Konkurrenten im Pariser Exil eine »Denkschrift« mit dem Titel *Ludwig Börne* versehen, die nach Heines Absicht aber nicht wesentlich Börne selbst, sondern den »Zeitkreis, worin er sich zunächst bewegte«[18] thematisieren sollte. In der Tat kommt Börne dabei etwas schlecht weg: Heine versucht in dem 1839 fertiggestellten Text, Börne als Mann der Vergangenheit hinzustellen, sich selbst aber als einen Mann der Zukunft.

Kristallisationspunkt der Differenz zwischen beiden wird ihre Sicht des Reichtums, im Kern des großen Geldvermögens. Und dieser Reichtum hat einen Namen: Rothschild. Ludwig Börne hat sich im 58. Brief aus Paris (19. November 1831) eindeutig zu Rothschild geäußert:

> *»Was fällt nur den Leuten ein, daß ich ein Feind von Rothschild sei? Ein Glück für mich, daß ich es nicht bin; denn wäre ich es, hätte ich nicht von ihm gesprochen und hätte die Wahrheit meiner Ehre aufgeopfert. Gegen den Menschen Rothschild habe ich gar nichts, aber weil er Rothschild ist, setze ich ihn den Königen gleich, und das kann ihn doch gewiß nicht verdrießen,*

wenn er auch nicht zu ihnen gehören möchte, da er am besten weiß, wie tief jetzt ein König unter Pari steht. Aber er ist der große Mäkler aller Staatsanleihen, welcher den Fürsten die Macht gibt, der Freiheit zu trotzen und den Völkern den Mut nimmt, sich der Gewalt zu widersetzen. Rothschild ist der Hohepriester der Furcht, die Göttin, auf deren Altar Freiheit, Vaterlandsliebe, Ehre und jede Bürgertugend geopfert werden. Rothschild soll in einer [Hervorhebung im Original] Börsenstunde alle seine Papiere losschlagen, daß sie in den tiefsten Abgrund stürzen; dann eile er in meine Arme, und er soll es spüren, wie fest ich ihn an mein Herz drücke. Wahrhaftig, es scheint, daß diese Menschen die Freiheit der andern noch mehr fürchten als ihre eigene Armut, sonst würden sie nicht mit so ängstlicher Eile ihr Geld zu den Füßen der Könige werfen, sobald sie es verlangen. Ob wir einmal frei werden, weiß ich nicht, aber für die künftige Armut der Papier-Reichen will ich mich verbürgen.«[19]

Für Börne gab es nach der Julirevolution nur noch das Ziel einer demokratischen Republik – links und rechts des Rheins. »Rothschild aber wird bestehen bis an den Jüngsten Tag – der Könige. Welch ein Ultimo! Wie wird das krachen«[20] (42. Brief, 15. März 1831). Der radikale Demokrat und Patriot fühlte sich von Heine verunglimpft. Die jüdische Solidargemeinschaft hatte er zur Zeit der Restauration nach 1815 verlassen, den Namen Löw Baruch geändert und sich taufen lassen. Das Petitionieren in den restaurativen deutschen Ländern war er leid, der »Klagruf der Israeliten in Kurhessen und Appellation an den Zeitgeist, abgedrungen durch Entziehung der allgemeinen Menschenrechte« brachte ihn im 31. Brief vom 1. Februar 1831 in Rage:

»*Israel jammert mich manchmal, seine Lage ist gar zu betrübt. Kurse oben, Kurse unten, wie der tolle Wind das Rad schwingt – es sind die Qualen des Ixion. Aber ist es nicht furchtbar lächerlich, daß die niedrigste und gemeinste aller Leidenschaften so viele Ähnlichkeit hat mit der erhabensten und edelsten, die Gewinnsucht mit der Liebe? Jawohl, Gott hat das Volk verflucht, und darum hat er es reich gemacht. Aber von den ekelhaften Geschichten mit den jüdischen Heiratserlaubnissen und jüdischen Handwerksgesellen erzählen Sie mir nichts mehr. Ich will nichts davon hören, ich will nichts damit zu tun haben. Wenn ich kämpfen soll, sei es mit Löwen und Tigern, aber vor Kröten habe ich einen Abscheu, der mich lähmt.«* [21]

Aus dem selbstbewussten »Juif de Francfort« war im Pariser Exil ein radikaler Citoyen geworden, der im Reichtum ein Hindernis der Freiheit sah.

Schon in seiner nach den Hep-Hep-Unruhen verfassten Artikelserie *Für die Juden* verwies Börne auf den festen Zusammenhalt von Juden und Adel: »Denn die Juden und der Adel, das heißt Geld und Vorherrschaft, das heißt

dingliche und persönliche Aristokratie, bilden die zwei letzten Stützen des Feudalsystems.«[22] Die antisemitischen Unruhen zu Beginn des 19. Jahrhunderts zeigen die Logik von Schutz und Herrschaft wie im Reagenzglas:
> *»Denn die Juden, von dem Volke bedroht, suchen Schutz bei den vornehmen Herrn, und diese, von der Gleichheit geschreckt, suchen Waffen und Mauern im Gelde. Man trenne sie, indem man den Juden die Beschützung von seiten der Großen entbehrlich mache, damit letztere zu keinen jüdischen Anleihen ihre Zuflucht nehmen können und unter Vormundschaft der bewilligenden oder versagenden Volksvertreter gestellt werden.«*[23]

Das restaurative Bündnis zwischen Rothschild und Metternich versinnbildlichte bis 1848 diese Allianz von Geld und Aristokratie und evozierte die antisemitischen Untertöne in der radikaldemokratischen und frühsozialistischen Literatur. Börne führte bis zu seinem frühen Tod 1837 erbitterte publizistische Kämpfe gegen chauvinistische Tendenzen in der radikaldemokratischen Bewegung, die als antisemitische Gespenster Heine von den sogenannten Befreiungskriegen bis an sein Lebensende 1856 verfolgten. Noch in seiner Matratzengruft formulierte er 1855: »Aus Haß gegen die Anhänger des Nationalismus könnte ich schier die Kommunisten lieben. Wenigstens sind sie keine Heuchler [...].«[24] Heine wusste, von wem er sprach, wenn er über Kommunismus und Reichtum seine dezidierten Urteile abgab. Mit den Rothschilds verkehrte er auf »famillionärem« Fuß, mit Moses Hess und Karl Marx arbeitete er nicht nur als Autor und Redakteur zusammen, sondern er besuchte Marx' Familie oft in ihrer Pariser Exilwohnung zu einer Zeit, als *Deutschland. Ein Wintermärchen* entstand und Marx seine »ökonomisch-philosophischen Manuskripte« zu Papier brachte. Nicht nur im Leben der von ökonomischer Not bedrängten Exilanten, sondern auch in der modernen Gesellschaft, deren atemberaubenden Pulsschlag sie in der »Hauptstadt des 19. Jahrhunderts« spürten, spielte Geld eine zentrale Rolle.

In *Ludwig Börne* formulierte Heine eine andere Sicht des Geldes und damit auch der Rothschilds als Börne, der an das restaurative Bündnis von Geld und Aristokratie fixiert blieb.
> *»[...] und ich sehe in Rothschild einen der größten Revolutionäre, welche die moderne Demokratie begründeten. Richelieu, Robespierre und Rothschild sind für mich drei terroristische Namen, und sie bedeuten die graduelle Vernichtung der alten Aristokratie. Richelieu, Robespierre und Rothschild sind die drei furchtbarsten Nivelleurs Europas. Richelieu zerstörte die Souveränität des Feudaladels und beugte ihn unter jene königliche Willkür, die ihn entweder durch Hofdienst herabwürdigte oder durch krautjunkerliche Untätigkeit in der Provinz vermodern ließ. Robespierre schlug diesem unterwürfigen*

und faulen Adel endlich das Haupt ab. Aber der Boden blieb, und der neue Herr desselben, der neue Gutsbesitzer, ward ganz wieder ein Aristokrat, wie seine Vorgänger, deren Prätensionen er unter anderem Namen fortsetzte. Da kam Rothschild und zerstörte die Oberherrschaft des Bodens, indem er das Staatspapierensystem zur höchsten Macht emporhob, dadurch die großen Besitztümer und Einkünfte mobilisierte und gleichsam das Geld mit den ehemaligen Vorrechten des Bodens belehnte. Er stiftete freilich dadurch eine neue Aristokratie, aber diese, beruhend auf dem unzuverlässigsten Elemente, auf dem Gelde, kann nimmermehr so nachhaltig mißwirken wie die ehemalige Aristokratie, die im Boden, in der Erde selber, wurzelte. Geld ist flüssiger als Wasser, windiger als Luft, und dem jetzigen Geldadel verzeiht man gern seine Impertinenzen, wenn man seine Vergänglichkeit bedenkt [...].«[25]

Diese Ansichten äußert Heine im Zwiegespräch mit Börne, das 1827 in Frankfurt stattgefunden haben soll und an das er sich bekümmert erinnert – wegen Börnes »höchsten Haß gegen die Rothschilde«. Er zitiert befremdet Börnes personalistische Sicht der Dinge:

»›Denn sehen Sie‹ – sprach er –, ›die Rothschilde haben so viel Geld, eine solche Unmasse von Geld, daß sie uns einen fast grauenhaften Respekt einflößen; sie identifizierten sich sozusagen mit dem Begriff des Geldes überhaupt, und Geld kann man nicht verachten. Auch haben diese Leute das sicherste Mittel angewendet, um jenem Ridikül zu entgehen, dem so manche andere baronisierte Millionärenfamilien des Alten Testaments verfallen sind: sie enthalten sich des christlichen Weihwassers.‹«[26]

Börne sieht rückwärtsorientiert die alten Verhältnisse statisch, Heine sieht das Neue dynamisch – eine Urfrage der sich um 1830 entwickelnden neuen Wissenschaft, der Soziologie. Börne nimmt das Verhalten der »Rothschilde« persönlich, Heine dagegen sieht die gesellschaftliche Funktion Rothschilds, wenn er Ende März 1841 in der *Lutetia* schreibt:

»Herr von Rothschild ist in der Tat der beste politische Thermometer; ich will nicht sagen Wetterfrosch, weil das Wort nicht hinlänglich respektvoll klänge. Und man muß doch Respekt vor diesem Manne haben, sei es auch nur wegen des Respektes, den er den meisten Leuten einflößt. Ich besuche ihn am liebsten in den Bureaux seines Comptoirs, wo ich als Philosoph beobachten kann, wie sich das Volk, und nicht bloß das Volk Gottes, sondern auch alle andern Völker vor ihm beugen und bücken [...]. Jenes Privatkabinett ist in der Tat ein merkwürdiger Ort, welcher erhabene Gedanken und Gefühle erregt, wie der Anblick des Weltmeeres oder des gestirnten Himmels: wir sehen hier, wie klein der Mensch und wie groß Gott ist! Denn das Geld ist der Gott unserer Zeit, und Rothschild ist sein Prophet.«[27]

Die ironischen Formulierungen können kaum verbergen, wie ernst es Heine mit dieser Aussage ist. Er hat sie mehrfach wiederholt, ebenso wie er sich immer wieder rühmte »mit dem Baron Rothschild [...] en famille« zu verkehren. Rothschild ist nur der Name des Geldes; seine Herrschaft ist in Heines Augen universal – wohlgemerkt, die des Geldes, nicht die des Barons und seiner Brüder. Die gesellschaftliche Differenz Frankreichs zu Deutschland steht Heine klar vor Augen, wenn er im Mai 1840 auf das Verhältnis der etablierten französischen Juden zu ihren verfolgten Glaubensgenossen in Damaskus zu sprechen kommt:

> »*Die Juden in Frankreich sind schon zu lange emanzipiert, als daß die Stammesbande nicht sehr gelockert wären, sie sind fast ganz untergegangen oder, besser gesagt, aufgegangen in der französischen Nationalität; sie sind gerade ebensolche Franzosen wie die andern [...]. Viele unter ihnen üben noch den jüdischen Zeremonialdienst, den äußerlichen Kultus, mechanisch, ohne zu wissen warum, aus alter Gewohnheit; von innerm Glauben keine Spur, denn in der Synagoge ebenso wie in der christlichen Kirche hat die witzige Säure der Voltaireschen Kritik zerstörend gewirkt. Bei den französischen Juden, wie bei den übrigen Franzosen, ist das Gold der Gott des Tages, und die Industrie ist die herrschende Religion.*«[28]

Die Jagd nach dem Reichtum ist weder eine rothschildsche noch eine jüdische Besonderheit: Das Profitmotiv ist universal geworden. Auch das einst utopisch vorgestellte Auswandererland Amerika ist schon im 1830 geschriebenen »Zweiten Buch« des *Ludwig Börne* entzaubert:

> »*Oder soll ich nach Amerika, nach diesem ungeheuren Freiheitsgefängnis, wo die unsichtbaren Ketten mich noch schmerzlicher drücken würden als zu Hause die sichtbaren und wo der widerwärtigste aller Tyrannen, der Pöbel, seine rohe Herrschaft ausübt! Du weißt, wie ich über dieses gottverfluchte Land denke, das ich einst liebte, als ich es nicht kannte [...]. Dabei machen diese Amerikaner großes Wesen von ihrem Christentum und sind die eifrigsten Kirchengänger. Solche Heuchelei haben sie von den Engländern gelernt, die ihnen übrigens ihre schlechtesten Eigenschaften zurückließen. Der weltliche Nutzen ist ihre eigentliche Religion, und das Geld ist ihr Gott, ihr einziger, allmächtiger Gott.*«[29]

Heine meint es ernst: Die moderne bürgerliche Gesellschaft wird bestimmt durch die Herrschaft des Geldes, die in dieser Epoche die alte feudale untergraben hat. Weil er die gesellschaftliche Universalfunktion des Geldes sieht, kann er ohne Hass mit den Rothschilds verkehren und zugleich sein Interesse am »schauderhaft nacktesten, ganz feigenblattlosen, kommunen Kommunismus«[30] bekunden. Die Kritik des Geldes, mit der ihn die »Doktoren der Revolution« in den frühen Vierzigerjahren bekannt machen, folgt aus der Religionskritik der hegelschen Linken, die Heine schon aus seiner Studienzeit in Berlin bekannt gewesen ist.

1845 argumentierte der sich zeitweilig in Paris aufhaltende Moses Hess in seiner bahnbrechenden Arbeit *Über das Geldwesen*, die auch von Marx diskutiert wurde und auch Heine zur Kenntnis kam, im Sinn der feuerbachschen Religionskritik: »Was Gott für's theoretische Leben, das ist das Geld für's praktische Leben in der verkehrten Welt. Das entäußerte Vermögen der Menschen, ihre verschacherte Lebenstätigkeit [...]. Das Geld ist das Produkt der gegenseitig entfremdeten Menschen, der entäußerte Mensch.«[31] Dieser Ton, der aus einem feuerbachianisch angehauchten Sozialismus stammte, musste den grau gewordenen Junghegelianer Heine wiederbeleben, der im französischen Exil dazu gekommen war, die Staatsformen, die noch Börne so beschäftigten, für »gleichgültige Dinge« zu halten, »solange der Kampf um erste Lebensprinzipien, um die Idee des Lebens selbst, noch nicht entschieden ist«.[32]

Hess, der schon den jungen Engels zum Kommunismus bekehrt hatte, stand damals in engem Kontakt mit Marx, der seine Kritik an der hegelschen Philosophie mit der Kenntnisnahme der englischen Nationalökonomie und der Erfahrung eines politisch im Vergleich zu Deutschland fortgeschrittenen Landes fundierte. In seinen *Pariser Manuskripte[n]* kommt Marx Moses Hess ganz nahe, wenn er im privateigentümlich angeeigneten Geldreichtum den entfremdeten gesellschaftlichen Reichtum der Menschen sieht:

»Das Privateigentum hat uns so dumm und einseitig gemacht, dass ein Gegenstand erst der u n s r i g e ist, wenn wir ihn haben, also als Kapital für uns existiert oder von uns besessen, getrunken, an unserem Leib getragen, von uns bewohnt etc., kurz gebraucht wird [...] An die Stelle a l l e r physischen und geistigen Sinne ist daher die Entfremdung a l l e r dieser Sinne, der Sinn des Habens getreten. Auf diese absolute Armut mußte das menschliche Wesen reduziert werden, damit es seinen inneren Reichtum aus sich herausgebäre.«[33]

Hinter dem glänzenden Geldreichtum verbirgt sich das ungeheure Potenzial menschlicher Wesenskräfte. An diesem Punkt schlägt der utopische Blitzgedanke ein: Durch die Abschaffung des Geldes, dieser vermittelten, gesellschaftlichen Abstraktion, könnte eine konkrete menschliche Welt entstehen, die Welt des Gebrauchswerts und der unmittelbaren Beziehungen sinnlicher Individuen aufeinander. Das ist die *Doktrin*, die Heine versifiziert hat:

> *»Schlage die Trommel und fürchte Dich nicht,*
> *Und küsse die Marketenderin!*
> *Das ist die ganze Wissenschaft,*
> *Das ist der Bücher tiefster Sinn.*
> *[...]*
> *Das ist die Hegelsche Philosophie,*
> *Das ist der Bücher tiefster Sinn!*
> *Ich hab sie begriffen, weil ich gescheit,*
> *Und weil ich ein guter Tambour bin.«*[34]

Marx und Engels arbeiteten zur Selbstverständigung kurz danach *Die deutsche Ideologie* aus, die von diesem utopischen Blitzlicht erhellt wird. Die »große Industrie« wird hier als Motor der gesellschaftlichen Modernisierung begriffen: »Sie vernichtete überhaupt die Naturwüchsigkeit, soweit dies innerhalb der Arbeit möglich ist, und löste alle naturwüchsigen Verhältnisse in Geldverhältnisse auf.«[35] Die produktive Funktion des Geldes, die in Heines Nivelleurvorstellung wirkte und die feudalen Verhältnisse aufgelöst hatte, wird in der bürgerlichen Klassengesellschaft eine Destruktionskraft, die nur durch eine kommunistische Revolution beseitigt werden kann, da

> *»in allen bisherigen Revolutionen die Art der Tätigkeit stets unangetastet blieb und es sich nur um eine andre Distribution dieser Tätigkeit, um eine neue Verteilung der Arbeit an andre Personen handelte, während die kommunistische Revolution sich gegen die bisherige* A r t *der Tätigkeit richtet, die* A r b e i t *beseitigt und die Herrschaft aller Klassen mit den Klassen selbst aufhebt, weil sie durch die Klasse bewirkt wird, die in der Gesellschaft für keine Klasse mehr gilt, nicht als Klasse anerkannt wird, schon der Ausdruck der Auflösung aller Klassen, Nationalitäten etc. innerhalb der jetzigen Gesellschaft ist.«*[36]

Erst die Abschaffung des Geldes als Ausdruck eines abstrakt Allgemeinen ermöglicht eine Veränderung der bisherigen naturwüchsigen Arbeitsteilung:

> *»Sowie nämlich die Arbeit verteilt zu werden anfängt, hat Jeder einen bestimmten ausschließlichen Kreis der Tätigkeit, der ihm aufgedrängt wird, aus dem er nicht heraus kann; er ist Jäger, Fischer oder Hirt oder kritischer Kritiker und muß es bleiben, wenn er nicht die Mittel zum Leben verlieren will – während in der kommunistischen Gesellschaft, wo Jeder nicht einen ausschließlichen Kreis der Tätigkeit hat, sondern sich in jedem beliebigen Zweige ausbilden kann, die Gesellschaft die allgemeine Produktion regelt und mir eben dadurch möglich macht, heute dies, morgen jenes zu tun, morgens zu jagen, nachmittags zu fischen, abends Viehzucht zu treiben, nach dem Essen zu kritisieren, wie ich gerade Lust habe, ohne je Jäger, Fischer, Hirt oder Kritiker zu werden.«*[37]

Das konnte Heine gefallen. Die Motive aus seinem Emanzipationsversuch im »Verein für Cultur und Wissenschaft der Juden« scheinen in dieser Utopie aufgehoben: Aufhebung der zwangsweisen Arbeitsteilung, die es jungen Juden nach den schon zitierten Worten Moses Mendelssohns nur erlaubte, Mediziner, Kaufmann oder Bettler zu werden.

1 Heinrich Heine, Geständnisse (1854), in: Heinrich Heine. Werke und Briefe (WuB), Hans Kaufmann (Hg.), Berlin/Weimar 1980, Bd. 7, S. 120. Man achte auf die Jahreszahlen der Texte. Der Zeitraum 1815 bis 1848, in dem der utopische Blitzgedanke entsteht, ist von den Autoren nach der gescheiterten Revolution von 1848 umgewertet worden. Nicht nur Heine, sondern auch Moses Hess und Karl Marx haben ihr Denken durch neue Erfahrungen verändert.
2 Ebd., S. 133.
3 Die ganze Geschichte lässt sich nachlesen bei Detlev Claussen, Grenzen der Aufklärung. Die gesellschaftliche Genese des modernen Antisemitismus, 4. erweiterte Auflage, Frankfurt am Main 2005, S. 85–175.
4 »Die mehr oder weniger geheimen Führer der deutschen Kommunisten sind große Logiker, deren stärkste aus der Hegelschen Schule hervorgegangen sind, und sie sind ohne Zweifel die fähigsten Köpfe, die energischsten Charaktere Deutschlands. Diese Doktoren der Revolution und ihre mitleidlos entschlossenen Schüler sind die einzigen Männer in Deutschland, die Leben in sich haben, und ihnen, *fürchte ich* [Herv. d. Verf.], gehört die Zukunft.« Vgl. Heine, wie Anm. 1, WuB 7, S. 489f. Diese Bemerkung Heines erschien in einer französischen Zeitschriftenversion. Dieser Kommunismus hat noch nichts mit dem marxistisch-leninistischen Kommunismus des 20. Jahrhunderts gemein.
5 Heine, Die Bäder von Lucca (1829), WuB 3, S. 306f. In der Handschrift hatte Heine noch zugesetzt: »Hätt ich aber doch Rothschild sein Geld! Was hilft´s ihm? Er hat doch keine Bildung, er versteht soviel von Musik wie ein ungeborenes Kalb und von Malerei wie eine Katze und von Poesie wie Apollo – so heißt mein Hund«, S. 714.
6 Heine, Briefe über Deutschland, 1844/45, WuB 7, S. 306
7 Ebd., S. 305.
8 Zitiert nach Michael A. Meyer, Von Moses Mendelssohn zu Leopold Zunz. Jüdische Identität in Deutschland 1749–1824, München 1994, S. 180.
9 Jüdische Aphorismen aus zwei Jahrtausenden, Frankfurt am Main 1963, S. 15.
10 Zitiert nach der eindrucksvollen, präzisen biografischen Studie von Hanns Günther Reissner, Eduard Gans. Ein Leben im Vormärz, Tübingen 1965, S. 87.
11 Ebd., S. 95.
12 Brief an Karl August Varnhagen von Ense, 5. Februar 1840, WuB 9, S. 25f.
13 Heine, Ludwig Börne. Eine Denkschrift (1840), WuB 6, S. 99.
14 Heine, Deutschland, ein Wintermärchen (1844), WuB 1, S. 452.
15 Heine, Börne, wie Anm. 13, S. 105.
16 Zitiert nach Norbert Waszek (Hg.), Eduard Gans (1797–1839). Hegelianer – Jude – Europäer. Texte und Dokumente, Frankfurt am Main, Bern/New York/Paris 1991, S. 62.
17 Heine, Brief an Moses Moser, Mai 1823, WuB 8, S. 84.
18 Heine, Brief an Julius Campe, 24. Juli 1840, WuB 9, S. 44.
19 Alfred Estermann (Hg.), Ludwig Börne, Briefe aus Paris, Frankfurt am Main 1986, S. 311f.
20 Ebd., S. 207.
21 Ebd., S. 144.
22 Ludwig Börne, Für die Juden (1819), in: H. Bock/W. Dietze (Hg.), Börnes Werke in zwei Bänden, Berlin/Weimar 1976, S. 158.
23 Ebd., S. 159.
24 Vorrede zu Lutetia. Berichte über Politik, Kunst und Volksleben (1855), WuB 6, S. 248.
25 Heine, Börne, WuB 6, wie Anm. 13, S. 107.
26 Ebd., S. 108.
27 Heine, Lutetia, WuB 6, wie Anm. 24, S. 377f.
28 Ebd., S. 292.
29 Heine, Börne, WuB 6, S. 117.
30 Heine, Geständnisse, WuB 7, wie Anm. 1, S. 120.
31 Zitiert nach Ernst Theodor Mohl, Einleitung zu Moses Hess, Gesellschaftsspiegel, Nachdruck o. J. S. XII.
32 Heine, Brief an Heinrich Laube, 23. November 1835, WuB 8, S. 477.
33 Karl Marx, Ökonomisch-philosophische Manuskripte (1844), in: MEW Ergänzungsband I, Berlin 1968, S. 540.
34 Heine, Doktrin, Zeitgedichte (1844), WuB 1, S. 319.
35 Karl Marx/Friedrich Engels, Die deutsche Ideologie (1845/46), in: MEW Bd. 3, Berlin 1962, S. 60.
36 Ebd., S. 69 f.
37 Ebd., S. 33.

»Welches ist der weltliche Grund des Judentums?
Das *praktische* Bedürfnis, der *Eigennutz*.
Welches ist der weltliche Kultus der Juden?
Der *Schacher*. Welches ist sein weltlicher Gott?
Das *Geld*.«

*Karl Marx,
Zur Judenfrage, 1843/44*

»Der Roman soll das deutsche Volk
da suchen, wo es in seiner Tüchtigkeit
zu finden ist, nämlich bei seiner Arbeit.«

Julian Schmidt,
in: Gustav Freytag, Soll und Haben, 1855

Gustav Freytag

Soll und Haben

*

Mit 64 Originallithographien von Otto H. Engel

*

Der Roman soll das deutsche Volk da
suchen, wo es in seiner Tüchtigkeit zu
finden ist, nämlich bei seiner Arbeit.
Julian Schmidt

Erster Band

Th. Knaur Nachf., Berlin und Leipzig
1923

Innentitel des Romans
»Soll und Haben« von Gustav Freytag
Berlin/Leipzig, 1923 [Leipzig 1855]

Otto H. Engel, Veitel Itzig beim Freiherrn von Rothsattel
und Schmeie Tinkeles aus Brody bei Anton Wohlfahrt,
in: Gustav Freytag, Soll und Haben
Die Namen spielen an auf die Münzentrepreneurs Veitel
Ephraim und Daniel Itzig.
Berlin/Leipzig, 1923, Lithografien

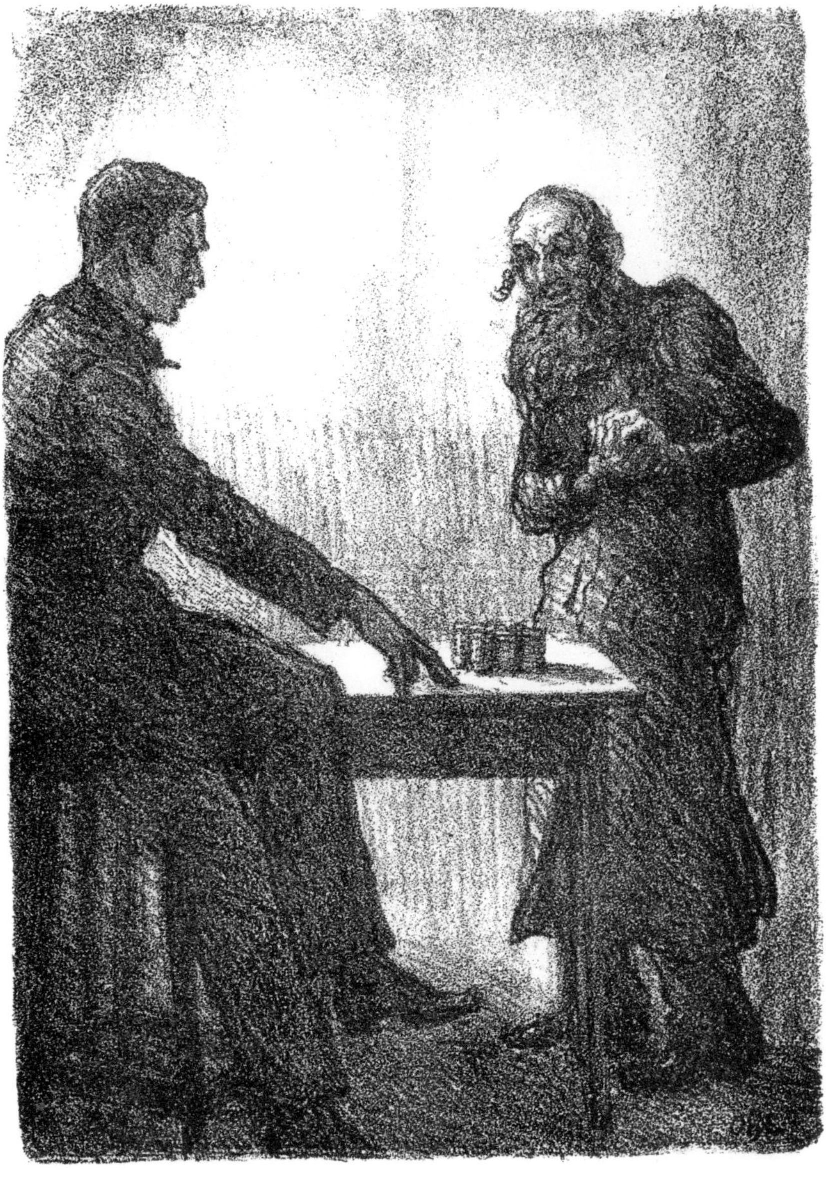

Philosophie des Geldes.

Von

Georg Simmel.

Zweite, vermehrte Auflage.

Leipzig,
Verlag von Duncker & Humblot.
1907.

»Das Geld ist uns wertvoll, weil es das Mittel zur Erlangung von Werten ist; aber ebenso gut könnte man doch sagen: obgleich es nur das Mittel dazu ist.«

Georg Simmel,
Philosophie des Geldes, 1900

»Das eine große Schicksal, das den Juden noch zu tragen oblag, war das Geld: daß sie die Hüter des Hortes durch Jahrtausende waren, das hat tiefe Spuren in ihr Wesen eingeprägt und hat dieses Wesen in seiner Eigenart gesteigert. Denn in dem Gelde vereinigten sich gleichsam die beiden Faktoren, aus denen sich das jüdische Wesen zusammensetzt, wie wir sehen: Wüste und Wanderung, Saharismus und Nomadismus.«

Werner Sombart,
Die Juden und das Wirtschaftsleben, 1911

Werner Sombart

Die Juden

und das Wirtschaftsleben

Zwölftes und dreizehntes Tausend

München und Leipzig
Verlag von Duncker & Humblot
1922

Innentitel der Abhandlung
»Die Juden und das Wirtschaftsleben«
von Werner Sombart
München/Leipzig, 1922 [1911]

Umschlag des Buches
»Die Juden in der Karikatur«
von Eduard Fuchs
München 1921

Die Unterscheidung zwischen „raffendem" und „schaffendem" Kapital ist irreführend und unwissenschaftlich. Unter „raffendem" Kapital wird Bank- und Börsenkapital verstanden. In Wirklichkeit rollt das Geld von den Banken und Sparkassen zur Industrie, zum Handwerk, zur Schiffahrt und durch jeden einzelnen Haushalt. Die Großindustrie, deren Kapital als „schaffendes" bezeichnet wird, tritt als Käufer und Verkäufer an der Börse auf. Im übrigen gibt es jüdische Industrielle und nicht-jüdische Börsianer. Selbst wenn man also die Begriffe „schaffend" und „raffend" anwendet, bleibt die Gleichsetzung von „schaffend"-christlich, „raffend"-jüdisch, falsch.

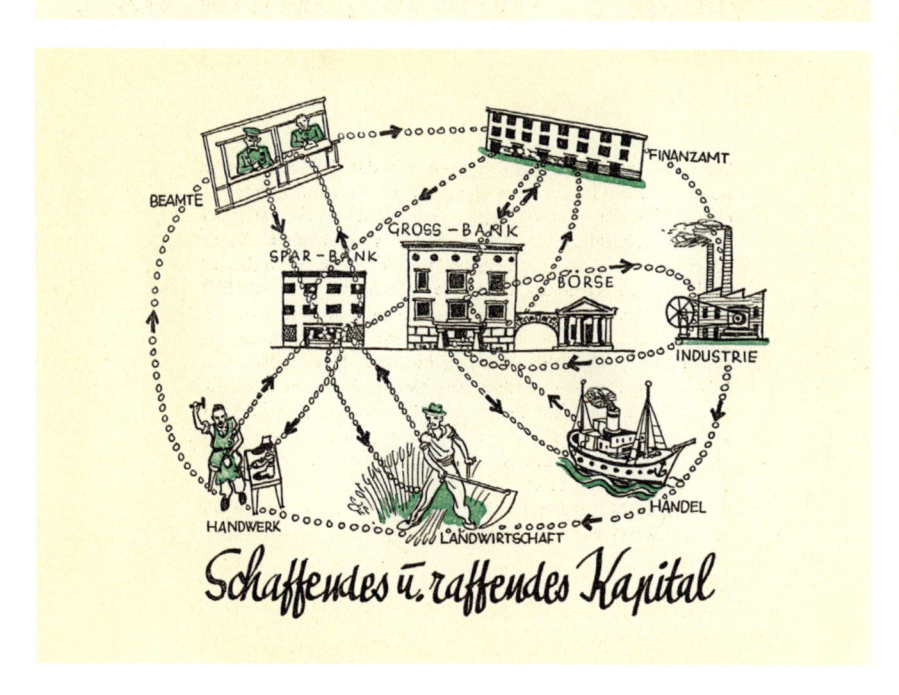

Centralverein Deutscher Staatsbürger
Jüdischen Glaubens (Hg.)
Wir deutschen Juden 321–1932
Seiten 38 und 39: »Schaffendes und
raffendes Kapital«
Berlin o. J. [1932]

»Kein Zweifel: wenn das vergangene Deutschland die Juden in seiner Mitte aufgenommen hat, so ist ihm der Dank dafür — aber wie sollte bei gegenseitigem Empfangen und Geben von Dank überhaupt die Rede sein können? — mit Zinsen und Zinseszinsen abgestattet worden.«

*Siegfried Kracauer,
Inventaire, Paris 1933*

VERNICHTUNG

TUT NICHTS DER JUDE WIRD VERBRANNT

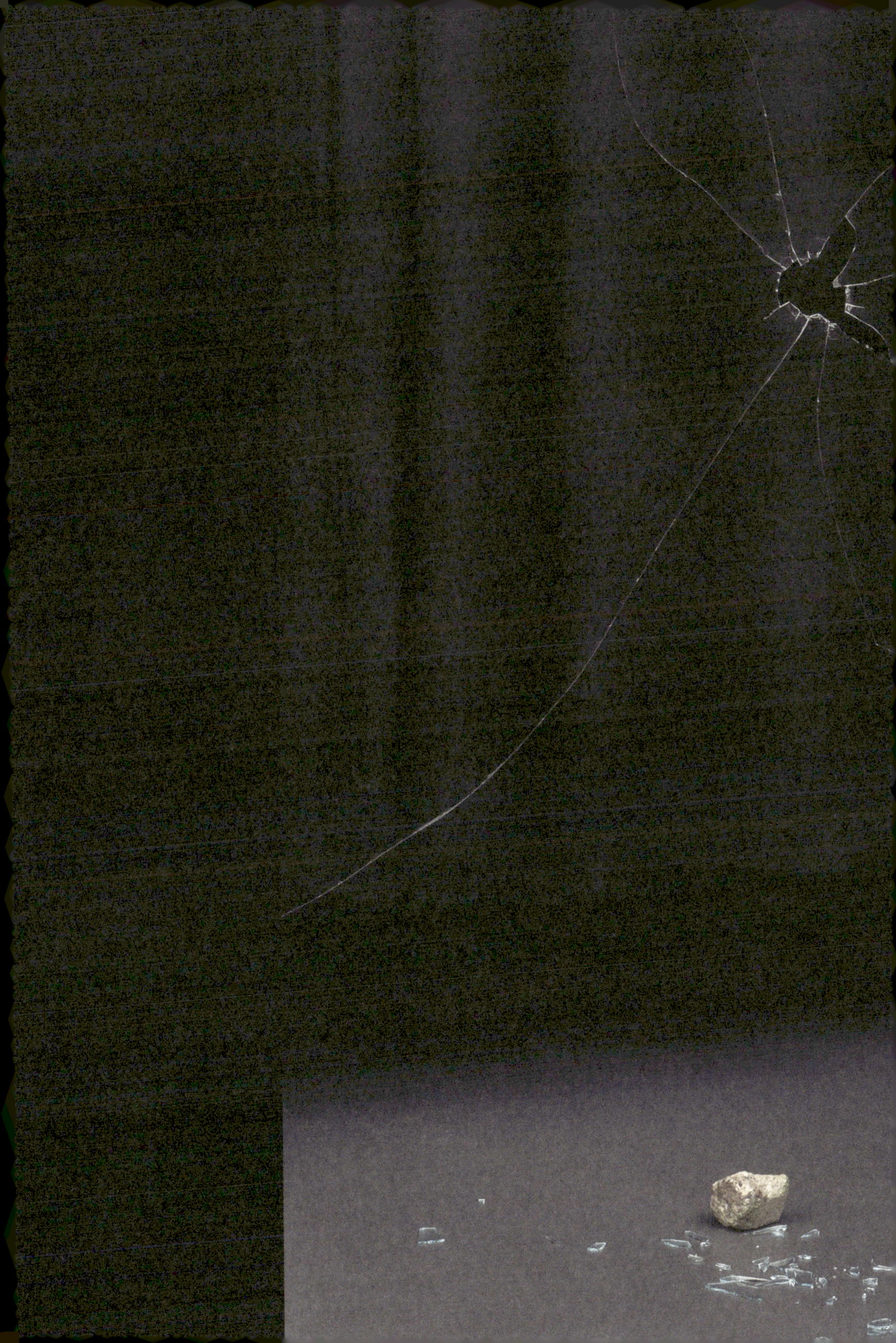

»... DIE HATTEN IMMER DAS MEISTE GELD« — FUNKTION UND BEDEUTUNG EINES ANTIJÜDISCHEN KLISCHEES IM »DRITTEN REICH«

Frank Bajohr

Im Jahr 1935 veröffentlichte Annemarie Stiehler, eine der bekanntesten Kinderbuchautorinnen während der NS-Zeit, ein Büchlein mit dem Titel *Die Geschichte von Adolf Hitler*, in dem sie auf knapp hundert Seiten die Lebensgeschichte des »Führers« in kindgerechtem Plauderton nacherzählte.[1] Als Stiehler auf prägende Lebenserfahrungen Hitlers in Wien zu sprechen kam, verwies sie auf die krassen sozialen Gegensätze in der Donaumetropole, die von den Wohlhabenden nicht einmal zur Kenntnis genommen worden seien: »Die lebten vergnügt in ihren schönen Häusern oder fuhren in hübschen Kleidern in ihrer Kutsche spazieren [...] Sie gingen ins Theater oder aßen feine Sachen im Restaurant.« Dieser Schilderung fügte Stiehler schließlich den Satz hinzu: »Da liefen auch so viele Juden herum, die hatten immer das meiste Geld.«[2]

Vergleicht man diese Schilderung mit jenen Passagen aus *Mein Kampf*, in denen Hitler über seine Wiener Erfahrungen berichtete, dann finden sich zwar zahlreiche Bemerkungen über »strahlenden Reichtum und abstoßende Armut« in der Hauptstadt des Habsburger Reiches, doch nicht ein einziger Satz über die Begegnung mit reichen Juden in jener Zeit. Seinem eigenen Bekunden nach fühlte sich Hitler nicht etwa vom jüdischen Bürgertum, sondern von ärmlich aussehenden »Ostjuden« abgestoßen:

»Überhaupt war die sittliche und sonstige Reinlichkeit dieses Volkes ein Punkt für sich. Daß es sich hier um keine Wasserliebhaber handelte, konnte man ihnen ja schon am Äußeren ansehen [...]. Mir wurde bei dem Geruche dieser Kaftanträger später manchmal übel. Dazu kam noch die unsaubere Kleidung und die wenig heldische Erscheinung.«[3]

Annemarie Stiehler hatte die Bemerkung über die Wahrnehmung reicher Juden durch Hitler schlichtweg erfunden und bediente damit ein weitverbreitetes, populäres Klischee, das seit Langem einen wichtigen Bestandteil antisemitischer Propaganda bildete. Auch in *Mein Kampf* taucht es an verschiedenen Stellen auf; freilich nicht als konstitutives Element des nationalsozialistischen Antisemitismus, sondern als gesellschaftliche Reaktion auf die Präsenz der jüdischen Minderheit, als Neid erweckendes Phänomen, das sich deshalb für die antijüdische Propaganda eignete.[4] Indem der Rassenantisemitismus Hitlers und des Nationalsozialismus nicht primär auf ein spezifisches Klischee oder Vorurteil abhob, sondern Juden als eigenständiges Volk, ja »Gegenrasse« definierte, war es dem Nationalsozialismus möglich, Juden extrem unterschiedliche Klischees und vermeintliche Eigenschaften zuzuordnen, sodass die reale Vielfalt jüdischer Existenz den Antisemitismus als hermetisches Denksystem gar nicht falsifizieren konnte: Der jüdische Kapitalist, der jüdische Bolschewist, der jüdische »Bonze«, der jüdische Bettler und »Schnorrer«, schließlich alle dem Nationalsozialismus unerwünschten politischen Strömungen vom Liberalismus bis zum Marxismus ließen sich gleichermaßen als »typisch jüdisch« einstufen und erfüllten je nach Zielgruppe eine wichtige Funktion in der antijüdischen Propaganda, ohne für den Rassenantisemitismus selbst konstitutiv zu sein.

DER »REICHE JUDE« IN DER NS-PROPAGANDA

Das Klischee des »reichen Juden«, das sich mit leichter Variation in der Vorstellung des jüdischen »Kapitalisten«, des »Börsenjuden« oder des »Finanzjuden« findet, war spätestens ab dem 19. Jahrhundert als antisemitisches Stereotyp weitverbreitet.[5] In den populären Witzblättern jenes Jahrhunderts taucht neben der Figur des »Ostjuden« die des »Börsianers« besonders häufig auf, oft auch als Konversion einer vormals »ostjüdischen« Erscheinung.[6] Die Agitation der völkischen und nationalsozialistischen Bewegung griff auf solche eingeführten Stereotype bereits lange vor 1933 zurück und machte sie sich bei der Wahlpropaganda zunutze. Das bekannteste Wahlplakat des Völkischen Blocks für die Reichstagswahlen im Mai 1924, betitelt »Der Drahtzieher«, zeigt einen beleibten jüdischen Kapitalisten mit goldener Uhrkette und Davidstern, der seine Untergebenen wie Marionetten am Gängelband hält.[7] Entgegen der landläufigen Meinung, der Antisemitismus habe in der NS-Propaganda der späten Weimarer Republik 1932/33 kaum noch eine Rolle gespielt, ließ die NSDAP selbst bei den Reichstagswahlen nach der NS-Machtübernahme im März 1933 ein Plakat kleben, das einen wohlbeleibten Juden mit Zylinder und Geldsack abbildet, der von einem hageren Sozialdemokraten mit Engelsflügeln an der Hand geführt wird, versehen mit der Überschrift: »Der Marxismus ist der Schutzengel des Kapitalismus.«[8]

In der antisemitischen Bildpropaganda des Nationalsozialismus war das Stereotyp des reichen jüdischen Kapitalisten nach 1933 allgegenwärtig. In den von Philipp Rupprecht (»Fips«) gezeichneten Titelkarikaturen des *Stürmer* tauchte der »jüdische Kapitalist« in immerhin 35 Prozent aller antisemitischen Karikaturen auf und gehörte damit zu den am häufigsten eingesetzten Stereotypen, in der Regel kenntlich gemacht durch eine beleibte Erscheinung, Anzug oder Frack, Zylinder, Zigarre, Schmuck, Geldsack und ähnliche Attribute.[9] Als in den ersten Jahren nach 1933 in zahlreichen Ortschaften Schilder mit antijüdischen Botschaften und Karikaturen auftauchten, kombinierten diese häufig das Bild einer eher »ostjüdischen« Erscheinung mit dem fast obligatorischen Geldsack. Damit wurde insinuiert, dass es sich bei Juden um neureiche »Inflationsgewinnler« und »Konjunkturhyänen« handelte, die mit zwielichtigen Machenschaften zu Geld gekommen waren, obwohl sie ursprünglich aus ärmlichen Verhältnissen stammten. Selbst im Schulunterricht des »Dritten Reiches« sollten

Kindern entsprechende Klischees vermittelt werden. Eine Schrift über die *Judenfrage im Unterricht* enthielt eine Reihe beispielhafter Kinderzeichnungen (»Wie Kinder den Juden sehen«), die Juden zeigten, die 1918 in ärmlicher Kleidung nach Deutschland eingewandert waren und das Land 1935 im Frack und mit prall gefüllten Geldsäcken wieder verließen.[10]

Die nationalsozialistische Propaganda setzte jeweilige antijüdische Klischees nicht gleichförmig ein, sondern machte ihren Einsatz oft von der politischen Gesamtsituation abhängig. Seinen Höhepunkt erreichte das Klischee des »reichen Juden« vor allem 1939 bis 1941 als Element der antibritischen Propaganda; damals prangerte eine Flut von Traktaten die »Verjudung der englischen Oberschicht« und das Vereinigte Königreich als eine angeblich von »Finanzjuden« gesteuerte Nation an: »Man sagt, die Juden hätten kein eigenes Land. Sie haben aber eins: Es ist die Börse von London.«[11] Dementsprechend sei die »jüdische Geldaristokratie« die »eigentliche Verfassungsform Englands«.[12] Als unangefochtener nationalsozialistischer Spezialist für das Klischee des »reichen Juden« und des »jüdischen Kapitalismus« fungierte der als »Dr. Peter Aldag« auftretende Fritz Peter Krüger. Nach dem Kriegseintritt der USA Ende 1941 übertrug Krüger das gewohnte Schema auch auf die Vereinigten Staaten, die er als Hort eines vom »jüdischen Finanzkapital« ausgehenden »Dollar-Imperialismus« kennzeichnete: »Roosevelt aber hält jetzt den Augenblick für gekommen, als Vertreter des Weltjudentums die Krönung des Dollar-Imperialismus herbeizuführen.«[13]

Mit dem Überfall auf die Sowjetunion im Juni 1941 rückte hingegen der »jüdische Bolschewismus« in den Mittelpunkt der nationalsozialistischen Propaganda, die das anlaufende Mordgeschehen im Osten mit hasserfüllten Ausfällen gegen das »jüdisch-bolschewistische Untermenschentum« begleitete. Zwar besaßen Kapitalismus wie Bolschewismus aus nationalsozialistischer Sicht eine gemeinsame jüdische Wurzel, sodass grundlegende Veränderungen der antijüdischen Agitation nicht notwendig waren. Angesichts der massenhaften Erfahrung jüdischer Armut in Mittel- und Osteuropa, mit der die vorrückenden deutschen Einheiten 1941/42 konfrontiert waren, wäre das Propagandaklischee des »reichen Juden« jedoch kontraproduktiv gewesen. Dass die sozialistische Sowjetunion von reichen jüdischen Finanzmagnaten gesteuert werde, wäre nicht einmal einem propagandagläubigen Publikum zu vermitteln gewesen. Vielmehr kam es der Propaganda jetzt darauf an, der massenhaften Mordpraxis durch die systematische Entmenschlichung der jüdischen Opfer Vorschub zu leisten, die nunmehr mit Tieren – vorzugsweise Ratten – auf eine Stufe gestellt wurden. Dies geschah beispielsweise in dem antisemitischen Propagandafilm *Der Ewige Jude*, der Ende 1940 in die Kinos kam.[14] Doch selbst in diesem schlimmsten antisemitischen Machwerk mochte die NS-Propaganda auf das Klischee des »reichen Juden« nicht gänzlich verzichten, integrierte auf perfide Weise Szenen aus dem US-amerikanischen Spielfilm *The House of Rothschild* (1934) und verwies damit auf die weltberühmte Familie, die nicht nur in diesem Film das vermeintliche »Finanzjudentum« symbolisch repräsentierte. Auch jene Kamerateams, die im Auftrag des Propagandaministeriums in jüdischen Ghettos im besetzten Polen Filmaufnahmen machten, setzten inmitten des Massenelends immer wieder Personen in Szene, die als verschwenderisch lebende Reiche gezeigt wurden. Ein nie fertiggestellter Film aus dem jüdischen Ghetto in Warschau 1942 enthielt solche Aufnahmen und inszenierte sogar ein Zusammentreffen ärmlicher jüdischer Bettler mit fein herausgeputzten, im vermeintlichen Luxus lebenden Juden, die sich gegenüber dem sie umgebenden Elend betont gleichgültig zeigten. Dieser inszenierte Dualismus von »Prasser« und »Parasit« suggerierte eine vermeintliche »Gemeinschaftsunfähigkeit« der Juden und sollte damit filmisch ein altes antisemitisches Klischee bestätigen.[15]

EIN KLISCHEE IN DER POLITISCHEN PRAXIS

Das Stereotyp des »reichen Juden« bildete zwar kein konstitutives Element des nationalsozialistischen Rassenantisemitismus, doch lässt es sich ebenso wenig rein instrumentell auf seine propagandistische Funktion reduzieren. Die meisten führenden Nationalsozialisten waren nämlich auch persönlich davon überzeugt, dass Juden über enorme Reichtümer verfügten. Dies zeigte nicht zuletzt die politische Praxis nach 1933, die zwar von Anfang an auf die vollständige Vertreibung der jüdischen Minderheit aus dem Deutschen Reich angelegt war, doch zugleich alles tat, die erstrebte Auswanderung von Juden finanziell so unattraktiv wie möglich zu machen. Durch dieses wenig rationale Vorgehen sollte jüdischen Auswanderern jene Vermögenswerte abgenommen werden, die in nationalsozialistischer Diktion zu »deutschem Volksvermögen« erklärt wurden.

Schon in den Anfangsjahren ihrer Herrschaft verschärften die Nationalsozialisten die Bestimmungen für die »Reichsfluchtsteuer«, die 1931 von der Regierung Brüning aus reparationspolitischen Motiven eingeführt worden war.[16] Sie wurde ab 1934 bei Vermögen ab 50.000 Reichsmark erhoben und entwickelte sich unter nationalsozialistischer Herrschaft zu einer antijüdischen Zwangssteuer. Beim Umtausch von Reichsmark gegen ausländische Devisen musste zudem eine Abgabe an die Deutsche Golddiskontbank (Dego) gezahlt werden, die bereits im August 1934 etwa 65 Prozent der transferierten Gesamtsumme betrug und bis 1939 sukzessive auf 96 Prozent anstieg. Damit war die Emigration faktisch mit der finanziellen Ausplünderung der jüdischen Auswanderer verbunden.[17]

Schließlich begann eine Kette von Sondermaßnahmen gegen wohlhabende Juden, die ab April 1938 verpflichtet wurden, ihr Vermögen detailliert aufzulisten und polizeilich anzumelden, sofern es die Höhe von 5.000 Reichsmark überstieg. Daraufhin forderte das Reichssicherheitshauptamt (RSHA) Mitte 1938 von allen Finanzämtern und Polizeirevieren »Listen vermögender Juden« an. Damit verschafften sich die NS-Behörden eine schnelle Zugriffsmöglichkeit auf größere Vermögen, von der sie nach dem Novemberpogrom 1938 unverzüglich Gebrauch machten. Die neu eingeführte »Judenvermögensabgabe« erlegte den deutschen Juden eine Zwangskontribution von mehr als einer Milliarde Reichsmark auf, die ausschließlich aus dem Fundus der angemeldeten Vermögen stammte. In fünf Raten mussten jüdische Vermögensinhaber insgesamt 25 Prozent ihres jeweiligen Vermögens überweisen. In einem Fernschreiben vom 10. November 1938 hatte der RSHA-Chef Reinhard Heydrich überdies angeordnet, »vor allem vermögende Juden« zu verhaften, die von den örtlichen Gestapo-Leitungen vielfach zu weiteren »Auswandererabgaben« gezwungen wurden, um die Emigration ärmerer Juden zu finanzieren. Einzelne NS-Funktionäre legten wohlhabenden Juden weitere finanzielle Zwangsmaßnahmen auf, darunter der Berliner Polizeipräsident Helldorff, der vermögenden Juden den Pass abnehmen ließ und diesen nur gegen eine großzügige »Spende« wieder herausgab, die von den Betroffenen auch als »Helldorff-Spende« bezeichnet wurde.[18]

Selbst materiell außerordentlich wohlsituierte Juden wurden auf diese Weise 1938/39 vollständig ausgeplündert. So verlor der Hamburger Großkaufmann Albert Aronson, dessen Vermögen im Juli 1938 noch rund vier Millionen Reichsmark betragen hatte, bei seiner Auswanderung nach England binnen kürzester Zeit fast seine gesamte Habe. Um 66.000 Reichsmark in britische Pfund umtauschen zu können, musste er einen Kredit von 800.000 Reichsmark aufnehmen, von dem er eine Zahlung an die Deutsche Golddiskontbank in Höhe von 734.000 Reichsmark leisten musste. Zur Tilgung des Kredits hatte Aronson den größeren Teil seiner Grundstücke zum Schleuderpreis verkaufen müssen, während seine beiden Firmen »arisiert« wurden. Der Erlös der Firmenverkäufe von 800.000 Reichsmark, der dem tatsächlichen Firmenwert nicht entsprach, wurde auf ein Sicherungskonto überwiesen, über das Aronson nicht frei verfügen konnte. Hinzu kamen 613.000 Reichsmark »Reichsfluchtsteuer«, 245.000 Reichsmark »Judenvermögensabgabe« und 100.000 Reichsmark für einen Geheimfonds des NSDAP-Gauleiters, um die Freigabe seines Passes zu erreichen. Der Rest seines Vermögens wurde aufgrund der Elften Durchführungsverordnung zum Reichsbürgergesetz vom 25. November 1941 zugunsten des Deutschen Reiches eingezogen. Von seinem einstigen Vermögen hatte Aronson damit nur 1,7 Prozent ins Ausland retten können.[19]

Die ungenierte Ausplünderungsmentalität der Nationalsozialisten im Hinblick auf größere Vermögen beschwor schon bald eine gefährliche wirtschaftliche Gesamtsituation für die noch in Deutschland verbliebene jüdische Minderheit herauf. Um ihre überalterten und zunehmend verarmten Mitglieder sozial versorgen zu können, mussten die jüdischen Gemeinden ihren wohlhabenden Mitgliedern, deren Anzahl sich rapide verringerte, immer höhere Steuern und Abgaben auferlegen. Gleichzeitig hatte die Verordnung über die »Ausschaltung der Juden aus dem deutschen Wirtschaftsleben« vom 3. Dezember 1938 die meisten deutschen Juden ihrer wirtschaftlichen Existenzbasis beraubt. Es war damit abzusehen, dass die verbliebenen jüdischen Restgemeinden und ihre Mitglieder mittel- bis langfristig nicht mehr finanziert werden konnten.

Darüber machten sich viele Nationalsozialisten keine Gedanken, getreu der Überzeugung, die Hitler bereits in *Mein Kampf* geäußert hatte, nämlich »daß der Jude bei aller Opferfreudigkeit persönlich dennoch nie verarmt«.[20] Im Zweifelsfall gab es ja immer noch ein ominöses, von Finanzmagnaten geführtes »Weltjudentum«, das für ihre in faktischer Geiselhaft gehaltenen deutschen Glaubensbrüder aufkommen würde. In einer Rede vor Gauleitern, Oberpräsidenten und Reichsstatthaltern am 6. Dezember 1938 fantasierte Hermann Göring über entsprechende Kopplungsgeschäfte, »wenn ihr Juden euch verpflichtet, im großen und ganzen den Judenboykott des Exports abzubrechen [das heißt den Boykott deutscher Waren im Ausland, F. B.], und darüber hinaus mir eine bestimmte Abnahme zu garantieren, sei es, daß sämtliche Großwarenhäuser der Weltkonzerne, die ja alle in jüdischen Händen sind, sich verpflichten, soundso viel Millionen jährlich auf jeden Fall an Waren von Deutschland abzunehmen«.[21]

In der Vorstellungswelt Hermann Görings wie der meisten führenden Nationalsozialisten bildeten die Juden ein straff geführtes und jederzeit lenkbares Kollektiv mit reichen Kapitalisten an der Spitze, von denen man im Zweifelsfall Zahlungen erpressen oder mit denen man Kopplungsgeschäfte vereinbaren konnte. Diese fatale Logik ermöglichte es allenfalls jenen Personen, die dem Klischee des »reichen Juden« entsprachen, mit NS-Regierungsinstitutionen in Verhandlungen einzutreten. Im Fall der deutschen Juden war es bezeichnenderweise der Bankier Max Warburg, der mit verschiedenen NS-Vertretern Gespräche führte; darunter Hjalmar Schacht und der Staatssekretär im Reichsinnenministerium Wilhelm Stuckart, um Möglichkeiten auszuloten, die Emigration deutscher Juden in geregelte Bahnen zu lenken und zugleich den in Deutschland verbleibenden Juden einen gesicherten Rechtsstatus zu verschaffen.[22] Letztlich scheiterten solche Bemühungen vor allem aus zwei Gründen: Zum einen war die Vorstellung eines »Weltjudentums«, das man als Kollektiv auf ein Abkommen ausgerechnet mit dem nationalsozialistischen Deutschland hätte verpflichten können, nichts als eine Chimäre. Zum anderen gab es auf nationalsozialistischer Seite jenseits der Person Hitlers niemanden, der der destruktiven Dynamik der Judenverfolgung hätte Zügel anlegen können.

WIRKUNGEN EINES KLISCHEES

Die nationalsozialistische Propaganda hätte sich des Stereotyps des »reichen Juden« vermutlich weniger häufig bedient, wenn sie nicht von der Wirksamkeit ihrer Agitation jenseits der Kernkreise hartgesottener Antisemiten überzeugt gewesen wäre. Das Klischee sprach nicht zuletzt Einstellungen an, die in Kreisen der deutschen Arbeiterschaft durchaus gehegt wurden. In der Tat war ja nicht zu übersehen, dass es sich vor allem bei den deutschen Juden um eine früh verbürgerlichte, wirtschaftlich und kulturell außerordentlich erfolgreiche Minderheit handelte, die sich schon ausweislich der Sozialstatistik signifikant von der nichtjüdischen Bevölkerungsmehrheit unterschied. Zwar gehörte das Gros der deutschen Juden dem bürgerlichen Mittelstand an und war mithin keineswegs »reich«. Zudem verarmten die deutschen Juden nach 1933 rapide, sodass 1938 nur noch eine Minderheit ein Vermögen über 5.000 Reichsmark besaß und dieses dementsprechend anmelden musste. In verschiedenen Berufsgruppen wie Ärzten, Rechtsanwälten oder Bankiers waren Juden allerdings – gemessen an ihrem Bevölkerungsanteil – deutlich überrepräsentiert, sodass auch nichtantisemitische Deutsche nach 1933 vielfach akzeptierten, dass eine angebliche »Vormachtstellung« der Juden im wirtschaftlichen und öffentlichen Leben gebrochen werden müsste, auch wenn antijüdische Gewaltaktionen mehrheitlich verurteilt wurden. Über diese Einstellungen geben beispielsweise jene Berichte und Einschätzungen Auskunft, die sozialdemokratische Vertrauensleute nach 1933 dem Exilvorstand der SPD, der »Sopade«, übermittelten. Zwar lehnten viele Angehörige des sozialdemokratischen Milieus den nationalsozialistischen Antisemitismus und insbesondere antijüdische Ausschreitungen vehement ab. Allerdings wurden Juden in Arbeiterkreisen seit Langem diffus mit »Geldwesen« und »Kapitalismus« assoziiert und galten damit als Minderheit, die jenseits der sozialen Barrikade stand. Deshalb löste die Judenverfolgung in Arbeiterkreisen zwar vielfach Mitleid, aber keine entschiedene Parteinahme zugunsten der verfolgten Minderheit aus. Im Januar 1936 stellte ein sozialdemokratischer Berichterstatter aus Sachsen diesbezüglich fest:

»Die allgemeine antisemitische Psychose wirkt auch auf denkende Menschen, auch auf unsere Genossen. Alle sind entschiedene Gegner der Ausschreitungen, man ist aber dafür, dass die jüdische Vormachtstellung ein für alle Mal gebro-

chen und den Juden ein bestimmtes Tätigkeitsfeld zugewiesen wird. Streicher wird überall abgelehnt, aber im Grunde gibt man doch Hitler zum großen Teil recht, daß er die Juden aus den wichtigsten Positionen herausdrängt.«[23]

Im gleichen Tenor hieß es in einem Bericht aus Bayern:

»Es gibt nicht wenige, die, obwohl keine Nationalsozialisten, dennoch in gewissen Grenzen damit einverstanden sind, daß man den Juden die Rechte beschneidet, sie vom deutschen Volke trennt. Diese Meinung vertreten auch sehr viele Sozialisten. Sie sind zwar nicht mit den harten Methoden einverstanden, die die Nazis anwenden, aber sie sagen doch: ›Dem Großteil der Juden schadet's nicht‹.«[24]

In solchen Stimmen zeigten sich nicht zuletzt die subtilen Wirkungen eines NS-Propagandaklischees, das weniger darauf abzielte, aus hundertprozentigen Antisemiten hundertfünfzigprozentige zu machen, als vielmehr jene soziale Distanz zwischen Juden und Nichtjuden in Deutschland zu verstärken, die schon vor 1933 bestand, doch nach 1933 dazu beitrug, Einwände und kritische Stimmen gegenüber der Judenverfolgung mundtot zu machen. Nicht einmal die Mehrheit der Deutschen dürfte die antisemitische »Weltanschauung« des Nationalsozialismus in allen ihren Auffassungen und Erscheinungsformen geteilt haben. Daneben bestand jedoch ein diffuser Konsens, dass Juden »Andersartige« waren, die nicht zur »Volksgemeinschaft« gehörten. Zu diesem unterschwelligen Konsens hat nicht zuletzt das Klischee des »reichen Juden« beigetragen.

1 Annemarie Stiehler, Die Geschichte von Adolf Hitler. Den deutschen Kindern erzählt, Berlin 1935.
2 Ebd., S. 19.
3 Adolf Hitler, Mein Kampf, 2 Bde., 8. Aufl., München 1931, S. 61.
4 Ebd., S. 339: »Seine Wucherzinsen erregen endlich Widerstand, seine zunehmende sonstige Frechheit aber Empörung, sein Reichtum Neid.«
5 Avraham Barkai, Der Kapitalist, in: Julius H. Schoeps/Joachim Schlör (Hg.), Antisemitismus. Vorurteile und Mythen, München/Zürich 1995, S. 265–272.
6 Michaela Haibl, Vom »Ostjuden« zum »Bankier«. Zur visuellen Genese zweier Judenstereotypen in populären Witzblättern, in: Jahrbuch für Antisemitismusforschung, 6 (1998), S. 44–91.
7 Vgl. Angelika Müller, Der »jüdische Kapitalist« als Drahtzieher und Hintermann. Zur antisemitischen Bildpolemik in den nationalsozialistischen Wahlplakaten der Weimarer Republik 1924–1933, in: Jahrbuch für Antisemitismusforschung, 7 (1998), S. 175–207.
8 Ebd., S. 204.
9 Julia Schwarz, Visueller Antisemitismus in den Titelkarikaturen des »Stürmer«, in: Jahrbuch für Antisemitismusforschung, 19 (2011), S. 197–216.
10 Fritz Fink, Die Judenfrage im Unterricht, Nürnberg 1937, S. 7 (»Wie Kinder den Juden sehen«).
11 Ernst Clam, Lord Cohn. Die Verjudung der englischen Oberschicht von D'Israeli bis Hore-Belisha, Leipzig 1940; Peter Aldag (d. i. Fritz Peter Krüger), Juden beherrschen England, Berlin 1939, S. 303; ders., Juden erobern England, Berlin 1940; ders., Das Judentum in den Plutokratien, München 1944.
12 Reichsorganisationsleiter der NSDAP – Hauptschulungsamt (Hg.), Die Verjudung Englands, Schulungsunterlage Nr. 46, Berlin 1944, S. 2.
13 Peter Aldag (d. i. Fritz Peter Krüger), Dollar-Imperialismus, Berlin 1942, S. 119.
14 Stefan Mannes, Antisemitismus im nationalsozialistischen Propagandafilm. Der ewige Jude und Jud Süß, Köln 1999.
15 Die unveröffentlichten Filmaufnahmen hat die israelische Filmemacherin Yael Hersonski zu dem Film »A Film Unfinished« verarbeitet. Deutsche Version: Geheimsache Ghettofilm (Arte Edition), Berlin 2011.
16 Dorothee Mußgnug, Die Reichsfluchtsteuer 1931–1953, Berlin 1993.
17 Zur Finanz- und Steuerpolitik gegenüber den deutschen Juden nach 1933 vgl. Martin Friedenberger, Fiskalische Ausplünderung. Die Berliner Steuer- und Finanzverwaltung und die jüdische Bevölkerung 1933–1945, Berlin 2008; Christiane Kuller, Finanzverwaltung und Judenverfolgung. Die Entziehung jüdischen Vermögens in Bayern während der NS-Zeit, München 2008.
18 Frank Bajohr, Parvenüs und Profiteure. Korruption in der NS-Zeit, Frankfurt am Main 2001, S. 123.
19 Zu diesem Fall vgl. Frank Bajohr, »Arisierung« in Hamburg. Die Verdrängung der jüdischen Unternehmer 1933–1945, Hamburg 1997, S. 297.
20 Hitler, wie Anm. 3, S. 344.
21 Susanne Heim/Götz Aly, Staatliche Ordnung und »organische Lösung«. Die Rede Hermann Görings »über die Judenfrage« vom 6. Dezember 1938, in: Jahrbuch für Antisemitismusforschung, 2 (1993), S. 378–404, hier S. 386.
22 Bajohr, »Arisierung«, wie Anm. 19, S. 159–171.
23 Deutschland-Berichte der Sopade, 3. Jg., 1936, S. 25 (Nachdruck: Frankfurt am Main 1980).
24 Ebd., S. 26.

VERNICHTUNG

Antisemitische Postkarte »De besten Lait!«
Rückseite: Stempel Hotel Kölner Hof
Frankfurt am Main
ohne Ort, um 1900, Farbdruck

»In vielen Briefkästen, die eine jüdisch klingende Namensaufschrift tragen, fanden sich in den letzten Tagen blaue Eisenbahnbillets, deren Besitz laut Aufdruck eine Freifahrt nach Jerusalem garantiert. Nur aus dem glühenden Wunsch der unbekannten Spender, alle jüdischen Mitbürger los zu werden, läßt sich ihre geradezu erschütternde Freigebigkeit erklären. Aber ist es nicht generös gedacht von jenen wahren Patrioten, in einer Zeit, in der unbeschadet des vielen Papiergeldes, Papier und Geld so knapp sind, daß wertvolle Geisteswerke nicht gedruckt werden können, Stöße von ›Fahrkarten‹ kostenlos herzustellen und zu liefern? Und da sage man noch, daß es in Deutschland an Opfermut fehle!«

Siegfried Kracauer,
Frankfurter Zeitung, 11. Oktober 1923

Reichsbanknote im Wert von 1.000 Mark
Rückseite mit Aufdruck: »Das Gold,
das Silber und den Speck nahm uns der Jud
… und ließ uns diesen Dreck! … «
Mit anhängender »Fahrkarte nach Jerusalem«
Berlin, 15. September 1922

Sowjet Jude Radeck

Eisenbahnräuber Arbeitermörder
Größter Kapitalist in Rußland
Arbeiter soll das euer Führer sein?

Wählt völkisch-sozialen Block!

Reichsbanknote 10 Millionen Mark
Rückseite mit Aufdruck »Sowjet Jude Radeck
… Wählt völkisch-sozialen Block!«
Berlin, 22. August 1923, Papierdruck

Reichsbanknote 500 Mark, Rückseite mit
Aufdruck »Sowjet-Jude Leiba Trotzky-
Braunstein ... Werdet Nationalsozialisten!«
Berlin, 7. Juli 1922, Papierdruck

Der Giftpilz

Erzählungen von Ernst Hiemer
Bilder von Fips

Umschlag und Illustration
des Kinderbuchs »Der Giftpilz«
von Ernst Hiemer, erschienen
im Verlag »Der Stürmer«
Nürnberg, 1938

„Der Gott des Juden ist das Geld. Und um Geld zu verdienen, begeht er die größten Verbrechen. Er ruht nicht eher, bis er auf einem großen Geldsack sitzen kann, bis er zum König des Geldes geworden ist."

O. Gerhardt, Jud Süss am Galgen
Eine aktenmäßig belegte Schilderung
seines wahren Lebens im Tatsachenbericht
*Sonderabdruck des Stuttgarter
NS-Kurier-Verlags*, 1936

Heinrich Hoffmann
Plünderung von Kunstgegenständen in
der Pariser Villa Rothschild durch den
»Einsatzstab Reichsleiter Rosenberg«
Paris, 1. September 1940

Geschäftspostkarte der Firma
Lindner, die mit dem Zusatz
»jetzt arisch« wirbt
München, 1939, Papierdruck

jetzt arisch

Die neue Firma lautet:

NDNER

München, Neuhauserstr. 53
Ecke Ettstraße

OPTIK
PHOTO

Telefon 12 8 46

JÜDISCHES VERMÖGEN WIRD

LIEGENSCHAFTEN

ABGABEPFLICHTIGE GEGENSTÄNDE

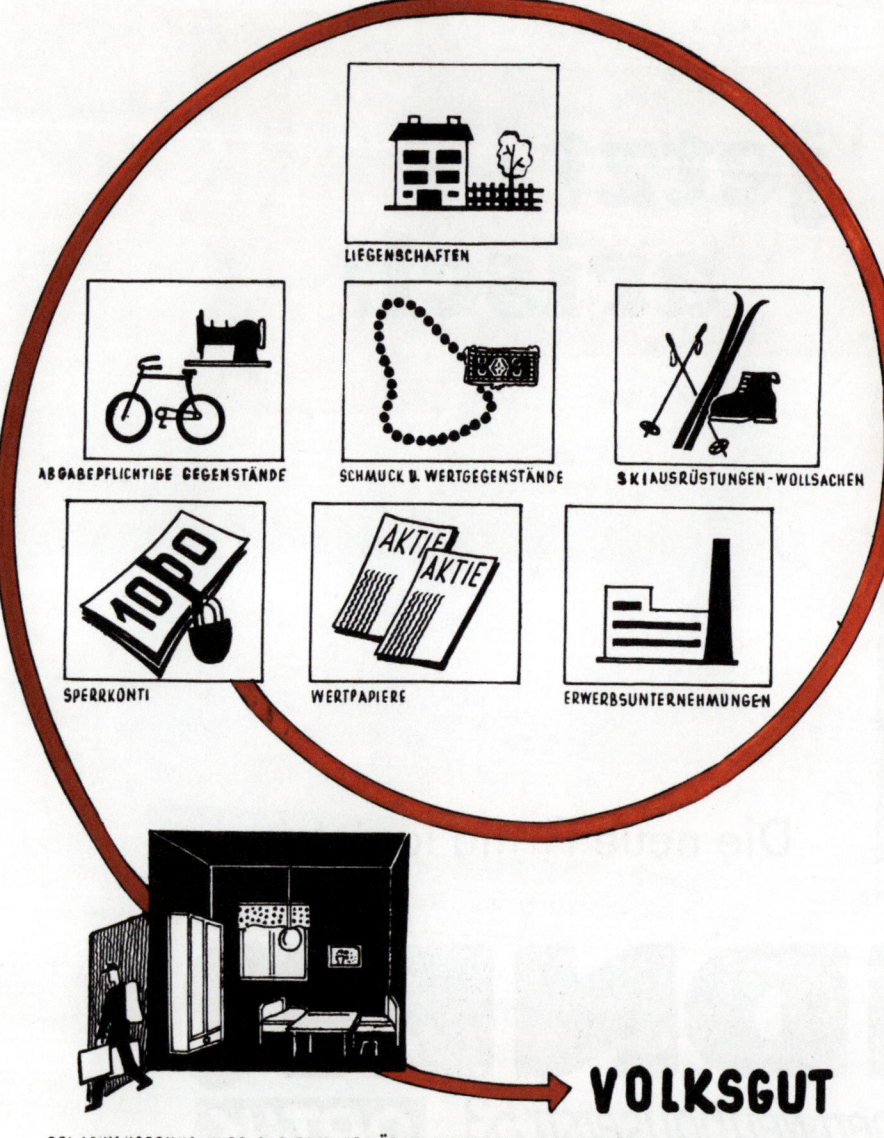

SCHMUCK U. WERTGEGENSTÄNDE

SKIAUSRÜSTUNGEN — WOLLSACHEN

SPERRKONTI

WERTPAPIERE

ERWERBSUNTERNEHMUNGEN

→ **VOLKSGUT**

BEI ABWANDERUNG WIRD DAS RESTVERMÖGEN INSBES. DIE WOHNUNGSEINRICHTUNG UND GEGENSTÄNDE DES PERSÖNLICHEN BEDARFS ÜBEREIGNET.

»Jüdisches Vermögen wird Volksgut«
*Grafik zur Umverteilung aus dem Album
der Treuhandstelle beim Ältestenrat
der Juden in Prag, um 1942*

»... daß alles bei der hiesigen Darlehensanstalt von Juden angelieferte Alt- und Bruchsilber zunächst an die Scheideanstalt verkauft, dort geschieden und von dieser wieder an die mit Berechtigungsscheinen versehenen Verbraucher bez[iehungs]w[eise] Einzelhändler in Form von Feinsilber abgegeben wird.«

*Robert Hirtes,
Leiter der Degussa-Metallabteilung,
7. März 1939*

»Goldvreneli«
20-Franken-Goldmünze, 1935 »L«
Bei der Prägung wurde unter Umständen
Raubgold verwendet.
Entwurf: Fritz Ulisse Landry, Schweiz, 1935–1949

EPILOG

MIR
IST
NICHT
WOHL

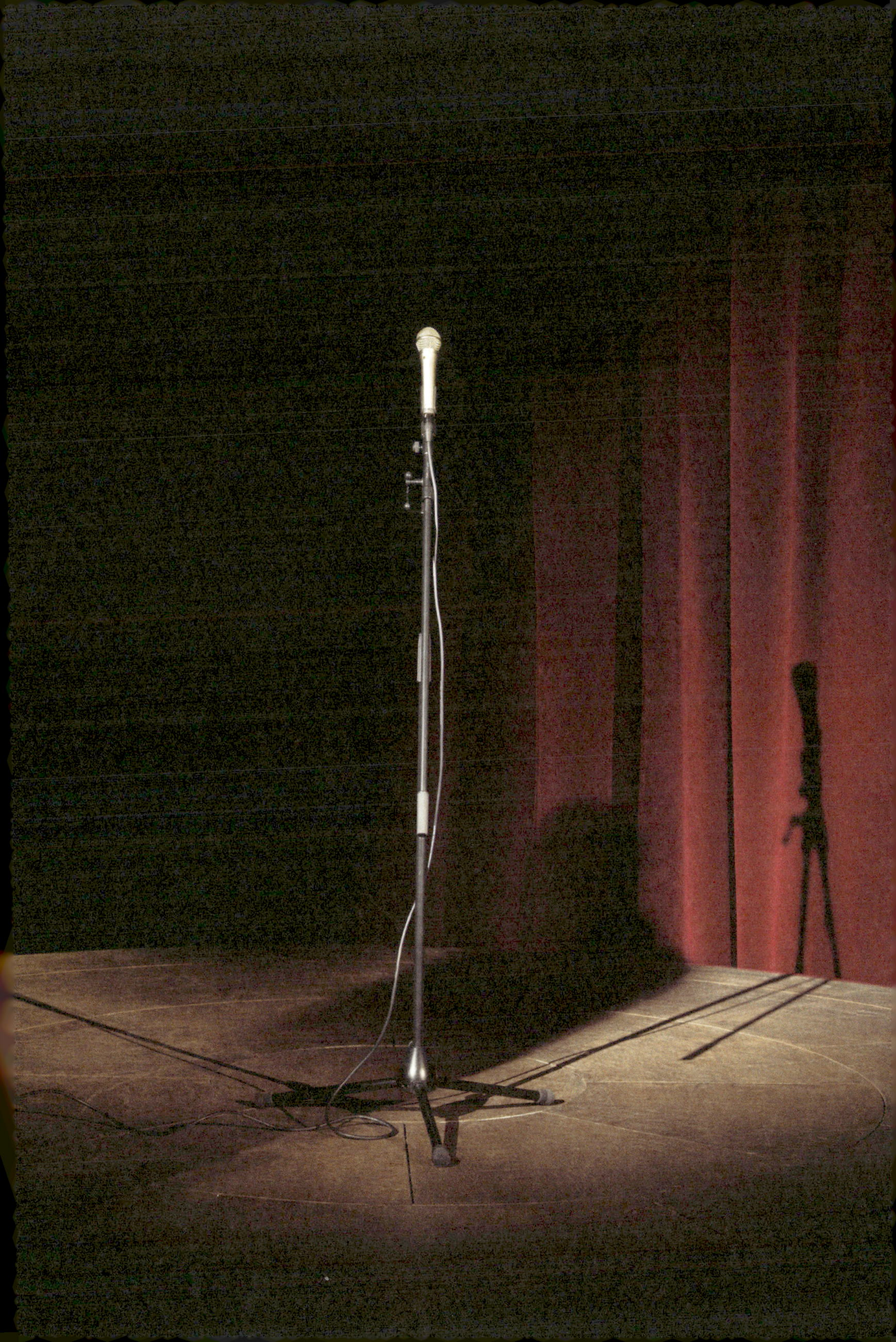

»... ALS OB MAN EIN BÜNDEL RASCHELNDES PAPIERGELD KÜSST« — REICHE JUDEN IN DER WESTDEUTSCHEN NACHKRIEGSLITERATUR

Stephan Braese

Das antisemitische Stereotyp vom reichen Juden hatte in seiner langen Geschichte schon immer eher weniger die Unterstellung transportiert, dass *alle* Juden reich seien; von Anfang an gewichtiger war die konstitutive Verknüpfung ›jüdischen‹ Reichtums mit den Modi seines Erwerbs: Habgier, Geiz, Trägheit (drei der insgesamt sieben Todsünden), Betrug und weiter gehende kriminelle Machenschaften. Im Stereotyp vom reichen Juden war und ist dieser Konnex unauflösbar versiegelt. Wenn etwa Nancy Lauckner in einer Auflistung von antisemitischen Stereotypen in Romanen der deutschen Nachkriegsliteratur »avaricious rich men often portrayed as bankers or usurious moneylenders« und »unethical businessmen«[1] nennt, so wächst ihren Charakterisierungen schon gleichsam eine tautologische Qualität zu, sind doch jüdische »rich men«, »moneylenders« und »businessmen« in der Perspektivik des Stereotyps *notwendig* »avaricious«, »usurious« und »unethical«. Im christlichen Europa des Mittelalters und der Neuzeit bis weit in die Moderne hinein kann die Erzählung von Judas, der Jesus für 30 Silberlinge verrät, als eine jener zahlreichen, kanonisch gewordenen narrativen Vignetten gelten, in denen die Begriffe Jude, Geld und Verrat/Verbrechen zu jener unzerstörbaren Trias verdichtet wurden, deren Virulenz bis heute anhält. An solche Dispositive konnte das neuzeitlichere Unbehagen an der Wirtschaftsform des Kapitalismus problemlos anschließen: Waren die Formen der Ökonomie und erst recht jene der Finanzwirtschaft seit Judas' Zeiten komplizierter geworden, so konnte das in seiner profanen Materialität moralisch Verächtliche der antiken Silbermünzen rasch konvertiert werden in eine Zone des Unheimlich-Abstrakten, schwer Fassbaren, dessen exklusive Beherrschung *den* Juden zum Subjekt eines Unternehmens machte, das auf die Beherrschung und Ausbeutung der Welt zielte.

Das Stereotyp vom reichen Juden genau in diesem Sinn – der Untrennbarkeit *jüdischen* Reichtums von Habgier, Geiz und Verbrechen – ist auch für die europäische Literatur der Neuzeit verbindlich geworden. Nachdem schon Hans Sachs die Juden »entweder als skrupellose oder als überlistete Betrüger dargestellt«[2] hatte, war es vor allem die Figur des Shylock in Shakespeares *Merchant of Venice* (1596–1598), der dem antijüdischen Charakter des Stereotyps vom reichen Juden folgenreichen Ausdruck gab. Auch wenn die aktuelle Diskussion des Dramas jene Elemente betont, die die gesellschaftlichen Rahmenbedingungen jüdischer Existenz im Europa der frühen Neuzeit, die politisch-soziale *Gemachtheit* dieser Figur, markieren,[3] ändert dies nur wenig daran, dass dem Publikum in Shylock eine Figur entgegentritt, die den Konnex zwischen ›jüdischem‹ Reichtum und einer Fülle negativer Charaktereigenschaften verkörpert – eine Kombination, die das Publikum umso mehr als einen unauflösbaren Zusammenhang zu lesen geneigt sein musste, als sie nahtlos an das gesellschaftlich flottierende Vorurteil anknüpfte.

Es ist dieses seit Jahrhunderten eingeführte und etablierte, gleichsam unerschütterbare Dispositiv, in dessen Licht auch Lessings *Nathan der Weise* (1779) zu sehen ist. Auch Lessings Bühnenjuden sind reich. Schon »Der Reisende« in *Die Juden* – eine Bezeichnung, die auf bedenkenswerte Weise das andere große antijüdische Stereotyp, das des ewig wandernden Juden, aufruft – ist vermögend. »So viel ist gewiß, reich muß er sein«,[4] weiß sein Bedienter, und er selbst bekennt, dass ihm »der Gott meiner Väter mehr gegeben hat, als ich brauche«.[5] Nathans Reichtum hingegen ist konstitutiv für den Plot des ganzen Dramas. Bereits im Personenverzeichnis ausgewiesen als »Nathan, ein reicher Jude in Jerusalem«,[6] meldet sich der charakteristische Konnex zwischen Reichtum und »unethical business«[7] wiederholt zu Wort, etwa wenn Nathan den Derwisch fragt: »Was bringt dir deine Stelle?« und dieser antwortet: »Mir? /Nicht viel. Doch Euch, Euch kann sie trefflich wuchern, /Denn ist es Ebb' im Schatz, – wie öfters ist, – / so zieht Ihr Eure Schleusen auf: schießt vor, /Und nehmt an Zinsen, was Euch nur gefällt. /Nathan: Auch Zins vom Zins der Zinsen?«

Unterstreicht das Bild von den Schleusen das offenkundig stauseegroße Ausmaß von Nathans Vermögen, so folgt auch der Derwisch, den Nathan seinen »Freund«[9] nennt, der Vorstellung, dass die Preise, die Nathan für seine Geldleihe nimmt, seiner Lust folgen, das heißt, geradezu willkürlich sind. Und allein die Tatsache, dass es zur weltliterarisch prominenten Begegnung zwischen Nathan und dem Sultan kommt, in deren Verlauf die Ringparabel ihre Stelle hat, ist untrennbar von Nathans Status als *reichem* Juden; bestellt ihn der Sultan doch nur ein, um den eigenen Staatsbankrott abzuwenden.

Kann ein reicher Jude gut sein? So unzweifelhaft Lessings *Nathan der Weise* eine solche Vorstellung zu beschwören versuchte,[10] so deutlich ist heute, dass es, indem das Drama sich *auch* gegen das Stereotyp vom reichen Juden als dem *einzig verbrecherisch zu Reichtum Gekommenen* zu stemmen versuchte, dieses Stereotyp in seiner Wirkungsmacht nicht hat beeinträchtigen können. Im Blick auf die westdeutsche Nachkriegsliteratur ist jedoch ein anderer Aspekt von größerer Bedeutung: die Funktion *Nathans des Weisen* im Überlieferungskontinuum des Stereotyps vom reichen Juden. Denn so sehr auch Nathan den schlechten Charaktereigenschaften des »reichen Juden« zu widersprechen scheint, so unweigerlich knüpft auch er – einzig, weil er ein »reicher Jude« war – an eine Tradition, deren vermeintlich symptomatischste Seite im Drama zwar unentfaltet blieb, im Dispositiv des Publikums gleichwohl weiter fortlebte. Inszenierungen und Besprechungen der *Nathan*-Aufführungen im Deutschland der Nachkriegszeit, angefangen mit der Wiedereröffnung des Deutschen Theaters in Berlin (7. September 1945),[11] lassen keinen Zweifel an ihrer Funktion als »Entnazifizierungsritual«.[12] Doch dass das Stereotyp vom reichen Juden auf der deutschsprachigen Bühne eben nicht nur in Shakespeares *Kaufmann* – dessen Inszenierungen später und zögernder einsetzten[13] – ›kulturell‹ am Leben erhalten wurde, sondern auch im *Nathan* eine – wenn auch indirektere – Tradierung erfahren hat, darauf deutet etwa Hansgünther Heymes *Nathan*-Inszenierung in Stuttgart 1982, in der der jüdische Kaufmann »seine ermordeten Familienmitglieder als Puppen vorführte«, aber »die Geldsäcke umarmte«.[14]

Klaus-Michael Bogdal hat kürzlich darauf hingewiesen, dass, solange »die Literatur noch als ein Raum ernsthafter öffentlicher Kommunikation über das Unmögliche, Undenkbare und Unsagbare einer Gesellschaft funktioniert [...], die öffentliche Kritik zum Beispiel an antisemitischen Stereotypen in der Literatur« vor ihrer Umdeutung zur »Gesinnungsprüfung und Verfolgung«[15] zu schützen sei. Tatsächlich ist die Forschung zum literarischen Antisemitismus über die Identifikation einer zu verurteilenden Haltung anhand eines definierten Merkmalkataloges längst hinausgelangt. Sie versucht vielmehr, »zu den diskursiven Formationen vorzudringen, die den Literarischen Antisemitismus mit seinem Repertoire an Bildern, Metaphern, Figuren, Narrationen usw. hervorgebracht haben und weiter hervorbringen. Diese lassen sich nicht primär der Haltung oder Einstellung von Individuen zuschreiben.«[16] In solcher literaturwissenschaftlich informierten Perspektive kann

>»Antisemitismus nach Auschwitz [...] als ›Dispositiv‹ gefasst werden, das heißt als eine basale, tief in die Gesellschaft eingelassene Ordnungsstruktur, als ein fundamentaler Code, der in ausdifferenzierten, ›offenen‹ Gesellschaften sehr unterschiedliche Handlungen und Äußerungen hervorbringt, deren Zusammenhang nicht evident ist, sondern erst durch wissenschaftliche Beobachtung erschlossen werden kann«.[17]*

Im Blick auf literarische Texte schlägt Bogdal vor, drei Formen zu unterscheiden: »ein manifester, auch subjektiv intendierter Antisemitismus; – ein ›fahrlässiger‹ (unbewusster oder bewusster) Gebrauch von Stereotypen; – das bewusste, dekonstruierende Spiel mit dem antisemitischen Sprach- und Wissensrepertoire«.[18]

Wendet man nun den Blick auf die westdeutsche literarische Produktion seit 1945, so spielen natürlich nicht nur das literarische Traditionskontinuum des Stereotyps vom reichen Juden (Shylock, Nathan) oder ein direkter Nachhall der erst vor Kurzem ausgeschalteten NS-Propaganda eine entscheidende Rolle, sondern kaum weniger der aggressive deutsche Nachkriegsantisemitismus in eigener Gestalt. Neuere Untersuchungen erinnern daran, in welch hohem Maß die Umwidmung der ›deutschen Volksgemeinschaft‹ von gestern hin zum Opferkollektiv die öffentliche Meinung im Nachkriegsdeutschland bestimmte.[19] ›Den‹ Juden wurde vielfach die Rolle einer ›fünften Besatzungsmacht‹[20] zugeschrieben, die »voll Haß und Ressentiment«, wie die CDU-Abgeordnete Maria Sevenich 1946 beklagte,[21] Rache üben und sich bereichern wollten.[22] Der bayerische Verwaltungsbeamte Philipp Auerbach, der Nürnberger Ankläger Robert W. Kempner, der österreichische Publizist Simon Wiesenthal und der Vorsitzende der Jüdischen Gemeinde in Berlin, Heinz Galinski, wurden als »›Rächer‹«[23] zu »Hassfiguren im Nachkriegsdeutschland.«[24] Eine integrale Funktion in diesem Antisemitismus nicht nur der Nachkriegsjahrzehnte[25] bildet »der Bereicherungsvorwurf, der an das Stereotyp jüdischer Geldgier anknüpft. Es wird unterstellt, dass die Juden sich durch die Erinnerung wirtschaftliche Vorteile verschaffen wollen.«[26]

Vor diesem Hintergrund kann es schwerlich überraschen, dass die westdeutsche Nachkriegs- und Gegenwartsliteratur eine ganze Reihe von Werken umfasst, die mit dem Stereotyp vom reichen Juden operieren. Dazu zählen der 1935 begonnene, 1962 erstveröffentlichte Roman *Sonne und Mond* von Albert Paris Gütersloh;[27] Günter Grass' im Jahr darauf erschienene *Hundejahre*;[28] Otto Basils *Wenn das der Führer wüßte* von 1966;[29] Gerhard Zwerenz' *Die Erde ist unbewohnbar wie der Mond* (1973);[30] Walther Matthias Diggelmanns 1977 publizierter Roman *Der Reiche stirbt*;[31] und Maxim Billers Sammlung von Erzählungen unter dem Titel *Wenn ich einmal reich und tot bin* aus dem Jahr 1993.[32] Die meisten dieser Werke verdienen eine eingehendere Betrachtung; im Fall von Grass' *Hundejahren* ist dies in Ansätzen bereits erfolgt.[33] Auch dürfen die Erzählungen Billers in dieser Reihe nicht aufgeführt werden ohne den Hinweis auf den konstitutiven Status, den die Dekonstruktion antisemitischer Stereotype in der spezifischen Konstellation der Auseinandersetzung mit der Generation der ›jüdischen Väter‹ in Billers Werk einnimmt. An dieser Stelle sollen hingegen zwei Werke genauer betrachtet werden: Rainer Werner Fassbinders Drama *Der Müll, die Stadt und der Tod* und Martin Mosebachs Roman *Das Bett*. Ersteres hat eine beispiellose Rolle in der westdeutschen Öffentlichkeit gespielt, Mosebachs Roman dagegen eine sehr viel unauffälligere, aber womöglich nicht weniger symptomatische Funktion in der westdeutschen Literatur eingenommen.

Den zeitgeschichtlichen Hintergrund sowohl des Dramas als auch seiner Vorlage, des Romans *Die Erde ist unbewohnbar wie der Mond* von Gerhard Zwerenz, bilden die politischen Auseinandersetzungen um die Umstrukturierung des Frankfurter Westends ab 1968. Das einst großbürgerlich geprägte, von vielen jüdischen Frankfurtern bewohnte Quartier, das nach deren Vertreibung und Deportation während der NS-Jahre vorwiegend kleinbürgerliche Stadtviertel sollte im Interesse einer Stadtpolitik der Gewerbesteuermaximierung für die Ansiedlung von Unternehmen des tertiären Sektors attraktiv gemacht werden.[34] Im Prozess der Umwidmung der einstigen Bebauungspläne, der robusten Entmietung und der zügigen Errichtung von Hochhäusern auf den Grundstücken der einstigen Villen wirkten »eine korrupte Stadtverwaltung, die die Vorgänge der parlamentarischen Kontrolle entzog [...], Versicherungskonzerne und Banken [...], drei große Baufirmen, die [...] durch Preisfestsetzung die Höhe ihrer Gewinne weitgehend selbst bestimmten« sowie »verschiedene sogenannte« ›Durchsetzungsarchitekten‹«[35] zusammen. Die öffentliche Aufmerksamkeit und bald auch der organisierte Protest konzentrierten sich rasch »auf die Immobilienkaufleute (Spekulanten), die an der Oberfläche des Prozesses agierten«.[36]

Nicht nur wurden in der öffentlichen Kontroverse »aus dem breiten Umfeld der Entscheider und Ausführenden [...] vielfach die jüdischen Protagonisten« herausgegriffen.[37] Janusz Bodek hat zudem darauf aufmerksam gemacht, in welch hohem Maß durch Formulierungen wie »jüdische Spekulanten«, »jüdische Bauherren«, »jüdische Geschäftsfreunde«, »jüdische Grundstückskaufleute«, »jüdische Unternehmergruppe«[38] eine rhetorische ›Judaisierung‹ Raum griff, die zum einen den Anteil von jüdischen Kaufleuten an der Umstrukturierung kontrafaktisch aufblähte, zum anderen der Vorstellung einer gleichsam netzwerk- oder seilschaftsähnlichen Konspiration reicher Juden zum Nachteil unbescholtener Kleinbürger Vorschub leistete. Formulierungen wie die, »daß das immobile Spekulantengewerbe in Frankfurt zum größten Teil in jüdischen Händen sich befindet«,[39] fanden Eingang bis in die sozialdemokratische Zeitschrift *Vorwärts*. In einer sprechenden Täter-Opfer-Umkehr wurden die Bewohner des Westends, oftmals Nutznießer der »Arisierung« der NS-Jahre, nicht nur als »Altbesitzer« bezeichnet, sondern ihr erzwungener Umzug[40] als »Vertreibung« und »Deportation« in »Vertriebenengettos«[41] bezeichnet.

Dieser öffentliche politische Diskurs, dessen antisemitisches Kraftfeld Anfang der 1970er-Jahre vorerst noch dadurch camoufliert schien, dass sich ihre Sprecher als entschieden und unbezweifelbar antifaschistisch wähnten, musste fraglos den Eingang antisemitischer Stereotype auch in den literarischen Diskurs ermutigen. Gerhard Zwerenz legte mit seinem 1973 erschienenen Roman *Die Erde ist unbewohnbar wie der Mond* ein Buch vor, dass nach Nancy A. Lauckner eine Zäsur in der westdeutschen Literatur bildete: »Zwerenz deliberately combines the returnee and avenger with the old antisemitic stereotype of the wealthy Jewish businessman who ruthlessly exploits the German populace, and thus creates an antisemitic image of the Jew which is virtually unknown in post-war literature.«[42] Der nach Deutschland remigrierte, »schwerreiche«[43] Bodenspekulant erhält noch auf der Rückreise aus dem Exil den für sein Handeln fortan verbindlichen Auftrag von seiner Mutter: »Du wirst in diesem Land Geld verdienen, Abraham. Es ist das Land der Mörder deines Vaters. Du wirst keinem etwas nachsehen, mit niemandem Mitleid haben und jedem seine Markstücke abknöpfen.

Versprichst du das, Abraham?«[44] Mit diesem Motiv des jüdischen Rächers knüpfte der Roman nicht nur an unmittelbar akute Stereotype der Nachkriegsjahre an,[45] sondern er korrespondierte darüber hinaus mit jener Opferzuschreibung, die für die Mentalität großer Teile der Neuen Linken Westdeutschlands in den 1970er-Jahren konstitutiv war.

Zwar wurde Zwerenz' Roman bald nach seinem Erscheinen bei S. Fischer wegen seines Protagonisten zum Skandal und schließlich vom Verlag zurückgezogen,[46] doch gelangte er in die Hände von Rainer Werner Fassbinder, der vor allem die Figur des verbrecherisch agierenden Grundstücksspekulanten in sein Drama *Der Müll, die Stadt und der Tod* übernahm. Das Stück bringt die Allmacht dieses Protagonisten in einer verkommenen Welt zur Darstellung, in der korrupte Behörden nicht nur dem Macht- und Geldstreben des reichen Juden bereitwilligst sekundieren, sondern willfährig schließlich auch seinen Mord an einer Prostituierten dem homosexuellen Franz B. anlasten. Die Bezeichnung dieses Protagonisten in den »Dramatis Personae« als »Der Reiche Jude«[47] verzichtet durch die Weglassung eines Eigennamens gleichsam unumwunden und programmatisch auf Individualisierung, zugunsten einer Typisierung, von der schwer zu entscheiden ist, ob sie eher der im Drama gezeichneten Figur aufgezwungen werden soll oder darauf zielt, die antisemitischen Zuschreibungsaffekte des Publikums maximal zu aktivieren. Die Selbstäußerungen des »Reichen Juden« beseitigen jedenfalls jeden Zweifel daran, wie er selbst seinen Status und seine Aufgabe »in dieser Stadt«[48] versteht:

> *»Bin ich ein Jud, der Rache üben muß an kleinen Leuten?! Es soll so sein und ziemt sich auch!! [...] Ich kaufe alte Häuser in dieser Stadt, reiße sie ab, baue neue, die verkaufe ich gut. Die Stadt schützt mich, das muß sie. Zudem bin ich Jude. Der Polizeipräsident ist mein Freund, was man so Freund nennt, der Bürgermeister lädt mich gern ein, auf die Stadtverordneten kann ich zählen. Gewiß, keiner schätzt das besonders, was er da zuläßt, aber der Plan ist nicht meiner, der war da, ehe ich kam. Es muß mir egal sein, ob Kinder weinen, ob Alte, Gebrechliche leiden. Es muß mir egal sein. Und das Wutgeheul mancher, das überhör ich einfach.«*[49]

Zwar versäumt Fassbinder nicht, mit dem Hinweis des »Reichen Juden« darauf, dass andere den »Plan« geschmiedet haben, die Systemstelle der Zerstörung, die Funktionalisierung des »Reichen Juden« im Kontext ihn überschreitender kapitalistischer Profitinteressen zu markieren. Doch solch ein Einsprengsel unterliegt der enormen suggestiven Kraft, die das personale Getriebensein des »Reichen Juden« ausstrahlt – und zu der sich der Monolog des antisemitischen Hans von Gluck komplementär verhält, in dem sich ebenfalls eine Energie artikuliert, die durch keinen ökonomischen Funktionszusammenhang aufgehoben wird:

> »*Er saugt uns aus, der Jud. Trinkt unser Blut und setzt uns ins Unrecht, weil er Jud ist und wir die Schuld tragen. [...] Und Schuld hat der Jud, weil er uns schuldig macht, denn er ist da. Wär er geblieben, wo er herkam, oder hätten sie ihn vergast, ich könnte heute besser schlafen. Sie haben vergessen, ihn zu vergasen. Das ist kein Witz, so denkt es in mir. Und ich reib mir die Hände, wenn ich mir vorstelle, wie ihm die Luft ausgeht in der Gaskammer. [...] Und hat die Banken auf seiner Seite und die Mächtigen dieser Stadt.*«[50]

Im *Müll*-Drama – und nicht nur dort – ist eine »Verschiebung der Opferphantasie von Juden auf Nichtjuden«[51] vollzogen, die Bodek prägnant in die Worte gefasst hat: »Die Täter-Opfer-Dichotomie wird aufgehoben in einer Kippfigur des Opfers als Täter, der Täter ist, weil er Jude ist und Opfer war.«[52]

Nachdem der Text des Dramas bei Suhrkamp 1976 erstmals erschienen war, entspann sich zunächst eine Kontroverse, die als ein »Duell zwischen Konservativen und Linken um die Verortung des Antisemitismus«[53] lesbar ist. Während linke Stimmen kritisch auf philosemitische Tabus hinzuweisen wähnten, Juden sich »bis auf wenige Ausnahmen«[54] zu diesem Zeitpunkt an der Kontroverse nicht beteiligten und der Suhrkamp Verlag das Buch nach zugesagten, aber ausgebliebenen Änderungen durch Fassbinder einstampfen ließ,[55] nahm der Konflikt 1984 an Fahrt auf, als der Generalmanager der Alten Oper in Frankfurt am Main das Stück aufführen wollte, was die städtischen Behörden zunächst verhinderten. Im Jahr darauf erfuhr der öffentliche Konflikt um das Drama eine weitere Steigerung, als der frühere Gegner einer Aufführung, Günther Rühle, Intendant des Frankfurter Schauspiels, nun engagiert für eine Inszenierung warb. Das Fachblatt *Deutsche Bühne* glaubte jetzt feststellen zu müssen, dass »keinem Deutschen [...] Kritik ohne Schuldfessel erlaubt ist«;[56] der *Vorwärts* fragte biedermännisch: »Sind Juden niemals böse?«;[57] und der Vorsitzende der Jüdischen Gemeinde Frankfurt, Ignatz Bubis, »den man in der Öffentlichkeit fälschlicherweise für das Vorbild der Figuren von Zwerenz und Fassbinder gehalten hatte«, musste sich die Forderung anhören, Mitglieder, die »unwürdige« Geschäfte machten, aus der Gemeinde auszuschließen.[58] Die *Frankfurter Rundschau* erkannte die Gegner der Aufführung innerhalb der Jüdischen Gemeinde als »herrschende Kreise der Stadt«.[59] Rühles Vorhaben, die Premiere des Stücks am 9. November 1985, dem zentralen Gedenktag für den Pogrom von 1938, stattfinden zu lassen, wurde vom Oberbürgermeister abgewendet; stattdessen wurde dafür der 31. Oktober, der Reformationstag, angesetzt.

In einem bisher in der Geschichte der Bundesrepublik einmaligen Vorgang besetzten Mitglieder der Frankfurter Jüdischen Gemeinde die Bühne. Während Befürworter der Aufführung die Besetzung vor Ort mit der Diktatur in Chile und der Bücherverbrennung gleichsetzten und Formeln wie »Ach, kommen Sie nicht immer mit Ihrem Auschwitz« und »Wenn es euch hier nicht gefällt, warum geht ihr dann nicht weg?« durch den Raum schwirrten,[60] konnte die Aufführung von *Der Müll, die Stadt und der Tod* an diesem Abend verhindert werden; das Drama wurde schließlich vom Spielplan abgesetzt – doch damit »wurde nicht Einsicht in die Unauflösbarkeit dieses Konflikts: Kunstfreiheit versus Menschenwürde, gezeigt, sondern eine demonstrativ widerwillige Beugung vor der Macht der Juden vorgeführt.«[61] Ob Günther Rühle tatsächlich für die Inszenierung mit der Feststellung hat werben wollen, dass »die Schonzeit« vorbei sei – Henryk M. Broder fragte daraufhin: »Was kann es anderes bedeuten, als daß die Jagdsaison wieder beginnt?«[62] –, wurde Gegenstand gerichtlicher Auseinandersetzungen.[63] Janusz Bodek hat kürzlich in einem erneuten Rückblick auf die alten Kontroversen um das Fassbinder-Stück festgehalten: »Zu den wichtigsten Ergebnissen der Fassbinder-Kontroversen zählen zum einen das Betreten der politischen Bühne von Juden in Deutschland als selbstbewußt agierende Subjekte und die aufschlussreichen Manifestationen eines Schuldabwehrantisemitismus in der gesellschaftlichen Mitte.«[64]

Auf sehr andere Weise kommen Vorstellungen vom reichen Juden in Martin Mosebachs 1983 ersterschienenem Roman *Das Bett* zum Ausdruck. Im Zentrum des Romans von Mosebach – der Schriftsteller wurde 2007 mit dem Georg Büchner-Preis ausgezeichnet – steht Stephan Korn, Spross einer in New York lebenden jüdischen Familie, der in das Nachkriegs-Frankfurt entsendet wird; er soll »sich um den Wiederaufbau und den Gang der Geschäfte der in der Nähe der Stadt gelegenen Kornschen Autoreifenfabrik [...] kümmern«.[65] In Frankfurt sucht Stephan nicht nur seine ehemalige Amme auf, um sich dort tagelang, gleichsam zum Kleinkind regredierend, im Bett zu verkriechen, sondern beginnt auch einen Flirt mit der zurückhaltend-schüchternen, wenig erfahrenen Tante des Icherzählers, eines minderjährigen Jungen, dessen Küchentischperspektive im Horizont seines kleinbürgerlichen Elternhauses im Verlauf des Erzählens eine eigentümliche Allwissenheit zuwächst. Stephans Mutter Florence, misstrauisch geworden durch ausbleibende bzw. zu kurze Rückmeldungen ihres Sohnes, reist ihm nach, löst ihn mit resoluter Hand aus seinen Verbindungen und kehrt mit ihm nach New York zurück.

Stephan und Florence Korn sind so sehr ›reiche Juden‹, dass fast jedes mitgeteilte Attribut diese Charakterisierung unterstreicht. Der »weltläufige«[66] Stephan, Inhaber eines »hochmütige[n], manieristische[n] Pferdegesicht[s]«[67], kannte – bis zur Aufnahme seiner Verbindung zur Tante des Icherzählers – »keinen Grund [...], sich in kleinbürgerlichen Wohnquartieren aufzuhalten«.[68] Fährt er Zug, sitzt er im »behaglichen Coupé Erster Klasse«,[69] seine ärmlich lebende Amme sucht er im Mantel mit »Persianerkragen«[70] auf. Die Tatsache, dass Stephan zunächst nicht auf des Erzählers Tante aufmerksam wird, begründet Letzterer damit, dass sie »nun einmal nicht nach Geld [roch]«. Die »Fächer seines unbenutzten Schreibtischs« in New York quellen über vor kostbaren Geschenken seiner sehr zahlreichen verflossenen Geliebten.[71] Sein durch einen Zufall herbeigeführter Aufenthalt in einer Reparaturwerkstatt für Schreibmaschinen »war seit langer Zeit der erste an einem Ort, wo ein Mensch durch geregelte Arbeit sein Brot verdiente, wenn man von Restaurants, Schneiderateliers und dem Ordinationszimmer von Dr. Tiroler [seines Psychoanalytikers, S. B.] absah«.[72] Das Geräusch, das »sich aber tiefer in Stephans unmusikalisches Gemüt eingeprägt hatte, als es die eingängigste Swingmelodie vermocht hätte«, erstmals in der Wall Street vernommen und künftig zur »unvergeßlichen Tonfolge« geworden, der er Jahre später im Vichy der Kriegsjahre wiederbegegnet, »das Klicken, das Stephan seit seinem ersten Erklingen auf der frühlingshaften Wall Street nicht mehr vergaß«, wird erzeugt von »große[n] Goldbarren, deren Gewicht wie auf einem Riegel Kochschokolade in die Vertiefung der Oberseite deutlich eingeprägt war. Stephan, der von Jugend auf an den leichtfertigen Umgang mit Geld gewöhnt war, vermochte dennoch die ganze romantische Kraft einer Anhäufung puren Goldes zu empfinden«.[73] Mit Diplomatenpass in Vichy-Frankreich unterwegs, kreuzen zwar zahlreiche Flüchtlinge seinen Weg, doch wehrt Stephan sich »mit Händen und Füßen«, »in die Gemeinschaft der Verfolgten«[74] gezogen zu werden; »die Regungen des Mitleids für Leute, die er nicht kannte, blieben ihm zeit seines Lebens fremd«.[75] Über Stephan in dieser Zeit urteilt der Erzähler:

»Es war erstaunlich, daß die Erde in einem Jahrhundert der Katastrophen und der apokalyptischen Schrecken ein solches Menschenwesen noch auf ihrer Kruste duldete, das keine der Millionen Tränen, die in verzweifeltem Unglück vergossen wurden, mitgeweint hatte, einen Menschen, der sich um das Unrecht überall auch dann nicht scherte, wenn er selbst davon gestreift wurde, und der zu allem nicht einmal zur Kenntnis nahm, daß es allein die Verkettung unverdient glücklicher Zufälle war, die ihn davor behütete, ein Opfer der großen Verfolgung zu werden.«[76]

Stephans Mutter Florence Korn, geborene Gutmann, Tochter eines »harten Geschäftsmann[s]« und »Wall Street-Tycoon[s]«,[77] deren Hochzeit mit dem Frankfurter Willi Korn im luxuriösen New Yorker Plaza-Hotel gefeiert wird, »wußte sehr wohl, daß die unangefochtene gesellschaftliche Position ihrer Familie in New York auf ihrem Reichtum beruhte, und sie hatte moralisch gegen diese Selektion der Elite nichts einzuwenden«. In den Augen ihrer Familie gibt es »neben dem festgefügten Palast der Gutmann-Familie nur noch unbedeutende Strohhütten und Reihenhäuser«.[78] Gewohnt, in jedem Hotel, »und sei es bis auf das letzte Bett belegt, […] sofort und ohne große Vorbestellung eine Suite«[79] zu erhalten, verbringt sie auch die Jahre nach 1933, als sie mit ihrem Ehemann und ihren Kindern noch in Frankfurt wohnt, »ihr Leben in einer bürgerlichen Welt von Wohlstand und Sicherheit, die noch unangreifbarer zu sein schien, je mehr das gesamte übrige Gefüge des alten Europa ins Wanken geriet«.[80] Rechtzeitig verlassen sie Deutschland: »New York war der Rückhalt ihrer Existenz, ein sicherer Hort für Vermögenswerte und dann auch für das höchste Gut der alten Korns, nämlich ihr Leben. [...] als sie schließlich Deutschland verließen, geschah das nur scheinbar in letzter Minute. Der Vater Korn hatte längst für amerikanische Pässe gesorgt.«

»Je mehr erst das politische Chaos und dann der Terror in Deutschland wuchsen, desto mehr bezog sie [Florence, S.B.] Distanz zum Land und zur Stadt. Sie war wie die Passagierin eines Luxusdampfers im Hafen von Kalkutta, die in ihrer eisigen Gepflegtheit durch die schmutzstarrenden Straßen geht und auch, wenn sie Angst hat, immer weiß, daß in sicherer Nähe das große Schiff mit seinen leuchtenden Sälen auf sie wartet, um sie wieder in seinen Schutz aufzunehmen.«[81]

Florence hatte »nicht die geringsten religiösen Bedürfnisse«[82] und kannte folgerichtig »niemanden [...], zu dem sie hätte beten können«.[83] Glauben bringt sie hingegen der »psychoanalytischen Theorie [...] wie der wöchentlichen Analyse der Weltwirtschaftslage im ›Wallstreet Journal‹« entgegen; ihre »Loyalität für die Partei der Vernunft war so entschlossen, daß sie alles begrüßte, was unter ihrer Flagge segelte«.[84] Frankfurt hat sie »niemals geliebt«,[85] auf »die von Bomben schwer getroffene Stadt« schaut sie »teilnahmslos«; »daß mit der Zerstörung des Hauses« einer Freundin »vielleicht auch ein Vermögensverfall eingetreten war«, konnte sie »sich einfach nicht vorstellen«.[86] Auch anlässlich eines Ausflugs ins schwer zerstörte Würzburg berichtet der Erzähler, dass Florence »der Zustand einer deutschen Stadt [...] herzlich gleichgültig war«.[87] Um ihre mittellose Freundin nicht zu kränken, händigt Florence ihr schließlich nicht das mitgebrachte Geld aus: »Das dicke Dollarbündel in ihrer Handtasche blieb deshalb unangetastet, obwohl sich Ines mit einem einzigen Schein davon die Medikamente, die sie dringend brauchte, zwei Wochen lang hätte kaufen können.«[88] Vom Wehrmachtsschrank in der ärmlichen Unterkunft der einstigen Amme wird mitgeteilt, dass Florence ihn »freilich nicht als solchen erkannte, weil ihr die Bekanntschaft mit Möbeln dieser Art erspart worden war«.[89] Zur gleichsam ikonografischen Deckung werden die reiche Jüdin und das Geld jedoch in der Figurenrede zweier Freundinnen gebracht, die u.a. über Florences' »Reichtum [...] und ihr Aussehen« spotten: »›Weißt du, hauchdünne Haut, sicher fünfundzwanzigmal geliftet, von weitem wie sechzehn, aus der Nähe siehst du dann das zerknitterte Seidenpapier, auch wenn sie geschminkt ist.‹ – ›Das ist ja herrlich‹, sagte Aimée, ›wenn man sie umarmt, muß das ein Gefühl sein, als ob man ein Bündel raschelndes Papiergeld küßt‹.«[90]

Zwar erscheinen auch die nichtjüdischen Figuren des Romans zuweilen durchaus unvorteilhaft. Die Mutter des Icherzählers macht gerne einmal Amerikanern weis, »auch das Heidelberger Schloß sei von den Amerikanern zerstört worden«; die »Kategorie ›aufgetakelte alte Jüdin‹«[91] scheint durchaus zu ihrem aktiven Repertoire zu gehören; und den Umstand, dass Stephan Korn nicht zur Beichte geht, erklärt sie ihrem Sohn mit den Worten: »Die brauchen das nicht, bei denen muß man nicht beichten, das sind nämlich bessere Menschen als wir, die sündigen nicht.«[92] Im kleinbürgerlich-katholischen Milieu, in dem der Icherzähler aufwächst, scheint es immerhin eine gewisse Reserve gegenüber der Vernichtungspolitik während der NS-Jahre gegeben zu haben; den amtierenden Priester erreichen Anfragen, »ob es moralisch zu rechtfertigen sei, wenn man mit allem Wollen im Gebet um eine Änderung der herrschenden Verhältnisse, des Krieges und der Tyrannei flehe«.[93] Eingängigere Rückblenden über den Alltag der Verfolgung in Deutschland dagegen fehlen gänzlich. Eine Ausnahmestellung im gesamten Roman nimmt die Beobachtung des Icherzählers ein, dass Florence den reichen Baum- und Blumenbewuchs im NachkriegsFrankfurt, »diese verrückte Lebensbekundung der Natur mit geheimem Grauen« betrachtete: »Florence dachte an den Tod im Angesicht dieser hypertrophen Blumenwelt, die ihre unheimliche Kraft vielleicht nur daraus zog, daß sie auf Leichenbergen wuchs.«[94]

Doch diese der Drift eines antisemitischen Stereotypenrepertoires gegenläufigen Momente unterliegen nicht nur einer unabweisbaren Herabsetzungslust,[95] die sich vor allem an Florence Korn auslebt, sondern auch einer Virulenz, die sich jenseits der Figurenzeichnung, in Form verschiedenartiger Verschiebungen, zu erkennen gibt. Wenn in einem Tagtraum des Icherzählers in einer Gruppe von Eichhörnchen eines mit »spitze[r] Nase« auftritt, das »aus schwarz weiß machen« konnte, »aus gerade krumm, aus Unrecht Recht, es hatte die hurtigste Art zu lügen und war ungerecht auch dann, wenn es ihm nichts nützte«,[96] begegnet der Leser einer radikalisierten Elementarform des Stereotyps vom jüdischen Händler. Komplexer zeigt sich eine solche Verschiebung in der Darstellung der – nichtjüdischen – Baltin Aimée von Leven, deren Namensähnlichkeit mit »Levy« zunehmend weniger zufällig erscheint. Im Gefolge der Russischen Revolution aus ihrer baltischen Heimat vertrieben, wirken die Familienmitglieder »wie Reisende, die soeben angekommen sind und bald wieder weiterreisen müssen«. Ihr steht »eine Wanderschaft ohne Ziel« bevor, die aber »ohne Trauer und Tränen« angegangen wird, »einfach so, wie wenn man aus seinem Ferienhotel durch ein Telegramm nach Hause gerufen wird, weil eine lästige, aber im Grunde unproblematische juristische Angelegenheit die vorzeitige Abreise erforderlich macht«. Ein »auf Absonderung bedachter Eigensinn« verbot ihnen, »ihr Schicksal mit dem vieler anderer zu vereinen«. Aimée ist davon überzeugt, »daß ein großer Geldhaufen den Charakter seiner Besitzer [...] auf das herrlichste veränder[t]«; später gelingt es ihr, den eigenen Umgang auf »reiche Leute« zu beschränken. Auch nach dem Krieg halten die Levens »Abstand [...] zu Deutschland [...], obwohl ihnen im Land ihrer Herkunft nicht nur keine Gefahren drohten, sondern sie sogar Ersatz für den in Estland verlorenen Besitz erwartet hätte«. Der Erzähler findet folgende Charakterisierung:

> *»Wenn die Levens zur Zeit des Königs Nebukadnezar Juden gewesen wären, die an den Euphrat verschleppt worden waren, hätte man sie schwerlich mit den andern Kindern Israels an den Wassern Babylons weinend finden können. Es wäre ihnen, kaum daß sie das Zweistromland erreicht hätten, sofort darauf angekommen zu behaupten, sie hätten schon immer unter dem Klima von Jerusalem gelitten und liebten die Babylonier überhaupt.«*[97]

Ob, was in Mosebachs Roman *Das Bett* stattfindet, ein »bewusstes, dekonstruierendes (riskantes) Spiel mit dem antisemitischen Sprach- und Wissensrepertoire« ist oder aber als »ein ›fahrlässiger‹ (unbewusster oder bewusster) Gebrauch von Stereotypen«[98] anzusehen ist, kann wohl nur entschieden werden, wenn, was hier skizzierend zusammengestellt wurde, sowohl mit einer integralen Gesamtdeutung des Romans als auch mit jenem Ensemble diskursiver Formationen verknüpft wird, die zum Entstehungszeitpunkt des Romans wirksam waren. Es erscheint wenig zufällig, dass *Das Bett* im diskursiven Klima und am Ort der Frankfurter Westend-Auseinandersetzungen entstanden ist. Aber auch Mosebachs Nachwort von 2002, das den »Anekdotenkern«[99] des Buches offen- und eine autobiografische Beziehung des Autors zum Erzähler nahelegt, ist geeignet, Zweifel daran zu verstärken, ob das antisemitische Stereotyp vom reichen Juden mit hohem literarischen Aufwand dekonstruiert werden soll oder ob nicht vielmehr eine – streckenweise militante – Herabsetzungslust zu ihrem literarischen Ausdruck gekommen ist, die in der Umgebungsgesellschaft – es ist die gesellschaftliche Mitte – 1983 längst und vielgestaltig agierte. Man wird Mosebachs Roman mit Recht in der Nachfolge jenes »neuen Diskurs[es] über die Juden«[100] sehen können, den Saul Friedländer 1982 hellsichtig – und jahrelang unbeachtet von Literaturbetrieb und Wissenschaft in Westdeutschland[101] – erkannte und definierte. Friedländer wusste schon damals, dass rigoroser Moralismus am Glutkern solcher Bücher und Filme abgleitet. Indem Friedländer das unheimliche Faszinosum, das Juden und die Perspektive ihrer vollständigen Vernichtung für die Vorstellung in der westlichen Welt bilden, gerade auch für die Gegenwart anzuerkennen bereit war, schuf er die Voraussetzung dafür, der »ständige[n] Gefahr«, die daraus »für unsere Kultur und möglicherweise für die menschliche Existenz überhaupt«[102] erwächst, wirkungsvoll zu begegnen.

1 Nancy A. Lauckner, The Jew in Post-War German Novels – A Survey, in: Leo Baeck Yearbook, Bd. 20 (1975), S. 275–291, hier S. 275.
2 Vgl. Heidy M. Müller, Die Judendarstellung in der deutschsprachigen Erzählprosa (1945–1981), Königstein/Ts. 1984, S. 13.
3 Vgl. u. a. Oliver Lubrich, Shakespeares Selbstdekonstruktion, Würzburg 2001, S. 110f., aber auch schon Ruth K. Angress, Gibt es ein Judenproblem in der deutschen Nachkriegsliteratur?, in: Neue Sammlung, 26. Jg., H. 1, 1986, S. 22–40, hier S. 22.
4 Gotthold Ephraim Lessing, Die Juden, in: ders., Dramen. Mit einem Nachwort hg. v. Kurt Wölfel, Frankfurt am Main 1984, S. 109–149, hier S. 135.
5 Ebd., S. 147 (»Die Juden«, Zweiundzwanzigster Auftritt).
6 Gotthold Ephraim Lessing, Nathan der Weise, in: ders., Dramen. Mit einem Nachwort hg. v. Kurt Wölfel, Frankfurt am Main 1984, S. 593–740, hier S. 594.
7 Lauckner, Survey, wie Anm. 1, S. 275 u. wie oben.
8 Lessing, Nathan, wie Anm. 6, S. 610.
9 Ebd., S. 608.
10 Diese Bemühung ist auch im Zusammenhang mit der damaligen Debatte darüber zu sehen, ob Juden nur unter der Bedingung materiellen Wohlstands ihre schlechten Charaktereigenschaften abzulegen fähig seien – diese Perspektive trug Johann Michaelis schon nach Erscheinen des Stücks »Die Juden« vor. Vgl. Lessing, Nathan, wie Anm. 6, S. 757ff.
11 Nach Anat Feinberg, Vom bösen Nathan und edlen Shylock – Überlegungen zur Konstruktion jüdischer Bühnenfiguren in Deutschland nach 1945, in: Klaus-Michael Bogdal/Klaus Holz/Matthias N. Lorenz (Hg.), Literarischer Antisemitismus nach Auschwitz, Stuttgart/Weimar 2007, S. 243–282, hier S. 264f.
12 Willi Jasper, »Holocaust-Travestie«, falsche Identitäten und Grenzen der Zeugenschaft. Zur libidinösen Besetzung ›des Juden‹ nach 1945, in: Bogdal u. a. (Hg.), Literarischer Antisemitismus, wie Anm. 11, S. 205–217, hier S. 206.
13 Feinberg, Bühnenfiguren, wie Anm. 11, S. 267ff.
14 Ebd., S. 276.
15 Klaus-Michael Bogdal, Literarischer Antisemitismus nach Auschwitz – Perspektiven der Forschung, in: Bogdal u. a. (Hg.), Literarischer Antisemitismus, wie Anm. 11, S. 1–12, hier S. 6.
16 Ebd., S. 11.
17 Ebd., S. 10.
18 Ebd., S. 7.
19 Werner Bergmann, ›Störenfriede der Erinnerung‹ – Zum Schuldabwehr-Antisemitismus in Deutschland, in: Bogdal u .a. (Hg.), Literarischer Antisemitismus, wie Anm. 11, S. 13–35, hier S. 22 mit Nachweisen.
20 Ebd., S. 32.
21 Vgl. ebd., S. 22.
22 Vgl. ebd., S. 25.
23 Ebd.
24 Ebd.
25 Vgl. die datierten Erhebungen in: Bergmann, Schuldabwehr-Antisemitismus, wie Anm. 19.
26 Ebd., S. 33.
27 Vgl. Lauckner, Survey, wie Anm. 1, S. 287.
28 Vgl. Müller, Judendarstellung, wie Anm. 2, S. 157f.; Gilad Margalit, Grass und das jüdische Alter Ego, in: Bogdal u. a. (Hg.), Literarischer Antisemitismus, wie Anm. 11, S. 159–169, hier S. 163; Angress, Judenproblem, wie Anm. 3, S. 31.
29 Vgl. Müller, Judendarstellung, wie Anm. 2, S. 19 und 58ff.
30 Zuletzt Micha Brumlik, »Im Namen einer humanen jüdischen Kultur« – Gerhard Zwerenz und sein Großstadtroman: Eine (zu) späte Rezension, in: Bogdal u. a. (Hg.), Literarischer Antisemitismus, wie Anm. 11, S. 171–177.
31 Vgl. Müller, Judendarstellung, wie Anm. 2, S. 19 und 150ff.
32 Vgl. Norbert Otto Eke, Im »deutschen Zauberwald« – Spiegel- und Kippfiguren des Antisemitismus in deutschsprachiger Gegenwartsliteratur, in: Bogdal u. a. (Hg.), Literarischer Antisemitismus, wie Anm. 11, S. 243–261, hier S. 254.
33 Vgl. Anm. 28.
34 Die Darstellung folgt Janusz Bodek, Ein »Geflecht aus Schuld und Rache«? – Die Kontroversen um Fassbinders ›Der Müll, die Stadt und der Tod‹, in: Stephan Braese/Holger Gehle/Doron Kiesel/Hanno Loewy (Hg.), Deutsche Nachkriegsliteratur und der Holocaust, Frankfurt am Main/New York 1998, S. 351–384, hier S. 354f. Vgl. auch Gertrud Koch, Todesnähe und Todeswünsche: Geschichtsprozesse mit tödlichem Ausgang. Zu einigen jüdischen Figuren im deutschen Nachkriegsfilm, in: dies., Die Einstellung ist die Einstellung, Frankfurt am Main 1992, S. 234–259.
35 Bodek, Kontroversen, wie Anm. 34, S. 355.
36 Ebd.
37 Ebd., S. 356.
38 Ebd.
39 Vgl. ebd., S. 358.
40 Bodek weist darauf hin, dass »in vielen Fällen« »Altbesitzer« Spekulationsgewinne erzielen konnten – die Charakterisierung eines erzwungenen Umzugs traf insofern nicht auf alle Betroffenen zu. Vgl. ebd.
41 Vgl. ebd., S. 354.
42 Lauckner, Survey, wie Anm. 1, S. 288.
43 Gerhard Zwerenz, Die Erde ist unbewohnbar wie der Mond, Herbstein 1986, S. 106.
44 Ebd., S. 18.
45 Vgl. oben.

46 Nach Brumlik, Rezension, wie Anm. 30, S. 172.
47 Rainer Werner Fassbinder, Der Müll, die Stadt und der Tod, in: ders., Stücke 3 – Die bitteren Tränen der Petra von Kant/Das brennende Dorf (nach Lope de Vega)/ Der Müll, die Stadt und der Tod, Frankfurt am Main 1976, S. 92.
48 Ebd., S. 103.
49 Ebd.
50 Ebd., S. 115f.
51 Janusz Bodek, Fassbinder ist nicht Shakespeare, Shylock kein Überlebender des Holocaust – Kontroversen um ›Der Müll, die Stadt und der Tod‹, in: Bogdal u. a. (Hg.), Literarischer Antisemitismus, wie Anm. 11, S. 179–204, hier S. 183.
52 Ebd., S. 192f.
53 Janusz Bodek, Fassbinder-Kontroversen, in: Torben Fischer/Matthias N. Lorenz (Hg.), Lexikon der »Vergangenheitsbewältigung« in Deutschland – Debatten und Diskursgeschichte des Nationalsozialismus nach 1945, Bielefeld 2007, S. 230–232, hier S. 231.
54 Bodek, »Geflecht«, wie Anm. 34, S. 369.
55 Nach Bodek, Fassbinder-Kontroversen, wie Anm. 53, S. 231.
56 Nach Bodek, »Geflecht«, wie Anm. 34, S. 373.
57 Vgl. ebd.
58 Vgl. ebd.
59 Vgl. ebd., S. 374.
60 Vgl. ebd., S. 376.
61 Ebd.
62 Zit. nach Heiner Lichtenstein (Hg.), Die Fassbinder-Kontroverse oder Das Ende der Schonzeit, Königstein/Ts. 1986, S. 12.
63 Vgl. Bodek, »Geflecht«, wie Anm. 34, S. 383, dort Anm. 110.
64 Bodek, Shakespeare, wie Anm. 51, S. 179. – Als eine Antwort auf Fassbinders »Der Müll, die Stadt und der Tod« liest Norbert Otto Eke Thomas Braschs Film *Der Passagier* von 1988; vgl. Eke, »Zauberwald«, wie Anm. 32, S. 243f.
65 Martin Mosebach, Das Bett, München 2008, S. 65.
66 Ebd., S. 291.
67 Ebd., S. 130.
68 Ebd., S. 233.
69 Ebd., S. 281.
70 Ebd., S. 54.
71 Ebd., S. 257.
72 Ebd., S. 238f.
73 Ebd., S. 398f.
74 Ebd., S. 438.
75 Ebd., S. 370.
76 Ebd., S. 368.
77 Ebd., S. 336.
78 Ebd., S. 326ff.
79 Ebd., S. 97.
80 Ebd., S. 197.
81 Ebd., S. 43ff.
82 Ebd., S. 477.
83 Ebd., S. 341.
84 Ebd., S. 79.
85 Ebd., S. 475.
86 Ebd., S. 47.
87 Ebd., S. 149.
88 Ebd., S. 135.
89 Ebd., S. 482.
90 Ebd., S. 493.
91 Ebd., S. 143ff.
92 Ebd., S. 45.
93 Ebd., S. 467.
94 Ebd., S. 103f.
95 Vgl. Klaus Briegleb, Unkontrollierte Herabsetzungslust – Martin Walser und der Antisemitismus der »Gruppe 47«, vgl. Internetportal www.welt.de/print-welt/article 397093/Unkontrollierte-Herabsetzungslust.html (letzter Zugriff: 21. Oktober 2012).
96 Mosebach, Bett, wie Anm. 65, S. 13.
97 Mehrere Stellen, vgl. ebd. S. 179ff.
98 Vgl. Bogdal, Perspektiven der Forschung, wie Anm. 15, S. 7, und oben.
99 Mosebach, Bett, wie Anm. 65, S. 508.
100 Saul Friedländer, Kitsch und Tod – Der Widerschein des Nazismus, München 1986 (Paris 1982), S. 99.
101 Es scheint, als ob auch die aktuelle Forschung zum literarischen Antisemitismus aus dieser Untersuchung noch mehr Gewinn ziehen könnte als bisher; vgl. die – nur beiläufige – Erwähnung, in: Bodek, Shakespeare, wie Anm. 51, S. 204.
102 Friedländer, Kitsch, wie Anm. 100, S. 125.

MAX REINHARDTS DEUTSCHES THEATER

INTENDANT

GUSTAV VON WANGENHEIM

Nathan der Weise

Ein dramatisches Gedicht in fünf Aufzügen (zwölf Bildern)

von Gotthold Ephraim Lessing

Regie: *Fritz Wisten*

Bühnenbilder und Kostüme: *Willi Schmidt*

Sultan Saladin	*Kai Möller*
Sittah, dessen Schwester	*Ingeborg Senkpiel*
Nathan, ein reicher Jude aus Jerusalem	*Paul Wegener*
Recha, dessen angenommene Tochter	*Agathe Poschmann*
Daja, eine Christin aber im Hause des Juden als Gesellschafterin der Recha	*Gerda Müller*
Ein junger Tempelherr	*Max Eckard*
Ein Derwisch	*Alfred Balthoff*
Der Patriarch von Jerusalem	*Aribert Wäscher*
Ein Klosterbruder	*Eduard von Winterstein*

Die Szene ist in Jerusalem

Pause nach dem sechsten Bild

11. Sep. 1945   Preis 0,30 RM

»Mit Lessings dramatischer Lehrdichtung gegen das religiöse und — wie wir heute erweiternd erkennen müssen — rassische Vorurteil eröffnet das Schauspiel der Städtischen Bühnen Frankfurt am Main die diesjährigen Freilichtspiele im Karmeliterhof.«

PFW,
Neue Frankfurter Presse, 30. Juni 1946

EPILOG

Frank Schultes, Bühnenbildentwurf
für Lessings »Nathan der Weise« im
Hof des Karmeliterklosters
*Frankfurt am Main, 1947, Aquarell,
Deckweiß, Tusche*

Metamorphose:
Maurice Schwartz (1889–1960)
Regisseur des Stückes »Shylock
and His Daughter« und Hauptdarsteller
verwandelt sich in »Shylock«
Yiddish Art Theatre, New York 1947

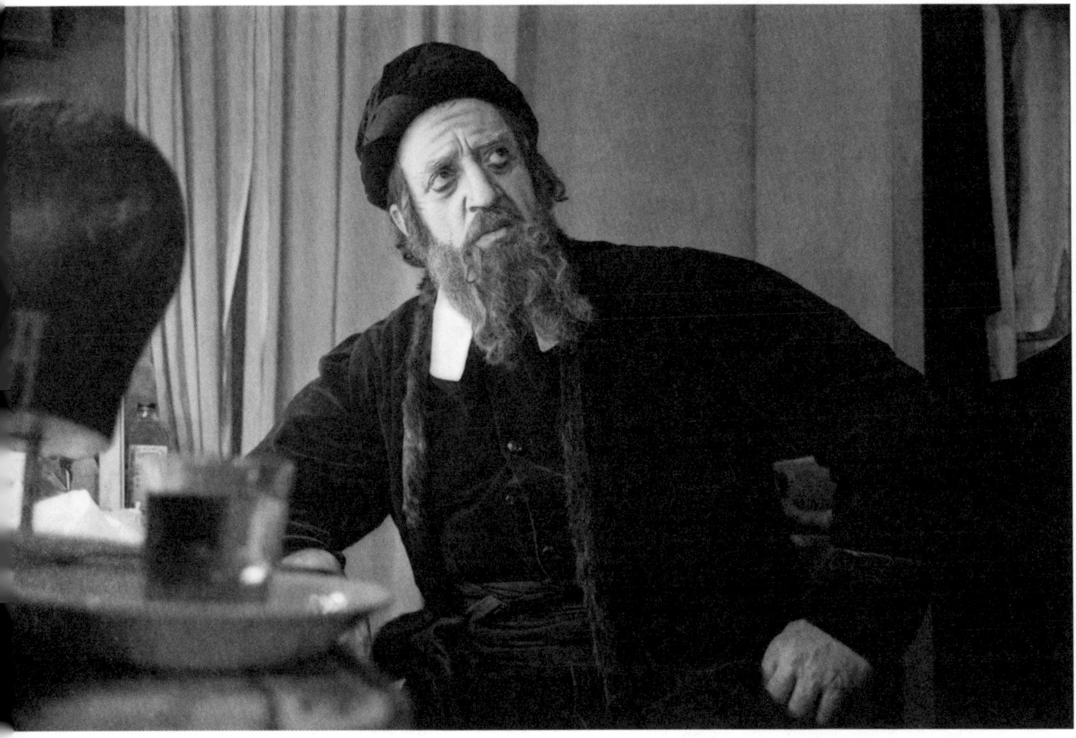

Fritz Kortner (1892–1970) als »Shylock«
in der TV-Inszenierung von Otto Schenk
Westdeutscher Rundfunk, Köln 1969
Vintage, Silbergelatine

EPILOG

Otto Rouvel (1902–1974) als »Nathan«
in der Inszenierung von Imo Moszkowicz,
Städtische Bühnen Frankfurt am Main,
Premiere: 17. Februar 1971

DER REICHE JUDE »Wissen Sie, daß ich manchmal Angst habe? Sie wissen es nicht und warum auch. Die Geschäfte gehen zu gut, das will bestraft sein. Das sehnt sich geradezu nach Strafe.«

Rainer Werner Fassbinder,
Der Müll, die Stadt und der Tod, 4. Szene

Demonstration gegen das Fassbinder-Stück
»Der Müll, die Stadt und der Tod«
Frankfurt am Main, 31. Oktober 1985

WER ANTISEMITISMU[S]
SUBVENTIONIERT, HAT NA[CH]
40 JAHREN NICHTS KAPIE[RT]

עם
ישראל
חי

WEHR[ET]
DEN
ANFÄN[GEN]

»Subventionierter Antisemitismus«
Bühnenbesetzung gegen das Fassbinder-Stück
Frankfurt am Main, 31. Oktober 1985

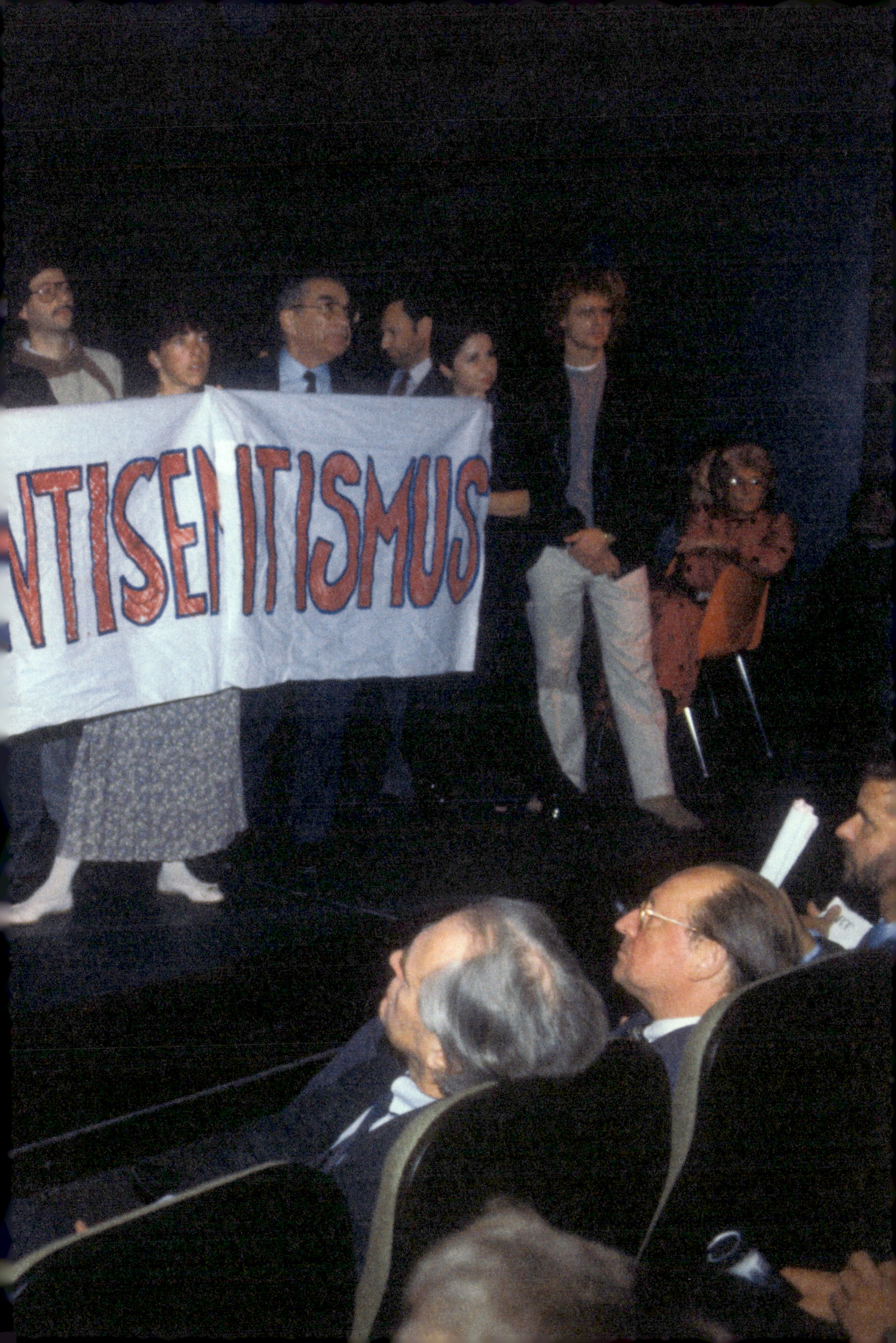
NTISEMITISMUS

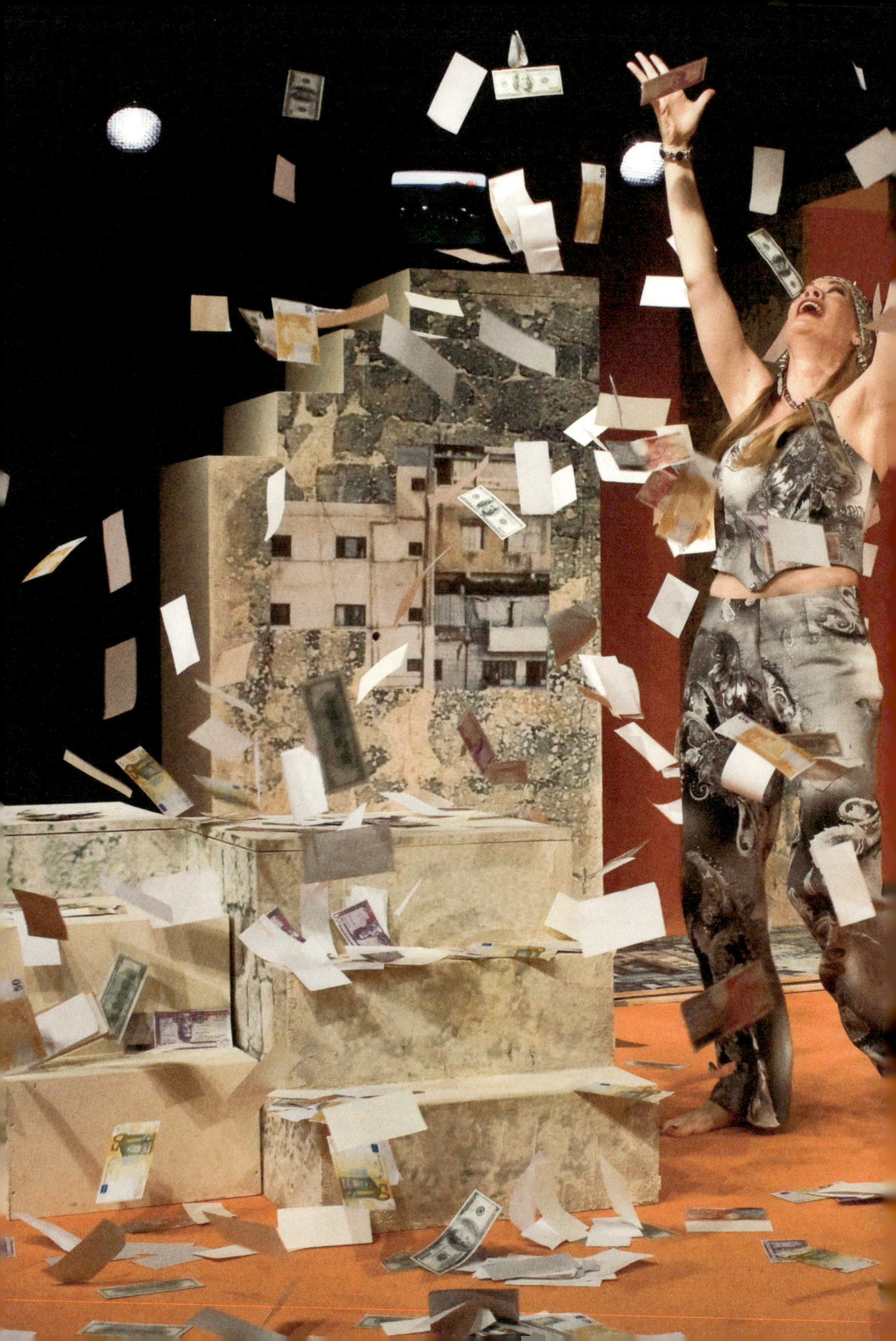

Nathan der Weise:
Sultan Saladin und seine Schwester Sittah
Wolfgang Borchert Theater
Inszenierung: Meinhard Zanger
Münster, Spielzeit 2011/12

Nibelungenfestspiele GmbH
der Stadt Worms
»Das Vermögen des Herrn Süss«
Spielzeit 3. bis 19. August 2012
Festspielprogramm

»In der modernen Welt steht der Jude ständig unter Anklage; noch heut steht der Jude unter Anklage ... diese moderne Anklage des Juden, diese Anklage, die nicht aufhört, beginnt mit der Anklage Shylocks.«

Philip Roth,
»Operation Shylock«, 1993

»Sie müssen uns nicht nur Ihr Geld geben, sondern auch Ihre Seel. Immer nur auf Zeit. Da aber ganz.«

Rudi-Rudij, in: Martin Walser, Angstblüte, 2006

»jüdische Vermächtnisse«

Casimir Johannes Prinz zu Sayn-Wittgenstein-Berleburg, 2000

»Auch in der Weltwirtschaftskrise von 1929 wollte niemand an einen anonymen Systemfehler glauben. Damals hat es in Deutschland die Juden getroffen, heute sind es die Manager.«

Hans-Werner Sinn, 2008

»Ein Pfund Fleisch ist auch ein Stück über die Finanzkrise … Im Handel gibt es keine Religion mehr, der Mensch ist ein Termingeschäft. Erst als alles zu wanken beginnt, bricht der tödliche Hass aus, der latent immer da war, aber, solange alle voneinander profitieren, unterdrückt blieb. Das Stück spielt in der Zeit von Shakespeares Vorlage, aber zugleich in einer nahen Zukunft, die wieder so verroht und entzivilisiert ist, dass es möglich ist, ein Pfund Fleisch als Pfand zu fordern. Ein Stück von Gegensatzpaaren: Gemeinschaft gegen Gesellschaft, Archaik gegen Moderne, Kapitalismus gegen Kapitulation, Liebe gegen Geld, Geld gegen Liebe, ein Pfund Fleisch gegen die Seele.«

Website Schauspielhaus Hamburg, Repertoire von A bis Z, 2012

»Woher wußten Sie es? fragte Judith. Was habe ich gewußt? sagte Gregor erstaunt. Was meinen Sie? Daß ich Jüdin bin, sagte Judith. Das sieht man, erwiderte Gregor. So, wie man sieht, daß ich Geld habe? Ja. Sie sehen aus wie ein verwöhntes junges Mädchen aus reichem jüdischen Haus.«

Alfred Andersch,
Sansibar oder der letzte Grund, 1957

»Wir bauen gerade enorme Feindbilder in Europa auf: gegen die Banker, gegen die Reichen, gegen die Vermögenden. So etwas hatten wir schon einmal, damals war es dann verbrämt unter gegen ›die Juden‹, aber gemeint waren damals ähnliche Gruppierungen und es hat zwei Mal in einem Krieg geendet.«

Österreichische Finanzministerin
Maria Fekter (ÖVP),
17. September 2011

Finanzhaie.
Heuschrecken.

AUTORINNEN UND AUTOREN

Fritz Backhaus
Stellvertretender Direktor des Jüdischen Museums Frankfurt am Main. Veröffentlichungen u. a.: Mayer Amschel Rothschild. Ein biografisches Porträt, Freiburg/Basel/Wien 2012; Frühneuzeitliche Ghettos in Europa im Vergleich (Frankfurter Kulturwissenschaftliche Beiträge 15). Hg. mit Gisela Engel/Gundula Grebner/Robert Liberles, Berlin 2012; The Frankfurt Judengasse. Jewish Life in an Early Modern German City. Hg. mit Gisela Engel/Robert Liberles/Margarete Schlüter, London/Portland 2010.

Frank Bajohr
Dr. phil. habil., wissenschaftlicher Mitarbeiter der Forschungsstelle für Zeitgeschichte in Hamburg und Privatdozent am Historischen Seminar der Universität Hamburg. Veröffentlichungen zur Geschichte des Nationalsozialismus, der Judenverfolgung und des Holocaust, u. a.: »Arisierung« in Hamburg, 2. Aufl., Hamburg 1998 (engl. 2002); »Unser Hotel ist judenfrei«. Bäder-Antisemitismus im 19. und 20. Jahrhundert, 3. Aufl., Frankfurt am Main 2003; Der Holocaust als offenes Geheimnis (zusammen mit Dieter Pohl), München 2006.

Nicolas Berg
Wissenschaftlicher Mitarbeiter am Simon-Dubnow-Institut für jüdische Geschichte und Kultur, Leipzig. Derzeit Fellow am Kulturwissenschaftlichen Kolleg des Exzellenzclusters »Kulturelle Grundlagen der Integration« der Universität Konstanz und Arbeit an einer Monografie zur Kritik des völkerpsychologischen Diskurses in der deutschsprachigen Nationalökonomie um 1900. Forschungsthemen: Historiografie- und Wissenschaftsgeschichte, jüdische Geschichte des 19. und 20. Jahrhunderts und Geschichte des Antisemitismus in Deutschland. Veröffentlichungen u. a.: Luftmenschen. Zur Geschichte einer Metapher, Göttingen 2008; Der Holocaust und die westdeutsche Geschichtswissenschaft. Erforschung und Erinnerung, 1. u. 2. Aufl., Göttingen 2003, 3. durchgesehene u. mit einem Register versehene Aufl. 2004; Hg. von: Kapitalismusdebatten um 1900. Über antisemitisierende Semantiken des Jüdischen, Leipzig 2011.

Stephan Braese
Ludwig Strauss-Professor für Europäisch-jüdische Literatur- und Kulturgeschichte an der RWTH Aachen University. Studium der Geschichte, Germanistik und Erziehungswissenschaft in Hamburg. Fellowships am Franz Rosenzweig Minerva Research Center for German-Jewish Literature and Cultural History der Hebrew University, Jerusalem, und am Center for Advanced Judaic Studies der University of Pennsylvania, Philadelphia, Gast- und Vertretungsprofessuren in Bremen, Lüneburg, Frankfurt am Main, Berlin (TU) und Paris (ENS). Veröffentlichungen u. a.: Die andere Erinnerung – Jüdische Autoren in der westdeutschen Nachkriegsliteratur, 3. Aufl., München 2010; Eine europäische Sprache – Deutsche Sprachkultur von Juden 1760–1930, Göttingen 2010.

Detlev Claussen
Professor emeritus für Gesellschaftstheorie, Kultur- und Wissenschaftssoziologie an der Universität Hannover. Veröffentlichungen u. a.: Grenzen der Aufklärung. Die gesellschaftliche Genese des modernen Antisemitismus, Frankfurt am Main 1987, 4. erweiterte Neuausgabe 2005; Vom Judenhass zum Antisemitismus. Materialien einer verleugneten Geschichte, Darmstadt 1987; Mit steinernem Herzen. Politische Essays 1969 bis 1989, Bremen 1989; Aspekte der Alltagsreligion. Ideologiekritik unter veränderten gesellschaftlichen Verhältnissen, Frankfurt am Main 2000; Theodor W. Adorno – ein letztes Genie, Frankfurt am Main 2003; Béla Guttmann – Weltgeschichte des Fußballs in einer Person, Berlin 2006.

Raphael Gross
Prof. Dr., Historiker. Seit 2001 Leiter des Leo Baeck Institute in London. Seit 2006 Direktor des Jüdischen Museums in Frankfurt am Main. Seit 2007 Direktor des Fritz Bauer Instituts. Veröffentlichungen u. a.: »Ich staune, dass Sie in dieser Luft atmen können«. Jüdische Intellektuelle in Deutschland nach 1945. Hg. mit Monika Boll, Frankfurt am Main 2013; Bild dir dein Volk! Axel Springer und die Juden. Hg. mit Fritz Backhaus und Dmitrij Belkin, Göttingen 2012; Ausgerechnet Deutschland. Jüdisch-russische Einwanderung in die Bundesrepublik. Hg. mit Dmitrij Belkin, Berlin 2010; Anständig geblieben. Nationalsozialistische Moral, Frankfurt am Main 2010; Moralität des Bösen. Ethik und nationalsozialistische Verbrechen. Hg. mit Werner Konitzer, Frankfurt am Main 2009; Novemberpogrom 1938. Die Augenzeugenberichte der Wiener Library. Hg. mit Ben Barkow/Michael Lenarz, Frankfurt am Main 2008; Carl Schmitt und die Juden: Eine deutsche Rechtslehre, 2. Aufl. mit einem neuen Nachwort, Frankfurt am Main 2005 (2000).

Johannes Heil
Prof. Dr., Historiker. Ab 2003 Fellow an den Universitäten Madison (Wisconsin) und Notre Dame (Indiana), 2005 Berufung auf den Ignatz Bubis-Stiftungslehrstuhl der Hochschule für Jüdische Studien Heidelberg. Seit 2008 als Erster Prorektor Leiter der Hochschule für Jüdische Studien Heidelberg, seit 2012 Honorarprofessor der Universität Heidelberg. Arbeitsschwerpunkte: jüdische Geschichte am Übergang von der Antike zum Mittelalter, die Geschichte, Religion und Kultur der Juden in Europa in Mittelalter und früher Neuzeit; ältere und moderne Historiografie zur Jüdischen Geschichte sowie politische, kulturelle und religiöse Aspekte der jüdisch-christlichen Beziehungen. Veröffentlichungen u. a.: Gottesfeinde – Menschenfeinde. Die Vorstellung von jüdischer Weltverschwörung, Essen 2006; Shylock? Zinsverbot und Geldverleih in jüdischer und christlicher Tradition. Hg. mit Bernhard Wacker, München 1997.

Jonathan Karp
Direktor der American Jewish Historical Society (AJHS) und Associate Professor für Geschichte und jüdische Studien an der Binghamton University, New York. Veröffentlichungen zum Thema Juden als ökonomische und kulturelle Vermittler in der (früh-)modernen jüdischen Geschichte, u. a.: The Politics of Jewish Commerce: Economic Thought and Emancipation in Europe, 1638–1848, Cambridge 2000; The Art of Being Jewish in Modern Times. Hg. mit Barbara Kirshenblatt-Gimblett, Philadelphia 2008; Philosemitism in History. Hg. mit Adam Sutcliffe, New York 2011. Derzeit Arbeit an einer Studie mit dem vorläufigen Titel: The Rise and Demise of the Black-Jewish Alliance: A Class-Cultural Analysis.

Martha Keil
PD Dr., Direktorin des Instituts für jüdische Geschichte Österreichs. 2007 Venia Legendi für österreichische Geschichte an der Universität Wien, Lehrbeauftragte am Centrum für jüdische Studien der Universität Graz. Forschungsschwerpunkte: jüdische Alltags- und Kulturgeschichte und jüdisch-christlicher Kulturtransfer in der Vormoderne. Veröffentlichungen u. a.: Studien zur Geschichte der Juden in Österreich. Hg. mit Eleonore Lappin, Bodenheim 1997; Hg. von: Besitz, Geschäft und Frauenrechte: jüdische und christliche Frauen in Dalmatien und Prag 1300–1600, Kiel 2011.

Bernd Kluge
Prof. Dr., Direktor des Münzkabinetts im Bode-Museum der Staatlichen Museen zu Berlin – Stiftung Preußischer Kulturbesitz und Honorarprofessor für Numismatik an der Humboldt-Universität zu Berlin. Veröffentlichungen u. a.: Brakteaten. Deutsche Münzen des Hochmittelalters, Berlin 1976; Deutsche Münzgeschichte von der späten Karolingerzeit bis zum Ende der Salier (ca. 900 bis 1125), Sigmaringen 1991; Hg. von: Fernhandel und Geldwirtschaft. Beiträge zum Münzwesen in sächsischer und salischer Zeit, Sigmaringen 1993; Numismatik des Mittelalters. Band 1: Handbuch und Thesaurus Nummorum Medii Aevi, Wien 2007; Die Münzen König Friedrichs II. von Preußen (1740–1786). Hg. mit Elke Bannicke/Renate Vogel, Berlin 2012.

Gabriele Kohlbauer-Fritz
Dr., Kuratorin am Jüdischen Museum Wien. Ausstellungen und Kataloge: »Der Schejne Jid«. Das Bild des jüdischen Körpers in Mythos und Ritual (gemeinsam mit Sander L. Gilman und Robert Jütte), Wien 1998; Zwischen Ost und West. Galizische Juden und Wien, Wien 2000; About the Dignity of Man. Ernst Eisenmayer. Leben und Werk, Wien 2002; Die Liebens. 150 Jahre Geschichte einer Wiener Familie, Wien 2004; Beste Aller Frauen. Weibliche Dimensionen im Judentum, Wien 2007; Türken in Wien. Geschichte einer Jüdischen Gemeinde, Wien 2010; Jude sein. Being Jewish. Vienna Jewish Identity Project. Fotografien von Peter Rigaud, Wien 2011.

Sven Kuhrau
Dr., Gastprofessor für Architekturgeschichte und -theorie am Studiengang Architektur der Universität der Künste Berlin und freier Ausstellungskurator. Herausgeber und Autor zu Themen der Museumsgeschichte und der Berliner Kunst-, Architektur- und Kulturgeschichte im 19. und 20. Jahrhundert. Veröffentlichungen u. a.: Der deutschen Kunst: Nationalgalerie und nationale Identität 1876–1998, Dresden 1998; Der Kunstsammler im Kaiserreich. Kunst und Repräsentation in der Berliner Privatsammlerkultur, Kiel 2005.

Paul F. Lerner
Associate Professor für neuere deutsche und europäische Geschichte und Direktor des Max Kade-Instituts für Österreichische-Deutsche-Schweizer Studien an der University of Southern California. Veröffentlichungen u. a.: Hysterical Men: War, Psychiatry and the Politics of Trauma in Germany, 1890–1930, Ithaca, New York 2003; Mitherausgeber von Traumatic Pasts: History, Psychiatry and Trauma in the Modern Age, 1870–1930, Cambridge 2001; Jewish Masculinities: German Jews, Gender and History, Bloomington 2012. Derzeit Arbeit an einer Publikation zur Geschichte der Warenhäuser in Deutschland.

Martin Münzel
Dr. phil., Studium der Geschichts- und Sozialwissenschaften in Kassel und Bielefeld, 2005 bis 2009 Mitarbeiter im Archiv der Bertelsmann Stiftung, Gütersloh; seit 2008 Redakteur der Fachzeitschrift »Archiv und Wirtschaft«; seit 2010 Forschungsprojekt zur Unternehmeremigration nach New York am Moses Mendelssohn Zentrum in Potsdam bzw. an der HU Berlin. Veröffentlichungen zur deutsch-jüdischen Geschichte, Unternehmer- und Unternehmensgeschichte sowie zur Emigrationsgeschichte, u. a.: Die jüdischen Mitglieder der deutschen Wirtschaftselite 1927–1955: Verdrängung – Emigration – Rückkehr, Paderborn 2006.

Jerry Z. Muller
Professor für neuere europäische Geschichte an der Catholic University of America, Washington D.C. Veröffentlichungen u. a.: The Mind and the Market: Capitalism in Modern European Thought, New York 2002; Capitalism and the Jews, Princeton 2010; The Other God that Failed: Hans Freyer and the Deradicalization of German Conservatism, Princeton 1987; Kampf der Völker: Die ungebrochene Kraft des ethnischen Nationalismus, in: Merkur, H. 6/2008. Derzeit Arbeit an einer Biografie des Philosophen Jacob Taubes.

Derek J. Penslar
　Samuel Zacks-Professor für Jüdische Geschichte an der University of Toronto und Stanley Lewis-Professor für Israel Studien an der University of Oxford. Veröffentlichungen u. a.: Shylock's Children: Economics and Jewish Identity in Modern Europe, Berkeley, California 2001; Israel in History: The Jewish State in Comparative Perspective, London 2007; Zionism and Technocracy. The Engineering of Jewish Settlement in Israel, 1870–1918, Bloomington 1991; The Origins of Israel, 1882–1948. A Documentary History. Hg. mit Eran Kaplan u. David Jan Sorkin, Madison 2011. Jews and the Military: A History, 2013.

Rotraud Ries
　Dr., Leiterin des Johanna Stahl-Zentrums für jüdische Geschichte und Kultur in Unterfranken, Würzburg. Veröffentlichungen u. a.: Selbstzeugnisse und Ego-Dokumente frühneuzeitlicher Juden in Aschkenas. Beispiele, Methoden und Konzepte. Hg. mit Birgit E. Klein, Berlin 2011; Hofjuden – Ökonomie und Interkulturalität. Die jüdische Wirtschaftselite im 18. Jahrhundert. Hg. mit J. Friedrich Battenberg, Hamburg 2002. Weitere Publikationen, besonders zum Thema Hofjuden, unter www.rotraud-ries.de.

Liliane Weissberg
　Christopher H. Browne Distinguished Professor in Arts and Sciences und Professor for German and Comparative Literature an der University of Pennsylvania. Veröffentlichungen u. a.: Hannah Arendt, Charlie Chaplin und die verborgene jüdische Tradition, Graz 2009; Über Haschisch und Kabbalah. Gershom Scholem, Siegfried Unseld und das Werk von Walter Benjamin (marbachermagazin 140), Marbach am Neckar 2012; On Writing With Photography. Hg. mit Karen Beckman, Minneapolis 2013. Kuratorin der Ausstellung »Juden. Geld. Eine Vorstellung«, zu der dieses Begleitbuch erscheint.

DANKSAGUNG

Bei der Realisierung von Ausstellung und Begleitband haben wir vielfältige Hilfe und Unterstützung erfahren. Unser Dank gilt sehr herzlich

Zeno Ackermann
Kurt Andermann
Melanie Aspey
Frank Aurich
Alexander Bastek
Werner Bendix
Ines Beese
Oliver Bentz
Frank Berger
Gabriela Betz
Claudia Blank
Karin Bodis
Daniel Bornemann
Birgit Buth
Wolfgang Cilleßen
Geoffrey Dunn
Peter Ehrenthal
Carsten Felgner
Matthias Fellermann
Gideon Finkelstein
Joachim Fischer
Bettina Franz
Douglas Frenkel
Thomas Fritz
Karl Heinz Fröhner
Reinhard Frost
Wolfgang Geiger
Reinhard Glasemann
Sylvia Goldhammer
Verena Grande
Ursula Grimm
Ursula Grzechca-Mohr
Bernhard Gutmann
Maren Christine Härtel
Manfred Hahn
Werner Hanak-Lettner

Birgit Harand
Margret Heitmann
Rachel Heuberger
Andrea Hohmeyer
Katrin Hopstock
Jürgen Hotz
Michael Jurk
Reinhard Kaiser
Regina Kania
Joachim Kemper
Ann Kersting-Meuleman
Eckart Köhne
Gabriele Kohlbauer-Fritz
Jürgen Krause
Norbert Krausz
Stefan Kraut
Matthias Kretschmer
Robert Krüger
Cilly Kugelmann
Natalia Lakman
Rudolf Laurenz
Martin Liepach
Hanno Loewy
Andreas Lotz
Annette Ludwig
Michael Maaser
Stefanie Märksch
Bruni Marx
Peter W. Marx
Michael Matthäus
Monika Menth
Nadine Meyer
Ute Mihr
Martin Müller
Martina Noehles
Helmut Nordmeyer
Matthias Nowack
Matthias Ohm
Ines Pannek
Heinz Poker
Tobias Picard
Aubrey Pomerance
Christoph Pütthoff
Monika Preuß
Doron Rabinovici
Oliver Reese
Christiane Reuter
Klaus Rheinfurth
Christian Richter
Werner Roller
Jean-Pierre Rosenkranz
Dorothea Salzer
Jochen Sander

Heike Schlatterer
Florian Schmaltz
Nina Schneider
Robert Schuler
Bertina Schulze-Mittendorff
Claudia Selheim
Jerome E. Singerman
Martin Sonnabend
Patricia Stahl
Maike Strobel
Hans Jürgen Syberberg
Alon Tauber
Michael Toch
Bernhard Tönnies
Werner Transier
Erzebet Trautz
Christina Vanja
Martina Weinland
Annegret Wenz-Haubfleisch
Christine Werner
Wolfgang Wiese
Falk Wiesemann
Bernhard Wirth
Eva Wosobe
Horst Ziegenfusz

und jenen Persönlichkeiten, die namentlich nicht aufgeführt werden möchten.

LEIHGEBER

Unseren Leihgebern, durch die wir großzügige Unterstützung erfahren haben, sei sehr herzlich gedankt:

Gideon Finkelstein, Antwerpen
Museum im Gotischen Haus, Bad Homburg
Jüdisches Museum der Schweiz, Basel
Wolfgang Haney, Berlin
Jüdisches Museum, Berlin
Staatliche Museen Preußischer Kulturbesitz – Kunstbibliothek, Berlin
Staatliche Museen Berlin – Münzkabinett
Staatsbibliothek zu Berlin – Preußischer Kulturbesitz, Berlin
Stiftung Stadtmuseum Berlin
Braunschweigisches Landesmuseum – Niedersächsische Landesmuseen Braunschweig
Sächsische Landesbibliothek – Staats- und Universitätsbibliothek Dresden
Deutsche Bank AG – Historisches Institut, Frankfurt am Main
Drummer und Arns Historiker, Frankfurt am Main
Goethe-Universität – Universitätsarchiv, Frankfurt am Main
Historisches Archiv der Commerzbank AG, Frankfurt am Main
Historisches Museum Frankfurt am Main
Institut für Stadtgeschichte Frankfurt am Main
Städel Museum, Frankfurt am Main
Universitätsbibliothek Johann Christian Senckenberg, Frankfurt am Main
Evonik Industries AG – Konzernarchiv, Hanau
Jüdisches Museum Hohenems
Bayerisches Armeemuseum, Ingolstadt
Museumslandschaft Hessen Kassel
The Rothschild Archive, London
Alexander Bastek, Lübeck
Gutenberg-Museum, Mainz
Hessisches Staatsarchiv Marburg
Hohenlohe-Zentralarchiv, Neuenstein
Germanisches Nationalmuseum, Nürnberg
Spielzeugmuseum, Museen der Stadt Nürnberg
Liliane Weissberg, Philadelphia
Stadtarchiv Speyer
Stadtarchiv Stuttgart
Württembergisches Hauptstaatsarchiv Stuttgart
Württembergische Landesbibliothek – Graphische Sammlungen Stuttgart
Universitätsbibliothek Tübingen
Thüringisches Landesamt für Denkmalpflege und Archäologie, Weimar
Jüdisches Museum der Stadt Wien GmbH
Kunsthaus, Zürich

BILDNACHWEIS

Gideon Finkelstein, Antwerpen
S. 32
Landesmedienstelle Baden-Württemberg
S. 98
akg-images, Berlin
S. 65 (Erich Lessing)
Bildarchiv Preußischer Kulturbesitz, Berlin
S. 407 (Dietmar Katz)
Sammlung Wolfgang Haney, Berlin
S. 375, 377–379 (Bildarchiv Foto Marburg)
Staatliche Museen zu Berlin – Münzkabinett
S. 148, 388 (Reinhard Saczewski), 101, 149 (Dirk Sonnenwald)
Stiftung Stadtmuseum Berlin
S. 219
ullstein bild – bpk, Berlin
S. 179 (Salomon)
Sächsische Landesbibliothek – Staats- und Universitätsbibliothek, Dresden
S. 58
Gidal-Bildarchiv im Salomon Ludwig Steinheim Institut, Essen
S. 147, 223
Atelier Markgraph, Frankfurt am Main
S. 13 (Uta Brinksmeier)
Deutsche Bank AG – Historisches Institut, Frankfurt am Main
S. 178, 180, 182
Drummer und Arns Historiker, Frankfurt am Main
S. 99, 222, 224, 354, 357–358, 420

Goethe-Universität – Universitätsarchiv, Frankfurt am Main
S. 278–279
Historisches Museum Frankfurt am Main
S. 121–123, 126, 151, 173–174, 409 (Fotos: Horst Ziegenfusz)
Institut für Stadtgeschichte Frankfurt am Main
S. 171, 177 (unten), 415 (Klaus Meier-Ude)
Jüdisches Museum Frankfurt am Main
S. 61, 227, 273–277, 384 (Yad Vashem, Jerusalem)
Universitätsbibliothek Johann Christian Senckenberg, Frankfurt am Main
S. 55, 57, 145, 150, 351–353, 359, 380–381, 413 (Günter Englert)
Hochschule für Jüdische Studien, Heidelberg
S. 271
Museumslandschaft Hessen Kassel (Sammlung Angewandte Kunst)
S. 102 (Arno Hensmanns)
Theaterwissenschaftliche Sammlung der Universität zu Köln
S. 29, 31, 412
Meyer Originals, Köln
S. 418–419
National Portrait Gallery, London
S. 152
Gutenberg-Museum, Mainz
S. 53, 177 (Fotos: Martina Pipprich)
Bayerische Staatsbibliothek München
S. 60 (rechts), 225, 383 (Fotoarchiv Hoffmann)
Deutsches Theatermuseum München
S. 416–417 (Archiv Abisag Tüllmann)
Stadtmuseum München
S. 384–385
LWL – Landesmuseum für Kunst und Kulturgeschichte, Münster
S. 221
American Theaterwings, New York
S. 197
Germanisches Nationalmuseum, Nürnberg
S. 95 (Monika Runge)
Manfred Hahn, Saarbrücken
S. 382
Landesamt für Denkmalpflege und Archologie Sachsen-Anhalt
S. 51 (Gunar Preuß)
Stadtarchiv Speyer
S. 60 (links)
Bibliothèque Nationale et Universitaire, Straßburg
S. 54

Landesmuseum Württemberg, Stuttgart
S. 103
Württembergische Landesbibliothek Stuttgart
S. 100
Das Schmott Photographers, Michael Ott und Mathias Schmitt, Weimar
S. 36–37, 64–65, 106–107, 130–131, 154–155, 184–185, 230–231, 282–283, 362–363, 390–391
Thüringisches Landesamt für Archäologische Denkmalpflege, Weimar
S. 62
Jüdisches Museum der Stadt Wien GmbH
S. 410–411 (Fotograf unbekannt)
Österreichische Nationalbibliothek Wien – Bildarchiv
S. 128 (Scherl Bilderdienst)
Kunsthistorisches Museum/ Österreichisches Theatermuseum, Wien
S. 34 (Atelier Dietrich, Wien)
Wien Museum, Wien
S. 97
Privatbesitz
S. 104, 119, 124, 127, 175

Theaterzitate und -zitatfragmente aus:

William Shakespeare, Der Kaufmann von Venedig. Übersetzt von August Wilhelm Schlegel. Herausgegeben von Dietrich Kose. Stuttgart: Philipp Reclam jun., 2011.

Gotthold Ephraim Lessing, Nathan der Weise. Ein dramatisches Gedicht in fünf Aufzügen. Anmerkungen von Peter von Düffel. Stuttgart: Philipp Reclam jun., 2000.

Rainer Werner Fassbinder, Der Müll, die Stadt und der Tod, Frankfurt am Main: Verlag der Autoren, 1998.

IMPRESSUM

JUDEN.
GELD.
EINE
VORSTEL
LUNG

AUSSTELLUNG
Eine Ausstellung des Jüdischen
Museums Frankfurt am Main
25. April bis 6. Oktober 2013

DIREKTOR
Prof. Dr. Raphael Gross

KURATORIN UND KONZEPT
Prof. Dr. Liliane Weissberg

PROJEKTLEITUNG
Fritz Backhaus

WISSENSCHAFTLICHE
MITARBEIT, EXPONAT-, BILD-
UND MEDIENRECHERCHE,
LEIHVERKEHR
UND KONZEPTION
DES BEGLEITPROGRAMMS
Heike Drummer und
Alfons Maria Arns
Drummer und Arns Historiker

AUSSTELLUNGSTEXTE
UND REDAKTION
Alfons Maria Arns,
Fritz Backhaus, Heike Drummer
und Liliane Weissberg

ÜBERSETZUNGEN
Geoffrey Dunn und
Jerome E. Singerman

PÄDAGOGIK
Gottfried Kößler und Martin Liepach

VOLONTÄRIN
Sonja Beyer

RESTAURATORISCHE
BETREUUNG
Martina Noehles

KOMMUNIKATION UND
AUSSTELLUNGSGESTALTUNG
Atelier Markgraph:
Uta Brinksmeier (Gesamtleitung)
Raimund Ziemer (Dramaturgie)
Sarah Roßbach (Szenografie)
John Russo (Grafikdesign)
Das Schmott: Mathias Schmidt,
Michael Ott (Ausstellungsfotografie)
Jeremias Urban (Postproduktion)
Stefanie Henrich (Leitung
Grafikproduktion)
Sascha Schweinsberger,
Nadine Auth (DTP)
Christoph Geiger (Illustrationen)
Isabella Sztulman (Traffic)

REPLIK
Art Department Studio Babelsberg

AV-MEDIEN
Atrium living pictures

AUFBAU UND TECHNIK
Thomas Paeglis, Manfred Prehl
und Viktor Probst

PRESSE- UND
ÖFFENTLICHKEITSARBEIT
Daniela Unger

PROLOG SHYLOCK UND
NATHAN DER WEISE
Christoph Pütthoff
Martin Oertli (Maske)
Mit freundlicher Unterstützung
durch das Schauspiel Frankfurt

UMSETZUNG PROLOG
Raid Filmproduktion, Frankfurt
Ben Gabel (Kamera)
Tim Rosemann (Ton)
Katharina Steinmeyer
(Schnitt/Farbkorrektur)

FÜR DIE UNTERSTÜTZUNG DER
AUSSTELLUNG DANKEN WIR:

Gesellschaft der Freunde und
Förderer des Jüdischen Museums e. V.

BEGLEITKATALOG

HERAUSGEBER
Fritz Backhaus, Raphael Gross
und Liliane Weissberg
im Auftrag des Jüdischen Museums
Frankfurt am Main

LEKTORAT
Heike Drummer und Alfons Maria Arns
Drummer und Arns Historiker

TEXT- UND BILDREDAKTION
Alfons Maria Arns, Fritz Backhaus,
Heike Drummer und Liliane Weissberg

ÜBERSETZUNGEN
Reinhard Kaiser, Werner Roller
und Heike Schlatterer

VERLAGSLEKTORAT
Jürgen Hotz

VERLAGSHERSTELLUNG
Joachim Fischer

GRAFISCHE GESTALTUNG
Studioheyhey.com
John Russo und Gina Mönch

DRUCK UND BINDUNG
Beltz Bad Langensalza

Bibliografische Information der
Deutschen Nationalbibliothek:
Die Deutsche Nationalbibliothek
verzeichnet diese Publikation
in der Deutschen Nationalbiblio-
grafie. Detaillierte bibliografische
Daten sind im Internet über
http://dnb.d-nb.de abrufbar.

ISBN 978-3-593-39923-2

Printed in Germany

Copyright © 2013 Campus Verlag,
Frankfurt am Main